Rm 204 Communicat
MR Bahan
or shirlene

ATLANTIC OCEAN

80°W 70°W 60°W

30

TROPIC OF CANCER

20

Havana — Matanzas
Marianao
Cienfuegos CUBA Camagüey
ISLE OF PINES
West Guantánamo Santiago Indies
Santiago de Cuba DOMINICAN REPUBLIC San Juan
Port-au-Prince Ponce
Greater Antilles Santo Domingo PUERTO RICO Virgin Is. (U.S. & Br.)
HAITI ANTIGUA (Br.)
JAMAICA Kingston GUADELOUPE (Fr.)
DOMINICA (Br.)
MARTINIQUE (Fr.)
CARIBBEAN SEA ST. LUCIA (Br.)
ST. VINCENT (Br.)

Yucatán Channel

Lesser Antilles

BA BA

URAS ARUBA CURAÇAO BONAIRE GRENADA (Br.)
pa (Neth.) (Neth.) (Neth.) TOBAGO
NICARAGUA MARGARITA
Bluefields TRINIDAD
L. Nicaragua Port-of-Spain
Puerto Portobello
San José Limón Panama Canal Panama
COSTA RICA Colón City
CANAL ZONE (U.S.)
AMERICA PANAMA
Gulf of Panama

80°W 70°W

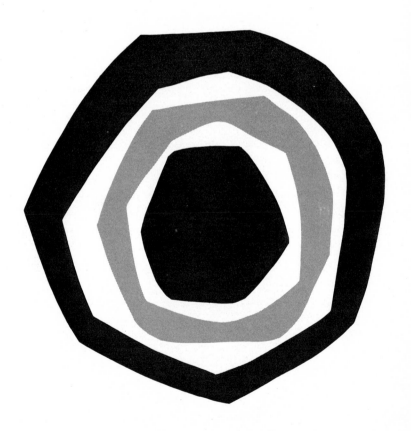

JOHN WILEY & SONS, New York · London · Sydney · Toronto

# Español
# a lo vivo

## Terrence L. Hansen • Ernest J. Wilkins

Brigham Young University

Level 1 Third Edition

CONSULTING EDITOR    JOSEPH SCHRAIBMAN, WASHINGTON UNIVERSITY, ST. LOUIS

**PHOTOGRAPH ACKNOWLEDGMENTS**

Free Lance Photographers Guild: Jerry Frank, page 21; Richard Wilkie, pages 94, 197, 240; Foto Art, pages 140, 268; Beth Hazard, page 142; Hester and John Bonnell, page 188; Charles Marden Fitch, page 208.
Courtesy of Creole Petroleum Corporation: pages 24, 226, 336.
Black Star: Richard Baldinger, page 28; © Stern, page 34; Bob Schalkwick, page 35; Declan Haun, pages 53, 361; Don Rutledge, page 76; Ted Spiegel, page 218; R. Wilkie, page 331.
Courtesy of Peruvian Transport Corporation Limited: page 44.
Courtesy of Eastern Airlines: pages 55, 247, 348.
Editorial Photocolor Archives: pages 60, 89, 97, 121, 126, 321; Steven Dunwell, page 350.
Courtesy of American Airlines: pages 68, 191, 223, 233, 252, 304.
Magnum Photos: Cornell Capa, pages 73, 307; Rene Burri, page 150; Costa Manos, page 182; Sergio Larrain, page 294.
Dr. Dario Isaza: page 79.
Photography International: Robert Rapelye, pages 107, 112, 137, 153, 175, 265, 270, 289, 294, 328.
Courtesy of Mexican National Tourist Council: pages 126, 341, 345.
Terrence L. Hansen: pages 163, 323.
Rapho Guillumette Pictures: © Dr. Georg Gerster, page 164; Earl Leaf, page 309.
Transocean Press: pages 280, 283.
Courtesy of United Nations: page 316.
International Photo House: page 248.
Courtesy of Braniff Airlines, page 15.

EDITOR, HEDWIG L. JOURDAN

DESIGN, MARK T. FOWLER

COVER DESIGN, EDGAR H. ALLARD

ILLUSTRATIONS, DIANE NELSON

ISBN 0 471 00964 4
Library of Congress Catalog Card Number: 73-83505
Printed in the United States of America.
3 4 5 6 7 8 9 10

# PREFACE TO THE THIRD EDITION

In language learning, the challenge of change imposes a need for new, more relevant methods for advancing instruction. A practical design should include: (1) a mode that provides meaningful communication through fluency in understanding, speaking, reading, and writing; (2) means of enhancing the learner's creative command of basic language structures; and (3) a variety of viable learning activities. Such a design constitutes the basis of *Español a lo vivo*, a two-year course developed to give continuity through the second year.

This first-year text, now in its third edition, is based on an entirely "live" approach, emphasizing practical and realistic everyday situations that are immediately meaningful to beginning students. Vocabulary, structural patterns, pronunciation, and intonation are all presented in a "live" context. Drills stress "live" communication. From the beginning, each student asks and answers questions and participates in conversation not only with the teacher but also with his classmates.

Grammatical explanations are kept to a minimum so that the student learns primarily through pattern practice. Verbs and patterns are first thoroughly drilled in complete sentences and are then tested with appropriate questions. Great emphasis is placed on "Personalized Questions" that involve the student personally; the possibility of several correct answers helps to develop spontaneity.

During the first semester and the beginning of the second semester, the student concentrates on acquiring the understanding and speaking skills. Later in the second semester he is introduced to readings of literary value which are supplemented with vocabulary notes and pertinent questions. He is also required to make use of his knowledge of vocabulary patterns and grammar in writing compositions.

Our instructional strategy in this revised edition also involves the student in a significant new variety of learning tasks. Its several components feature the latest and most helpful techniques for combining the student's cognitive and his spontaneous creative ability in a live, real-world communication. These include:

1. *Dialogs*. Every attempt has been made to revise the dialogs to make them more practical in terms of everyday communication. Some are new, while the

longer ones have been shortened. Each sentence contains authentic Spanish language useful both in and outside of the classroom. Many of the grammatical structures to be studied in a unit are first introduced in dialog form so that the student can learn them quickly and use them in a personalized way in the later unit exercises.

2. *Visual Cues.* A series of lively visual cues now accompanies and emphasizes specific exchanges within each dialog. Visual counterparts of the dialog's English translation, these cues foster more immediate comprehension and rapid recall of basic dialog structures. In addition, each cue helps the student to visualize expressions and gestures used in the conversational setting.

3. *Pronunciation Helps.* In addition to "A Guide to Pronunciation and Spelling," which appears in the beginning of the text, further pronunciation helps are presented in the first eight units. Particular attention is given to the more difficult Spanish sounds.

4. *Cultural Notes.* Each unit now highlights facets of everyday life in order to give the student a more intimate acquaintance with basic realities of Latin American culture that may be unfamiliar to him.

5. *Vocabulary Expansion.* New words and phrases based on the vocabulary presented in the unit are now introduced within meaningful sentence patterns.

6. *Grammar Presentation.* Wherever necessary, the presentation of grammatical concepts has been rearranged or expanded to better enable the student to grasp and put into practice the cognitive and generative skills required for fluent conversational activities.

7. *Sentence Completion.* These new exercises provide the student with an opportunity to creatively implement the patterns he has learned in each unit. Their intentionally loose structure allows considerable freedom of expression.

8. *Question Formation.* The skill of asking a question properly is too often neglected, but nevertheless essential for fluent conversation. These new exercises afford practice in developing the ability to ask as well as to answer questions.

9. *Task Assignments.* Based on the vocabulary, grammar, and cultural content of each unit, these directive assignments suggest conversational topics that each student should be capable of developing. Successful handling of these exercises will increase the student's ability to deal confidently with everyday communication in Spanish.

10. *Culture Capsules.* A "culture capsule," or short reading passage in Spanish, is now presented after every two units. Thought-provoking questions help the student to comprehend each capsule and stimulate interest and conversation about distinctive features of Latin American culture.

Of course, we have also retained all the specific features of previous editions of *Español a lo vivo* that have made it such a successful program for fluency in Spanish. They include:

1. *Review Units.* After every four units, a review section provides drills that summarize and reinforce the vocabulary and grammatical patterns preceding it.

2. *Controlled Conversation.* These exercises provide the student with an opportunity to manipulate the patterns he has studied in a meaningful person-to-person context.

3. *Personalized Questions.* This feature of the text emphasizes personal questions and answers where the student is given the opportunity to draw upon his personal experiences and react in an individual manner.

4. *Extemporization Exercises.* These exercises are designed to give the student increased ease and accuracy in the skill of speaking. In order to progress from rote manipulation to real communication, the beginning student uses in a meaningful situation the language items he has already learned. The extemporization exercises provide topics, vocabulary, and questions that lead to free conversation.

5. *Readings.* Selections by two Latin American authors, Javier de Viana and Amado Nervo, have been adapted for Units 21–24. They appear in two parts and provide additional interesting reading material for the student.

and the following supplementary materials:

6. *A lo vivo Testing.* This revised and integrated testing program for *Español a lo vivo, Level 1*, includes oral and written tests for use after each unit and after each series of four units, as well as exams for both classroom and laboratory use. These testing materials provide for an objective evaluation of progress in the acquisition of listening, speaking, reading, and writing skills.

7. *A lo vivo Diversions.* This section of the instructor's manual offers selected activities that include games and songs, each one distinctive. They are intended to build vocabulary and develop speaking facility. At the same time they give the student the opportunity to participate in the kinds of diversions enjoyed by people in Spanish-speaking countries.

8. *A lo vivo Workbook.* The revised workbook fills the need for writing practice and for reinforcement of basic concepts that have been mastered by the student. It also offers the beginning student ample opportunity for creative self-expression.

9. *A lo vivo Tape Program.* The revised and newly recorded tape program provides extensive practice in pronunciation, manipulation, and comprehension. There are a total of 16 reels; Reels 1–12 each contain 2 of the 24 units in the textbook; Reels 13–15, the 6 laboratory listening comprehension exams (which are part of the testing program); and Reel 16, the diversions. The reels corresponding to the text units are approximately 40 minutes in length each. The instructor's manual contains the entire tapescript as well as the testing program and diversions.

The materials in this text represent a culmination of study, foreign residence, and teaching experience during the past several years. The authors gratefully acknowledge assistance from many sources. First of all, for their inspiration, we thank the countless students who have attended our classes. We express appreciation to Brigham Young University for research grants that have facilitated the preparation of these materials. We especially thank our colleagues in the profession for their helpful comments. In addition, we are deeply indebted to natives of different Latin American countries who have read all the materials and have made timely suggestions. Finally, it is a pleasure for us to express our gratitude to the editors of Xerox College Publishing, in particular to Hedy Jourdan, managing editor, who has given invaluable assistance in the preparation of this new third edition.

T. L. H.
E. J. W.

# CONTENTS

# INTRODUCTION

As the unending conquest of time and space draws our world closer together, it seems imperative that we gain proficiency in languages other than our own. Not only are we then better able to understand and appreciate our foreign neighbors, but, in addition, we supplement our own culture with those priceless items which have enriched and given prominence to our neighboring cultures.

During the past decade, developments in both linguistics and pedagogy have given us greater insight into the systematic structure of language and have brought into sharper focus the basic features which require stress in teaching. No longer are isolated items of vocabulary and verb conjugation emphasized. Instead, great stress is placed on overall structures and patterns which permit meaningful communication and encourage spontaneous and practical application outside of the classroom.

Learning a new language involves the acquisition of a new skill, and proficiency in it is attained in much the same way as one attains skill in playing a musical instrument. That is, a regular amount of practice is a primary requirement, and proficiency is in direct proportion to that amount. Imitation of the teacher and memorization of complete structures and patterns enable the student to acquire more easily a new set of speech habits. Under the proper guidance, and with immediate correction and constant practice, his use of Spanish becomes more and more spontaneous.

As the first level of a two-level sequence, *Español a lo vivo* is designed for the first year of college Spanish. The materials are divided into twenty-four units. Initial emphasis is placed on the audio-lingual skills in order that the student may gain mastery in understanding and speaking before he attempts to practice reading and writing.

**Format**

The first section, "A Guide to Pronunciation and Spelling," introduces and explains the sound system of the Spanish language. Appropriate exercises give preliminary insight into the problems of pronunciation and enable the student to imitate with greater precision the speech habits of his teacher. As the program proceeds, this section will be useful not only for reference but also for the solution of problems encountered by individual students. In addition, the first eight units include pronunciation helps which give additional attention to the more difficult sounds of Spanish.

The format of Units 1 through 20 is essentially the same. Each unit contains:

(1) a situation dialog which is the basis of the unit, with an English translation on the following page,

(2) visual cues which illustrate the dialog and serve as tools for retention and recall,

(3) cultural notes in English which enlighten and expand the student's understanding of some of the unique facets of Latin American culture,

(4) a vocabulary expansion section intended as reference material,

(5) a series of structural drills, supplemented with grammar, which are designed first to teach and then to test,

(6) a sentence completion exercise to be used as an oral drill,

(7) a question formation exercise also intended as an oral drill,

(8) a "Controlled Conversation" which draws the entire class into meaningful communication,

(9) a section of "Personalized Questions" where the student may use freely and in a personal context the patterns he has learned,

(10) "Extemporization" exercises designed to allow the student to speak extemporaneously, and

(11) task assignments based on situations which afford the student an opportunity to engage in realistic conversation.

Units 21 through 24 include, in addition to most of the features listed, (1) an assignment to write an original composition on a given topic in order to develop the skill of writing and (2) a reading selection especially adapted for the second semester student. Each of the short stories is a favorite in Latin American literature. Since the student is now equipped to handle the more difficult patterns, original reading selections have purposely been chosen to present the challenge of literature. Only the very complex constructions and certain unusual words have been altered to encourage the student to read, not to translate.

**Suggestions for classroom procedure**

1. At the first meeting of the class, the teacher should assign to each student his equivalent Spanish name. If there is no equivalent, he should choose his new name from a previously prepared list. The teacher should always use the Spanish name when speaking to or about individual students. Drills become more personal if the names of the students are substituted for those in the text.

2. If at all possible, the students should be seated in a half circle when the "Controlled Conversations" and "Personalized Questions" are conducted. It would even be desirable to keep this seating arrangement for all the drills since it facilitates student communication.

3. At the outset students are well advised to allow sufficient time for individual practice and memorization. For the average student each hour in the classroom should be supplemented with at least two hours of practice outside the classroom. Where laboratory facilities are available, it is recommended that for every hour in class students spend one in the laboratory listening to the tapes especially prepared for each unit. In this way they are

able to practice with native speakers the structures and patterns they have studied in class. In addition, students should allow an hour each day to memorize the assigned structures.

4. Mastery of the materials is never complete until students are able to give immediate and complete responses whenever they are called upon to participate. When students stop to *think* about the response, they are generally translating from English into Spanish.

5. Whenever a mistake is made, the teacher should correct it at once and then repeat the correct pattern or question for the benefit of the entire class.

6. Since the dialogs and the pattern drills on the *Tapes to accompany Español a lo vivo* are recorded at normal conversational speed, it will be necessary for the teacher to present these materials in the classroom at the same speed. Otherwise the students will find it very difficult to follow the laboratory tapes and thus to benefit from them. The students should maintain this same speed in all their responses.

7. All drills should be done with choral response first, to make the entire class participate. They should be practiced until the students are able to respond correctly with their books closed. When all the pattern changes are mastered, the teacher may elect to ask individual students to respond.

**Suggestions for presentation of materials**

## Dialog Patterns

Basic to each unit is a realistic situation dialog. Natives from different Latin American countries have verified the authenticity of the speech patterns presented.

On the first day of Units 1 through 12, the teacher should read the first half of each dialog twice while the students listen. Then the teacher reads one sentence at a time at a normal speed, with the appropriate intonation, and asks the students to repeat. If a sentence is long, it should first be divided into meaningful breath groups; the students should repeat each group; then the sentence should be presented in its entirety. Care should be taken to model everything immediately before the students are allowed to repeat. In this way they are able to imitate a good model and fit the smaller groups into a meaningful sentence.

The day's assignment should include memorization of the patterns as well as of the English equivalents for the first half of the dialog.

On the second day of Units 1 through 12, the second half of the dialog should be presented in the same manner as the first half. After the classroom presentation the students should practice the same materials in the laboratory.

In Units 13 through 24, teachers may not wish to require memorization of the complete dialog. Nevertheless, students must acquire an active knowledge of and be responsible for all new structures and idioms.

## Visual Cues

The visual cues add an important element of visual appeal and stimulus to each unit and may be used in a variety of ways as best determined by the teacher.

They complement the dialog presentation and provide an effective means of giving the student an opportunity to discuss each relevant situation, thus serving as an additional drill promoting conversation. The high-frequency structures and vocabulary of each dialog are reinforced for easier recall and review.

The visual cues also provide the opportunity for the student to visualize the foreign environment being stressed in the dialog; this visual stimulus plays an important role in the total assimilation of language learning and also helps to sustain student interest and motivation during the memorization and review of the dialog.

### Vocabulary Expansion

The vocabulary expansion section is intended as reference material rather than as an active oral drill to be used in the classroom. It includes new vocabulary items and expressions introduced in the unit which are not necessarily presented in the dialog or in the exercises. This section may be used in a variety of ways. One possibility would be to give an out-of-class assignment in which the students are asked to learn the new vocabulary items and be prepared to give their English equivalents in a quiz conducted by the teacher.

This assignment would be most effective if completed during the first or second day devoted to the unit; it would thus provide a basis for oral drill which would not be interrupted by the necessity of explaining the meaning of new items.

### Verb Structure Drills

Mastery of verbs is required for fluency. In these drills all the necessary verbs and tenses are first presented "on the cross" for easy memorization. The *vosotros* form, appearing in brackets, need not be memorized because it is not generally used in Latin America. For example:

**estar**

| (yo) | estoy | (nosotros) | estamos |
|------|-------|------------|---------|
| (tú) | estás | [(vosotros) | estáis] |
| (él) | está | (ellos) | están |
| (ella) | está | (ellas) | están |
| (Ud.) | está | (Uds.) | están |

The teacher pronounces both the subject pronoun and the corresponding verb form shown on the cross, and the students repeat. He then gives only the pronoun, and the students give the appropriate verb form. The order of the pronouns may be varied in accordance with the needs of the class.

After this study of a verb the different forms are drilled further in complete sentences ("Subject Substitution" and "Question-Answer" exercises).

## Subject Substitution Drills

These drills are designed to practice new verb forms in a meaningful context. They include appropriate changes in person, number, and gender. Each drill consists of a pattern, a response, and a cue. For example:

| *Teacher* | | *Student* |
|---|---|---|
| Yo estoy muy bien. | *Repitan.* | Yo estoy muy bien. |
| Ud. _____. | | Ud. está muy bien. |
| Tú _____. | | Tú estás muy bien. |
| Nosotros _____. | | Nosotros estamos muy bien. |
| Ellos _____. | | Ellos están muy bien. |
| El y yo _____. | | El y yo estamos muy bien. |

The first time the drill is presented, the teacher says the pattern sentence and the students repeat. Then, as indicated by subsequent cues, the teacher says each complete sentence and the students repeat. After presenting the entire drill in this manner, the teacher gives only the cue and the students give the complete response. As the drill is mastered, the teacher may desire to call on individual students to respond to particular cues.

## Question-Answer Drills

These drills consist of a series of questions which test particular structural items. For example:

> ¿Lo veía Ud. todos los días?  *Contesten.*
> ¿Quién lo veía todos los días?
> ¿No lo veían ellos todos los días?
> ¿Cuándo lo veían ellos?
> ¿Lo veía en la escuela Juan?

The teacher asks a question from the drill, and the student is allowed to give any correct answer. Errors should be corrected immediately. The question should be asked again, if necessary, in order that the student may profit from hearing and participating in a complete question-answer pattern. After the individual has given a correct response, the teacher may direct the same question to the entire class and ask for the same correct response. These drills appear in a variety of forms. However, the patterns of each are essentially the same, and the manner of implementing them is obvious.

## Item Substitution Drills

This type of drill consists of replacing one item (noun, adjective, verb, etc.) in any given pattern. The cue, or substituted item, usually calls for a change in the gender, number, or verb form of the other elements in the sentence. The pattern thus changes from one line to the next. For example:

| *Teacher* | | *Student* |
|---|---|---|
| Carlos es simpático. | *Repitan.* | Carlos es simpático. |
| Luisa _____. | | Luisa es simpática. |
| _____ inteligente. | | Luisa es inteligente. |
| Carlos y Luisa _____. | | Carlos y Luisa son inteligentes. |
| _____ norteamericanos. | | Carlos y Luisa son norteamericanos. |
| Juan _____. | | Juan es norteamericano. |
| Elisa _____. | | Elisa es norteamericano. |
| _____ hermosa. | | Elisa es hermosa. |
| La muchacha _____. | | La muchacha es hermosa. |
| Ellas _____. | | Ellas son hermosas. |
| _____ chilenas. | | Ellas son chilenas. |
| Ellos _____. | | Ellos son chilenos. |

The teacher should first give complete sentences, one at a time, and have the students repeat. Then, the teacher may give only the cue, and the students should give the complete response.

## Choice Question-Answer Drills

In this drill there are two possible answers. For example:

> En el desayuno, ¿tomó Ud. jugo de naranja o jugo de manzana?
> En el desayuno, ¿comió Ud. huevos o jamón?
> En el almuerzo, ¿comió Ud. una ensalada o un sandwich?
> En el almuerzo, ¿comió Ud. pastel o torta?
> En la comida, ¿comió Ud. rosbif o chuletas de cerdo?
> En la comida, ¿comió Ud. pescado o verduras?

The teacher asks a question involving choice. The student chooses one of two items and gives the answer, being careful to make the necessary structural changes.

## Tense Substitution Drills

This exercise is designed to drill verb forms and tenses. It may consist of changing a pattern in the present tense to a pattern in the preterit, as in the following example:

*Teacher:* Hoy Ud. aprende la lección. ¿Qué hizo Ud. ayer?
*Student:* Ayer aprendí la lección.

| | |
|---|---|
| trabaja mucho | trabajé mucho |
| va el centro | fui al centro |
| escribe una carta | escribí una carta |
| se despierta temprano | me desperté temprano |
| come mucho | comí mucho |
| se acuesta a las seis | me acosté a las seis |

The teacher presents the pattern sentence and then asks a question which must be answered in terms of the pattern and with the appropriate change in the verb called for in the question.

The "Tense Substitution Drill" may vary as follows:

*Teacher:* El estaba enfermo.
*Student:* Ojalá no estuviera enfermo.

Ellos sabían la verdad.
Ellos salían a la calle.
Ellos se levantaban tarde.
Llovía esta mañana.
Entendían lo de Juan.

Here the teacher says the sentence; the student changes it, substituting the past subjunctive for the imperfect indicative. After the correct change has been made, the teacher proceeds to the next pattern.

## Structure Substitution Drills

This exercise consists of replacing one grammatical construction with another, such as substituting nouns with the appropriate pronouns, changing affirmative words to their negative counterparts, and so forth. For example:

*Teacher:* Alguien llama a la puerta.
*Student:* No llama nadie a la puerta.

Ud. va al parque algún día. (nunca)
El tiene un coche también. (tampoco)
El es o loco o estúpido. (ni . . . ni)
Es alguna mala noticia. (ninguna)
Tengo algo para Ud. (nada)

In this example, the teacher says the pattern sentence. The student repeats it and then changes it by replacing the affirmative with its negative counterpart.

## Patterned Response Drills

This drill is designed to elicit specific responses using the grammatical structures which have been studied in a given unit. For example:

*Teacher:* ¿Sabe Ud. si va a llover?
*Student:* No sé. Tal vez llueva mañana.

vienen sus amigos
está abierto el restorán
sale Juan del país
vuelve Carlos
lo vende

Here the teacher asks the question, and the student gives the appropriate pattern answer. The teacher then substitutes part of the question, and the student changes the pattern answer to include the new item.

## Sentence Completion

This exercise is intended as an oral drill for classroom use. It allows the student to generate sentences on his own from material being drilled at the moment. The exercise will be more useful to the student if he does not write the completion in his text. Thus the exercise can be used many times to stimulate the formation of sentences by the student.

## Question Formation

This exercise is also intended as an oral drill for classroom use. In this drill the teacher reads the statement in the text and then calls on a student to formulate a question which would elicit that statement as a response. The student is urged to ask the question without hesitation.

During the first few weeks of the course the students may need to write out the questions before the drill is given in class; however, the greatest benefit will be derived from helping the student to develop the ability to formulate questions quickly without writing them out beforehand. If the student makes an error in asking the question, the teacher should correct the error and have the student ask the question again. The teacher may also want the student to ask the question several times once the proper structure has been elicited. To make the situation more realistic the teacher might answer the question.

## Controlled Conversation

The "Controlled Conversation" exercise is designed to give the students an opportunity to manipulate the patterns already studied. It also provides practice in a meaningful person-to-person context. For example:

*Teacher:* Roberto, pregúntele a Juan cómo está.
*Roberto:* Juan, ¿cómo estás?
*Juan:* Estoy bien, gracias.

*Teacher:* Roberto, ¿qué dice Juan?
*Roberto:* Juan dice que está bien.

*Teacher:* Clase, ¿qué dice Juan?
*Class:* Juan dice que está bien.

Pregúntele a _____ cómo se llama.

cómo se llama el profesor.

cómo se llama ese joven.

si está bien.

si Ricardo está aquí.

si el profesor está aquí.

si se llama Roberto o José.

dónde están los estudiantes.

dónde está Pepe.

The teacher asks the student a question containing a particular pattern, being careful to use the polite form of address. The student then asks another student the same question, but using the familiar form of address. The second student answers the question according to his own particular situation. The teacher now asks the first student what the second student says (said). The first student makes. the necessary structural changes as he responds to the teacher's question. The teacher then asks the class what the second student says (said), and the class repeats the same answer in chorus. In this drill the teacher may elicit spontaneity by encouraging the second student who responds to do so freely and without restrictions. The teacher may also wish to depart from the given patterns and substitute some which seem more appropriate to individual class situations.

## Personalized Questions

An important feature of the text is the emphasis on personal questions and answers. In this exercise the student is given the opportunity to draw upon his personal experiences and to react in an individual manner. His answer is often spontaneous, and the teacher may wish to capitalize on it and pursue the conversation with questions other than the suggested ones. For example:

¿Por qué tendrá sueño el profesor?

¿Se lavó Ud. la cara o las manos esta mañana?

¿Por qué durmió Ud. en la clase ayer?

El padre de ella es viejo, ¿y el suyo?

¿Es verdad que Ud. no estudia mucho?

¿Cuántos años tendrá Elena?

¿Conoce Ud. a alguien que estudie mucho?

¿Cree Ud. que haya hombres en la luna?

The teacher asks a question, and the student answers it in terms of his own personal information or situation. Any correct and meaningful answer is acceptable. Any errors in the structure of the answer should be corrected immediately, and the question should be repeated. After the student gives a correct answer, the teacher asks the entire class the same question. Everyone repeats in chorus the individual student's answer.

## Extemporization

Students generally have a more profitable learning experience with a foreign language if they are given the opportunity to use in meaningful conversation the structural items presented to them in a lesson. Actually, they have not really learned these items until they are able to use them in free conversation. The objective of "extemporization" is to provide the student with this opportunity.

Basically, this exercise involves allowing each student to speak extemporaneously for two or three minutes to a group of four or five students, or, if desirable, to the entire class. After the student has spoken, the members of his group or of the class ask him questions to carry on the conversation or to challenge his views.

In order that extemporization not be completely unstructured, each student is to choose one of the suggested topics and thoroughly prepare his presentation. He should have well in mind what he intends to say but it should not be memorized. He should include his own personal feelings or his own point of view. Vocabulary items and questions are given merely as suggestions, and it is expected that the student will use his own imagination and ingenuity.

The conversation groups are formed by dividing the class into groups of four or five students. Each student makes his presentation to his group and, in turn, is questioned by members of this same group. It may be desirable to include in each group at least one of the more advanced students in order to stimulate the conversation and to permit the instructor to move from group to group as the need warrants.

The alternative procedure is to have the student make his presentation to the entire class. He then answers the questions of the instructor and the class members, and everyone has an opportunity to participate in the conversation.

## Task Assignments

These exercises are also intended as an oral drill for classroom use. At first the students may be given time outside of class for preparation; however, the greatest benefit will come from developing in the student the ability to perform the drills spontaneously in class. For this purpose the instructor may assign pairs of students to work together, designating which ones are to ask the questions. At the end of a predetermined time the instructor then calls on one of the students who asked questions to respond or to report. For the next task assignments the students change roles so that they all have an opportunity to ask questions and elicit information. (In Units 20–24 the task assignments are first prepared in written form outside the classroom.)

## Culture Capsules

All of the culture capsules are written in a style and with appropriate vocabulary items that make them easily understood by the student. Each culture capsule should be given as a reading assignment and then discussed in Spanish the following day. The questions are designed to aid in the comprehension of the passage as well as to highlight the significant cultural differences which are an integral part of each culture capsule.

## The Review Unit

The Review Unit is scheduled after each series of four units. Each Review Unit consists of two basic features: (1) grammar review exercises and (2) a culture capsule. A suggested review schedule is outlined and presented in the Introduction to the *A lo vivo* Testing materials in the instructor's manual.

A systematic and thorough review is always beneficial in language learning. The Review Unit is designed to aid the student in his grasp of grammatical patterns and vocabulary items; at the same time it is intended to increase his desire for further study by creating an awareness of cultural differences and activities unique to the people of Spanish-speaking countries.

# A GUIDE TO PRONUNCIATION AND SPELLING

To acquire proficiency in pronunciation the student must imitate carefully the model presented by his instructor and the native speakers heard on the tapes. The following exercises are designed to help him do this. They include: (1) a description of the sounds, (2) the place of articulation, and (3) the manner of articulation. Emphasis is placed on *how* to pronounce the sounds rather than on how *not* to pronounce them.

**A. Vowels**

The Spanish sound system has five vowels: /a/, /e/, /i/, /o/, /u/.

1. /a/ To pronounce the Spanish /a/, open the mouth rather wide, pull the corners of the mouth back slightly, and leave the tongue flat in the bottom of the mouth. Listen and repeat after the instructor.

    a  a  a  a  a

Once the correct vowel sound is made, the position of the lips, tongue, and the jaw remains constant for the duration of the sound. Listen and repeat.

    fa  fa  fa  fa  fa
    ma  ma  ma  ma  ma
    sa  sa  sa  sa  sa
    na  na  na  na  na

Care must be taken to resist the English speech pattern which reduces weakly stressed syllables to a "neutral" sound we sometimes represent as *uh*. Listen and repeat precisely what you hear.

    fama  fama  fama  fama  fama
    masa  masa  masa  masa  masa
    sana  sana  sana  sana  sana

In the expression *a la muchacha* ("to the girl"), the same vowel sound occurs four times. Make sure you pronounce it the same way each time.

    a la muchacha   a la muchacha   a la muchacha

1

In the following words avoid the /æ/ sound of English cognates "camp" and "class." Listen and repeat.

> campo  campo  campo  campo
> clase  clase  clase  clase

2. /e/  To pronounce the Spanish /e/, arch the tongue slightly forward and keep it rather tense. After this position is taken, do not move the tongue, jaw, or lips. Watch the instructor carefully; then imitate.

> e  e  e  e

Listen and repeat.

> fe  fe  fe  fe  fe
> me  me  me  me  me
> se  se  se  se  se

English speakers have the tendency to make a diphthong of the vowel /e/, especially in strongly stressed syllables or at the end of a word. The word "day" in English becomes "day-ee." To avoid this glide in Spanish, be careful not to move the tongue or jaw after you have taken the position for the vowel. Listen and repeat.

> café  café  café  café  café
> mesa  mesa  mesa  mesa  mesa

In the weakly stressed syllables, be careful not to reduce Spanish /e/ to *uh*. Listen and repeat.

> comen  comen  comen  comen
> hacen  hacen  hacen  hacen

Depending on its position, Spanish /e/ may undergo certain variations. At the end of a syllable it may resemble the vowel in English "mate," but without the glide. Listen and repeat.

> peso  peso  peso  peso
> pera  pera  pera  pera
> café  café  café  café

When followed by a consonant in the same syllable, it may resemble the vowel of English "met." Listen and repeat.

> papel  papel  papel  papel
> venta  venta  venta  venta
> viven  viven  viven  viven

3. /i/  To pronounce the Spanish /i/, arch the tongue high in the mouth and spread the lips wide. Listen and repeat.

> i  i  i  i  i

In the following examples, /i/ occurs in a strongly stressed syllable. Be careful to avoid the glide characteristic of the English "sea" and "we." Listen and repeat.

sí   sí   sí   sí   sí
mi   mi   mi   mi   mi
misa   misa   misa   misa   misa
lima   lima   lima   lima   lima

In a weakly stressed syllable, English speakers tend to reduce /i/ to *ih* as in English "bit." Listen and repeat.

impotente   impotente   impotente   impotente
Ignacio   Ignacio   Ignacio   Ignacio   Ignacio
Italia   Italia   Italia   Italia   Italia

Listen and repeat, making sure both /i/ vowel sounds are alike.

imposible   imposible   imposible   imposible

4. /o/  To pronounce the Spanish /o/, round the lips and arch the back of the tongue toward the rear palate. The tongue is raised slightly higher and held tenser than for English /o/. Be sure that the sound does not drift to /u/. Listen and repeat.

o   o   o   o   o

English speakers tend to glide from the /o/ sound to a *u* sound, especially if the /o/ occurs in a strongly stressed or a final syllable (example: "no-uu"). You can avoid this by not moving the jaw and tongue after the position for this sound has been taken. Listen and repeat.

no   no   no   no   no
ganó   ganó   ganó   ganó   ganó

A Spanish speaker rounds his lips before beginning the consonant which precedes /o/. Watch your instructor and repeat the following words.

como   como   como   como   como
no como   no como   no como   no como

The Spanish /o/ does not vary as much as its English counterpart. The English /a/ sound in the word "doctor" does not exist in Spanish. This is a problem especially with words which have common English cognates. Listen and repeat.

oficina   oficina   oficina   oficina
costo   costo   costo   costo
doctor   doctor   doctor   doctor

In the weakly stressed syllables, English speakers tend to reduce /o/ to *uh* as in the first syllable of the Spanish word *conozco*. Round the lips before you articulate for the preceding consonant and maintain that position until you have pronounced the entire word. Listen and repeat.

conozco   conozco   conozco   conozco
monopolio   monopolio   monopolio   monopolio

5. /u/  To pronounce the Spanish /u/, round the lips and arch the back of the tongue toward the hard palate. The tongue is raised slightly higher

and tenser than it is for the English counterpart. Watch your instructor and imitate.

u   u   u   u   u

English speakers sometimes carry over the sound /yu/, given to certain words spelled with *u* such as "music" and "fumes." Spanish /u/ does not have this sound. Round the lips before you articulate the initial consonant and maintain the same position for the duration of the vowel sound. Listen and repeat.

fu   fu   fu   fu   fu
fuma   fuma   fuma   fuma   fuma
mu   mu   mu   mu   mu
mucho   mucho   mucho   mucho   mucho

## B. Consonants

1. /d/ To articulate the Spanish /d/, a voiced stop, place the tongue flat against the back side of the upper front teeth. The principal difference between Spanish /d/ and English /d/ is in the point of articulation. The English /d/ is alveolar; that is, it touches the upper alveolar ridge, as in the word "day," while the Spanish /d/ is dental. Listen and repeat.

da   da   da   da   da
dame   dame   dame   dame   dame
cuando   cuando   cuando   cuando   cuando
aldea   aldea   aldea   aldea   aldea

Notice that Spanish /d/ is a voiced stop that occurs at the beginning of an utterance and after /n/ or /l/.

2. /đ/ To articulate Spanish /đ/, a voiced dental fricative, place the tip of the tongue between the teeth. Watch your instructor and repeat.

nada   nada   nada   nada   nada
cada   cada   cada   cada   cada
modo   modo   modo   modo   modo
medida   medida   medida   medida   medida

Notice that in the above words the Spanish /đ/ occurs between two vowels. It also occurs after /r/ as in *guardar*, after /s/ as in *los días*, and as the final consonant in *ciudad*.

Frequently in Spanish a single word may include both /d/ and /đ/. Listen and repeat.

dedo   dedo   dedo   dedo   dedo
dado   dado   dado   dado   dado
adónde   adónde   adónde   adónde   adónde

3. /t/ Spanish /t/ is an unvoiced dental stop. To articulate it, place the end of the tongue flat against the back side of the upper front teeth. Unlike

its English counterpart, Spanish /t/ is not aspirated, that is, it is not accompanied by a puff of air as in English "two." Listen and repeat.

> ti  ti  ti  ti  ti
> tú  tú  tú  tú  tú
> ten  ten  ten  ten  ten
> tanto  tanto  tanto  tanto  tanto

4. /p/  The point of articulation for Spanish /p/, an unvoiced bilabial stop, is the same as for English /p/; however, the manner of articulation differs. Spanish /p/ is not aspirated. Listen and repeat.

> papa  papa  papa  papa  papa
> Pepe  Pepe  Pepe  Pepe  Pepe

5. /k/  Spanish /k/ is articulated like English /k/, that is, by placing the back of the tongue against the soft palate. The manner of articulation is different in that Spanish /k/ is not aspirated. Listen and repeat.

> caso  caso  caso  caso  caso
> coco  coco  coco  coco  coco
> cuna  cuna  cuna  cuna  cuna
> kilo  kilo  kilo  kilo  kilo
> que  que  que  que  que

Notice that Spanish /k/ may be written in several ways.

6. /r/  Spanish /r/ is articulated by making a single tap of the tongue against the alveolar ridge. The sound most nearly identical with Spanish /r/ is English /d/ in the word "caddy." Listen and repeat.

> pero  pero  pero  pero  pero
> para  para  para  para  para

Spanish /r/ gives considerable difficulty when it is adjacent to a consonant. When it comes before a consonant, it is generally a single tap, although occasionally a native speaker may use a trill, depending on the style of speech. Listen and repeat.

> carta  carta  carta  carta  carta
> tardes  tardes  tardes  tardes  tardes
> árbol  árbol  árbol  árbol  árbol

Spanish /r/ after a consonant is always a single tap. Listen and repeat.

> brisa  brisa  brisa  brisa  brisa
> pronto  pronto  pronto  pronto  pronto
> tres  tres  tres  tres  tres
> libro  libro  libro  libro  libro

7. /rr/  The trilled Spanish /rr/ is articulated by placing the tip of the tongue against the alveolar ridge and holding it there tensely enough so that it

offers some resistance to the passage of air. By increasing the pressure of breath, force the tongue away from the alveolar ridge and produce a flutter or trill. Listen and repeat.

corremos   corremos   corremos   corremos
perro   perro   perro   perro   perro
carro   carro   carro   carro   carro

Notice that orthographic initial *r* is also pronounced /rr/. This is generally true even when the word is used with an article. Listen and repeat.

rico   rico   rico   rico   rico
rápido   rápido   rápido   rápido
el rey   el rey   el rey   el rey
al rato   al rato   al rato   al rato

When Spanish /r/ is final in an utterance, it is generally a single tap, but it may be a trill depending on the emphasis given and the style of speech. In either case it is quickly devoiced, that is, the vocal chords stop vibrating before the tongue has stopped trilling. Listen and repeat.

hablar   hablar   hablar   hablar   hablar
vamos a ver   vamos a ver   vamos a ver

8. /b/   Spanish /b/, a voiced bilabial stop, is pronounced by placing the two lips together, building up the pressure, and allowing the air to escape suddenly. It is similar to English /b/. Listen and repeat.

beso   beso   beso   beso   beso
vaca   vaca   vaca   vaca   vaca
vamos   vamos   vamos   vamos   vamos
también   también   también   también
tumba   tumba   tumba   tumba   tumba
enviar   enviar   enviar   enviar   enviar

The /b/ sound occurs at the beginning of an utterance and after the letters *m* and *n* (which are both pronounced /m/). For example, *enviar* is pronounced [embyar]. Notice that the sound is written *b* in some words and *v* in others, but that either spelling represents the same bilabial stop (not English /v/) in these positions.

9. /ƀ/   Spanish /ƀ/, a voiced bilabial fricative, is a sound which does not exist in English. It is articulated by lightly touching the lower lip to the upper lip, thus restricting the passage of air but not stopping it. Watch and listen; then repeat.

labio   labio   labio   labio   labio
lava   lava   lava   lava   lava
lobo   lobo   lobo   lobo   lobo
no vino   no vino   no vino   no vino   no vino

**6**

Notice that this sound occurs between vowels and that it is spelled *b* in some words and *v* in others. English /v/, a labio-dental fricative, made by pressing the lower lip against the upper teeth, exists in Spanish only in certain isolated regions. Listen and be sure you use only the voiced bilabial fricative in the following utterances.

la vaca   la vaca   la vaca   la vaca
se la vi   se la vi   se la vi   se la vi

10. /g/   The point of articulation for Spanish /g/, a voiced velar stop, is the same as for English /g/ in the word "go." /g/ occurs at the beginning of an utterance (*gana, gran, grueso*, etc.). Listen and repeat.

goma   goma   goma   goma   goma
gusto   gusto   gusto   gusto   gusto
gana   gana   gana   gana   gana
Gloria   Gloria   Gloria   Gloria   Gloria

11. /g̶/   The point of articulation for Spanish /g̶/, a voiced velar spirant, is the same as for the Spanish /g/. To make the sound, raise the back of the tongue as for /g/ and merely restrict the passage of air rather than stop it against the velum (the soft arch at the back of the mouth). /g̶/ occurs between vowels (*haga, lago*) and in the cluster *agr* (*agrada, sagrado*, etc.). Listen and repeat.

agua   agua   agua   agua   agua
lago   lago   lago   lago   lago
siga   siga   siga   siga   siga
agrada   agrada   agrada   agrada

12. /ʜ/   Spanish /ʜ/ is an unvoiced velar fricative made by raising the back of the tongue toward the velum as the breath is expelled. The result is a sound considerably more fricative than the English /h/. Listen and repeat.

jota   jota   jota   jota   jota
julio   julio   julio   julio   julio
giro   giro   giro   giro   giro
gente   gente   gente   gente   gente
caja   caja   caja   caja   caja
Méjico   Méjico   Méjico   Méjico

Notice in these examples that this sound is spelled *j* before *a, o,* and *u,* and *g* before *e* or *i*. In Mexico this sound is written *x* in traditional place-names, including the name of the country, *México*.

The letter *h*, except in combination with *c* (*ch*), has no phonetic value. Listen and repeat.

hoy   hoy   hoy   hoy   hoy

13. /ch/  Spanish /ch/ is pronounced like English "ch" in "church" or "challenge." Listen and repeat.

muchacho  muchacho  muchacho  muchacho

14. /f/  Spanish /f/ is similar to English /f/.

15. /s/  Spanish /s/, a voiceless fricative, does not differ greatly from its English counterpart when it appears as an initial letter or between vowels. The point of articulation is the same as for English /s/. Listen and repeat.

saco  saco  saco  saco  saco
caso  caso  caso  caso  caso

When it is in the final position, Spanish /s/ is less fricative than in other positions and sometimes it becomes hardly more than an aspiration. Listen and repeat.

hablas  hablas  hablas  hablas  hablas
casta  casta  casta  casta  casta

In Latin America and in parts of Spain the sound /s/ may be represented by letters other than *s*. Listen and repeat.

Venezuela  Venezulea  Venezuela  Venezuela
taza  taza  taza  taza  taza
ciudad  ciudad  ciudad  ciudad  ciudad
cena  cena  cena  cena  cena

The letter *z*, wherever it occurs, and the letter *c*, before *e* or *i*, have the sound of /s/ in those areas. In Castilian Spanish, *z* and *c* in these positions have a sound equivalent to English "th."

English speakers tend to carry over the voiced sound of /z/, which occurs in such words as "president," "visit," "rose," and to give the same sound to Spanish words in which the spelling *z* occurs. Spanish /s/ is not voiced when between vowels or when spelled *z*. Listen and repeat.

presidente  presidente  presidente  presidente
visitar  visitar  visitar  visitar  visitar
Rosa  Rosa  Rosa  Rosa  Rosa
zapato  zapato  zapato  zapato  zapato

When /s/ is followed by the diphthongs /yo/ and /ya/ (*io*, *ia*), English speakers tend to carry over the palatalization sound (often spelled "sh" in English) of corresponding English words. Pronounce the Spanish /s/ as you listen and repeat.

confesión  confesión  confesión  confesión
nación  nación  nación  nación  nación
oficial  oficial  oficial  oficial  oficial
visión  visión  visión  visión  visión

The sound of English /z/, as in "razor" or "rose," occurs in Spanish only before voiced consonants, where it is written *s*. Listen and repeat.

desde  desde  desde  desde  desde
rasgo  rasgo  rasgo  rasgo  rasgo
Buenos días  Buenos días  Buenos días

16. /l/  The Spanish /l/, a voiced alveolar lateral, is articulated by placing the tip of the tongue against the alveolar ridge and arching the back of the tongue high in the mouth. Force the air out allowing it to escape around the sides of the tongue. Spread the corners of your mouth slightly. Listen and repeat.

lado  lado  lado  lado  lado
lima  lima  lima  lima  lima

Spanish /l/ between vowels is a more prolonged sound and has a greater restriction of the air than English /l/. Listen and repeat.

malo  malo  malo  malo  malo
hola  hola  hola  hola  hola

Notice that final Spanish /l/ is articulated with the back of the tongue much higher than for English /l/. Listen and repeat.

tal  tal  tal  tal  tal
sol  sol  sol  sol  sol

17. /m/  Spanish /m/, a voiced bilabial continuant, in most cases is very similar to English /m/. Listen and repeat.

cama  cama  cama  cama  cama
tomo  tomo  tomo  tomo  tomo
suma  suma  suma  suma  suma

18. /n/  Spanish /n/, a voiced palatal continuant, in most cases is similar to English /n/. Listen and repeat.

sano  sano  sano  sano  sano
lana  lana  lana  lana  lana

The /n/ sound is often modified by a neighboring sound. For example, when *n* occurs before *b*, *v*, or *p*, it is pronounced /m/. Listen and repeat.

un beso  un beso  un beso  un beso
enviar  enviar  enviar  enviar  enviar
un parque  un parque  un parque  un parque
un pelo  un pelo  un pelo  un pelo  un pelo

Before /k/, /g/, and /н/, Spanish /ŋ/ is a velar nasal, very similar to English /ŋ/, as in "sink" and "sing." Listen and repeat.

mango mango mango mango mango
finca finca finca finca finca
un kilo un kilo un kilo un kilo un kilo
un gato un gato un gato un gato un gato
naranja naranja naranja naranja naranja naranja

19. /ñ/ Spanish /ñ/ is pronounced by arching the middle of the tongue until it touches the hard palate. A short /y/ sound is produced as the tongue breaks contact with the palate. The tip of the tongue touches the lower front teeth. Listen and repeat.

año año año año año
piña piña piña piña piña
España España España España España

There is also a sequence of /n/ and /y/ in Spanish produced with the tip of the tongue touching the alveolar ridge. Many speakers differentiate clearly between this /ny/ and the /ñ/ described above. Listen and repeat.

demonio demonio demonio demonio demonio
opinión opinión opinión opinión opinión

20. /y/ Spanish /y/, a voiced palatal continuant, is more strongly articulated than English /y/, especially at the beginning of a word and between vowels. Spanish /y/ is regarded as a consonant when it occurs at the beginning of a syllable, as in *ya*, and as a vowel when it occurs at the end of a syllable, as in *soy*, *ley*. Most Spanish speakers pronounce the consonant /y/ with the tip of the tongue closer to the alveolar ridge than is the case in English /y/, as in "yes." In addition, there is a greater restriction of air. There is considerable variation between speakers in the fricative quality of this consonant. Listen and repeat.

ya ya ya ya ya
se cayó se cayó se cayó se cayó

21. /ly/ In many regions, Spanish /ly/, usually spelled *ll*, is pronounced like /y/. This sound is widely used in Spanish America, although there are dialectical and regional differences. Listen and repeat.

calle calle calle calle calle
llamo llamo llamo llamo llamo
mayo mayo mayo mayo mayo

22. /x/ The letter *x* before a consonant is pronounced like the English "s": *sexto*, *extranjero*. Between vowels it is usually a double sound, like a weak

English "g" followed by an "s": *examen, éxito*. In the words *México* and *mexicano*, the *x* is always pronounced like the Spanish letter *j*. Often the spelling is changed to *Méjico, mejicano*.

**C. Division of words into syllables**

The ability to divide words into syllables helps to develop an awareness of the syllabic rhythm of the language. In Spanish most syllables end in a vowel.

1. Spanish vowels rank in strength or audibility as follows: *a, o, e, i, u*. They are characteristically described as *strong* or *weak*.

   a. The strong vowels are *a, o,* and *e,* and each one is strong enough to make a separate syllable. Thus, if two occur together in a word, two syllables are formed.

   pa-*se*-o  pa-*se*-o  pa-*se*-o  pa-*se*-o  pa-*se*-o
   le-*al*  le-*al*  le-*al*  le-*al*  le-*al*
   le-*ón*  le-*ón*  le-*ón*  le-*ón*  le-*ón*
   ma-*es*-tro  ma-*es*-tro  ma-*es*-tro  ma-*es*-tro

   b. The weak vowels are *i* and *u*. When a strong vowel is followed or preceded by an unstressed weak vowel, they form together one syllable. This combination is called a diphthong.

   go-*bier*-no  go-*bier*-no  go-*bier*-no
   na-*ción*  na-*ción*  na-*ción*  na-*ción*
   *cau*-sa  *cau*-sa  *cau*-sa  *cau*-sa  *cau*-sa
   *fui*-mos  *fui*-mos  *fui*-mos  *fui*-mos  *fui*-mos
   *ciu*-dad  *ciu*-dad  *ciu*-dad  *ciu*-dad  *ciu*-dad

   c. A stressed weak vowel forms a separate syllable regardless of an adjacent strong vowel. An accent mark is used in writing to indicate such stressed weak vowels.

   pa-*ís*  pa-*ís*  pa-*ís*  pa-*ís*  pa-*ís*
   ba-*úl*  ba-*úl*  ba-*úl*  ba-*úl*  ba-*úl*
   le-*í*-a  le-*í*-a  le-*í*-a  le-*í*-a  le-*í*-a
   *mí*-o  *mí*-o  *mí*-o  *mí*-o  *mí*-o

   d. A combination of a strong vowel between two weak vowels is called a triphthong.

   U-ru-*guay*  U-ru-*guay*  U-ru-*guay*  U-ru-*guay*

2. A word contains as many syllables as it has vowels or diphthongs. Syllable boundaries can be recognized as follows:

a. Adjacent strong vowels or stressed weak vowels adjacent to strong vowels form separate syllables as noted under 1.

o-í-a  o-í-a  o-í-a  o-í-a  o-í-a
mí-o  mí-o  mí-o  mí-o  mí-o
pú-a  pú-a  pú-a  pú-a
ca-í  ca-í  ca-í  ca-í

b. When between vowels, single consonants and most groups of a consonant plus *l* or *r* go with the following vowel.

ca-ma  ca-ma  ca-ma  ca-ma
ca-pi-tal  ca-pi-tal  ca-pi-tal  ca-pi-tal
Amé-ri-ca  Amé-ri-ca  Amé-ri-ca  Amé-ri-ca
pa-dre  pa-dre  pa-dre  pa-dre
ha-blar  ha-blar  ha-blar  ha-blar
a-pli-car  a-pli-car  a-pli-car  a-pli-car

c. *Ch, ll*, and *rr* are considered single consonants.

le-che  le-che  le-che  le-che
pe-rro  pe-rro  pe-rro  pe-rro
ca-lle  ca-lle  ca-lle  ca-lle

d. Groups beginning with *s* and combinations such as *rl, lr, tl*, and *dl* (which do not begin utterances in English or in Spanish) are divided as follows:

es-la-bón  es-la-bón  es-la-bón  es-la-bón
es-ta-do  es-ta-do  es-ta-do  es-ta-do
per-la  per-la  per-la  per-la
al-re-de-dor  al-re-de-dor  al-re-de-dor  al-re-de-dor
at-las  at-las  at-las  at-las

e. All other groups of two consonants are also divided. Note that these combinations cannot begin an utterance in English or in Spanish.

cin-co  cin-co  cin-co  cin-co
con-ti-nen-te  con-ti-nen-te  con-ti-nen-te  con-ti-nen-te
cul-tu-ra  cul-tu-ra  cul-tu-ra  cul-tu-ra

f. When more than two consonants occur between vowels, the division is usually after the first consonant. Note that the other two will be one of the pronounceable groups ending in *l* or *r*.

san-gre  san-gre  san-gre  san-gre
cen-tral  cen-tral  cen-tral  cen-tral
mez-cla  mez-cla  mez-cla  mez-cla
sor-pre-sa  sor-pre-sa  sor-pre-sa  sor-pre-sa

**D. Stress**

1. Most words ending in a vowel or *n* or *s* are stressed on the next to the last syllable (the penult).

a-*mi*-go  a-*mi*-go  a-*mi*-go  a-*migo*  a-*mi*-go
*par*-te  *par*-te  *par*-te  *par*-te  *par*-te
*ha*-blan  *ha*-blan  *ha*-blan  *ha*-blan  *ha*-blan
ha-bi-*tan*-tes  ha-bi-*tan*-tes  ha-bi-*tan*-tes

2. Most words which end in a consonant other than *n* or *s* stress the last syllable.

us-*ted*  us-*ted*  us-*ted*  us-*ted*  us-*ted*
fa-*vor*  fa-*vor*  fa-*vor*  fa-*vor*  fa-*vor*
es-pa-*ñol*  es pa-*ñol*  es-pa-*ñol*  es-pa-*ñol*
es-cri-*bir*  es-cri-*bir*  es-cri-*bir*  es-cri-*bir*

3. In many words the position of the stress differs from the above common patterns. It is conventional to indicate such "irregular" stresses with an accent mark in written Spanish.

*mé*-di-co  *mé*-di-co  *mé*-di-co  *mé*-di-co
a-de-*más*  a-de-*más*  a-de-*más*  a-de-*más*
tam-*bién*  tam-*bién*  tam-*bién*  tam-*bién*
ha-bla-*ré*  ha-bla-*ré*  ha-bla-*ré*  ha-bla-*ré*
*fá*-cil  *fá*-cil  *fá*-cil  *fá*-cil

**E. Linking**

In spoken Spanish, as in spoken English, phrases and sentences are divided into breath groups of closely related words. Within these groups the individual words are linked together for continuity and pronounced as though they were one long word. Since the student will hear Spanish spoken without unnatural word boundaries, it is most important that, from the beginning, he practice pronouncing complete utterances without pauses.

1. A final consonant is linked with an initial vowel.

es‿un‿amigo — e su na mi go
con‿el‿hombre — co ne lom bre
los‿osos — lo so sos
son‿elegantes — so ne le gan tes

2. Two identical vowels are pronounced as one.

de‿español  de‿español  de‿español
habla‿a Juan  habla‿a Juan  habla‿a Juan
lo‿oído  lo‿oído  lo‿oído

3. Two identical consonants are pronounced as one.

el‿lobo  el‿lobo  el‿lobo
al‿lado  al‿lado  al‿lado

4. The final vowel of one word is linked with the initial vowel of the following word to form one syllable.

> todo‿el día   todo‿el día   todo‿el día
> su‿amigo   su‿amigo   su‿amigo
> Norte‿América   Norte‿América
> no‿es la‿una   no‿es la‿una
> volví‿al centro   volví‿al centro

**F. Punctuation**

Spanish punctuation is similar to English punctuation, with the following differences:

1. An inverted question mark or exclamation point is used at the beginning of a question or exclamation, in addition to the end mark.

> ¿Cómo está usted?   ¿Cómo está usted?
> ¡Viva México!   ¡Viva México!   ¡Viva México!

2. A dash is used instead of quotation marks to separate speakers' parts in written dialog. It always appears at the beginning of an utterance and also precedes any narrative words that follow.

> — No, señor profesor.
> — Tome su sombrero — dijo Alberto.

**G. Capitalization**

Spanish uses fewer capitals than English.

1. Nouns and adjectives indicating nationality are written with small letters.

> una ciudad mexicana   una ciudad mexicana
> los españoles   los españoles

2. Names of languages are written with small letters.

> hablan francés   hablan francés

3. The days of the week and the names of the months are written with small letters.

> martes, el cinco de mayo   martes, el cinco de mayo

# UNIT 1

## DIALOG PATTERNS

## Saludos

SEÑOR LÓPEZ — Buenos días, señora Sánchez.  ¿Cómo está usted?

SEÑORA SÁNCHEZ — Muy bien, gracias, ¿y usted?

MANUEL — ¡Hola, Pepe!  ¿Qué tal?

PEPE — Bien, gracias, ¿y tú?

MARÍA — Buenas tardes, Luisa.  ¿Cómo estás?

LUISA — Yo, bien. ¿Y tú?

EL PROFESOR — Buenas noches.  ¿Cómo están ustedes?

LOS ESTUDIANTES — Estamos muy bien, gracias.

JUAN — ¿Dónde está Carlos?

PEDRO — Está en la clase.

CARLOS — Ana, te presento a Pablo.

ANA — Encantada.

PABLO — Mucho gusto en conocerte.

ELISA — ¿Cómo te llamas?

FRANCISCO — Me llamo Francisco.

ANA — Adiós.  Hasta luego.

GLORIA — Hasta mañana.  Saludos a la familia.

# Greetings

SEÑOR LÓPEZ — Good morning, Mrs. Sánchez.  How are you?
SEÑORA SÁNCHEZ — Very well, thank you.  And you?

MANUEL — Hi, Pepe.  How are you?
PEPE — Fine, thank you.  And you?

MARÍA — Good afternoon, Luisa.  How are you?
LUISA — I'm fine.  And you?

THE TEACHER — Good evening.  How are you?
THE STUDENTS — We are very well, thank you.

JUAN — Where is Carlos?
PEDRO — He is in class.

CARLOS — Ana, this is Pablo.
ANA — It's a pleasure (I'm charmed).
PABLO — I'm pleased to meet you.

ELISA — What is your name?
FRANCISCO — My name is Francisco.

ANA — Goodbye.  See you later.
GLORIA — See you tomorrow.  Greetings to your family.

PRONUNCIATION HELPS

Spanish /đ/  When Spanish /đ/ occurs between vowels or in the final position, it is a labiodental fricative similar to the "th" of English "they." To pronounce it, place the tip of the tongue between the teeth.

Examples of the Spanish /đ/ in this dialog include: encant**a**da, a**d**iós, and uste**d**.  Watch your instructor and repeat.

encant**a**da          a**d**iós          uste**d**

This same sound occurs after /r/ as in ta**rd**es and after /s/ in the combination Bueno**s d**ías.  Watch your instructor and repeat.

Buenas ta**rd**es.
Buenos **d**ías.

Spanish /a/  This sound is similar to "a" in English "ha." Care must be taken to resist the *swa* sound ("uh") as in the final syllable of the English word "comma."

Watch your instructor and repeat.

Saludos **a** la familia.
Hasta mañana.
Encantada.
Hola.

18

CULTURAL NOTES

1. *Greetings.* In Latin America when you meet a group of friends it is always important to shake hands and to greet each individual. A nod of the head and a smile are not enough. If you take leave of a group and it is not possible to shake each person's hand, it is polite to say *"con permiso."*

In small towns it is customary to greet everyone who comes your way. *"Buenos días"* is used from 8 to 10 in the morning, *"Buenas tardes"* from 10 to 6 in the afternoon, and *"Buenas noches"* after 6. Whenever a person greets you it is wise to respond with the same type of greeting.

2. *El abrazo.* In the Hispanic world men who are close friends often greet each other first by placing their arms around each other in the manner of an embrace, then patting each other on the back, and finally shaking hands. This age-old custom is referred to as the *abrazo.* Families meet at Christmas and New Year's to exchange *abrazos* and best wishes. On birthdays one receives *abrazos* from relatives and friends. Women who are close friends greet each other with a kiss on each cheek.

3. *Conversational distance.* Spanish-speaking males and females stand rather close to one another when involved in conversation. For the average American this close distance may be a bit uncomfortable and he may get the wrong impression of his Spanish-speaking friend's intentions. Quite often the Spanish speaker thinks his American friend is unfriendly, while the latter thinks that the other is being too intimate too soon.

VOCABULARY EXPANSION

| | |
|---|---|
| Están en la **universidad.** | *university* |
| **clase.** | *class* |
| Están **aquí.** | *here* |
| ¿Cómo se llama **ese joven?** | *young man* |
| **esa joven?** | *young lady* |
| **ese muchacho?** | *boy* |
| **esa muchacha?** | *girl* |
| **ese chico?** | *(little) boy* |
| **esa chica?** | *(little) girl* |
| **Pregúntele a Juan . . .** | *Ask John . . .* |
| **¿Qué dice Juan?** | *What does John say?* |
| **Perdone Ud.** | *Pardon me.* |

## Subject pronouns

*without accent*
*tú means your*
*el " Gde*

| Singular | Plural |
|---|---|
| **yo** *I* | **nosotros** (m.), **nosotras** (f.) *we* |
| **tú** *you* | **vosotros** (m.), **vosotras** (f.) *you* |
| **él** *he* | **ellos** (m.) *they* |
| **ella** *she* | **ellas** (f.) *they* |
| **usted, Ud.** *you* | **ustedes, Uds.** *you* |

**Tú** is the "you" form used in familiar situations, such as when one is speaking to one's family, close friends, or children. **Usted** is used in formal situations and when speaking to people one does not know well or to a person older than the speaker. In the plural, however, **ustedes** has both a formal and a familiar meaning, since the **vosotros** form is not ordinarily used in Spanish America.* **Usted** and **ustedes** are commonly abbreviated to **Ud.** and **Uds.**, respectively.

Subject pronouns are normally omitted in Spanish, since the verb ending indicates the person.

> ¿Habl**as** español? *Do you speak Spanish?*
> Aprend**o** inglés. *I learn English.*

The subject pronouns are used to clarify, give emphasis, or contrast.

> **Yo** no aprendo inglés. (*maybe someone else does*)
> **El** es norteamericano. (*all the rest are Chileans*)

Verb Structure Drills

A. The present indicative of **estar** (*to be*).

| (yo) | estoy | (nosotros) | estamos | *I am* | *we are* |
|------|-------|------------|---------|--------|----------|
| (tú) | estás | (vosotros) | [estáis] | *you are* | *you are* |
| (él) | está | (ellos) | están | *he is* | *they are* |
| (ella) | está | (ellas) | están | *she is* | *they are* |
| (Ud.) | está | (Uds.) | están | *you are* | *you are* |

*Teacher*      *Student*

1. Yo estoy muy bien. *Repitan.*    Yo estoy muy bien.
   Ud. _____.    Ud. está muy bien.
   Tú _____.    Tú estás muy bien.
   Nosotros _____.    Nosotros estamos muy bien.
   Ellos _____.    Ellos están muy bien.
   El† y yo _____.    El y yo estamos muy bien.

2. ¿Cómo está Ud.? *Contesten.*    Estoy muy bien, gracias.
   ¿Cómo están Uds.?    Estamos muy bien, gracias.
   ¿Cómo está Pepe?    Pepe está muy bien.
   ¿Cómo están María y Luisa?    Están muy bien, gracias.
   ¿Cómo estás?‡    Estoy muy bien, gracias.

---

* Since **vosotros** is seldom used, the corresponding verb form will appear in brackets in this text.

† Note that capital letters in Spanish usually do not carry an accent.

‡ The subject pronoun **tú** is generally omitted after the verb. Examples in this lesson: **¿Cómo estás? ¿Cómo te llamas?**

20

In the shadow of a Spanish cathedral descendants of Bolivia's original inhabitants greet one another in the warm manner of Latin America. Indians such as these Aymara women make up almost half of the population of Bolivia and have become a major force in the country's economy and way of life. The full skirts, shawls, and wool derbies are typical of the Andean region.

## Verb Substitution

| *Teacher* | *Student* |
|---|---|
| 1. Ella no está aquí. *Repitan.* | Ella no está aquí. |
| Pablo y María _____. | Pablo y María no están aquí. |
| El _____. | El no está aquí. |
| Ellas _____. | Ellas no están aquí. |
| Elena _____. | Elena no está aquí. |
| El profesor _____. | El profesor no está aquí. |

Note that in a negative sentence in Spanish **no** precedes the verb.

| | |
|---|---|
| 2. ¿Cómo está Ud.? *Repitan.* | ¿Cómo está Ud.? |
| ¿_____ él? | ¿Cómo está él? |
| ¿_____ Uds.? | ¿Cómo están Uds.? |
| ¿_____ Pepe? | ¿Cómo está Pepe? |
| ¿_____ tú? | ¿Cómo estás? |
| ¿_____ María y Luisa? | ¿Cómo están María y Luisa? |

| | |
|---|---|
| 3. ¿Dónde está el señor López? *Repitan.* | ¿Dónde está el señor López? |
| ¿_____ Pepe? | ¿Dónde está Pepe? |
| ¿_____ el profesor? | ¿Dónde está el profesor? |
| ¿_____ los estudiantes? | ¿Dónde están los estudiantes? |
| ¿_____ Ana y Luisa? | ¿Dónde están Ana y Luisa? |

## Question–Answer

| *Teacher* | *Student* |
|---|---|
| 1. ¿Dónde están los estudiantes? *Contesten.* | Los estudiantes están en la universidad. |
| ¿Dónde está Pepe? | Pepe está en la clase. |
| ¿Dónde está el profesor? | El profesor está aquí. |
| ¿Dónde están Ana y Luisa? | Ana y Luisa están aquí. |
| 2. ¿Cómo están Uds.? *Contesten.* | Estamos muy bien, gracias. |
| ¿Cómo está la señora López? | La señora López está muy bien. |
| ¿Cómo está María? | María está muy bien, gracias. |
| ¿Cómo están los estudiantes? | Los estudiantes están muy bien. |
| ¿Está aquí el profesor? | El profesor está aquí. |
| ¿Está aquí Pepe? | Pepe está aquí. |
| ¿Están aquí Francisco y Elisa? | Francisco y Elisa no están aquí. |
| ¿Está aquí Luisa? | Luisa no está aquí. |
| ¿Dónde está el profesor? | El profesor está en la clase. |

Verb Structure Drills

B. The present indicative of **llamarse** (*to be called, be named*).

| me llamo | nos llamamos |
|----------|--------------|
| te llamas | [os llamáis] |
| se llama | se llaman |

*Teacher*      *Student*

1. ¿Cómo se llama Ud.?  *Repitan.*    ¿Cómo se llama Ud.?
   ¿——————— él?      ¿Cómo se llama él?
   ¿——————— ellos?      ¿Cómo se llaman ellos?
   ¿——————— tú?      ¿Cómo te llamas?
   ¿——————— yo?      ¿Cómo me llamo?
   ¿——————— ella?      ¿Cómo se llama ella?
   ¿——————— Uds.?      ¿Cómo se llaman Uds.?
   ¿——————— el profesor?      ¿Cómo se llama el profesor?
   ¿——————— ellas?      ¿Cómo se llaman ellas?

2. ¿Cómo se llama Ud.?  *Contesten.*    Me llamo ———.
   ¿Cómo te llamas?      Me llamo ———.
   ¿Cómo se llama él?      El se llama ———.
   ¿Cómo se llama ella?      Ella se llama ———.
   ¿Cómo me llamo yo?      Ud. se llama ———.

Choice Question–Answer

*Teacher*      *Student*

¿Se llama Ud. Elena o Margarita?    Me llamo Elena.
  *Contesten.*
¿Se llama Ud. Pedro o Roberto?    Me llamo Pedro.
¿Se llama Ud. Luisa o María?    No me llamo ni Luisa ni María. Me llamo ———.
¿Se llama él Pepe o Manuel?    El no se llama ni Pepe ni Manuel. Se llama ———.
¿Se llama ella Juanita o Raquel?    Ella no se llama ni Juanita ni Raquel. Se llama ———.

Patterned Response

*All members of the class should participate and use these patterns.*

1. *First Student:*    ¿Cómo te llamas?
   *Second Student:*    Me llamo ———.
   *First Student:*    Mucho gusto en conocerte.
   *Second Student:*    El gusto es mío.

A relaxed moment for some Venezuelan high school students. Although Venezuela has undertaken ambitious school-building and teacher-training programs, the drop-out problem is unavoidable. Many girls feel that the rigid Venezuelan curriculum is irrelevant to their daily lives and soon discontinue their education to seek jobs in Venezuela's now sprawling cities.

*Each member of the class should introduce someone and be introduced to someone. Note that the girl only says* **encantada,** *and the boy says* **mucho gusto.**

2. *First Student:* Ana, te presento a Juan.
   *Second Student (Ana):* Encantada.
   *Third Student (Juan):* Mucho gusto en conocerte.

3. *Teacher:* Perdone Ud., ¿cómo se llama *ese joven?*
   *Student:* Ese joven se llama Ricardo.

   esa señorita — Anita
   esa señora — Lupe
   ese señor — Fernando
   ese muchacho — Pancho
   esa muchacha — María
   esa joven — Juanita
   ese chico — Juanito
   esa chica — Sarita

**Gender and plural of nouns**

|          | *Masculine*                              | *Feminine*                                 |
|----------|------------------------------------------|--------------------------------------------|
| *Singular* | el { muchacho / chico / profesor        | la { muchacha / chica / profesora          |
| *Plural*   | los { muchachos / chicos / profesores   | las { muchachas / chicas / profesoras      |

Spanish nouns are either masculine or feminine. Nouns ending in **-o** are usually masculine; nouns ending in **-a** are usually feminine.

All nouns are either singular or plural. Nouns are made plural by adding **-s** to words ending in a vowel and **-es** to words ending in a consonant. Nouns ending in **-z** change the **-z** to **-c** and add **-es** (**lápiz**, **lápices**).

Note that the plural of the definite article **el** is **los.**

Certain nouns have a special meaning in the plural. For example, **los hermanos** may mean "brothers" or "brother(s) and sister(s)," **los tíos** "uncles" or "uncle(s) and aunt(s)," **los padres** "fathers" or "parents," **los señores** "men" or "man and wife" or "men and women."

Item Substitution

1. *Teacher:*  El chico.
   *Student:*  Los chicos.

   | la clase     | las clases      |
   |--------------|-----------------|
   | la muchacha  | las muchachas   |
   | el joven     | los jóvenes     |
   | el profesor  | los profesores  |
   | el lápiz     | los lápices     |
   | el padre     | los padres      |

*Teacher*                          *Student*

2. El profesor está aquí.  *Repitan.*    El profesor está aquí.
   __ chica _____.                    La chica está aquí.
   __ muchachos _____.                  Los muchachos están aquí.
   __ chico _____.                    El chico está aquí.
   __ señoras _____.                  Las señoras están aquí.
   __ tíos _____.                     Los tíos están aquí.

Sentence Completion

*Teacher:* Pepe está _____.
*Student:* Pepe está \_\_\_\_en la clase\_\_\_\_.

   1. Ese joven _____.
   2. Ricardo está _____.
   3. Los estudiantes _____.
   4. ¿Cómo está _____?
   5. Saludos *a la clase*

**Forming questions**

Questions are formed in Spanish by: *where* . *How*

1. Using a question word such as **¿dónde?** or **¿cómo?** + *like*

    **¿Dónde está Carlos?**
    **¿Cómo está usted?**

2. Placing the subject after the verb or complete verb phrase.

    **¿Está aquí Gloria?**
    **¿Está en la clase Gloria?**

3. Using the same word order as for a statement, that is, subject-verb-object, and raising the voice pitch at the end of the sentence.

    **¿Gloria está aquí?** ↑

The question word always requires the voice pitch to be at its highest level. This level always falls at the end of the question.

    **¿Dónde está Carlos?** ↓

The voice pitch remains level in a question if the speaker anticipates a "yes" answer.

    **¿Está aquí el profesor?**

Question Formation

*Teacher:* El se llama Roberto.
*Student:* ¿Cómo se llama él?

*Formulate questions which elicit the following sentences as answers.*

   1. Sí, el profesor está aquí. *Está aquí el Pro?*
   2. La familia está bien, gracias. *Como está su fam*
   3. Ella se llama Luisa. *Como se llama esa joven?*
   4. Luisa y María están en la clase. *Donde está L + M?*
   5. Ese joven se llama Pablo. *Como se llama ese joven*
   6. La muchacha está aquí. *Donde está la much?*

**Controlled Conversation**

| | |
|---|---|
| *Teacher:* | Roberto, pregúntele a Juan cómo está. |
| *Roberto:* | Juan, ¿cómo estás? |
| *Juan:* | Estoy bien, gracias. |

| | |
|---|---|
| *Teacher:* | Roberto, ¿qué dice Juan? |
| *Roberto:* | Juan dice que está bien. |

| | |
|---|---|
| *Teacher:* | Clase, ¿qué dice Juan? |
| *Class:* | Juan dice que está bien. |

Pregúntele a _____ cómo se llama.
cómo se llama ese joven.
si está bien.
si Ricardo está aquí.
si el profesor está aquí.
si se llama Roberto o José.
si la familia está bien.
dónde están los estudiantes.
dónde está Pepe.

**Personalized Questions**

1. ¿Cómo está Ud.?
2. ¿Cómo se llama Ud.?
3. ¿Cómo se llama ese joven?
4. ¿Está aquí el profesor?
5. ¿Se llama Ud. Antonio o María?
6. ¿Están aquí los estudiantes?
7. ¿Cómo está la familia?
8. ¿Está aquí Roberto?
9. ¿Está aquí Gloria?
10. ¿Cómo está el profesor?
11. ¿Dónde está el profesor?
12. ¿Dónde están Ana y Luisa?
13. ¿Dónde están los estudiantes?
14. El se llama Ricardo. ¿Y Ud.?
15. Ella se llama Juana. ¿Y Ud.?

**Extemporization**

### 1. Saludos

*Vocabulary:* buenas, tardes, noches, buenos días, mucho gusto, estar, aquí, adiós, saludos, te presento

*Topic Ideas:*
1. Te presento a Juan.
2. Hola — Adiós.
3. El (ella).

*Questions:*
1. ¿Cómo se llama él?
2. ¡Hola Roberto! ¿Cómo estás?
3. ¿Cómo está la familia?
4. ¿Está aquí ella?

27

*Although primary education for children 6–14 has been free and obligatory since 1905, about 45% of the population of Peru is illiterate. In recent years the government has tried to provide better education and more training in skills for the Indians and mestizos. An American-sponsored breakfast is the high point of the day for these grade-school boys from Arequipa's San Isidro slum area.*

## 2. Los estudiantes

*Vocabulary:*   clase, universidad, aquí, dónde, se llama, profesor, cómo

*Topic Ideas:*   1. Las señoritas.
2. Los muchachos.
3. Roberto (or any student in the class).

*Questions:*   1. ¿Dónde están los estudiantes?
2. ¿Está en la clase Roberto?
3. ¿Como se llama ella?
4. ¿Cómo se llama ese joven?

**Task Assignments**   A. Find out from another student:
1. How Pepe is.
2. That young man's name.
3. If the professor is here.
4. If Robert is in the class.
5. Where Carlos is.

B. It is 10:00 a.m.  You meet a friend on the street and give an appropriate greeting and find out how he and the family are.  Then say goodbye and send greetings to his family.

### IDIOMATIC EXPRESSIONS

1. Aquí pasándola.  *Just getting along.  Just making ends meet.  So-so.*
2. Todo el santo día.  *All the livelong day.  All the blessed day.*
3. Feo como él solo.  Fea como ella sola.  *As ugly as can be.  As ugly as sin.*
4. ¡Hay moros en la costa!  *Jiggers!  The coast is not clear!*

**DIALOG PATTERNS**

# Las nacionalidades

PABLO — Hola, ¿cómo te llamas?

TERESA — Me llamo Teresa Brown.

PABLO — ¿Eres norteamericana?

TERESA — No, soy chilena.

PABLO — ¿Chilena?, pero, ¡Brown no es un apellido chileno!

TERESA — Pues, mi papá es norteamericano.

PABLO — ¿Aprende español él?

TERESA — Sí, pero no habla mucho.

PABLO — ¿De dónde es tu mamá?

TERESA — Es de Santiago.

PABLO — ¿Hablas español o inglés en casa?

TERESA — Hablo más español.

PABLO — ¿Está bien si te llamo por teléfono?

TERESA — Bueno . . . ¿Cuál es tu nombre?

PABLO — Pablo Amado. ¿Dónde vives?

TERESA — Vivo en el edificio Continental.

# Nationalities

PABLO — Hello, what is your name?

TERESA — My name is Teresa Brown.

PABLO — Are you North American?

TERESA — No, I'm Chilean.

PABLO — Chilean? But Brown isn't a Chilean name!

TERESA — Well, my father is North American.

PABLO — Is he learning Spanish?

TERESA — Yes, but he doesn't speak much.

PABLO — Where is your mother from?

TERESA — She is from Santiago.

PABLO — Do you speak Spanish or English at home?

TERESA — I speak more Spanish.

PABLO — Is it all right if I call you on the phone?

TERESA — That's fine . . . What is your name?

PABLO — Pablo Amado. Where do you live?

TERESA — I live in the Continental Building.


PRONUNCIATION HELPS

Spanish /d/    To articulate the Spanish /d/, a voiced stop, place the tongue flat against the back side of the upper front teeth. The principal difference between Spanish /d/ and English /d/ is in the point of articulation. The English /d/ is alveolar; that is, it touches the upper alveolar ridge, as in the word "day," while the Spanish /d/ is dental. Spanish /d/ occurs at the beginning of an utterance and after /n/ or /l/.

Examples of Spanish /d/ in this dialog include: aprende, ¿**De** dónde es? and ¿**Dó**nde? Watch your instructor and repeat.

aprende     ¿**De** dónde es?     ¿**Dó**nde?

Spanish **h**    The letter **h**, except in combination with **c** (**ch**), has no phonetic value and is not pronounced. Examples of the letter **h** in this dialog include: **h**ola and **h**ablas. Watch your instructor and repeat.

**h**ola     **h**ablas

Spanish /e/    To pronounce the Spanish /e/, arch the tongue slightly forward and keep it rather tense. After this position is taken, do not move the tongue, jaw, or lips.

Examples of Spanish /e/ in this dialog include: de, ¿dónde?, and chilena. Watch your instructor and repeat.

de     ¿Dónde?     chilena

English speakers have the tendency of making a diphthong of the vowel /e/, especially in strongly stressed syllables or at the end of a word. The word "day" in English becomes *day-ee*. To avoid this glide in Spanish, be careful not to move the tongue or jaw after you have taken the position for the vowel.

Watch your instructor and repeat.

nombr**e**          **te**

In the weakly stressed syllables, be careful not to reduce Spanish /e/ to *uh*. Watch your instructor and repeat.

viv**es**          aprend**e**

Spanish /i/    To pronounce the Spanish /i/, arch the tongue high in the mouth and spread the lips wide. Be careful to avoid the glide characteristic of the English "sea" and "we."

Examples of Spanish /i/ in this dialog include: m**i** and s**i**. Watch your instructor and repeat.

m**i**          s**i**

CULTURAL NOTES

1. *Social life.* Much of the social life in Latin American cities and towns focuses around the *plaza*, or square. The *paseo*, which is a promenade or stroll, still continues in many local *plazas*, especially in the afternoon or evening of Sundays and holidays. Music is furnished by recording or, in some cases, by the local band, while some people sit on the park benches and visit and others stroll around the *plaza*. The boys usually walk in one direction around the *plaza* area and the girls walk in the opposite direction. It is here that the young people often meet and begin the dating process.

2. *Chaperones.* In the Hispanic world the tradition of the chaperone still persists in many places. It is usually considered improper for a young man and his girl friend to be alone in a room. In certain middle and upper-class families a couple may be engaged for a long period of time without ever having been actually alone. Some older member of the family in either his or her house is expected to be present to assume the chaperone role.

3. *Marriage customs.* In Spanish-speaking countries it is often the case that a man does not get married until he is thoroughly established in his career. As a result, courtships are frequently long, sometimes lasting several years. The courting process is usually a very elaborate affair. The marriage is often consummated in a civil ceremony and then in the church, where the marriage sacrament is received.

VOCABULARY EXPANSION

| | |
|---|---|
| No hablo español en la **iglesia.** | *church* |
| **francés** el **teatro.** | *French, theater* |
| **alemán** | *German* |
| **inglés** | *English* |
| La muchacha es **simpática.** | *nice* |
| **hermosa.** | *beautiful* |
| Es una secretaria **vieja.** | *old* |
| **buena.** | *good* |
| El es un **médico** muy bueno. | *doctor* |
| El es **guapo.** | *good-looking* |
| Carlos está **enfermo.** | *sick, ill* |
| **en casa.** | *at home* |
| **¿Cómo es ella?** | *What is she like?* (Anticipates an answer such as, "She is nice, intelligent, or beautiful.") |
| **¿Cómo está ella?** | *How is she?* (How is her health?) |
| **¿Quién** es ese joven? | *Who?* |
| **¿Cuál** es tu **nombre?** | *What (which) is your name?* |
| **apellido?** | *surname* |

34

*With the increasing social and economic independence of the Latin American woman, the old order in dating has seen some major changes in recent years. In dress and attitude there is a world of difference between this reserved young lady inspecting her nails and maintaining her propriety and the totally unselfconscious young couple of today.*

## The present indicative of regular verbs

*those that follow the same pattern*

The conjugation of all regular verbs ending in **-ar**, **-er**, and **-ir** follows the models of **hablar** (*to speak*), **aprender** (*to learn*), and **vivir** (*to live*), respectively. To form the present indicative the following sets of endings are added to the stem of the verb:

| habl- | | aprend- | | viv- | |
|---|---|---|---|---|---|
| -o | -amos | -o | -emos | -o | imos |
| -as | [-áis] | -es | [-éis] | -es | [-ís] |
| -a | -an | -e | -en | -e | -en |

Verb Structure Drills

A. The present indicative of **hablar** (*to speak*).

| hablo | hablamos |
|---|---|
| hablas | [habláis] |
| habla | hablan |

35

1. *Yo** hablo español en la clase.   *Repitan.*

   nosotros, Uds., tú, Carlos y Antonio

2. *Yo* no hablo francés.   *Repitan.*

   ellos, Carlos, Luisa, él

3. ¿Habla Ud. español?   *Contesten.*
   ¿Hablan Uds. español?
   ¿Habla español Carlos?
   ¿Hablan español Carlos y Antonio?
   ¿Tú hablas español?†

B.  The present of **aprender** (*to learn*).

| aprendo | aprendemos |
|---------|------------|
| aprendes | [aprendéis] |
| aprende | aprenden |

1. *Carlos* aprende la lección.   *Repitan.*

   ellos, nosotros, yo, tú, él

2. ¿Aprende Ud. la lección?   *Contesten.*
   ¿Aprenden la lección ellos?
   ¿Aprende la lección María?
   ¿Tú aprendes la lección?
   ¿Aprendemos la lección?
   ¿Aprende la lección él?

C.  The present of **vivir** (*to live*).

| vivo | vivimos |
|------|---------|
| vives | [vivís] |
| vive | viven |

1. *Nosotros* vivimos en los Estados Unidos.   *Repitan.*

   Carlos, ellos, yo, tú, él

2. ¿Vive Ud. en los Estados Unidos?   *Contesten.*
   ¿Tú vives en los Estados Unidos?
   ¿Viven Uds. en los Estados Unidos?
   ¿Vive en los Estados Unidos Carlos?
   ¿Vivimos en los Estados Unidos nosotros?

---

\* Subject pronouns are not to be used in the pattern sentences. They are used here only as cues.
† Note that this question may be asked in two ways: (1) **¿Tú hablas español?** or (2) **¿Hablas español?**

**Agreement of predicate adjectives**

After the verb **ser**, the predicate adjective agrees with the subject in number and gender.

El es norteamericano.       Ellos son norteamericanos.
Ella es norteamericana.     Ellas son norteamericanas.

D. The present of **ser** (*to be*).

*SER ORIGEN*

| soy | somos |
|-----|-------|
| eres | [sois] |
| es | son |

1. *Yo* soy norteamericano (-a).   *Repitan.*

   nosotros, Ud., ellas, Carlos, tú

2. *Yo* no soy chileno (-a).   *Repitan.*

   nosotros, Ud., ellas, Carlos, el estudiante

3. ¿Es Ud. norteamericano?   *Contesten.*   yo soy
   ¿Tú eres chileno?                         yo soy
   ¿Tú eres norteamericano?                  yo soy
   ¿Son norteamericanos ellos?               ellos son
   ¿Es norteamericana Luisa?                 luisa es or Ellas es or Es
   ¿Es mexicano Carlos?          Carlos es
   ¿Quién es ese joven?      Ese joven se llamo PABLO.

Subject Substitution

1. *Yo* soy de México.   *Repitan.*

   él, nosotros, Ud., ellos, Teresa, Pablo

2. ¿De dónde es *Ud.*?   *Repitan.*

   él?, tú?, Pablo?, Teresa?, Uds.?

Note that the verb **ser** plus the preposition **de** are used to express origin.

Question–Answer

¿De dónde es Ud.?   *Contesten.*
¿De dónde es Pablo?
¿De dónde es el profesor?
¿De dónde es Teresa?
¿De dónde son Uds.?

Patterned Response

*Teacher:* ¿Es Ud. de los Estados Unidos?
*Student:* Sí, soy de los Estados Unidos.

de Chile
de la Argentina
de California
de Nueva York

**The definite article**     **el** norteamericano     **los** norteamericanos
**la** norteamericana     **las** norteamericanas

Item Substitution

1. *El norteamericano* aprende español.   *Repitan.*

   mexicano, mexicana, amigo, señora, señor, estudiante

2. *Los norteamericanos* aprenden francés.   *Repitan.*

   norteamericanas, chilenos, estudiantes, amigas, mexicanos, señoritas

Question–Answer

¿Aprenden español los estudiantes?   *Contesten.*
¿Aprenden español los chilenos?
¿Aprenden español los norteamericanos?
¿Habla español el profesor?
¿Habla español la señorita?

Item Substitution

1. Yo no hablo español en casa.   *Repitan.*
   Nosotros _hablamos_____.
   _____ en la clase.
   Carlos _hablo español_.
   _____ en la oficina.
   Ellos _hablan_____.
   Ellos _hablan_____ en la iglesia.
   Carlos y Antonio _hablan_____.
   Tú _hablas_____.
   _____ en el teatro.
   Los estudiantes _____.
   _____ en las universidades.

2. Yo no hablo francés.   *Repitan.*
   Carlos _habla___.
   ____hablan__ alemán.

38

Nosotros _____.
Los mexicanos ___~~hablan~~___.
Los norteamericanos ___~~hablan~~
Tú _____.
_____ inglés.

3. Yo no aprendo a hablar portugués.  *Repitan.*
Tú _____.
_____ alemán.
El ___~~aprende~~___.
_____ francés.
Ellos ___~~aprenden~~___.

**Use of the definite article**

The definite article is used when one is speaking *about* a person: *Definite Article + Title + Proper Name.*

> **El profesor Gómez** no está aquí.
> ¿Dónde vive **el doctor Suárez?**

The definite article is omitted when one speaks *directly* to a person: *Title + Proper Name.*

> Buenos días, **profesor Gómez.**
> **Doctor Suárez,** ¿cómo está Ud.?

**Agreement of adjectives**

When an adjective is used to modify a noun, it agrees in gender and number with that noun.  The plural of adjectives is formed in the same manner as the plural of nouns.

> el muchach**o** simpátic**o**      los muchach**os** simpátic**os**
> la muchach**a** simpátic**a**      las muchach**as** simpátic**as**

When adjectives are used to differentiate, classify, or contrast, they generally follow the noun in Spanish.

> **Es un muchacho simpático.** *He is a nice boy.*
> **Son estudiantes inteligentes.** *They are intelligent students.*

Item Substitution

1. *El muchacho* es simpático.  *Repitan.*

   los muchachos, la muchacha, las señoras

2. Carlos es simpático.  *Repitan.*
   Luisa _____.
   _____ inteligente.
   Carlos y Luisa _____.
   _____ norteamericanos.

Carlos _____.
Luisa _____.
_____ hermosa.
La muchacha _____.
Ellas _____.
_____ inteligentes.

**The indefinite article**

**un** amigo   **unos** amigos
**una** amiga   **unas** amigas

Item Substitution

Es un muchacho simpático. *Repitan.*
_____ muchacha _____.
_____ estudiante _____.
_____ profesor _____.
_____ señorita _____.
_____ chico _____.
_____ señora _____.
_____ profesoras _____.
_____ amigos _____.

**Use of the indefinite article**

A. The indefinite article is used when the predicate noun is modified.

Ella es **una secretaria vieja.** *She is an old secretary.*
Es **un estudiante muy bueno.** *He is a very good student.*

Item Substitution

Es un médico muy bueno. *Repitan.*
_____ profesor _____.
_____ secretaria _____.
_____ estudiante _____.
_____ chica _____.

B. The indefinite article is not used after the verb **ser** when the predicate noun is unmodified. It has the same gender and number as the subject noun or pronoun.

El **es norteamericano.** *He is North American.*
Anita **es mexicana.** *Anita is Mexican.*
Yo **soy estudiante.** *I am a student.*

Item Substitution

El es norteamericano. *Repitan.*
_____ secretaria.
_____ médico.

_____ profesor.
_____ mexicana.
_____ estudiante.

Patterned Response

1. *Teacher:* ¿Es simpático Carlos?
   *Student:* Sí, señor, Carlos es simpático.

   bueno                          inteligente
   guapo                          norteamericano

2. *Teacher:* ¿Es simpática Luisa?
   *Student:* Sí, señor, Luisa es simpática.

   buena                          inteligente
   hermosa                        norteamericana

3. *Teacher:* ¿Son simpáticos los muchachos de la clase?
   *Student:* Sí, señor, los muchachos de la clase son simpáticos.

   buenos                         inteligentes
   guapos                         norteamericanos

4. *Teacher:* ¿Son amigos Carlos y Antonio?
   *Student:* Sí, señor, Carlos y Antonio son amigos.

   alumnos                        simpáticos
   muchachos                      inteligentes
   buenos muchachos

5. *Teacher:* ¿Son amigas Teresa y Luisa?
   *Student:* Sí, señor, Teresa y Luisa son amigas.

   alumnas                        inteligentes
   buenas muchachas               simpáticas
   hermosas

6. *Teacher:* ¿Es Ud. norteamericano?
   *Student:* Sí, señor, soy norteamericano.

   republicano                    protestante
   demócrata                      católico
   mormón                         judío

7. *Teacher:* ¿Cómo es Juana? (simpática)
   *Student:* Es simpática.

   María (inteligente)
   Luisa (hermosa)
   Teresa (buena)

8. *Teacher:* ¿Cómo es Juan? (guapo)
   *Student:* Es guapo.

   Pablo (inteligente)
   Carlos (bueno)
   Francisco (simpático)

*[handwritten notes: pagina 39, 22, TEST, permanent condition, LOCATION condition Not permanent]*

**Summary of the uses of *ser* and *estar***

Both **ser** and **estar** mean "to be."

Up to this point **ser** has been used to tell:

1. what persons or things are.

   **El es norteamericano.** *He is North American.*
   **Es un muchacho simpático.** *He is a nice boy.*
   **El es un médico muy bueno.** *He is a very good doctor.*

2. where someone or something is from.

   **Yo soy de México.** *I am from Mexico.*
   **Ella es de los Estados Unidos.** *She is from the United States.*

Up to this point **estar** has been used to tell:

1. where persons or things are located.

   **¿Dónde está Carlos?** *Where is Carlos?*
   **Carlos está aquí.** *Carlos is here.*

2. what condition persons or things are in.

   **¿Cómo está usted?** *How are you?*
   **Estoy muy bien, gracias.** *I am very well, thank you.*

Another use of **estar** is presented in Chapter 6.

Item Substitution

Carlos está enfermo.   *Repitan.*
_____ *es* norteamericano.
_____ *es* estudiante.
_____ *esta* aquí.
_____ *es* un médico muy bueno.
_____ *ESTA* en la iglesia.
_____ *es* inteligente.
_____ *es* simpático.
_____ *esta* muy bien.
_____ *es* muy bueno.

Sentence Completion

1. En las universidades_____.
2. ¿Qué idioma _____?

3. Aprendemos _____.
4. Somos_____.
5. ¿De dónde _____?

Question Formation

1. No, no hablamos alemán en la clase.
2. Yo aprendo español en la clase.
3. Sí, los muchachos de la clase son simpáticos.
4. Linda es de los Estados Unidos.
5. No, no estoy enfermo.

**Controlled Conversation**

Pregúntele a _____ si hablamos español en la clase.
si es norteamericano.
si es chilena.
si vive en Chile.
si habla francés.
si aprende la lección.
si vive en los Estados Unidos.
qué hablan en México.
qué idioma aprendemos en la clase.
si es estudiante.
si los muchachos son simpáticos.
cómo es Carlos.
cómo es Luisa.

**Personalized Questions**

1. ¿Aprende Ud. español?
2. ¿Hablamos alemán en la clase?
3. ¿Es Ud. mexicano (-a)?
4. ¿Qué aprende Ud. en la clase?
5. ¿Habla Ud. francés?
6. ¿Es Ud. estudiante?
7. ¿Habla Ud. inglés?
8. ¿Habla Ud. español un poco?
9. ¿Es interesante México?
10. ¿Es Ud. norteamericano (-a)?
11. ¿Vives en los Estados Unidos?
12. ¿Está Ud. enfermo (-a)?
13. ¿Dónde viven los mexicanos?
14. ¿Hablan español los chilenos?
15. ¿Cómo está?
16. ¿Son simpáticos los muchachos de la clase?
17. ¿De dónde es Ud.?
18. ¿Cómo es ella?
19. ¿De dónde es Luisa?
20. El es de California. ¿Y Ud.?

## Extemporization

### 1. Las amigas

*Vocabulary:* vivir, buena, simpática, enferma, mexicana, hablar, ser

*Topic Ideas:*
1. ¿De dónde son ellas?
2. Ella habla bien el español.
3. María y Luisa son amigas.

*Questions:*
1. ¿Tú vives con Gloria?
2. ¿Es mexicana o chilena?
3. ¿Qué idioma habla ella?
4. ¿Es simpática?

### 2. La clase

*Vocabulary:* profesor, estudiantes, aprender, idioma, hablar, inteligente, francés, español

*Topic Ideas:*
1. Las muchachas son simpáticas.
2. Los muchachos son inteligentes.
3. El profesor.

*Questions:*
1. ¿Qué aprenden Uds. en la clase?
2. ¿Son inteligentes los estudiantes?
3. ¿Hablan francés en la universidad?
4. ¿Es de México el profesor?

*Peru's Veronica Peak overpowers the tiny highland village of Chequerec. Separated from the rest of the world by the Andes and by poverty, the hardy people of this region still lead a primarily agricultural existence. Adapting over the centuries to their rugged environment, these Peruvians have developed larger lungs and hearts to cope with the suffocatingly thin air of their high-altitude home.*

**Task Assignments**

1. Find out from another student where she is from, what her name is, what language she speaks, and where she lives now. Then introduce her to the group telling everything you found out.
2. Find out from another student all you can about her girl friend. Ask her if she is nice, what language she is learning, what her name is, and where she lives. Then report the information to the group.

IDIOMATIC EXPRESSIONS

1. Es como hablarle a una pared (*or* piedra). *It's like talking to the four walls.*
2. Contigo pan y cebolla. *I may be poor, but at least I have you.*
3. ¡Así es la vida! *Such is life.*
4. ¡Ni en sueños! *I wouldn't dream of (doing) it.*

**Culture Capsule**

# Nombres y apellidos[1]

¡Hola! Me llamo Alberto Felipe Martínez Sarmiento. Alberto y Felipe son mis nombres, Martínez y Sarmiento son mis apellidos. Soy del Perú y vivo en las montañas.[2] Hablo español, pero aprendo quechua[3] en la escuela.

Mi papá se llama Pedro Luis Martínez Cornejo y mi mamá se llama Juana María Sarmiento López. Mi hermanito[4] se llama Jesús María Martínez Sarmiento y mi hermanita[5] se llama María Mercedes Pilar Martínez Sarmiento.

En la escuela me llamo Alberto Martínez. En casa[6] me llamo Beto, mi hermanito se llama Jesusín y mi hermanita Pilar. Somos pobres pero felices.[7]

[1] **nombres y apellidos** *first names and last names*
[2] **montañas** *mountains*
[3] **quechua** *an Indian language spoken in Peru, Bolivia, Ecuador, and Chile*
[4] **hermanito** *little brother*
[5] **hermanita** *little sister*
[6] **en casa** *at home*
[7] **pobres pero felices** *poor but happy*

PREGUNTAS

1. ¿Cómo se llama Beto?
2. ¿Cuáles son los nombres de Beto?
3. ¿Cuáles son los apellidos de Beto?
4. ¿De dónde es Beto?
5. ¿Dónde vive Alberto?
6. ¿Qué habla Alberto?
7. ¿Qué aprende Beto en la escuela?
8. ¿Cómo se llama el papá de Alberto?
9. ¿Cómo se llama el hermanito de Beto?
10. ¿Cómo se llama en casa la hermanita de Beto?
11. ¿Cómo se llama en la escuela Beto?
12. ¿Cuáles son los apellidos del papá de Beto?

# UNIT 3

## La familia

CARLOS — ¡Hola, Luisa! ¿Cómo te va?

LUISA — Perfectamente, Carlos. ¿Cómo estás?

CARLOS — Bien, gracias. ¿A dónde vas?

LUISA — Voy al centro. ¿Quieres venir?

CARLOS — Sí, pero, ¿qué vas a hacer?

LUISA — Voy de compras.

CARLOS — ¿Qué vas a comprar?

LUISA — Un regalo para mamá. Es el Día de las Madres.

CARLOS — ¡Ah! es cierto. Yo tengo que comprar un regalo también.

LUISA — ¡Pobre mamá! ¡Tiene que trabajar tanto!

CARLOS — ¿Cuántos hermanos tienes?

LUISA — Tengo seis, un hermano y cinco hermanas.

CARLOS — ¡Ah! Por eso trabaja tanto tu mamá.

LUISA — Sí, además, todos son pequeños.

CARLOS — Bueno, vamos al centro que ya es tarde.

LUISA — ¿Qué hora es?

CARLOS — Ya son las tres.

LUISA — Pues, vamos a tomar el autobús.

CARLOS — Sí, vamos.

# The Family

CARLOS — Hello, Luisa.  How are you (how goes it with you)?

LUISA — Very well, Carlos.  How are you?

CARLOS — Fine, thanks.  Where are you going?

LUISA — I'm going downtown.  Do you want to come?

CARLOS — Yes, but what are you going to do?

LUISA — I'm going shopping.

CARLOS — What are you going to buy?

LUISA — A gift for mother.  It's Mother's Day.

CARLOS — Oh!  That's right.  I have to buy a gift, too.

LUISA — Poor mother!  She has to work so hard!

CARLOS — How many brothers and sisters do you have?

LUISA — I have six, one brother and five sisters.

CARLOS — Oh!  That's why your mother works so hard.

LUISA — Yes, and besides, they're all small (young).

CARLOS — Well, let's go downtown, because it's already late.

LUISA — What time is it?

CARLOS — It's already three o'clock.

LUISA — Well, let's take the bus.

CARLOS — Yes, let's go.

### PRONUNCIATION HELPS

Spanish /**b**/    The Spanish /b/ is a voiced bilabial stop.  At the beginning of a sentence or a group of words spoken together and after the consonants **m** and **n**, the sound is much like English /b/. The sound is written **b** in some words and **v** in others.

Examples of Spanish /b/ in this dialog include: **v**oy and **b**ueno. Watch your instructor and repeat.

    **v**oy         **b**ueno

Spanish /ƀ/    In all other positions, the sound /ƀ/ has no English equivalent. It is articulated by lightly touching the lower lip to the upper lip, thus restricting the passage of air but not stopping it.

Examples of the Spanish /ƀ/ in this dialog include: ¿Cómo te **v**a? and ¿Qué **v**as a . . .? Watch your instructor and repeat.

    ¿Cómo te **v**a?
    ¿Qué **v**as a . . .?

Spanish /o/    This /o/ is similar to the English /o/ in "open".  English speakers tend to glide from the /o/ sound to a *u* sound, especially if the /o/ occurs in a strongly stressed or a final syllable (example: *no-uu*).  You can avoid this by not moving the jaw and tongue after the position for this sound is taken. A Spanish speaker rounds his lips before beginning the consonant which precedes /o/.

Examples of Spanish /o/ in this dialog include: cinco, centro, como, and no. Watch your instructor and repeat.

cinco     centro     como     no

**Spanish /u/**    This vowel is similar to English /u/ in "flute." English speakers sometimes carry over the sound /yu/, given to certain words spelled with **u** such as "music" and "fumes." Spanish /u/ does not have this sound. Round the lips before you articulate the initial consonant and maintain the same position for the duration of the vowel sound.

Examples of Spanish /u/ in this dialog include: **u**n, t**u**, and autob**ú**s. Watch your instructor and repeat.

**u**n     t**u**     autob**ú**s

**Spanish /H/**    Spanish /H/ is an unvoiced fricative. It is considerably more aspirated than the English /h/. It is spelled **j** before any vowel or **g** before **e** or **i**. In Mexico, this sound is written **x** in traditional placenames, including the name of the country, **México**.

Examples of the Spanish /H/ in this dialog include: **j**ueves, exi**g**ente, and traba**j**a. Watch your instructor and repeat.

**j**ueves     exi**g**ente     traba**j**a

## CULTURAL NOTES

*The Latin American Family.* In spite of the widespread suspicion in the United States that the family unit as we know it faces extinction, the closely knit family remains characteristic of and perhaps the most valued institution in Latin American culture. A web of personal obligations extends not only to close family members, but across generations as well. Cast in the traditional mold, the family here still turns to the father as the source of unquestionable authority, discipline, and major decision-making. The mother, on the other hand, has her place in the home, where her marriage is her career and her main responsibilities lie in caring for the children and being a competent homemaker.

The rather strict family structure extends to the children as well. Although they receive much love and attention from both parents, boys and girls are molded into their respective roles from the age of seven or eight. The boy's ties to the home become looser, until he may eventually spend most of his time with male friends away from home — certainly not helping with household chores, which are considered women's work. At the same time, a girl is pulled more closely toward the home, both to protect her reputation and to guide her into the motherly duties of housework and care of younger children. As a result, the mother–daughter relationship is extremely close and lasts throughout the girl's married life.

VOCABULARY EXPANSION

| | |
|---|---|
| ¿**Dónde** está Carlos? | *Where* is Charles? |
| ¿**A dónde** va Carlos? | (*To*) *Where* is Charles going? |
| | |
| ¿**Por qué** trabaja mamá? | *Why* is mother working? |
| **Porque** tiene una familia. | *Because* she has a family. |
| | |
| ¿**Cuánto?** -a, -os, -as | *How much? How many?* |
| ¿**Cuándo** viene Luisa? | *When* is Louise coming? |
| | |
| Mamá **tiene que** trabajar. | Mother *has to* work. |
| **Tenemos que** aprender. | *We have to* learn. |
| Carlos **tiene que** hablar español. | Charles *has to* speak Spanish. |

**The present indicative continued**

Verb Structure Drills

A. The present indicative of **tener** (*to have*)

| tengo | tenemos |
|---|---|
| tienes | [tenéis] |
| tiene | tienen |

Note that **tener** changes the stem vowel **e** to **ie** in the second person singular and the third person singular and plural; in addition, it has an irregular first person singular form. See Appendix C.

1. *Yo* tengo un hermano. *Repitan.*

   Ud., nosotros, Uds., tú, ellos

2. *Yo* no tengo hermanas. *Repitan.*

   Carlos, él, ella, Ud., ellos

3. ¿Tiene Ud. hermanos? *Contesten.*
   ¿Tienen Uds. un hermano? NOSTROS
   ¿Tienen un hermano ellos?
   ¿Tiene un hermano Carlos?
   ¿Tiene el profesor un hermano?

4. ¿Tiene que trabajar mamá? *Contesten.* Si mAMA TIENE gu
   ¿Y usted? si yr TENGO que TRA
   ¿Tiene que trabajar Carlos?
   ¿Tenemos que hablar español?
   ¿Tienen Uds. que aprender mucho?
   Si Timemas

**50**

B. The present indicative of **querer** (*to wish, want, love*).

| | | |
|---|---|---|
| **quiero** | **queremos** | |
| **quieres** | [**queréis**] | |
| **quiere** | **quieren** | |

Note that **querer** is like other stem-changing verbs which change the stem vowel **e** to **ie** in all persons except the first and second person plural. See Appendix C.

1. *Yo* quiero mucho a mamá.   *Repitan.*

   tú, mi hermana, nosotros, mi hermano, Papá

Note that the preposition **a** is used before persons that are direct objects of the verb.

2. *Yo* no quiero trabajar.   *Repitan.*

   mi hermana, él, tú, ellos, ellas

3. ¿Quiere Ud. aprender la lección?   *Contesten.*
   ¿Tu papá quiere vivir en México?
   ¿Tu hermano quiere ser médico?
   ¿Tú quieres trabajar?
   ¿Quiere ser profesor?
   ¿Quiere venir mañana?
   ¿Quiere ser secretaria?

C. The present indicative of **comprar** (*to buy*).

| | | |
|---|---|---|
| **compro** | **compramos** | |
| **compras** | [**compráis**] | |
| **compra** | **compran** | |

1. *Luisa* compra un regalo.   *Repitan.*

   Carlos, nosotros, él, tú, yo

2. ¿Compra Ud. un regalo?   *Contesten.*
   ¿Compra Carlos un regalo?
   ¿Compramos nosotros un regalo?
   ¿Qué compra Luisa?
   ¿Qué compra Ud.?
   ¿Cuándo compra Ud. un regalo?
   ¿Quién compra un regalo?

D. The present indicative of **trabajar** (*to work*).

| *yo* **trabajo** | **trabajamos** |
|---|---|
| *Tú* **trabajas** | [**trabajáis**] *dos* |
| *el ella ud* **trabaja** | **trabajan** |

1. *Mi mamá* trabaja mucho. *Repitan.*

   Papá, yo, él, nosotros, ellas

2. ¿Trabaja Ud. mucho? *Contesten.*
   ¿Tú trabajas mucho?
   ¿Trabaja él mucho?
   ¿Trabaja mucho papá?
   ¿Trabajan Uds. mucho? *si trabajan mucho*
   ¿Trabaja mucho el profesor?
   ¿Trabajan mucho los estudiantes?
   *who* ¿Quién trabaja mucho?
   ¿Por qué trabaja tanto mamá? *pada opdenir dener*

**Ir versus venir**

In Spanish one says literally, "Yes, I'm going" in answer to the question "Are you coming?" In English one answers, "Yes, I'm coming," because he considers his action from the point of view of the person asking the question.

| **¿Vienes?** | *Are you coming?* |
|---|---|
| **Sí, voy.** | *Yes, I'm coming.* |

Similarly, "**¿Quieres venir?**" would be answered with, "**Sí, quiero ir**" in Spanish. On the telephone if Luisa asks Carlos, "**¿Vienes a mi casa?**" Carlos will answer, "**Sí, voy.**" If they are together at her house and she asks, "**¿Vienes esta noche también?**" he would say, "**Sí, vengo esta noche también.**"

*ar u comeing tonite alsc*

A. The present indicative of **venir** (*to come*).

| *yo* **vengo** | **venimos** *noso* |
|---|---|
| *Tú* **vienes** | [**venís**] *ellos ellas uds* |
| *el ella us* **viene** | **vienen** |

Note that **venir** changes the stem vowel **e** to **ie** in the second person singular and the third person singular and plural; in addition, it has an irregular first person singular form. See Appendix C.

1. *El* viene mañana. *Repitan.*

   ellos, nosotros, ella, yo

*Puerto Rico's growing middle class is experiencing both the benefits and the drawbacks of economic expansion. A mother of five may enjoy a relaxed breakfast in a modern, air-conditioned apartment, but her sons' father is notably absent. Puerto Rico's boom in factory building and new jobs has no doubt given him an early-morning start — and less time than before to participate in family activities.*

2. *Yo* no vengo mañana.   *Repitan.*

   él, tú, Eduardo, nosotros

3. ¿Viene el profesor mañana?   *Contesten.*
   ¿Vienen los estudiantes mañana?
   ¿Viene Ud. mañana?
   ¿Vienes mañana?
   ¿Vienen Carlos y Luis mañana?
   ¿Vienen Uds. mañana?
   ¿Vienen ellas mañana?
   ¿Cuándo vienes a mi casa?   *a NOCHE*

B. The present indicative of **ir** (*to go*).

| | |
|---|---|
| **voy** | **vamos** |
| **vas** | **[vais]** |
| **va** | **van** |

53

Compare the irregularity of the first person singular of this verb with **dar** — **doy**, with **ser** — **soy**, and with **estar** — **estoy.**

1. *Luisa* va al centro.   *Repitan.*

   Carlos, ellos, tú, nosotros, ella

2. *Yo* no voy al centro.   *Repitan.*

   él, ella, Ud., ellos, nosotros

3. ¿Va Ud. al centro?   *Contesten.*
   ¿Va Luisa al centro?
   ¿Van ellos al centro?
   ¿Va Carlos al centro?
   ¿Quién va al centro?
   ¿A dónde va Ud.?

**Contraction of *a* plus *el* → *al***

When **a** and **el** occur together they contract to **al**.

   Voy **al** centro.

The other combinations of **a** plus the definite article do not contract.

   Voy **a la** iglesia.
   Voy **a los** teatros.
   Voy **a las** clases.

Item Substitution

1. Vamos al cine.   *Repitan.*
   _____ clase.
   _____ oficina.
   _____ centro.
   _____ biblioteca.
   _____ banco.

2. ¿Va Ud. al centro?   *Repitan.*
   ¿_____ clases?
   ¿_____ iglesia?
   ¿_____ biblioteca?
   ¿_____ universidad?
   ¿_____ banco?

Question–Answer

¿Van Uds. a la iglesia?   *Contesten.*
¿Van al cine los estudiantes?
¿Va a la universidad el profesor?
¿Va Ud. al centro?

¿Van a las clases los amigos?
¿A dónde va Ud.?

**Contraction of *de* plus *el* → *del***

When **de** and **el** occur together they contract to **del**.

Es hermano **del** profesor.

Other combinations of **de** plus the definite article do not contract.

Es hermano **de la** muchacha.
Es hermano **de los** muchachos.
Es hermano **de las** muchachas.

*contione only for masculine singular. n anything that otakis el*

*eg. la luz/de el sol*

Item Substitution

1. Somos amigos del muchacho.  *Repitan.*
   _____ muchacha.
   _____ profesor.
   _____ estudiantes.
   _____ chileno.
   _____ señor.
   _____ hermanas.

2. ¿Viene Ud. de la iglesia?  *Repitan.*
   ¿_____ cine?
   ¿_____ universidad?
   ¿_____ clase?
   ¿_____ oficina?
   ¿_____ centro?

*Sunday afternoon in the park is a time for families to re-establish the old bonds that have long guided Latin American family life. This family is taking time off together for a tortilla, snow cone, or soft drink — a popular scene in Mexico City's Chapultepec Park.*

### Question–Answer

¿Es Ud. amigo del chileno?   *Contesten.*
¿Vienes de la clase?
¿Es amiga de los mexicanos ella?
¿Dónde está la mamá del estudiante?
¿Va Ud. al centro?
¿Quién va al centro?
¿A dónde va Ud.?

## The possessive adjectives

The possessive adjectives precede the noun they modify. They agree in number and gender (if gender is expressed) with the thing possessed and not with the possessor.

| | | | |
|---|---|---|---|
| **mi** amigo | **nuestro** amigo | **mis** amigos | **nuestros** amigos |
| **mi** amiga | **nuestra** amiga | **mis** amigas | **nuestras** amigas |
| **tu** amigo | **vuestro** amigo | **tus** amigos | **vuestros** amigos |
| **tu** amiga | **vuestra** amiga | **tus** amigas | **vuestras** amigas |
| **su** amigo | **su** amigo | **sus** amigos | **sus** amigos |
| **su** amiga | **su** amiga | **sus** amigas | **sus** amigas |

### Item Substitution

1. ¿Dónde está su hermano?   *Repitan.*
   ¿ _____ amigas?
   ¿ _____ primo?
   ¿ _____ nuestro libro?
   ¿ _____ abuelo?
   ¿ _____ abuela?
   ¿ _____ amiga?
   ¿ _____ hermanos?

2. Mi tío está allí.   *Repitan.*
   ____ tía _____.
   ____ tíos _____.
   ____ hermanas _____.
   Tus _____ _____.
   ____ amigos _____.
   ____ _____ aquí.
   ____ primo _____.

### Question–Answer

¿Dónde está su hermano?   *Contesten.*
¿Están aquí sus amigos?
¿Está en casa su mamá?
¿Van al cine sus amigos?
¿Habla español su abuelo?
¿Quiere Ud. mucho a su papá?
¿Quieren estudiar sus amigos?
¿Quieren trabajar sus hermanas?

## The personal *a*

The personal **a** is used before a noun which is a direct object of the verb and refers to a specific person: *Verb* + **a** + *Direct Object Person*.

Los padres quieren **a su hijo.**
Quiero **a María.**

56

Patterned Response

*Teacher:* ¿Quiere Ud. mucho a su mamá?
*Student:* Sí, quiero mucho a mi mamá.

| | |
|---|---|
| a su hermano | a su tío |
| a su hermana | a su novio |
| a su papá | a su primo |
| a su abuela | a su prima |
| a su abuelo | a su novia |
| a su tía | |

**Cardinal numbers: 1 to 10**

| | | | |
|---|---|---|---|
| 1 | uno | 6 | seis |
| 2 | dos | 7 | siete |
| 3 | tres | 8 | ocho |
| 4 | cuatro | 9 | nueve |
| 5 | cinco | 10 | diez |

**Telling time**

¿Qué hora es?

Es la una.

¿Qué hora es?

Son las dos.

¿Qué hora es?

Son las tres.

¿Qué hora es?

Son las cuatro.

¿Qué hora es?

Son las diez.

¿Qué hora es?

Son las seis.

*Voy a mi casa*
*I goin to my stay house*

## Patterned Response

1. *Teacher:* ¿Va Ud. a la iglesia?
   *Student:* Sí, voy a la iglesia.

   | | |
   |---|---|
   | a la tienda | a la oficina |
   | al centro | a la clase |
   | al cine | a la escuela |

2. *Teacher:* ¿Quiere Ud. ir a Chile?
   *Student:* No, no quiero ir a Chile.

   | | |
   |---|---|
   | al Perú | a Guatemala |
   | a México | a España |
   | a la Argentina | a Europa |

3. *Teacher:* ¿Quiere Ud. hablar español?
   *Student:* Sí, vamos a hablar español ahora.

   | | |
   |---|---|
   | comer | comprar un regalo |
   | tomar el desayuno | tomar el autobús |
   | cenar | trabajar |

4. *Teacher:* ¿Cuántos hermanos tiene Ud.?
   *Student:* Tengo cuatro hermanos.

   ¿Cuántas hermanas tiene Ud.?
   ¿Cuántas novias tiene Ud.?
   ¿Cuántos abuelos tiene Ud.?
   ¿Cuántos primos tiene Ud.?
   ¿Cuántas tías tiene Ud.?

## Sentence Completion

1. Mi familia _____.
2. Vamos a _____.
3. Yo quiero _____.
4. ¿Cuántos _____?
5. ¿A qué hora _____?
6. Dónde estan _____.

## Question Formation

1. Mi abuelo está en casa.
2. Vamos a la clase a las ocho.
3. Roberto tiene muchos amigos.
4. Nuestro amigo está bien.
5. Voy al centro.
6. Quiero ir a México.

**Controlled Conversation**

Pregúntele a _____ dónde está su abuela.
dónde está nuestro tío.
dónde están sus hermanos.
dónde está su abuelo.
dónde están sus primos.
cómo está su primo.
cómo está su madre.
cómo están sus amigas.
cómo está su amiga.
cómo está su tío
qué hora es.
a dónde va.

**Personalized Questions**

1. ¿A dónde va Ud.?
2. ¿Qué va Ud. a hacer mañana?
3. ¿Tiene Ud. una familia grande?
4. ¿Quiere Ud. ir al centro?
5. ¿Qué hora es?
6. ¿Vamos a hablar español?
7. ¿Va Ud. al centro mañana?
8. ¿Come Ud. en casa el Día de las Madres?
9. ¿Cuántos amigos tiene Ud.?
10. ¿Cómo se llama su novio?
11. ¿Cuántos novios tiene Ud.?
12. ¿Cuándo vienes a mi casa?
13. ¿Va Ud. a la iglesia con su amigo?
14. ¿Quiere Ud. mucho a su mamá?
15. ¿Aprende Ud. la lección?
16. Nosotros vamos a la iglesia a las ocho. ¿Y usted?
17. ¿Tiene Ud. que trabajar mucho?
18. ¿Trabaja Ud. mucho?
19. ¿Cuándo compra Ud. un regalo?
20. ¿Quién tiene muchos amigos?

**Extemporization**

### 1. La familia

*Vocabulary:* madre, padre, hermanos, abuelos, tíos, primos, querer, trabajar, oficina, banco, tener

*Topic Ideas:*
1. Mi familia no es grande.
2. Nuestra mamá trabaja mucho.
3. Quiero mucho a mi abuelo.

*Questions:*
1. ¿Tienes una familia grande?
2. ¿Cuántas hermanas tienes?
3. ¿Quieres mucho a tu familia?
4. ¿Dónde trabaja tu papá?

*downtown* *time to buy. gift to c[...]*

## 2. De compras

*Vocabulary:*   centro, autobús, la hora, comprar, regalo, venir, mañana, tarde

*Topic Ideas:*   1. Voy a comprar un regalo.
2. Mi mamá compra mucho en el centro.
3. Mañana voy al centro.

*Questions:*   1. ¿A qué hora vas al centro?
2. ¿Qué compras en el centro?
3. ¿A qué hora viene el autobús?
4. ¿Cuándo vas de compras?

**Task Assignments**

1. Count from one to ten with correct pronunciation and without reference to any written material.
2. Find out from another student where he is from, if he has a large family, how many brothers and sisters he has, and then report to the class.
3. Find out from another student when and where he is going to go shopping, what he is going to buy, and if he is going to take the bus.

### IDIOMATIC EXPRESSIONS

1. A las mil maravillas. *Wonderfully well.  Like a million dollars.*
2. ¡Aquí hay gato encerrado!  *There's something rotten in the state of Denmark.*
3. En todas partes cuecen habas.  *It happens in the best of families.*
4. En total, nada.  *In short, nothing happened.*

*One of the many faces of the Latin American male: a young gaucho from Argentina. Gauchos are cowboys who herd and care for the cattle on the ranches.  In former times theirs was a picturesque life as they roamed the desolate expanse of the Pampa.  Today the descendants of many gauchos are often paid workers on an* estancia — *more likely to be driving a tractor than riding a horse.*

**61**

# UNIT 4

## Las clases

FELIPE — ¿Qué tal tu horario de clases?

RICARDO — Bastante bueno.  No tengo clases los jueves.

FELIPE — ¿Y el resto de la semana?

RICARDO — Bueno, tengo clases los lunes, martes, miércoles y viernes.

FELIPE — ¿Y cuántas clases tienes este semestre?

RICARDO — Tengo cinco: español, matemáticas, inglés, historia y química.

FELIPE — Tus clases son difíciles.

RICARDO — Claro, pero estudio día y noche.

FELIPE — ¿A qué hora comienza tu clase de español?

RICARDO — Creo que a las ocho.

FELIPE — ¡A las ocho! Tú siempre duermes hasta las nueve.

RICARDO — Bueno, pero ahora voy a estudiar más.

FELIPE — ¿Ya tienes todos tus libros?

RICARDO — Sí, ya los tengo.

FELIPE — ¡Qué bueno! ¿Cuál es la clase más difícil?

RICARDO — Español, y el profesor es muy exigente.

FELIPE — ¿Qué aprendes en la clase?

RICARDO — El idioma y la cultura de otra gente.

FELIPE — Es interesante, ¿verdad?

RICARDO — Ya lo creo.

# Classes

FELIPE — How's your class schedule?

RICARDO — Very good. I don't have any classes on Thursdays.

FELIPE — And the rest of the week?

RICARDO — Well, I have classes on Mondays, Tuesdays, Wednesdays, and Fridays.

FELIPE — And how many classes do you have this semester?

RICARDO — I have five: Spanish, mathematics, English, history, and chemistry.

FELIPE — Your classes are difficult.

RICARDO — Sure, but I study night and day.

FELIPE — What time does your Spanish class begin?

RICARDO — At eight, I believe.

FELIPE — At eight! You always sleep until nine.

RICARDO — Well, but now I am going to study more.

FELIPE — Do you already have all your books?

RICARDO — Yes, I already have them.

FELIPE — Good! Which class is the most difficult?

RICARDO — Spanish, and the professor is very demanding.

FELIPE — What do you learn in the class?

RICARDO — The language and the culture of other people.

FELIPE — It's interesting, isn't it?

RICARDO — It certainly is.

**PRONUNCIATION HELPS**

Spanish /r/    Spanish /r/ is articulated by making a single tap of the tongue against the alveolar ridge. The sound most nearly identical with Spanish /r/ in English is /d/ in the word "mea**d**ow."

Examples of Spanish /r/ in this dialog include: ho**r**ario, cla**r**o, and pe**r**o. Watch your instructor and repeat.

ho**r**ario     cla**r**o     pe**r**o

Spanish /r/ gives considerable difficulty when it is adjacent to a consonant. When it comes before a consonant, it is generally a single tap, although occasionally a native speaker may use a trill, depending on the style of speech.

Watch your instructor and repeat.

ta**r**des     vie**r**nes     ma**r**tes

Spanish /r/ after a consonant is always a single tap. Watch your instructor and repeat.

semest**r**e

CULTURAL NOTES

1. *Universities.* Generally, Latin-American university students play a much more active role in the political life of their countries than their American counterparts. The university is regarded as an institution that provides informal apprenticeships in politics. Political leaders seek the support of the students. Students often cooperate with workers in labor strikes, and at times student demonstrations and uprisings have led to the fall of dictatorial regimes. Most of the universities are located in the large cities and do not have campuses like the typical North American universities. Most of the universities have two or three "shifts" (*turnos*) of classes to accommodate the students, the majority of whom work full time. Classes begin as early as 8:00 a.m. and continue as late as 10:00 p.m. Usually a student attends only one *turno.*

2. *Professions.* The professions with the greatest prestige are medicine, engineering, and law, although others such as architecture and economics have considerable esteem. The field of law, which is overcrowded, is one of the avenues to a political career. Many law students have no intention of practicing their profession, and a large number aspire to government positions, which in some countries afford considerable security and always confer prestige.

VOCABULARY EXPANSION

| | |
|---|---|
| Hay una **luz** en la sala. | There is a *light* in the room. |
| Hay cuatro **paredes** en la sala. | *walls* |
| **puertas** | *doors* |
| **ventanas** | *windows* |
| **mesas** | *tables* |
| **sillas** | *chairs* |
| **pizarras** | *blackboards* |
| dos **luces** | *lights* |
| dos **mapas** | *maps* |
| Leo el **periódico.** | *newspaper* |
| las **cartas.** | *letters* |
| la **lección.** | *lesson* |
| Voy a la iglesia **los domingos.** | *on Sundays* |
| **el domingo.** | *on Sunday* |
| **el domingo que viene.** | *next Sunday* |
| **todas las noches.** | *every night* |
| **todos los días.** | *every day* |
| Estoy **contento.** | I am *happy.* |
| Traigo el **dinero.** | I am bringing the *money.* |
| ¿**Cuántas personas** hablan español? | *how many people* |
| ¿**Cuándo** comienza la clase? | *when* |
| Ella **escucha** los programas. | *listens to* |
| Duermo **hasta** las nueve. | *until* |
| ¿**Hasta cuándo** duerme Ud.? | *until when* |

**The present indicative continued**

Verb Structure Drills

A. The present indicative of **comenzar** (*to begin*).

| | |
|---|---|
| comienzo | comenzamos |
| comienzas | [comenzáis] |
| comienza | comienzan |

Note that the stem vowel **e** of **comenzar** becomes **ie** in all persons of the present indicative except the first and second person plural. For other stem-changing verbs like **comenzar,** see Appendix D.

1. *Yo* comienzo todos los días a la una. *Repitan.*

   nosotros, ellos, Ud., Uds., tú, ella

2. ¿A qué hora comienza Ud.? *Contesten.*
   ¿Cuándo comienzan ellos?
   ¿Comienzan Uds. a la una?
   ¿Quién comienza a la una?
   Y tú, ¿cuándo comienzas?

B. The present indicative of **dormir** (*to sleep*).

| | |
|---|---|
| duermo | dormimos |
| duermes | [dormís] |
| duerme | duermen |

Note that the stem vowel **o** of **dormir** becomes **ue** in all persons of the present indicative except the first and second person plural. For other stem-changing verbs like **dormir,** see Appendix D.

1. *Yo* siempre duermo hasta las nueve. *Repitan.*

   nosotros, ellos, Ud., Felipe y Ricardo, tú

2. ¿Siempre duerme Ud. hasta las nueve? *Contesten.*
   ¿Quién duerme hasta las nueve?
   ¿Por qué duerme Felipe hasta las nueve?
   ¿Cuándo duerme Ud. hasta las nueve?
   ¿Tú duermes hasta las nueve?

C. The present indicative of **pedir** (*to ask for*).

| | |
|---|---|
| pido | pedimos |
| pides | [pedís] |
| pide | piden |

The stem vowel **e** of **pedir** changes to **i** in all persons except the first and second person plural. For other verbs conjugated like **pedir,** see Appendix D.

1. *Yo* no pido clases fáciles. *Repitan.*

   ella, nosotros, ellos, Ricardo, Uds.

2. ¿Pide Ud. clases fáciles? *Contesten.*
   ¿Por qué pide ella clases fáciles?
   ¿Quién pide clases fáciles?
   ¿Siempre piden Uds. clases fáciles?
   ¿Pide Ricardo clases fáciles?

D. The present indicative of **oír** (*to hear*).

| | |
|---|---|
| **oigo** | **oímos** |
| **oyes** | **[oís]** |
| **oye** | **oyen** |

1. *Yo* no oiga la música. *Repitan.*

   ellos, nosotros, ella, Felipe, tú, Uds.

2. ¿Oye Ud. la música? *Contesten.*
   ¿Oyen ellos la música?
   ¿Oyen Uds. la música?
   ¿Oye ella la música?
   ¿Quién oye la música?
   ¿Quién no oye la música?

**The direct object pronouns**

The direct object pronoun takes the place of a noun used as a direct object and must agree in number and gender with the noun it replaces. It always precedes the verb except after an infinitive, a present participle, or an affirmative command; in these cases it follows and is attached to the verb form. The exception involving the infinitive is treated in this lesson.

| **me** *me* | **nos** *us* |
|---|---|
| **te** *you* | **[os]** *you* |
| **lo** *it, you, him* | **los** *them, you* |
| **la** *it, you, her* | **las** *them, you* |

¿Estudia Ud. **la lección?**

Sí, yo **la** estudio.

¿Escribe ella **las cartas?**

No, ella no **las** escribe.

¿Vas a leer **el periódico** ahora?

Sí, voy a leer**lo** ahora.

Structure Substitution

| *Teacher* | *Student* |
|---|---|
| 1. ¿Estudia Ud. la lección?  *Contesten.* | Sí, yo la estudio. |

¿Estudian Uds. la lección?
¿Estudian la lección ellos?
¿Estudia la lección Roberto?
¿Tú estudias la lección?
¿Estudia la lección ella?

*Built atop 550 acres of former volcanic wasteland, the University of Mexico stands as a dynamic tribute to Mexico's new spirit of growth and modernism. More than 150 Mexican architects were involved in the building of the university which was dedicated in 1954. Juan O'Gorman's mosaic on the library in the background depicts the cultural history of Mexico from pre-Columbian times.*

2. ¿Escribe muchas cartas ella? *Contesten.*        Sí, las escribe.
    ¿Escriben muchas cartas Uds.?
    ¿Escribe muchas cartas su mamá?
    ¿Escriben muchas cartas ellos?
    ¿Escribe muchas cartas nuestro tío?
    ¿Tú escribes muchas cartas?

3. ¿Lees el periódico? *Contesten.*        Sí, lo leo.
    ¿Lee Ud. el periódico?
    ¿Leen Uds. el periódico?
    ¿Lee el periódico él?
    ¿Leen el periódico sus padres?
    ¿Lee el periódico el profesor?
    ¿Lee el periódico tu hermana?

4. ¿No escucha los programas ella? *Contesten.*    No, ella no los escucha.
    ¿No escuchas los programas?
    ¿No escuchan Uds. los programas?
    ¿No escucha los programas el profesor?
    ¿No escuchan los programas ellas?
    ¿No escucha los programas Renaldo?

5. ¿Vas a leer el periódico ahora? *Contesten.*    Sí, voy a leerlo ahora.
    ¿Vas a estudiar la lección ahora?
    ¿Vas a escribir la carta ahora?
    ¿Vas a comprar el regalo ahora?
    ¿Vas a escuchar el programa ahora?
    ¿Vas a aprender español ahora?
    ¿Vas a comenzar el trabajo ahora?

6. ¿Lee Ud. el periódico? *Cambien.*        ¿Lo lee Ud.?
    ¿Estudia Ud. la lección?
    ¿Compra Ud. el regalo?
    ¿Escribe Ud. las cartas?
    ¿Escucha Ud. los programas?
    ¿Quiere Ud. a su mamá?
    ¿Comienza Ud. el trabajo?

## Irregular forms in the present indicative

The following verbs are regular in all forms of the present indicative except the first person singular.

| | | | |
|---|---|---|---|
| **poner** (*to put*) — **pongo** | | **parecer** (*to seem*) — **parezco** | |
| **salir** (*to leave, depart*) — **salgo** | | **ver** (*to see*) — **veo** | |
| **hacer** (*to do, make*) — **hago** | | **saber** (*to know*) — **sé** | |
| **traer** (*to bring*) — **traigo** | | **dar** (*to give*) — **doy** | |
| **caer** (*to fall*) — **caigo** | | **estar** (*to be*) — **estoy** | |
| **conocer** (*to know*) — **conozco** | | | |

Question–Answer

¿Trae Ud. el dinero?
¿Haces los ejercicios?
¿Sale Ud. todas las noches?
¿Pone Ud. el libro aquí?
¿Sabes la lección?
¿Estás contento?
¿Ve Ud. a Carlos?
¿Conoce Ud. a Juan?

**Use of *hay***

The form **hay** has no subject expressed. It means either "there is" or "there are." It is not to be confused with **es** which means "it is," nor with **son** which means "they are."

Item Substitution

1. Hay cuatro paredes en la sala de clase. *Repitan.*
   _____ una puerta _____.
   _____ dos ventanas _____.
   _____ una mesa _____.
   _____ diez sillas _____.
   _____ una pizarra _____.
   _____ muchos libros _____.
   _____ una luz _____.
   _____ dos mapas _____.

2. Los estudiantes hablan español todos los días. *Repitan.*
   Uds. _____.
   El _____.
   _____ todas las noches.
   _____ estudia _____.
   Nosostros _____.
   _____ en la clase.
   Elena _____.
   Tú _____.
   _____ aprendes _____.
   _____ en casa.
   Yo _____ .
   El profesor _____ .
   María y Manuel _____ .

Patterned Response

*Teacher:* ¿Tienes una clase de biología?
*Student:* Sí, tengo una clase de biología.
      (No, no tengo clase de biología.)

|  |  |
|---|---|
| música | botánica |
| sociología | zoología |
| física | ingeniería |
| filosofía | francés |

**Cardinal numbers:**
**11 to 100**

| | | | |
|---|---|---|---|
| **11** once | | **21** | veinte y uno (veintiuno) |
| **12** doce | | **30** | treinta |
| **13** trece | | **40** | cuarenta |
| **14** catorce | | **50** | cincuenta |
| **15** quince | | **60** | sesenta |
| **16** diez y seis (dieciséis) | | **70** | setenta |
| **17** diez y siete (diecisiete) | | **80** | ochenta |
| **18** diez y ocho (dieciocho) | | **90** | noventa |
| **19** diez y nueve (diecinueve) | | **100** | cien |
| **20** veinte | | | |

**Telling time**
**continued**

¿Qué hora es?

Son las tres y veinte.

¿Qué hora es?

Son las tres y cinco.

¿Qué hora es?

Son las cinco menos veinticinco.

¿Qué hora es?

Son las nueve menos cinco.

¿Qué hora es?

Son las siete menos cuarto.
*It's a quarter to seven.*

¿Qué hora es?

Son las cuatro y media *(half)*.
*It's four thirty.*

**¿Qué hora es?**

**Son las once en punto.**
*It's eleven sharp.*

**¿Qué hora es?**

**Son las cinco y veinticinco.**

**¿Qué hora es?**

**Es la una y cuarto.**

**¿Qué hora es?**

**Son las doce y media.**

Item Substitution

Es la una.  *Repitan.*
Son las dos.
———— tres.
———— una y media.
———— dos y cuarto.
———— doce y veinte.
———— una.
———— tres menos cuarto.
———— cinco menos veinte y cinco.

The period of the day is introduced by **de** when the hour is indicated; otherwise **por** is used.

Son las diez **de la mañana.** *It's ten o'clock in the morning.*

Son las cuatro **de la tarde.** *It's four o'clock in the afternoon.*

Son las once **de la noche.** *It's eleven o'clock in the evening.*

Estamos en casa **por la mañana.** *We are at home in the morning.*

(Note that there is no specific hour indicated.)

72

*In Latin America students frequently thrust themselves into the political affairs of their nations. Here at Lima's San Marcos University a law professor fields questions from an intent group of students. In the foreground, a notice board stridently announces a memorial meeting for García Lorca, who was "assassinated by fascists."*

### Patterned Response

1. *The teacher asks the question and then gives one of the numbers. The student gives the time indicated by the number.*

   *Teacher:*  ¿Qué hora es?  (1)
   *Student:*  Son las seis menos cuarto de la tarde.

   | | | | |
   |---|---|---|---|
   | 1. 5:45 p.m. | | 6. 1:10 p.m. | *es la una y dí* |
   | 2. 6:20 a.m. | | 7. 8:34 a.m. | |
   | 3. 3:05 p.m. | *TARDE* | 8. 10:50 p.m. | |
   | 4. 6:15 p.m. | *NICHE* | 9. 10:10 a.m. | |
   | 5. 11:18 a.m. | *MAÑANA* | 10. 2:28 p.m. | |

2. *The teacher asks the question and the student responds, using the time suggested in the parentheses.*

   *Teacher:*  ¿A qué hora va Ud. a casa? (10:00 p.m.)
   *Student:*  Voy a casa a las diez de la noche.

   ¿A qué hora va Ud. a casa? (8:00 p.m.)
   ¿A qué hora va él a casa? (4:30 p.m.) *quarto y media*
   ¿A qué hora vamos a casa? (9:20 p.m.)
   ¿A qué hora van ellos a casa? (12:00 p.m.) *media*
   ¿A qué hora vas a casa? (1:25 a.m.)
   ¿A qué hora va Ud. a casa? (3:18 p.m.)

3. *Teacher:*  ¿Cuántas paredes hay en la sala de clase?
   *Student:*  Hay cuatro paredes en la sala de clase.

        puertas — 2
        ventanas — 4
        mesas — 1
        sillas — 50   *cinquantas*
        pizarras — 2
        libros — 60   *secinta*
        luces — 7
        estudiantes — 45   *quadinta*
        profesores — 1
        señoritas — 18
        mapas — 5

4. *Teacher:*  ¿A qué hora vas a la clase?
   *Student:*  Voy a la clase a las diez un punto.

        estudias la lección — 10:30
        lees el periódico — 11:00
        escuchas el programa de radio — 11:30
        trabajas en la tienda — 12:00
        vas a la iglesia — 12:30
        vas a casa — 1:00

**The days of the week**

| | | | | |
|---|---|---|---|---|
| *El* **domingo** | *Sunday* | | **jueves** | *Thursday* |
| **lunes** | *Monday* | | **viernes** | *Friday* |
| **martes** | *Tuesday* | *El* | **sábado** | *Saturday* |
| **miércoles** | *Wednesday* | | | |

Patterned Response      *Los Musulmanes*

1. *Teacher:*  Hoy es lunes, ¿verdad?
   *Student:*  Sí, señor, hoy es lunes.
              (No, señor, hoy no es lunes. Hoy es _____.)

        martes          viernes
        miércoles     sábado
        jueves         domingo

2. *Teacher:*  ¿Vas a la iglesia los domingos?
   *Student:*  Sí, voy a la iglesia los domingos.

        al centro los lunes   *on mondays*
        a la tienda los martes   *meaning every monda*
        a la clase los miércoles
        a la escuela los jueves
        a casa los viernes
        al cine los sábados

3. *Teacher:* ¿Va Ud. a la iglesia el domingo?
   *Student:* No, no voy a la iglesia el domingo.

   al centro el lunes.
   a la tienda el martes
   a la clase el miércoles
   a la escuela el jueves
   a casa el viernes
   al cine el sábado

**Summary of question words**

| | | | |
|---|---|---|---|
| **¿Cómo?** | *How?* | **¿Cuánto, -os, -a, -as?** | *How much, how many?* |
| **¿Dónde?** | *Where?* | **¿Por qué?** | *Why?* |
| **¿Quién?** | *Who, whom?* | **¿A dónde?** | *(To) where?* |
| **¿De dónde?** | *From where?* | **¿Cuándo?** | *When?* |
| **¿Qué?** | *What?* | **¿Cual?** | *Which?* |

Sentence Completion

1. Mis clases _____
2. El sábado _____
3. Siempre duermo _____
4. Los domingos _____
5. Estudio la lección _____

Question Formation

1. Sí, los profesores son muy exigentes.
2. Duermo hasta las nueve los domingos.
3. No, no leo el periódico todos los días.
4. Escucho la radio todas las noches.
5. Ricardo estudia la historia de los Estados Unidos.

**Controlled Conversation**

Pregúntele a _____ si va a la iglesia el miércoles o el domingo.
si comienza la clase de español a las diez o a las doce.
si es malo o bueno su horario de clases.
si es interesante o no la clase de español.
si es fácil o difícil la lección de español.
si tiene cinco o cuatro clases.
si habla mucho o poco el profesor.
si estudia clases fáciles o difíciles.
si hay quince o veinte estudiantes en la clase.

**Personalized Questions**

1. ¿Son exigentes todos los profesores de la universidad?
2. ¿Por qué estudia Ud. tanto?
3. Hoy es domingo, ¿verdad?
4. ¿Va Ud. al cine con su novio (-a)?

5. ¿Qué aprende Ud. en la clase de español?
6. ¿Por qué no trabaja Ud. los domingos?
7. ¿Hay clases fáciles en la universidad?
8. ¿Cuántas personas en su familia hablan español?
9. ¿A qué hora termina la clase de español?
10. Ricardo estudia día y noche, ¿no?
11. El quiere mucho a su novia. ¿Y Ud.?
12. ¿A qué hora comienza la clase de español?
13. ¿Cuándo duerme Ud. hasta las nueve?
14. ¿Por qué pide Ud. clases fáciles?
15. ¿Dice Ud. que la clase es muy interesante?

*Several Indian tribes are represented in this adult education class in Peru. Textbooks, income, and travel expenses are all provided by the reform-minded government. Later these men will return to their respective villages and teach among their fellow people.*

16. ¿Cuándo oye Ud. la música?
17. ¿Lee Ud. el periódico todos los días?
18. ¿Va Ud. a estudiar la lección ahora?
19. ¿Cuándo escucha Ud. los programas de radio?
20. ¿Quién estudia la historia de los Estados Unidos?
21. ¿Cuál es tu nombre? ¿Y tu apellido?

## Extemporization

### 1. El programa para el día

*Vocabulary:* clases, comenzar, dormir, estudiar, leer, periódico, lección, trabajar, física, matemáticas, francés

*Topic Ideas:*
1. Mis clases son fáciles.
2. El sábado trabajo en el centro.
3. Mi clase de español.

*Questions:*
1. ¿Hasta qué hora duermes?
2. ¿Cuándo comienzas las clases?
3. ¿Lees el periódico por la mañana o por la noche?
4. ¿A qué hora trabajas en la oficina?

### 2. La semana

*Vocabulary:* días de la semana, centro, tienda, clases, iglesia, casa, cine

*Topic Ideas:*
1. Los domingos.
2. El sábado voy al cine con mi novio (-a).
3. Estudio todos los días.

*Questions:*
1. ¿Qué día vas a la iglesia?
2. ¿Por qué no trabajas los domingos?
3. ¿Cuándo vas a casa?
4. ¿Qué día vas al centro?

## Task Assignments

1. Find out from another student what classes he has, if they are easy, when he studies, and when he works. Then report to the group.
2. Find out from another student what time his Spanish class starts, when it ends, if it is fun, if the professor is demanding, and if he studies a lot. Then report to the group.
3. Find out from another student where he goes on Sundays, when he is going to the movies, and if he is going downtown tomorrow. Then report to the group.

### PROVERBS

1. La práctica hace al maestro. *Practice makes perfect.*
2. Quien mucho duerme, poco aprende. *He who sleeps much learns little.*
3. Más vale tarde que nunca. *Better late than never.*
4. De tal palo, tal astilla. *Like father, like son.*

**77**

# REVIEW 1

(Units 1–4)

*imperialismo yanki*

A. *Answer the questions according to the example.*

   *Example:* ¿Habla Ud. español? **No, no hablo español.**

   1. ¿Es Ud. chileno?
   2. ¿Está en la clase Carlos?
   3. ¿Es Ud. de México? *Soy de los Estados Unidos*
   4. ¿Hablan francés Carlos y Antonio?
   5. ¿Va Ud. a la iglesia el domingo?

B. *Formulate the corresponding questions for these answers.*

   *Example:* Sí, son muy simpáticos. **¿Son simpáticos los muchachos?**

   1. Sí, voy a estudiar el lunes. *I am going to study on monday*
   2. Sí, leemos el periódico todas las noches. *usted leen*
   3. Sí, los profesores son exigentes.
   4. Sí, quiero ir a España. *Tu quiero or usted*
   5. Sí, tengo cuatro hermanos. *tiene usted – tiene hermano*

C. *Give the day that precedes and the one that follows, as in the example.*

|              | Day of the week | Precedes *antes* | Follows *después* |
|--------------|-----------------|---------|---------|
| *Example:*   | lunes           | domingo | martes  |
|              | miércoles       | ——————  | ——————  |
| *Que día*    | viernes         | ——————  | ——————  |
| *d*          | domingo         | ——————  | ——————  |
|              | jueves          | ——————  | ——————  |
|              | martes          | ——————  | ——————  |
|              | sábado          | ——————  | ——————  |

D. *Pronounce in Spanish the times indicated.*

   3:25      9:50      2:40
   10:30     1:00      4:45
   *dias + media*

E. *Give a sentence using the possessive adjective to indicate the possessor as in the example.*

   *Example:* Luisa tiene un regalo. **Es su regalo.**

   1. Tenemos una casa. *es nuestra*
   2. Ellos tienen amigos. *son sus amigos*

*A farmer from the region of Antioquia takes a rest after selling his produce at the Sunday market in one of the small villages. The square, heavy poncho, or* ruana, *and the pouch,* carriel, *are typical of this region. His long stick shows us that he is a mule driver. Colombia's diverse climates enable a variety of crops to be grown, but coffee is the mainstay of the economy. Colombia is second only to Brazil in coffee production.*

3. El profesor tiene muchos libros. *Son sus Libro*
4. Uds. tienen dos mapas. *Es su mapas.*
5. Tú tienes una carta. ~~Es su map~~ *Es tu carta.*

F. *Answer the questions according to the example.*

*Example:* ¿Oye Ud. la música? **Sí, la oigo.**

1. ¿Lee Ud. el periódico?
2. ¿Trae Ud. las cartas? *Si las traigo*
3. ¿Hace Ud. el trabajo? *Si yo lo ago*
4. ¿Ve Ud. la pizarra? *Si yo la veo*
5. ¿Estudia Ud. la lección? *Si la estudio*

G. *Use the correct form of* **ser** *or* **estar.**

María _*es*_ simpática.
*Maria estar* _____ aquí.

_____ una muchacha inteligente.

_____ chilena.

_____ bien.

_____ secretaria.

_____ en México.

_____ enferma.

_____ de California.

H. *Use the correct form of* **de** *plus the article.*

Yo soy amigo del chileno.

_____ *de los* ___ mexicanos.

_____ *de la* muchacha.

__ *de la o del* __ estudiante.

_____ *de las* ___ muchachas.

I. *Use the correct form of* **a** *plus the article.*

Voy al centro.

__ *a la* universidad.

__ *a la* clases.

__ *a la* oficina.

__ *al* ___ banco.

J. *Give the Spanish equivalent of the italicized words only.*

1. *Where* are you going?  *A donde*
2. *Where* is Charles?  *donde estar*
3. *What* do you learn?  *que*
4. *Who* is that young man?  *quiene es*
5. *Where* are you *from*?  *de donde es*
6. *How many* sisters do you have?  *Cuantas*
7. *What* is your name?
8. *Why* do you work?
9. *How* are you?

**Culture Capsule**

# El paseo

En Latinoamérica el paseo[1] es una costumbre muy común. Por la tarde, despúes de las seis o siete, los jóvenes van a la plaza o a la calle principal. Los muchachos hablan en grupos en una esquina[2] o en la calle. Las chicas, también en grupos, caminan lentamente[3] por la plaza. Al pasar las chicas,[4] los muchachos les dicen piropos[5] y comienzan a conversar con ellas.

Algunos piropos son muy ingeniosos y románticos. Por ejemplo: «¡Quién fuera estrella para vivir en el cielo de sus ojos!»[6] Algunos son muy prosaicos: «¡Qué lindo budín para Navidad!»[7] Otros piropos comunes son: «¡Una muñeca que camina!»[8] y «¡Qué monumento!»[9]

Los jóvenes se conocen[10] en los clubes, bailes y colegios,[11] pero el paseo es generalmente el lugar preferido por la gente joven.

[1] **el paseo** *the promenade*

[2] **una esquina** *a street corner*

[3] **caminan lentamente** *walk slowly*

[4] **al pasar las chicas** *as the girls pass by*

[5] **les dicen piropos** *pay them compliments*

[6] **¡ Quién fuera estrella para vivir en el cielo de sus ojos!** *If only I were a star so that I could live in the heaven of your eyes!*

[7] **¡Qué lindo budín para Navidad!** *What a beautiful fruitcake (dish) for Christmas!*

[8] **¡Una muñeca que camina!** *A walking doll!*

[9] **¡Qué monumento!** *What a monument!*

[10] **se conocen** *meet each other*

[11] **colegios** *high schools*

## Question–Answer

1. ¿A qué hora es el paseo?
2. ¿Dónde es el paseo?
3. ¿Dónde están los muchachos?
4. ¿Quiénes caminan lentamente?
5. ¿Qué es un piropo?
6. ¿Son románticos los piropos?
7. ¿Quiere Ud. participar en el paseo?

# UNIT 5

# El tiempo

ISABEL — ¿Qué te parece el clima de aquí, Gloria?

GLORIA — Francamente a mí no me gusta.

ISABEL — ¿Por qué no te gusta?

GLORIA — Porque hace mucho frío.

ISABEL — Pues, a mí me gusta el frío en el invierno.

GLORIA — No. A mí me gusta más la primavera.

ISABEL — En la primavera llueve mucho.

GLORIA — Pero generalmente hace buen tiempo, ¿verdad?

ISABEL — Tienes razón. ¿Tienes frío ahora?

GLORIA — Sí, y además estoy un poco resfriada.

ISABEL — ¡Qué lástima! Tienes que cuidarte mucho.

GLORIA — Sí, ¡y qué variable está el tiempo hoy!

ISABEL — Ahora hace un viento helado.

GLORIA — También parece que va a nevar.

ISABEL — Y te hace falta un abrigo, ¿verdad?

GLORIA — Sí, me hace falta.

ISABEL — Te presto uno. ¿Vienes conmigo?

GLORIA — Bueno, voy contigo.

# The Weather

ISABEL — What do you think of the climate around here, Gloria?

GLORIA — Frankly, I don't like it.

ISABEL — Why don't you like it?

GLORIA — Because it's very cold.

ISABEL — Well, in the winter I like the cold.

GLORIA — No. I like spring better.

ISABEL — In the spring it rains a lot.

GLORIA — But generally the weather is good, isn't it?

ISABEL — You're right. Are you cold now?

GLORIA — Yes, and besides I have a bit of a cold.

ISABEL — That's too bad? You must take very good care of yourself.

GLORIA — Yes, and how changeable the weather is today!

ISABEL — An icy wind is blowing now.

GLORIA — It also looks like it's going to snow.

ISABEL — And you need a coat, don't you?

GLORIA — Yes, I need one.

ISABEL — I'll lend you one.* Will you come with me?*

GLORIA — All right, I'll go with you.*

PRONUNCIATION HELPS

Spanish /**rr**/    The trilled Spanish /rr/ is articulated by placing the tip of the tongue against the alveolar ridge and holding it there tensely enough so that it offers some resistance to the passage of air. By increasing the pressure of breath, force the tongue away from the alveolar ridge and produce a flutter or trill. Notice that orthographic initial **r** is also pronounced /rr/.

Examples of the Spanish /rr/ in this dialog include: **r**azón and **r**esfriada. Watch your instructor and repeat.

**r**azón     **r**esfriada

Spanish /**r**/    When Spanish /r/ is final in an utterance, it is generally a single tap, but it may be a trill depending on the emphasis given and the style of speech. In either case it is quickly devoiced — that is, the vocal chords stop vibrating before the tongue has stopped trilling

Watch your instructor and repeat.

habla**r**     cuida**r**     neva**r**

Spanish /**g**/    The point of articulation for Spanish /g/, a voiced velar stop, is the same as for English /g/ in the word "go." /g/ occurs at the beginning of an utterance (**gana, gran, grueso,** etc.).

---

* In Spanish the present tense is commonly used to express future meaning.

An example of the Spanish /g/ in this dialog is: **G**loria. Watch your instructor and repeat.

**G**loria

Spanish /**g**/     This is·a voiced velar spirant which occurs between vowels. Examples of the Spanish /**g**/ in this dialog include: abri**g**o, conti**g**o, and me **g**usta. Watch your instructor and repeat.

abri**g**o        conti**g**o        me **g**usta

Spanish /**ly**/     In many regions, Spanish /ly/, usually spelled **ll**, is pronounced like /y/ as in the English word "yes." This sound is widely used in Spanish America, although there are dialectical and regional differences.

An example of Spanish /ly/ in this dialog is **ll**ueve. Watch your instructor and repeat.

**ll**ueve

## CULTURAL NOTES

1. *Cold air.* In many areas of the Hispanic world there are people who believe that cold air is harmful to one's health and that it may damage the lungs as well as cause a variety of illnesses. Consequently, it is common to see people with their noses and mouths covered with a handkerchief during cold weather. In addition, when one has a cold, he seldom goes outside without first covering his nose and mouth with a handkerchief. Men often go unshaven for days in an effort to provide additional warmth for their faces.

2. *Medicine.* In most of Latin America medicine for which one would need a doctor's prescription in North America is readily available to anyone who can afford it over the counter in any drug store, and without prescription. Shots are given by nurses in their own homes. Midwives are often the rule rather than the exception.

3. *The seasons.* South of the equator all the seasons are the reverse of the four seasons common in this country. This often requires some adjustment for the traveler.

4. *Que será, será.* One of the most common expressions in Latin America is "*Si Dios quiere*" (If God wills.). The same idea is expressed in the title of the song "Que será, será." According to the Latin American view, each person owes it to himself to mobilize and exert his inner resources to live and die with *dignidad.* Yet fate must be reckoned with; a certain amount of sickness and death is inevitable. It is "the will of God" and what must be will be. The sense of the power of fate is combined, for most members of the middle classes at least, with the theme of striving, one of the values of "the person." An individual must

strive to fulfill his inner potentialities as a unique person.  If he fails after having made "a good try," he is not torn by feelings of guilt, conscience, or inadequacy, which play a large part in the psychological aftereffects of failure in North American culture.  For a Latin American who has "done his best," failure is due to inscrutable ways of fate (or the will of God).  It is not his personal fault.

VOCABULARY EXPANSION

| | |
|---|---|
| Me gustan **las corridas de toros.** | *bullfights* |
| **los deportes.** | *sports* |
| **los perfumes caros.** | *expensive perfumes* |
| **Tengo hambre.** | *I am hungry.* |
| _____ **calor.** | *I am warm.* |
| _____ **sed.** | *I am thirsty.* |
| _____ **razón.** | *I am right.* |
| _____ **sueño.** | *I am sleepy.* |
| _____ **prisa.** | *I am in a hurry.* |
| _____ **miedo.** | *I am afraid.* |
| ¿En qué mes es **la Navidad?** | *Christmas* |
| **el Día de la Raza?** | *Columbus Day* |
| **el Día de las Madres?** | *Mother's Day* |
| **el Día de los Enamorados?** | *Valentine's Day* |
| **el Día del Trabajo?** | *Labor Day* |
| ¿En qué mes es su **cumpleaños?** | *birthday* |
| **De costumbre hace calor.** | *Usually it's hot.* |
| **Hace frío hoy.** | *It is cold today.* |
| **calor** | *hot* |
| **sol** | *sunny* |
| **polvo** | *dusty* |
| **Está bonito el día.** | *It's a beautiful day.* |
| **Está lluvioso.** | *It is rainy.* |
| **caluroso.** | *hot* |
| **templado.** | *mild* |
| **fresco.** | *cool* |
| **Llovizna mucho.** | *It drizzles a lot.* |
| **Relampaguea mucho.** | *There is much lightning.* |
| **Tengo que estudiar.** | *I have to study.* |
| **Estoy resfriado.** | *I have a cold.* |
| Me hace falta un **sombrero.** | *hat* |
| **Me hacen falta tres pesos.** | *I lack three pesos.* |
| **Necesito (necesitar) cinco pesos.** | *I need five pesos.* |

**Uses of the verb**
*hacer*

Hacer (*to do, to make*) is used in three different ways in this unit.

1. **¿Qué hace usted?** *What are you doing? What are you making?*

The answer to this question seldom uses the same verb (**hacer**). You may answer, "**No hago nada**" ("*I'm not doing anything*"). Ordinarily another verb is required to tell what one is doing.

> **¿Qué hace usted? Trabajo.**
> **¿Qué hacen ellos? Leen.**
> **¿Qué hace Roberto? Estudia.**
> **¿Qué hace usted los lunes? Los lunes voy a las clases.**

2. **Hace buen tiempo.** *It is good weather.* (*lit., It makes good weather.*)

The same structure with **hacer** is used in the following expressions.

> **Hace frío.** *It is cold.*
> **Hace mucho viento.** *It is windy.*
> **Hace color.** *It is hot.*

3. **Me hace falta un peso.** *I lack a peso.* (*lit., A peso makes a lack to me.*)

The verb must agree with the subject.

> Me hace falta **un peso.**
> Me hac**en** falta **tres pesos.**

**Pesos** is plural; therefore, the verb carries the plural marker **n.**

**The present indicative continued**

Verb Structure Drills

A. The present indicative of **sentir** (*to be sorry, regret*).

| siento | sentimos |
|---|---|
| sientes | [sentís] |
| siente | sienten |

For other verbs conjugated like **sentir**, see Appendix D.

1. *Yo* lo siento mucho. *Repitan.*

   ellos, Ud., nosotros, él, Ricardo, tú

2. ¿No lo siente Ud. mucho? *Contesten.*
   ¿Lo sienten ellos mucho?
   ¿Lo sientes mucho?
   Yo lo siento mucho. ¿Y él?
   ¿Y no lo sentimos mucho nosotros?

**87**

B. The present indicative of **hacer** (*to do, make*).

| **hago** | **hacemos** |
|----------|-------------|
| **haces** | **[hacéis]** |
| **hace** | **hacen** |

1. ¿Qué hacen *Uds.*? *Repitan.*

   ellos, tú, nosotros, él, Roberto, la muchacha, el muchacho, Ud., yo

2. ¿Qué hacen Uds.? *Contesten.*
   ¿Qué hacen ellos?
   ¿Qué haces?
   ¿Qué hace él?
   ¿Qué hace Roberto?
   ¿Qué hace la muchacha?

Patterned Response

1. *Teacher:* ¿Qué haces los lunes? Voy a las clases.
   *Student:* De costumbre voy a las clases.

   los domingos — voy a la iglesia
   los sábados — voy al cine
   de noche — estudio el español
   por la mañana — voy a las clases
   por la tarde — trabajo
   los martes — voy a la universidad
   los miércoles — tengo que trabajar

2. *Teacher:* ¿Hace buen tiempo hoy?
   *Student:* Sí, hoy hace buen tiempo.
   (No, no hace buen tiempo hoy.)

   hace mal tiempo
   hace mucho sol
   hace calor
   hace mucho viento
   hace frío

3. *Teacher:* ¿En qué estación hace frío?
   *Student:* Hace mucho frío en el invierno.

   hace mucho sol — el verano
   hace mucho viento — la primavera
   hace mucho polvo — el verano
   hace buen tiempo — el otoño

In contrast to our image of sunny South America is the chilly southern tip of the continent, often called an "Argentine Switzerland." On the island of Tierra del Fuego, snow-capped stragglers from the Andes remind us that this is a land of snowy winters as well as parching summers, a land bordering on Antarctica as well as embracing the equator.

4. **Teacher:** ¿En qué mes llueve mucho?
   **Student:** Llueve mucho en mayo.

   nieva mucho — enero
   llovizna mucho — febrero
   relampaguea mucho — septiembre

5. **Teacher:** ¿En qué mes hace mucho sol?
   **Student:** Hace mucho sol en junio.

   hace mal tiempo — diciembre
   hace mucho viento — abril
   hace mucho polvo — agosto
   hace buen tiempo — octubre

6. **Teacher:** Está nublado el día, ¿no?
   **Student:** Sí, está muy nublado. Cloudy

   está lluvioso
   está caluroso
   está templado
   está fresco
   está bonito

**The indirect object pronouns**

The indirect object pronoun differs from the direct object pronoun only in the third person singular and plural. It always precedes the verb with the following exceptions: after an infinitive, a present participle, and an affirmative command, in which cases it follows and is attached to the verb form.

| **me** *me* | **nos** *us* |
|---|---|
| **te** *you* | **[os]** *you* |
| **le** *him, her, you* | **les** *them, you* |

¿Tú **me** prestas un abrigo? *Will you lend me a coat?*
Sí, **te** presto un abrigo. *Yes, I will lend you a coat.*

¿Ud. **les** presta un abrigo a los estudiantes? *Will you lend the students a coat?*
Sí, **les** presto un abrigo. *Yes, I will lend them a coat.*

¿Qué quiere prestar**le** Isabel? *What does Isabel want to lend him?*
Quiere prestar**le** un abrigo. *She wants to lend him a coat.*

Item Substitution

1. El me presta un abrigo. *Repitan.*
   — nos _____.
   — les _____.
   — le _____.
   — te _____.

2. ¿Tú le escribes una carta a Gloria? *Repitan.*
   ¿_____ a él?
   ¿_____ a ellos?
   ¿_____ al profesor?
   ¿_____ a tus hermanas?
   ¿_____ a mi padre?

3. El quiere hablarle a Renaldo, ¿verdad? *Repitan.*
   _____ a ellos _____?
   _____ a Ud. _____?
   _____ a él _____?
   _____ a Uds. _____?
   _____ a ella _____?
   _____ a María y a Luisa _____?

Question–Answer

1. *Teacher:*  ¿Le presta Isabel un abrigo a Ud.? *Contesten.*
   *Student:*  Sí, me presta un abrigo.

   ¿Les presta Isabel un abrigo a ellos?
   ¿Le presta Isabel un abrigo a ella?

¿Me presta Isabel un abrigo?
¿Nos presta Isabel un abrigo?

2. *Teacher:* ¿Tú le escribes una carta a Gloria? *Contesten.*
   *Student:* Sí, le escribo una carta.

¿Tú le escribes una carta a él?
¿Tú le escribes una carta al profesor?
¿Tú les escribes una carta a tus hermanas?
¿Tú le escribes una carta a mi padre?

3. *Teacher:* El quiere hablarle a Renaldo, ¿verdad? *Contesten.*
   *Student:* Sí, quiere hablarle.

El quiere hablarles a ellos, ¿verdad?
El quiere hablarle a Ud., ¿verdad?
El quiere hablarles a Uds., ¿verdad?
El quiere hablarle a ella, ¿verdad?
El quiere hablarles a Gloria y a Isabel, ¿verdad?

**The prepositional object pronouns**

The pronouns used as objects of prepositions are the same as the subject pronouns, except in the first and second persons singular.

| a **mí** *to me* | a **nosotros** *to us* |
|---|---|
| a **ti** *to you* | [a **vosotros**] *to you* |
| a **él** *to him* | a **ellos** *to them* |
| a **ella** *to her* | a **ellas** *to them* |
| a **Ud.** *to you* | a **Uds.** *to you* |

The forms **mí** and **ti** combine with the preposition **con** (*with*) to form **conmigo** and **contigo.**

El va **conmigo.** *He is going with me.*
¿Va él **contigo**? *Is he going with you?*

**Indirect object constructions with *gustar* and *parecer***

In Spanish the equivalent of "I like the book" has "book" as the subject rather than "I" as in English. **Gustar** means "to be pleasing." In Spanish they say "The book is pleasing to me" (**Me gusta el libro.**).

**Me gusta el libro.** *I like the book.*
**Me gusta.** *I like it.*
**Me gustan.** *I like them.*

Notice that the equivalent of "I like it" in Spanish has "it" as the subject.

**Me gusta.** *It is pleasing to me.*

As a subject, "it" is not expressed in Spanish. "I like them" is conceived of as "They are pleasing to me" (**Me gustan**).

**Parecer** combines with the indirect object in a similar way: **¿Qué le parece el clima?** This is literally, "How does the climate appear to you?" or "What do you think of the climate?" In Spanish the subject of the sentence is "climate."

The English equivalent has "you" as the subject. In order to make the transfer from Spanish, one must conceive of the following questions in English in this manner:

| | |
|---|---|
| What do you think of the climate? | How does the climate appear to you? |
| How do you like the book? | How does the book appear to you? |
| Do you think it will snow? | Does it appear to you that it will snow? |

The answer to these questions in Spanish may be:

**Me parece bueno.** *It appears (seems) good to me.*
**Me parece malo.** *It appears bad to me.*
**Me parece que sí.** *I think so.*
**Me parece que no.** *I don't think so.*

Verb Structure Drills

Special indirect object constructions with **parecer** (*to think of*) and **gustar** (*to like*).

| | |
|---|---|
| me parece(n) | nos parece(n) |
| te parece(n) | [os parece(n)] |
| le parece(n) | les parece(n) |

| | |
|---|---|
| me gusta(n) | nos gusta(n) |
| te gusta(n) | [os gusta(n)] |
| le gusta(n) | les gusta(n) |

1. ¿Qué te parece *a ti* el clima? *Repitan.*

   a Ud., a Roberto, a María, a Uds., a ellos, a ellas.

2. ¿Qué te parece a ti el clima? *Contesten.*     A mí me gusta.
   ¿Qué le parece a Ud. el clima?
   ¿Qué le parece a Roberto el clima?
   ¿Qué le parece a María el clima?
   ¿Qué les parece a Uds. el clima?
   ¿Qué les parece a ellos el clima?
   ¿Qué les parece a ellas el clima?

Patterned Response

1. *Teacher:* ¿A ti te gustan las lecciones de español?
   *Student:* Sí, a mí me gustan las lecciones de español.

   a él — los programas de televisión
   a Uds. — las corridas de toros
   a Ud. — los deportes
   a nosotros — los periódicos
   a ellas — los perfumes caros

2. *Teacher:* ¿A ti te gusta estudiar?
   *Student:* Sí, a mí me gusta estudiar.

   a él — trabajar
   a Ud. — leer
   a ellos — escribir
   a Uds. — aprender
   a nosotros — hablar

Verb Structure Drills

Special indirect object construction with **hacer falta** (*to need*).

| **me hace(n) falta** | **nos hace(n) falta** |
|---|---|
| **te hace(n) falta** | **[os hace(n) falta]** |
| **le hace(n) falta** | **les hace(n) falta** |

**Me hace falta** un peso. *I need a peso.*
**Me hacen falta** tres pesos. *I need three pesos.*

1. *A mí* me hace falta un abrigo.   *Repitan.*

   a ti, a nosotros, a ellos, a él, a Ud., a Uds.

2. *A mí* me hacen falta tres pesos.   *Repitan.*

   a ti, a nosotros, a ellos, a él, a ellas, a Ud., a Uds.

3. ¿Qué le hace falta a Ud.?   *Contesten.*
   ¿A Ud. le hace falta un sombrero?
   ¿A Ud. le hacen falta tres pesos?
   ¿A Ud. le hace falta dinero?
   ¿Qué le hace falta a su hermano?

**The seasons
of the year**

| | |
|---|---|
| **la primavera** | *spring* |
| **el verano** | *summer* |
| **el otoño** | *autumn* |
| **el invierno** | *winter* |

*The Altiplano is one of the world's highest inhabited regions. Many of its towns exceed the average human altitude tolerance, yet most of the mid-Andean population lives in these barren highlands. Indians like these herdsmen have adapted so thoroughly to their ancestral habitat that they suffer symptoms of altitude sickness when they descend to sea level.*

## Patterned Response

1. *Teacher:* ¿A Ud. le gusta la primavera?
   *Student:* Sí, señor, a mí me gusta la primavera.
   (No, señor, a mí no me gusta la primavera.)

   | | |
   |---|---|
   | a él | a nosotros |
   | a ellos | a Vicente |
   | a ellas | a Uds. |

2. *Teacher:* ¿A ti te parece bonito el otoño?
   *Student:* Sí, el otoño me parece bonito.

   | | |
   |---|---|
   | a Uds. | a él |
   | a los chicos | al joven |
   | a la maestra | a los muchachos |

3. *Teacher:* ¿A Ud. le gusta más el verano que el invierno?
   *Student:* No, a mí me gusta más el invierno.

   | | |
   |---|---|
   | a ellos | a los estudiantes |
   | a su amiga | a tu abuelo |
   | al profesor | a las muchachas |

**94**

**The months of the year**

| | | | |
|---|---|---|---|
| **enero** | *January* | **julio** | *July* |
| **febrero** | *February* | **agosto** | *August* |
| **marzo** | *March* | **septiembre** | *September* |
| **abril** | *April* | **octubre** | *October* |
| **mayo** | *May* | **noviembre** | *November* |
| **junio** | *June* | **diciembre** | *December* |

Patterned Response

*Teacher:* ¿En qué mes es su cumpleaños?
*Student:* Mi cumpleaños es en el mes de mayo.

el Día Panamericano
la Navidad
el Día de la Raza
el Día de las Madres
el Día de los Enamorados
el Día del Trabajo
el Día de la Independencia

**Idioms with tener**

Patterned Response

1. *Teacher:* Tengo mucha hambre. ¿Y Ud.?
   *Student:* Yo tengo mucha hambre también.

   ¿Y ellos?
   ¿Y Uds.?
   ¿Y él?
   ¿Y el profesor?
   ¿Y tú?
   ¿Y la profesor?

2. *Teacher:* ¿Tienes frío ahora?
   *Student:* Sí, tengo mucho frío ahora.
   (No, ahora no tengo frío.)

   | | |
   |---|---|
   | (el) calor | (el) sueño |
   | (la) sed | (la) prisa |
   | (el) hambre *f.* | (el) miedo |
   | (la) razón | |

3. *Teacher:* ¿Cuántos años tiene el profesor?
   *Student:* El profesor tiene veintinueve años.

   | | |
   |---|---|
   | Efraín — 26 | tu hermano — 6 |
   | Gloria — 20 | tu tío — 95 |
   | Vicente — 19 | tú — ? |
   | tu padre — 43 | |

Item Substitution

Todos los días nos gusta hacerlo. *Repitan.*

_____ me _____.
_____ escribir ___.
Ahora _____.
_____ les _____.
_____ las.
_____ estudiar ___.
_____ le _____.
En la clase _____.
_____ leer _____.
_____ los.
Al profesor _____.
_____ escuchar ___.
A María _____.
_____ lo.
Al estudiante _____.
_____ aprender ___.
_____ la.

Sentence Completion

1. ¿Cuántos _____?
2. Llueve _____.
3. A mí _____.
4. Tengo _____.
5. Me parece _____.

Question Formation

1. Sí, me gustan los deportes.
2. Nieva mucho en el invierno.
3. Tengo 19 años.
4. Mi cumpleaños es en el mes de mayo.
5. No, no me parece que va a nevar.

**Controlled Conversation**

Pregúntele a una señorita si le gusta la primavera.
un muchacho si hace calor ahora.
una joven si hace buen tiempo ahora.
un estudiante si tiene sueño.
al profesor cuántos años tiene.
una muchacha si tiene hambre.
un joven si el día está bonito.
un señor si está resfriado.
una amiga si le gustan los perfumes caros.

*Straddling the equator about 600 miles west of the Ecuadorian mainland are the rocky Galapagos Islands, refuge for giant tortoises, iguanas, and about 2,400 human beings. The fishing people of this Santa Cruz village are descendants of black slaves who were brought over by the Spanish buccaneers.*

**Personalized Questions**

1. ¿Qué te parece el otoño?
2. ¿Tienes miedo en la clase de español?
3. ¿Llueve mucho en México?
4. ¿Está Ud. resfriado?
5. ¿Siempre tiene razón el profesor?
6. ¿En qué estación nieva mucho?
7. ¿Le gusta a Ud. estudiar?
8. ¿Te gustan los deportes?
9. ¿A ti te gustan las corridas de toros?
10. ¿Cuántos años tiene el profesor?
11. ¿En qué mes es el cumpleaños de su novio?
12. ¿Cuándo es su cumpleaños?
13. ¿En qué mes va Ud. de vacaciones?
14. ¿Cuándo hace buen tiempo?
15. ¿Cuándo hace mal tiempo?
16. ¿Le escribe Ud. muchas cartas a su novio?
17. ¿Quiere Ud. prestarme un abrigo?
18. Voy al centro. ¿Quiere Ud. venir conmigo?
19. Yo lo siento mucho. ¿Y Ud.?

**Extemporization**

### 1. El clima

*Vocabulary:* verano, invierno, primavera, otoño, frío, calor, abrigo, nevar, llover, helado, parecer, hacer frío (calor), tener frío (calor)

*Topic Ideas:*
1. El invierno.
2. Me gusta la primavera porque . . .
3. El clima de aquí.

*Questions:*
1. ¿Qué estación te gusta?
2. ¿Qué te parece la primavera aquí?
3. ¿Nieva mucho en el invierno?
4. ¿Qué te hace falta en el invierno?

### 2. Los meses y los días

*Vocabulary:* meses, sol, viento, buen (mal) tiempo, templado, fresco, bonito, años, gustar

*Topic Ideas:*
1. La Navidad.
2. Los meses que más me gustan.
3. El mes de mi cumpleaños.

*Questions:*
1. ¿Hace buen o mal tiempo hoy?
2. ¿Cuántos años tienes ahora?
3. ¿En qué mes es tu cumpleaños?
4. ¿Está templado el día hoy?

**Task Assignments**

1. Find out from another student where he is from and what the weather is like there during the four seasons. Then report to the group.
2. Ask another student what his favorite month is and why he likes it. Then report to the group.
3. Find out from another student the day, month, and year of his birth, and report to the group.

PROVERBS

1. En boca cerrada no entran moscas. *Keep your mouth closed and keep out of trouble.*
2. Al que no habla, Dios no lo oye. *Speak up or no one will listen to you.*
3. Cuando algo dicen, algo hay. *Where there is smoke, there is fire.*
4. Para aprender nunca es tarde. *It's never too late to learn.*

# UNIT 6

**DIALOG PATTERNS**

## Cosas de todos los días

JORGE — Antonio, ya es hora de ir a la clase.

ANTONIO — Un minuto.  Estoy desayunando.

JORGE — ¡Siempre atrasado!  ¿No te despiertas a las siete?

ANTONIO — Sí, pero no me levanto hasta las ocho.

JORGE — ¿Y qué haces después?

ANTONIO — Me afeito, me baño, y me visto.

JORGE — ¿No te lavas los dientes?

ANTONIO — Sí, pero después del desayuno.

JORGE — ¿Y a qué hora sales de casa?

ANTONIO — A las ocho y media.

JORGE — Tienes una clase a las nueve, ¿no?

ANTONIO — Sí, y tengo miedo de llegar tarde.

JORGE — ¿Qué haces por la tarde?

ANTONIO — Tengo que trabajar.

JORGE — ¿Y cuándo comes?

ANTONIO — Al mediodía en un restorán.

JORGE — ¿Y cuándo estudias?

ANTONIO — Por la noche unas dos o tres horas.

JORGE — ¿Y a qué hora te acuestas?

ANTONIO — A eso de las once.

# Everyday Things

JORGE — Antonio, it's already time to go to class.

ANTONIO — Just a minute. I am having breakfast.

JORGE — Always late! Don't you wake up at seven?

ANTONIO — Yes, but I don't get up until eight.

JORGE — And what do you do afterwards?

ANTONIO — I shave, I bathe, and I get dressed.

JORGE — Don't you brush your teeth?

ANTONIO — Yes, but after breakfast.

JORGE — And what time do you leave the house?

ANTONIO — At eight-thirty.

JORGE — You have a class at nine, don't you?

ANTONIO — Yes, and I'm afraid of being late.

JORGE — What do you do in the afternoon?

ANTONIO — I have to work.

JORGE — And when do you eat?

ANTONIO — At noon in a restaurant.

JORGE — And when do you study?

ANTONIO — At night for about two or three hours.

JORGE — And what time do you go to bed?

ANTONIO — At about eleven.


## PRONUNCIATION HELPS

Spanish /ñ/    This sound is pronounced by arching the middle of the tongue until it touches the hard palate. A short /y/ sound is produced as the tongue breaks contact with the palate. The tip of the tongue touches the *lower* front teeth.

An example of Spanish /ñ/ in this dialog is: baño. Watch your instructor and repeat.

baño

Spanish /ch/    The Spanish /ch/ is pronounced as English /ch/ in "church."

Examples of Spanish /ch/ in this dialog include: ocho and noche. Watch your instructor and repeat.

ocho        noche

Spanish /y/    Spanish /y/, a voiced palatal continuant, is more strongly articulated than English /y/, especially at the beginning of a word and also between vowels. In addition, there is a greater restriction of air.

Examples of Spanish /y/ in this dialog include: **ya** es and desa**y**uno. Watch your instructor and repeat.

**ya** es          desa**y**uno

When the letter **y** stands alone, it means "and." It is pronounced like Spanish /i/. Examples in this lesson include: **y** and ocho **y** media. Watch your instructor and repeat.

**y**          ocho **y** media

## CULTURAL NOTES

1. *Dress in public.* In the Hispanic countries many restaurants require that men wear a coat and a tie. In general, sports clothes are worn only at sporting events and many Latins react negatively to the American tourists who wear sport shirts on the street. They react strongly against sloppy dress, especially in the larger cities and downtown areas.

2. *El sereno.* In many areas of Latin America the neighbors band together and hire a private guard to patrol the streets at night. Commonly he rides a bicycle through the area and blows a whistle to let the people and the prowlers know that he is on the job. In some large apartment houses a *sereno* is on duty at all hours of the night to open the building to all those who have a right or the proper identification to enter.

3. *Restaurants.* In the large cities in Latin America there are some very famous and elegant restaurants. In addition to the specialties of the country they also cater to the American tourist. Visitors from Latin America to the U.S. are often bothered by the fact that many restaurants and cafes here do not have tablecloths on the tables. In contrast, a tablecloth is used in most of the respectable restaurants of Latin America.

4. *The Latin American is a man of emotion.* He may not do things according to reason or logic or cold calculation, but according to the light of intuition and the urge of strong feeling. He may do something for no good reason at all, but only by the prompting of caprice. Then he will act under the impulse of *gana*, or the moving of the spirit.

In Latin America the middle and lower middle-class people are among the most interesting conversationalists and impromptu storytellers in the world. Any everyday occurrence is exploited for all of its emotional content in the telling. There is a feeling that even serious matters must be expressed emotionally if they are to receive the proper response and interest. This is especially true in politics.

When such emphasis is placed on the emotional expression of feeling, the routine matters of everyday life tend to produce boredom, which must be counteracted whenever possible with a fiesta. This helps to explain the large number of days on the calendar which are set aside for official fiestas.

By contrast to this emotional approach of the Latin American, a North American is seen as a person who does not enjoy life. He puts so much emphasis on being practical that he is often criticized by the Latin Americans for being unemotional and cold.

VOCABULARY EXPANSION

| | |
|---|---|
| **Almuerzo** en casa. | *I have lunch at home.* |
| **Ceno** a las siete. | *I have dinner at seven.* |
| **Descanso** a las dos. | *I rest at two.* |
| Quiero **descansar.** | *to rest* |
| **cenar.** | *to have dinner* |
| **almorzar.** | *to have lunch* |
| Se afeita con **la máquina.** | *the electric razor* |
| Me visto **rápido.** | *quickly* |
| Me lavo **las manos.** | *my hands* |
| **el pelo.** | *my hair* |
| El se lava **los brazos.** | *his arms* |
| Nos lavamos **las orejas.** | *our ears* |

Notice that the equivalent of "my hands" in the above structure is **las manos**. English uses the possessive (*my*) and Spanish uses a definite article (**las**). In Spanish the definite article is used when one refers to parts of his own body. **Me lavo las manos** literally means "I wash myself the hands" or "I wash my hands."

**The reflexive construction**

The reflexive pronouns correspond to the subject pronouns as follows:

| yo — me | *myself* | nosotros — nos | *ourselves* |
|---|---|---|---|
| tú — te | *yourself* | [vosotros — os] | *yourselves* |
| él | *himself* | ellos | *themselves* |
| ella } — se | *herself* | ellas } — se | *themselves* |
| Ud. | *yourself* | Uds. | *yourselves* |

The English equivalent of the reflexive pronoun is generally the appropriate "-self" word like "myself" or "himself." It always refers back to the subject of the verb with which it is used.

    **Se mira** en el espejo. *He looks at himself in the mirror.*
    **Se prepara** para el examen. *He prepares himself for the exam.*

The following verbs are generally used in the reflexive. Note that the English equivalent in these cases does not usually include the reflexive pronoun.

    **Yo me despierto** a las seis. *I wake up at six.*
    **Me levanto** a las seis y media. *I get up at six thirty.*
    **Se acuesta** a las once. *He goes to bed at eleven.*

**El se viste** rápido. *He dresses quickly.*
**Ella se baña** temprano. *She bathes early.*
**Nos lavamos** las manos. *We wash our hands.*
**Me siento** a descansar. *I sit down to rest.*

The reflexive pronouns, like all other object pronouns, are either placed before the verb (**yo me levanto**) or attached to the end of an infinitive (**quiero levantarme**), a present participle (**estoy levantándome**), or an affirmative command (**levántese Ud.**).

Some verbs become more emphatic or change their meaning when the reflexive pronoun is added.

| | | | |
|---|---|---|---|
| **ir** | *to go* | **irse** | *to go away* |
| **comer** | *to eat* | **comerse** | *to eat up, devour* |
| **dormir** | *to sleep* | **dormirse** | *to fall asleep* |
| **llevar** | *to take* | **llevarse** | *to carry off* |
| | | **ponerse** | *to put on* |

El **se** lo **come** todo. *He eats it all up.*
Juan **se duerme** en la clase. *John falls asleep in class.*

Note that when used with other object pronouns, the reflexive pronoun always comes first.

Verb Structure Drills

A. The present indicative of **despertarse** (*to wake up*).

| me despierto | nos despertamos |
|---|---|
| te despiertas | [os despertáis] |
| se despierta | se despiertan |

Note that like **comenzar** and other Class I stem-changing verbs, **despertar** changes **e** to **ie**. See Appendix D.

1. *Yo* me despierto a las seis. *Repitan.*

   nosotros, ellos, tú, ella, Uds., él

2. ¿A qué hora se despierta Ud.? *Contesten.*
   ¿A qué hora nos despertamos?
   ¿A qué hora se despierta Antonio?
   ¿A qué hora se despiertan ellos?
   ¿A qué hora te despiertas?
   ¿A qué hora se despiertan Uds.?
   ¿A qué hora se despierta él?

B. The present indicative of **levantarse** (*to get up*).

| me levanto | nos levantamos |
|---|---|
| te levantas | [os levantáis] |
| se levanta | se levantan |

1. *Yo* me levanto a las seis y media.  *Repitan.*

   ellos, nosotros, tú, Carlos, ella, Uds., Antonio

2. ¿*Tú* te levantas temprano?  *Repitan.*

   Uds., ellos, Carlos, ella, Ud., Antonio

3. ¿A qué hora se levanta Ud.?  *Contesten.*
   ¿A qué hora se levanta Carlos?
   ¿Se levantan Uds. temprano?
   ¿Se levantan temprano ellos?
   ¿Me levanto temprano yo?

C. The present indicative of **lavarse** (*to wash*).

| me lavo | nos lavamos |
|---|---|
| te lavas | [os laváis] |
| se lava | se lavan |

1. *Yo* me lavo la cara.  *Repitan.*

   él, nosotros, ella, tú, ellos, Uds., María

2. ¿Se lava Ud. la cara?  *Contesten.*     Sí, señor, me lavo la cara.
   ¿Se lava Ud. las manos?
   ¿Se lava Ud. los dientes?
   ¿Se lava Ud. las orejas?
   ¿Se lava Ud. la cabeza?
   ¿Se lava Ud. los brazos?

D. The present indicative of **afeitarse** (*to shave*).

| me afeito | nos afeitamos |
|---|---|
| te afeitas | [os afeitáis] |
| se afeita | se afeitan |

1. *Yo* me afeito con la máquina.  *Repitan.*

   tú, Uds., ellos, Ud., él, Antonio

*The Spanish influence pervades this morning room of an upper-class home in San Miguel de Allende, Mexico. Oak credenzas, a traditional tiled floor, and a dazzling chandelier suspended from a vaulted ceiling set the scene for a quiet breakfast for two in what was once the hacienda of a wealthy landowner.*

2. ¿Ud. se afeita con la máquina?   *Contesten.*
   ¿Juan se afeita con la máquina?
   ¿Tú te afeitas con la máquina?
   ¿Ellos se afeitan con la máquina?
   ¿Carlos se afeita con la máquina?

E. The present indicative of **vestirse** (*to get dressed*).

| me visto | nos vestimos |
|----------|--------------|
| te vistes | [os vestís] |
| se viste | se visten |

Like **pedir, vestirse** is a Class III stem-changing verb.  See Appendix D.

1. *Yo* me visto rápido.   *Repitan.*

   nosotros, él, tú, ellos, Ud., Uds., Antonio, ella

2. ¿Se viste rápido Ud.? *Contesten.*     Sí, me visto rápido.
(No, me visto muy despacio.)

¿Se visten rápido ellos?
¿Se viste rápido él?
¿Se visten rápido las muchachas?
¿Se visten rápido Uds.?
¿Se visten rápido las señoras?
¿Se viste rápido Antonio?
¿Se viste rápido su esposa?
¿Te vistes rápido?
¿Se visten rápido los muchachos?

F.  The present indicative of **acostarse** (*to go to bed*).

| me acuesto | nos acostamos |
|------------|---------------|
| te acuestas | [os acostáis] |
| se acuesta | se acuestan |

Note that **acostarse** is a Class I, **o** > **ue**, stem-changing verb. See Appendix D.

1. *Yo* me acuesto a las once. *Repitan.*

tú, él, ellos, Uds., nosotros, María, Antonio, Jorge

2. ¿Se acuesta temprano Ud.? *Contesten.*
¿A qué hora se acuesta Ud.?
¿A qué hora se acuesta él?
¿A qué hora te acuestas?
¿Se acuesta tarde Antonio?

G.  The present indicative of **salir** (*to leave*).

| salgo | salimos |
|-------|---------|
| sales | [salís] |
| sale | salen |

1. *Yo* salgo de casa temprano. *Repitan.*

ella, él, tú, nosotros, ellos, Uds.

2. ¿A qué hora salimos de casa? *Contesten.*
¿A qué hora sales de casa?
¿A qué hora sale ella de casa?
¿A qué hora salen ellos de casa?
¿Cuándo sale Carlos de casa?
¿Cuándo salen Uds. de casa?

**The present progressive**

The present progressive utilizes the present tense of the verb **estar** and the present participle, or the **-ndo** form, of the verb.

*Present Participle of Regular Verbs*

| | |
|---|---|
| **habl-ar** | **habl-ando** |
| **aprend-er** | **aprend-iendo** |
| **viv-ir** | **viv-iendo** |

A.  To form the present participle, **-ando** is added to the stem of **-ar** verbs and **-iendo** to the stem of **-er** and **-ir** verbs.

**Estoy estudiando** la lección. *I am studying the lesson.*
El **está escribiendo** una carta. *He is writing a letter.*

B.  When the stem of **-er** and **-ir** verbs ends in a vowel, the present participle ending becomes **-yendo.**

| | |
|---|---|
| **traer — trayendo** | **leer — leyendo** |
| **caer — cayendo** | **oír — oyendo** |
| **creer — creyendo** | |

C.  Some of the **-ndo** forms are irregular in the vowel of the stem.

| | |
|---|---|
| **venir — viniendo** | **poder — pudiendo** |
| **decir — diciendo** | **vestir — vistiendo** |
| **dormir — durmiendo** | |

All **-ir** stem-changing verbs make analogous changes. See Appendix D.

D.  The object and reflexive pronouns are attached to the end of the present participle and become part of the verb.

**Estoy lavándome.**
**Estamos aprendiéndolo.**
**Está lavándose.**

When a pronoun is attached to the participle, an accent must be added to the participle in order to maintain the stress on the correct syllable. For example, the participle **lavando** is stressed on the next to the last syllable. When a pronoun is added, an accent must be placed on that syllable: **lavándolo.**

The object pronouns may also come before the present progressive.

**Me** estoy lavando.
**Lo** estamos aprendiendo.
**Se** está lavando.

Subject Substitution

1.  Estoy leyendo el libro.  *Repitan.*

nosotros, tú, ella, Uds., Ud.

2. Estamos estudiando español. *Repitan.*

   él, ellos, yo, tú, Uds.

## Tense Substitution

*Teacher:* Leo el libro.
*Student:* Estoy leyendo el libro.

Ellos estudian español.      Me lavo las manos.
¿Qué busca Ud.?      ¿Qué dices?
El trabaja ahora.      Se visten rápido.
Desayuno en casa.      ¿Por qué lo hace Ud.?
Aprendemos a hablar bien.

## Patterned Response

1. *Teacher:* ¿Está comiendo?
   *Student:* Sí, estoy comiendo.

   estudiando
   cenando
   hablando
   escuchando
   almorzando

2. *Teacher:* ¿Está Ud. aprendiendo la lección?
   *Student:* Sí, la estoy aprendiendo.

   escribiendo la carta
   haciéndolo
   tomando un refresco

3. *Teacher:* ¿Está Ud. levantándose?
   *Student:* No, no me estoy levantando.

   vistiéndose
   acostándose
   afeitándose

**Use of *hay que***

Hay que is always used with an infinitive; it is the equivalent of "one must" or "it is necessary to."

**Hay que acostarse temprano.** *One must go to bed early.*

## Item Substitution

1. Hay que acostarse temprano. *Repitan.*
   _____ levantarse _____.
   _____ despertarse _____.

_____ llegar _____.
_____ salir _____.
_____ desayunar _____.

2. Hay que estudiar mucho.  *Repitan.*
_____ aprender _____.
_____ trabajar _____.
_____ hablar _____.

**Use of *tener que* plus infinitive**

**Tener que** is always used with an infinitive.  However, unlike **hay que**, it must have a specific subject.

> **Tengo que acostarme.**  *I have to go to bed.*
> **Tenemos que estudiar.**  *We have to study.*

**Tener que** implies greater obligation than **hay que**.

Item Substitution

1. Tengo que comer ahora.  *Repitan.*
_____ bañarme _____.
_____ comprarlo ____.
_____ afeitarme _____.
_____ escribirlo _____.
_____ cenar _____.

2. Tenemos que trabajar mucho.  *Repitan.*
_____ almorzar _____.
_____ leer _____.
_____ practicar _____.
_____ aprender _____.
_____ descansar_____.

Patterned Response

*Teacher:*  Ud. cena en el restorán, ¿verdad?
*Student:*  No, no ceno nunca en el restorán.

Ud. desayuna en el restorán, ¿no?
Ud. almuerza (almorzar) en el restorán, ¿no?
Ud. come en el restorán, ¿no?
Creo que Ud. come en el restorán, ¿no es verdad?

Item Substitution

1. Yo descanso todos los días.  *Repitan.*
El se baña _____.
Juan _____.
_____ come _____.

El _____.

_____ toda la tarde.

_____ trabaja _____.

Ellos _____.

_____ descansan _____.

2. Carlos va a la iglesia de noche.   *Repitan.*

_____ practica _____.

_____ .todo el día.

_____ estudia _____.

_____ por la mañana.

_____ va a las clases _____.

_____ por la tarde.

_____ trabaja _____.

Patterned Response

*Teacher:*   ¿Qué haces después de despertarte? (levantarse)

*Student:*   Después de despertarme, me levanto.

después de levantarte (bañarse)

después de bañarte (vestirse)

después de vestirte (desayunar)

después de desayunar (lavarse los dientes)

después de lavarte los dientes (salir de casa)

después de salir de casa (llegar a la universidad)

después de llegar a la universidad (ir a las clases)

después de ir a las clases (almorzar)

*Row upon row of housing, traces of industrial development, and a superhighway are the marks of modernization on the outskirts of Mexico City. Formidable stone walls and the* sereno *with his bicycle and whistle afford these middle-class homeowners some measure of privacy and protection during the evening hours.*

después de almorzar (ir al trabajo)
después de trabajar (ir a casa)
después de volver a casa (cenar con la familia)
después de cenar con la familia (estudiar)
después de estudiar (acostarse)

Sentence Completion

1. ¿Se lava _____?
2. ¿Tiene Ud. que_____?
3. ¿Qué haces _____?
4. Carlos va _____.
5. Hay que _____.

Question Formation

1. Me levanto a las seis.
2. Sí, las muchachas se visten rápido.
3. Estoy escribiendo una carta.
4. Después de levantarme me baño.
5. Yo descanso todos los días.

**Controlled Conversation**

Pregúntele a _____ a qué hora se despierta.
a qué hora se levanta.
a qué hora desayuna.
si se lava los dientes después del desayuno.
si sale de casa después de cenar.
si llega temprano a la universidad.
si almuerza en el restorán.
a qué hora se acuesta.

**Personalized Questions**

1. ¿A qué hora se levanta Ud.?
2. ¿Qué hace Ud. después de levantarse?
3. ¿A qué hora tiene Ud. que estar en la clase?
4. ¿Tiene Ud. miedo de llegar tarde a la clase? ¿Por qué?
5. ¿Se lava Ud. los dientes todas las mañanas?
6. ¿Tiene Ud. que trabajar por la tarde?
7. ¿Come Ud. siempre en el restorán?
8. ¿Qué hace Ud. después de las clases?
9. ¿A qué hora se acuesta Ud.?
10. ¿Se visten rápido las muchachas?
11. ¿Está Ud. aprendiendo la lección?
12. ¿Está Ud. escribiendo una carta ahora?
13. ¿Qué hace Ud. después de cenar?
14. ¿Llega Ud. siempre temprano a la universidad?
15. ¿Descansa Ud. por la tarde?

16. ¿Hay que acostarse temprano?
17. ¿Por qué tiene Ud. que trabajar?
18. ¿Tiene Ud. que estudiar mucho?
19. ¿Hay que practicar mucho?
20. ¿Tiene Ud. que despertarse temprano?

**Extemporization**

**1. Lo que hago todos los días**

*Vocabulary:* levantarse, desayunar, larvarse, vestirse, trabajar, bañarse, afeitarse, comer, siempre, por lo común, después, acostarse

*Topic Ideas:* 1. Después de levantarme.
2. Después de la clase.
3. Tengo que trabajar mucho.

*Questions:* 1. ¿A qué hora te levantas todos los días?
2. ¿Qué hace después de levantarte?
3. ¿Cuándo vas a trabajar?
4. ¿Qué haces al mediodía?

**2. Lo que estoy haciendo ahora**

*Vocabulary:* viviendo, hablando, aprendiendo, estudiando, escribiendo, carta, rápido, español

*Topic Ideas:* 1. Estoy estudiando español.
2. Estamos aprendiendo la lección.
3. Está escribiendo una carta.

*Questions:* 1. ¿Qué estás estudiando en la universidad?
2. ¿A quién estás escribiendo una carta?
3. ¿Estás aprendiendo español rápido?
4. ¿Con quién estás hablando?

**Task Assignments**

1. Find out from another student what he does in the morning after he gets up. Then report his morning activities to the group.
2. Find out from another student what he does in the afternoon and evening after returning from classes, and report to the group.
3. Find out from another student if he is studying Spanish now, if he is learning rapidly, and if he likes it, and report your findings to the class.

PROVERBS

1. A buen hambre no hay pan duro. *Hunger is the best sauce.*
2. La experiencia enseña sin lengua. *Experience is the best teacher.*
3. Quien no sabe mañas, no come castañas. *He who knows no tricks, eats no chestnuts.*
4. El que entre la miel anda, algo se le pega. *Play with fire and you'll get burned.*

**Culture Capsule**

# La lotería

La lotería es una costumbre[1] muy común en Latinoamérica. Generalmente está en manos del gobierno.[2] En cada[3] lotería hay muchos premios[4] de diferente valor.[5] El primer premio es el mejor[6] y paga varios miles[7] de dólares. Hay muchas durante[8] el año. Las más grandes son en navidad,[9] año nuevo y fiestas patrias.[10]

Por lo general la gente pobre compra la lotería con las esperanzas[11] de hacerse[12] rica de la noche a la mañana. Aunque[13] a veces[14] les hace falta dinero para comer, prefieren comprar un número de la lotería.

Se acuestan[15] con las esperanzas de sacarse[16] el primer premio. Los más religiosos oran[17] a su Santo preferido y prometen donar dinero a la iglesia si es que se sacan la lotería. En las mañanas se levantan para ver en el periódico pero . . . nada. No hay suerte[18] esta vez. Otra decepción.

A muchas personas les gusta comprar los números de la lotería de los ciegos[19] porque creen que tienen mejor suerte. A otros les gusta comprar de los niños.

| | |
|---|---|
| [1] **costumbre** *custom* | [11] **esperanzas** *hopes* |
| [2] **del gobierno** *of the government* | [12] **hacerse** *to become* |
| [3] **cada** *each* | [13] **Aunque** *although* |
| [4] **premios** *prizes* | [14] **a veces** *sometimes* |
| [5] **valor** *value* | [15] **acostarse** *to go to bed* |
| [6] **el mejor** *the best* | [16] **sacarse** *to win* |
| [7] **miles** *thousands* | [17] **orar** *to pray* |
| [8] **durante** *during* | [18] **suerte** *luck* |
| [9] **navidad** *Christmas* | [19] **ciegos** *blind men* |
| [10] **fiestas patrias** *national holidays* | |

Question–Answer

1. ¿Qué es una costumbre muy común en Latinoamérica?
2. ¿En manos de quien está la lotería?
3. ¿Hay premios de diferente valor en la lotería?
4. ¿Cuál es el mejor premio?
5. ¿Cuántas loterías hay durante el año?
6. ¿Cuáles son las loterías más grandes?
7. ¿Quiénes compran la lotería?
8. ¿Quiénes quieren hacerse ricos de la noche a la mañana?
9. ¿Qué les hace falta a los pobres?
10. ¿Con qué esperanzas se acuestan los pobres?
11. ¿Qué hacen los más religiosos?
12. ¿Qué hacen en las mañanas cuando se levantan?
13. ¿De quiénes compran los números de la lotería?
14. ¿Es buena la lotería para los pobres?
15. ¿Quiere comprar Ud. la lotería?
16. ¿Tiene Ud. suerte para la lotería?
17. ¿Quiere hacerse rico de la noche a la mañana?
18. ¿Cuál es mejor, trabajar o comprar un número de la lotería?

# UNIT 7

**DIALOG PATTERNS**

## La ropa

ELENA — ¡Hola, Luisa! ¿Es nuevo ese vestido que llevas?

LUISA — Sí. ¿Te gusta?

ELENA — Sí. Y los zapatos, ¿son nuevos también?

LUISA — Bueno, como hoy es mi cumpleaños . . .

ELENA — ¡Felicidades! ¡Qué hermosa estás!

LUISA — Gracias, pero tú, ¿cómo estás?

ELENA — Estoy muy triste hoy.

LUISA — ¿Qué te pasa?

ELENA — Hay una fiesta esta noche y no tengo nada que ponerme.

LUISA — Puedes ponerte el vestido negro. Es precioso.

ELENA — Me lo están limpiando.

LUISA — ¿Y el vestido azul? Te queda muy bien.

ELENA — Si llevo el vestido azul, necesito una cartera.

LUISA — Yo tengo una cartera.

ELENA — ¿Quieres prestármela?

LUISA — ¡Cómo no! te la presto.

ELENA — ¿Me la prestas esta noche?

LUISA — Con mucho gusto.

ELENA — Muchísimas gracias.

LUISA — No hay de qué.

# Clothing

ELENA — Hi, Luisa! Is that a new dress you are wearing?

LUISA — Yes. Do you like it?

ELENA — Yes. And your shoes? Are they new, too?

LUISA — Well, since today is my birthday . . .

ELENA — Best wishes! How pretty you look!

LUISA — Thanks. But how are you?

ELENA — I am very sad today.

LUISA — What's the matter with you?

ELENA — There is a party tonight, and I don't have a thing to wear.

LUISA — You can put on the black dress. It's beautiful.

ELENA — They are cleaning it for me.

LUISA — And the blue dress? It looks very nice on you.

ELENA — If I wear the blue dress, I need a purse.

LUISA — I have a purse.

ELENA — Will you lend it to me?

LUISA — Of course, I'll lend it to you.

ELENA — Will you lend it to me tonight?

LUISA — Gladly.

ELENA — Thank you so much.

LUISA — You're welcome.


PRONUNCIATION HELPS

Spanish /s/ This voiceless fricative does not differ greatly from its English counterpart when it is an initial letter or between vowels. The point of articulation is the same as for English /s/.

In Latin America (and in parts of Spain) the sound /s/ may be represented by letters other than "s." The letter **z**, wherever it occurs, and the letter **c** before **e** or **i** have the sound of /s/ in those areas.

The following examples of Spanish /s/ appear in this dialog. Watch your instructor and repeat.

| | | |
|---|---|---|
| e**s**e | **z**apato**s** | gracia**s** |
| hermo**s**a | a**z**ul | pre**c**io**s**o |

The sound of English /z/, as in "razor" or "rose," occurs in Spanish only before voiced consonants, where it is written **s**. Examples of English /z/ in this dialog include: ¿E**s** nuevo? and e**s** mi. Watch your instructor and repeat.

¿E**s** nuevo?        e**s** mi

Spanish /t/ This is an unvoiced dental stop. To articulate it, place the end of the tongue flat against the back side of the upper front teeth.

Unlike its English counterpart, Spanish /t/ is not aspirated, that is, it is not accompanied by a puff of air as in English "two."

Examples of Spanish /t/ in this dialog include: **te** and **tri**ste. Watch your instructor and repeat.

te       triste

### CULTURAL NOTES

1. *Fiestas.* Spanish festive activities range from the solemnities of Holy Week to the liveliness of the *ferias*, or fairs. These are held in the large cities and in the isolated villages. Picturesque programs help keep alive many guarded traditions. On almost any day of any week one might possibly be able to either read about or attend a special fiesta honoring something or someone.

2. *Saints' days.* The Catholic calendar is full of saints' days, and many people are named after saints. For example, some important saints' names and birthdates are: San José, March 19; San Antonio, June 13; San Luis, June 21; San Juan, June 24; San Pedro and San Pablo, June 29; Santa Carmen, July 16; Santa Marta, July 29; Santa Rosa, August 30; and Santa María, September 12. If a person is named Juan, June 24 is his saint's day and it is celebrated in a similar manner as his own birthday. People born on or near a particular saint's day are usually given the name of that saint. Certain saints' days are recognized as national holidays in some countries. It is common for a memento or an image of a saint to be carried around one's neck or in one's wallet. It is also common to celebrate two birthdays, one on the saint's day (*el día del santo*) and one on the actual birth date.

3. *El carnaval.* Brazil celebrates *carnaval* before Lent perhaps more enthusiastically than any other country. The city of New Orleans is also famous for its *carnaval* celebrations. Many other countries in Latin America join in similar festivities. Often there are dances that last all night and everyone wears costumes and masks. During the dances they play *cascarones*. These are egg shells, or *cáscaras*, that have been dried out and brightly painted. They are then filled with confetti, flour, sand, and sometimes ink. At the dance they are distributed to everyone. A person often spends a considerable amount of time making his own *cascarones*. The object during the dance is to break as many of them as possible on other people's heads — all of this, of course, without any being broken on one's own head.

### VOCABULARY EXPANSION

| | |
|---|---|
| ¿Me prestas la **corbata?** | *tie* |
| la **camisa?** | *shirt* |
| el **sombrero?** | *hat* |
| los **zapatos?** | *shoes* |

| | |
|---|---|
| el **cinturón?** | *belt* |
| el **traje?** | *suit* |
| los **calcetines?** | *socks* |
| **nacer** | *to be born* |
| **¿En qué día naciste?** | *When (on what day) were you born?* |

**Quedar** used in a reflexive construction is the equivalent of "to remain."

| | |
|---|---|
| **Me quedo** en casa. | *I remain home.* |

Used with **muy bien** and an indirect object (**te**), **quedar** forms an idiomatic expression equivalent to "It looks nice on you" or "It becomes you."

| | |
|---|---|
| **Te queda muy bien.** | *It looks very nice on you.* |

When the speaker anticipates that the answer to a "who" question will involve more than one person, the plural form of **quién** is required.

| | |
|---|---|
| **¿Quién** le escribió? | *Who wrote to you?* |
| **¿Quiénes** le escribieron? | *Who wrote to you?* |

The use of **estar** indicates an exceptional condition out of the ordinary.

| | |
|---|---|
| ¡Qué hermosa **estás!** | How beautiful *you look!* |

Ordinarily **ser** combines with **hermosa** to express a characteristic such as beauty.

Elena **es** hermosa.

## Summary of direct and indirect object pronouns

| *Indirect* | | | *Direct* | |
|---|---|---|---|---|
| **me** | **nos** | | **me** | **nos** |
| **te** | **[os]** | | **te** | **[os]** |
| **le** | **les** | | **lo, la** | **los, las** |

Luisa me presta **el vestido.** *Luisa lends me her dress.*

Luisa me **lo** presta. *Luisa lends it to me.*

Note that the indirect object pronoun always precedes the direct object pronoun.

The direct and indirect object pronouns generally follow and are attached to the infinitive, the present participle, and the affirmative command forms of the verb.

| | |
|---|---|
| Luisa quiere prestár**melo.** | *(infinitive)* |
| Luisa está prestándo**melo.** | *(present participle)* |
| Préste**melo,** Luisa. | *(affirmative command)* |

In all other cases the object pronouns precede the verb.

Luisa **me lo** presta.    *(verb conjugated in indicative mood)*
No **me lo** preste.    *(negative command)*

The substitute form **se** occurs instead of **le** or **les** before the direct objects **lo, la, los,** and **las.**

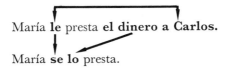

María **le** presta **el dinero a Carlos.**

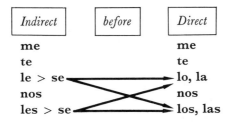

María **se lo** presta.

| Indirect | before | Direct |
|---|---|---|
| me | | me |
| te | | te |
| le > se | | lo, la |
| nos | | nos |
| les > se | | los, las |

*As in Peru, almost half of the population of Ecuador is Indian. The Indians of Otavalo — the home of this man — are skilled weavers who sell their goods to the neighboring countries and buy land with their earnings. Many of the Indians are less fortunate* huasipungueros *living on large haciendas. New reforms are now underway to provide them with an equitable share of the land.*

## Structure Substitution

1. Juan me presta la corbata.  *Cambien.*    Juan me la presta.
   Juan te presta la corbata.                 Juan te la presta.
   Juan le presta la corbata.                 Juan se la presta.
   Juan nos presta la corbata.               Juan nos la presta.
   Juan les presta la corbata.                Juan se la presta.
   Juan me presta las camisas.              Juan me las presta.
   Juan te presta las camisas.               Juan te las presta.
   Juan le presta las camisas.               Juan se las presta.
   Juan nos presta las camisas.             Juan nos las presta.
   Juan les presta las camisas.             Juan se las presta.

2. Luisa me presta el vestido.  *Cambien.*    Luisa me lo presta.
   Luisa te presta el vestido.               Luisa te lo presta.
   Luisa le presta el vestido.               Luisa se lo presta.
   Luisa nos presta el vestido.             Luisa nos lo presta.
   Luisa les presta el vestido.              Luisa se lo presta.
   Luisa me presta los sombreros.          Luisa me los presta.
   Luisa te presta los sombreros.           Luisa te los presta.
   Luisa le presta los sombreros.           Luisa se los presta.
   Luisa nos presta los sombreros.        Luisa nos los presta.
   Luisa les presta los sombreros.          Luisa se los presta.

## Item Substitution

Luisa se la presta *a ellos.*  *Repitan.*

a nosotros, a mí, a él, a ella, a ti, a Uds., a Ud.

## Patterned Response

1. *Teacher:*   ¿Me prestas los libros?
   *Student:*   Sí, te los presto.

   la corbata                el libro
   las camisas              el sombrero
   el vestido                la blusa

2. *Teacher:*   ¿Me presta Ud. el libro?
   *Student:*   Sí, se lo presto.

   la corbata                el sombrero
   las camisas              la blusa
   el vestido                la máquina de afeitar

**Affirmative commands for *Ud.* and *Uds.***

| **hablar:** | **aprender:** | **escribir:** |
|---|---|---|
| **hable (Ud.)** | **aprenda (Ud.)** | **escriba (Ud.)** |
| **hablen (Uds.)** | **aprendan (Uds.)** | **escriban (Uds.)** |

Note that the polite command forms of regular **-ar** verbs end in **-e** and **-en** and those of regular **-er** and **-ir** verbs in **-a** and **-an**.

Structure Substitution

1. Yo quiero hablar.  *Contesten.*          Pues, hable Ud.
   Yo quiero estudiar.
   Yo quiero comer.
   Yo quiero aprender.
   Yo quiero leer.
   Yo quiero escuchar.
   Yo quiero escribir.
   Yo quiero mirar.

2. ¿Puedo limpiarlo?  *Contesten.*          Sí, límpielo.
   ¿Puedo escribirlo?                       Sí, escríbalo.
   ¿Puedo leerlo?                           Sí, léalo.
   ¿Puedo escucharlo?                       Sí, escúchelo.
   ¿Puedo estudiarlo?                       Sí, estúdielo.
   ¿Puedo comprarlo?                        Sí, cómprelo.
   ¿Puedo tomarlo?                          Sí, tómelo.
   ¿Puedo comerlo?                          Sí, cómalo.
   ¿Puedo aprenderlo?                       Sí, apréndalo.
   ¿Puedo llamarlo?                         Sí, llámelo.

Note that the direct object pronoun is attached to the verb in an affirmative command.

**Negative commands for *Ud.* and *Uds.***

| **hablar:** | **aprender:** | **escribir:** |
|---|---|---|
| **no hable (Ud.)** | **no aprenda (Ud.)** | **no escriba (Ud.)** |
| **no hablen (Uds.)** | **no aprendan (Uds.)** | **no escriban (Uds.)** |

Structure Substitution

¿Puedo limpiarlo?  *Contesten.*          No, no lo limpie.
¿Puedo escribirlo?                       No, no lo escriba.
¿Puedo leerlo?                           No, no lo lea.
¿Puedo escucharlo?                       No, no lo escuche.
¿Puedo estudiarlo?                       No, no lo estudie.
¿Puedo comprarlo?                        No, no lo compre.
¿Puedo tomarlo?                          No, no lo tome.
¿Puedo comerlo?                          No, no lo coma.
¿Puedo aprenderlo?                       No, no lo aprenda.
¿Puedo llamarlo?                         No, no lo llame.

Note that the direct object pronoun precedes the verb in a negative command.

Verb Structure Drills

A. The present indicative of **poner** (*to put, place*).

| pongo | ponemos |
|-------|---------|
| pones | [ponéis] |
| pone  | ponen |

1. *Yo* lo pongo aquí.  *Repitan.*

   nosotros, ellos, él, Felipe, Felipe y Ricardo

2. ¿Lo pone Ud. aquí?  *Contesten.*
   ¿Quién lo pone aquí?
   ¿Dónde lo pones?
   ¿Lo ponen aquí Felipe y Ricardo?
   ¿Dónde lo ponen Uds.?

3. *Yo* me pongo el traje azul.  *Repitan.*

   ella, él, tú, Alicia, Luisa

4. ¿Se pone Ud. el traje azul?  *Contesten.*
   ¿Cuándo se pone Ud. el traje azul?
   ¿Qué traje se pone ella?
   ¿Por qué se pone Alicia el traje azul?

B. The present indicative of **dar** (*to give*).

| doy | damos |
|-----|-------|
| das | [dais] |
| da  | dan |

1. *Yo* le doy el dinero.  *Repitan.*

   Carlos, nosotros, él, ella, Ud., Uds., tú

2. ¿Le da Ud. el dinero?  *Contesten.*    Sí, yo le doy el dinero.
   ¿Le damos el dinero?
   ¿Le dans Uds. el dinero?
   ¿Le da el profesor el dinero?
   ¿Le das el dinero?

Structure Substitution

1. ¿Ud. me da el dinero?  *Contesten.*    Sí, le doy el dinero.
   ¿Me lo da?    Sí, se lo doy.

| | |
|---|---|
| ¿Ellos me dan el dinero? | Sí, le dan el dinero. |
| ¿Me lo dan? | Sí, se lo dan. |
| ¿Me dan Uds. el dinero? | Sí, le damos el dinero. |
| ¿Me lo dan? | Sí, se lo damos. |
| ¿Carlos me da el dinero? | Sí, le da el dinero. |
| ¿Me lo da? | Sí, se lo da. |

2. ¿Le doy la camisa?  *Cambien.*          Sí, démela.  (No, no me la dé.)
   ¿Le doy el libro?
   ¿Le doy los calcetines?
   ¿Le doy los pantalones?
   ¿Le doy el traje?

3.

| *Teacher* | *Half of Class* | *Half of Class* |
|---|---|---|
| El vestido. | ¿Le doy el vestido a Luisa? | Sí, déselo. |
| Los vestidos. | _____ | _____ |
| El sombrero. | _____ | _____ |
| El zapato. | _____ | _____ |
| Los zapatos. | _____ | _____ |
| La blusa. | _____ | _____ |
| La camisa. | _____ | _____ |
| Los calcetines. | _____ | _____ |
| La corbata. | _____ | _____ |
| El libro. | _____ | _____ |
| Los sombreros. | _____ | _____ |
| El cinturón. | _____ | _____ |
| El traje. | _____ | _____ |
| La cartera. | _____ | _____ |

## Supplementary Dialogs

(*To be memorized for class presentation*)

| *First Student* | *Second Student* |
|---|---|
| 1. ¡Qué bonita blusa tiene!  ¿Me la presta? | Sí, se la presto mañana. |
| No, préstemela esta noche. | No puedo prestársela esta noche. |
| Por favor, préstemela. | Bueno, se la presto. |
| 2. ¿Tiene Ud. un sombrero? | Sí, tengo un sombrero. |
| ¿Me lo da Ud.? | No, no se lo doy. |
| ¿Por qué no me lo da? | Porque no quiero dárselo. |
| Por favor, démelo. | Bueno, se lo doy. |
| 3. ¡Que bonitos aretes!  ¿Me los presta? | Sí, se los presto mañana. |
| No, préstemelos esta noche. | No puede prestárselos esta noche. |
| Por favor, préstemelos. | Bueno, se los presto. |

Chile differs sharply from its neighbors because of its predominantly mestizo population; it is a veritable melting pot of which pure-blood Indians make up only 2%. A popular form of amusement in Chile is the rodeo where cowboys, huasos, compete in horsemanship. The broad-brimmed hat, short poncho, and silver spurs are typical accessories to their elegant and picturesque costumes.

Although twentieth-century fashions are predominant today, Mexico has a tradition of regional costumes as rich as any to be found in a European country. Elaborate embroidery dances over women's dresses, and the rebozo, or all-purpose shawl, appears everywhere. Whether in use as a head covering, market basket, or cradle, the method of draping the rebozo is, like the Andean hat, a sure sign of regional origin.

4. ¿Ud. tiene un sombrero?       Sí, tengo un sombrero.
   ¿Me lo da?                    No, no se lo doy.
   ¿Por qué no me lo da?        Porque no quiero dárselo.
   Por favor, démelo.           Bueno, se lo doy.

Verb Structure Drills

C. The present indicative of **decir** (*to say*, *tell*).

| **digo** | **decimos** |
|---|---|
| **dices** | **[decís]** |
| **dice** | **dicen** |

1. *Yo* le digo la verdad.    *Repitan.*

   ellos, nosotros, María, Ud., tú, Uds.

2. ¿Qué me dice Ud.?   *Contesten.*      Le digo la verdad.
   ¿Qué me dices?
   ¿Qué me dicen ellos?
   ¿Qué me dicen Uds.?
   ¿Qué me dice él?
   ¿Qué me dicen ellas?
   ¿Qué me dice mamá?

Sentence Completion

1. No puedo _____.
2. No tengo nada _____.
3. Juan me _____.
4. Dígale _____.
5. Pregúntele _____.

Question Formation

1. No, no quiero prestárselos.
2. Se lo doy mañana.
3. Me están limpiando el vestido.
4. Me hacen falta tres pesos.
5. Sí, me gusta el clima de aquí.

**Controlled Conversation**

1. *Teacher:*  Dígale a _____ que ese vestido le queda muy bien.
   *Student:*  Ese vestido te queda muy bien.

   ese sombrero              esa camisa
   esa blusa                 esa corbata
   ese traje                 ese cinturón
   ese abrigo                ese vestido

2. Pregúntele a _____ si es nueva la blusa que lleva.

si hoy es su cumpleaños.

si está triste hoy.

si quiere prestarle una cartera.

si le da a Ud. el dinero.

si le gustan los zapatos de María.

si le gusta el clima de aquí.

si le hace falta dinero.

si tiene un vestido nuevo.

si le hacen falta tres pesos.

si hay fiesta esta noche.

si le están limpiando el vestido.

si quiere prestarle a Ud. un lápiz.

si tiene un vestido azul.

**Personalized Questions**

1. ¿Tiene Ud. una blusa nueva?
2. ¿Está Ud. triste hoy?
3. ¿Qué le pasa?
4. ¿Hay fiesta esta noche?
5. ¿Le están limpiando el vestido?
6. ¿Están limpiándolo?
7. ¿Qué tiene Ud.?
8. ¿Le hace falta dinero?
9. ¿Tiene Ud. una cartera azul?
10. ¿Quiere prestarme un libro?
11. ¿Por qué no me lo presta?
12. ¿Quiere Ud. darme ese lápiz?
13. ¿Me lo da ahora?
14. ¿Cuándo me lo da?
15. ¿Qué le hace falta a Ud.?
16. ¿Cómo está Ud. hoy?
17. ¿Qué me dice Ud.?
18. ¿Cuándo se pone Ud. el traje nuevo?
19. ¿Dónde lo pone Ud.?
20. Yo le doy un libro. Y Ud., ¿qué me da?
21. ¿Me lo da ahora?
22. ¿Cuándo es su cumpleaños?
23. ¿En qué día naciste?

**Extemporization**

*1. Mi cumpleaños*

*Vocabulary:* fiesta, nuevo, vestido, zapatos, triste, ponerse, sombrero, prestar, hermoso, felicidades, gracias

*Topic Ideas:*
1. Hoy es mi cumpleaños.
2. Me hacen falta muchas cosas.
3. Estoy muy triste porque ...

*Questions:*   1. ¿Cuántos años tienes?
2. ¿Por qué no tienes nada que ponerte para ir a la fiesta?
3. ¿Qué te hace falta?
4. ¿No son nuevos los zapatos?

### 2. La ropa

*Vocabulary:*   vestido, traje, corbata, camisa, blusa, dinero, cartera, prestar, hermoso, ponerse

*Topic Ideas:*   1. Me hace falta dinero.
2. Mi vestido nuevo.
3. No quiero prestarlo.

*Questions:*   1. ¿No tienes dinero para comprarte una camisa?
2. ¿Me queda bien el vestido nuevo?
3. ¿Por qué te hace falta dinero?
4. ¿Cuándo te pones el traje nuevo?

**Task Assignments**

1. Find out if another student in the class has a pencil and if he will lend it to you. If he will, tell him to lend it to you now. If he won't, find out why.
2. Find out from another student what she is going to do next Saturday, what she is going to wear, and what she needs.

PROVERBS

1. El aprender es amargura; el fruto, dulzura. *Learning is hard, but it's worth it.*
2. El que (*or* quien) busca encuentra. *Seek and ye shall find.*
3. Cada loco con su tema. *Everyone to his hobby.*
4. La letra con sangre entra. *Learning comes the hard way.*

# UNIT 8

## Otras cosas de todos los días

EDUARDO — Tengo un sueño bárbaro.

LUIS — ¿Estudiaste hasta muy tarde anoche?

EDUARDO — No, es que me levanté a las cinco.

LUIS — ¿Pudiste estudiar un poco?

EDUARDO — No, no pude hacer nada.

LUIS — ¡No me digas! ¿Por qué?

EDUARDO — Todos mis compañeros se levantaron temprano y fue imposible estudiar.

LUIS — Yo no estudié tampoco.

EDUARDO — Y bueno, ¡paciencia!

LUIS — Ayer no te vi en la clase. ¿Qué hiciste?

EDUARDO — Pues, fui a la casa de Roberto.

LUIS — ¡Ah! Por eso no vinieron Uds. a la clase.

EDUARDO — Sí, así fue, charlamos y fuimos al cine.

LUIS — ¡Hombre! ¿Se divirtieron?

EDUARDO — Bastante. Después fuimos de paseo al parque.

LUIS — De modo que volviste a casa muy tarde.

EDUARDO — Sí, volví a medianoche.

LUIS — ¿Estudiaste la lección de español?

EDUARDO — ¡Qué esperanza! Me acosté y me dormí en seguida.

# Other Everyday Things

EDUARDO — I am terribly sleepy.

LUIS — Did you study until very late last night?

EDUARDO — No, it's just that I got up at five.

LUIS — Were you able to study a little?

EDUARDO — No, I couldn't do anything.

LUIS — You don't say! Why?

EDUARDO — All my roommates got up early and it was impossible to study.

LUIS — I didn't study either!

EDUARDO — Oh well, patience!

LUIS — I didn't see you in class yesterday. What did you do?

EDUARDO — Well, I went to Robert's house.

LUIS — Oh! So that's why you didn't come to class.

EDUARDO — Yes, that's what happened. We talked and went to the movies.

LUIS — Man! Did you have a good time?

EDUARDO — We really did. Later we took a walk in the park.

LUIS — So you returned home very late.

EDUARDO — Yes, I got home at midnight.

LUIS — Did you study the Spanish lesson?

EDUARDO — Not a chance! I went to bed and fell asleep immediately.

## PRONUNCIATION HELPS

Spanish /k/    This /k/ is articulated like English /k/, that is, by placing the back of the tongue against the soft palate. The manner of articulation is different because Spanish /k/ is not aspirated. Notice that Spanish /k/ may be written as **c** or as **qu**.

The following examples of the Spanish /k/ appear in this dialog. Watch your instructor and repeat.

| cin**c**o | po**c**o | **c**asa | **qu**e | par**qu**e |
|---|---|---|---|---|

Spanish /p/    The point of articulation for Spanish /p/, an unvoiced bilabial stop, is the same as for English /p/; however, the manner of articulation differs. Spanish /p/ is not aspirated.

The following examples of Spanish /p/ appear in this dialog. Watch your instructor and repeat.

| **p**udiste | **p**oco | **p**ues |
|---|---|---|
| **p**or | **p**aseo | **p**arque |

## CULTURAL NOTES

*Hand Motions.* Some of the hand motions used by Latin Americans are similar to ones we use and suggest similar results; others are quite different from the motions we are familiar with.

1. *Exclamation.* With the ends of the third finger and the thumb touching lightly, flip the wrist rapidly, allowing the index finger to snap against the third finger. After sustained practice this is a rather simple feat. It is not uncommon to see someone punctuate his own speech with this exclamatory mannerism.

2. *¡No!* The index finger of the right hand is moved from left to right, while the rest of the hand is held still.

3. *Adios.* Hold your hand in front of you with the palm toward you and move the fingers back and forth. (In contrast, this is the way North Americans might motion for a person to come to them.)

4. *¡Excelente!* (Excellent, great). Touching the tips of your fingers and thumb together, kiss the tips and then move the hand upward and outward, with the fingertips no longer bunched together.

5. *Un Momentito* (Just a moment). Hold the tips of the thumb and index finger about half an inch apart.

6. *Tacaño* (Stingy). Bend your left elbow and pat the point of it several times with your right hand.

7. *Dinero.* With the palm up, rub the tips of the thumb and fingers together.

8. *Ojo* (Careful). With the index finger pointing upward, touch the tip of it just below the center of the lower right eyelid.

9. *Hunger.* With the fingertips together and the palm toward you, raise the hand several inches from the mouth and move it back and forth.

10. *Espera* (Wait). Hold up the hand with the palm away from you and the fingers together and pointing upward.

11. *Piensa* (Think). Point your right index finger upward and touch the tip to the middle of your forehead.

VOCABULARY EXPANSION

| | |
|---|---|
| **esperanza** | *hope* |
| **¡Qué esperanza!** | *Not a chance!* |
| ¿Aprendiste los **verbos irregulares?** | *irregular verbs* |
| ¿Dónde estuvo Ud. ayer **por la tarde?** | *in the afternoon* |
| Yo estuve en el **banquete.** | *banquet* |
| No dormí **anoche.** | *last night* |
| **anteanoche.** | *night before last* |
| **ayer.** | *yesterday* |
| ¿Se durmió Ud. en la **asamblea?** | *assembly* |

**The past**

Spanish uses two sets of past tense forms to distinguish between 1) events that began or ended in the past (*I got up* — preterit) and 2) events and situations in progress in the past (*I was getting up* — imperfect).

Only the preterit is presented in this unit. The imperfect will be presented in Unit 10.

**The preterit of regular verbs**

To form the preterit, the following sets of endings are added to the stem of the verb:

|  habl- | | | aprend- | | | viv- | |
|---|---|---|---|---|---|---|---|
| -é | -amos | | -í | -imos | | -í | -imos |
| -aste | [-asteis] | | -iste | [-isteis] | | -iste | [-isteis] |
| -ó | -aron | | -ió | -ieron | | -ió | -ieron |
| hablé | | | aprendí | | | viví | |

**Use of the preterit**

In Spanish the preterit is used to indicate the beginning or the ending of a past action or condition. It views past events as non-continuous.

> **Comencé** a estudiar. *I started to study.*
> **Me levanté** a las cinco. *I got up at five.*
> **Salí** de la casa. *I left the house.*

Verb Structure Drills

A. The preterit of **estudiar** (*to study*).

| estudié | estudiamos |
|---|---|
| estudiaste | [estudiasteis] |
| estudió | estudiaron |

1. *Yo* estudié hasta muy tarde anoche. *Repitan.*

nosotros, ellos, Uds., tú, Ud., los estudiantes

2. ¿Estudiaste hasta muy tarde anoche? *Contesten.*
   ¿Estudió ella hasta muy tarde anoche?
   ¿Estudiaron ellos hasta muy tarde anoche?
   ¿Estudió Eduardo hasta muy tarde anoche?
   ¿Estudiaron Uds. hasta muy tarde anoche?

B. The preterit of **aprender.**

| aprendí | aprendimos |
|---|---|
| aprendiste | [aprendisteis] |
| aprendió | aprendieron |

1. *Ella* no aprendió nada. *Repitan.*

Uds., nosotros, ellos, mi amigo, tú, Ud.

**134**

2. ¿Aprendió Ud. bien la lección? *Contesten.*
¿Qué aprendieron Uds. en la clase?
¿Aprendiste los verbos irregulares?
¿Quién aprendió el diálogo?
¿Por qué no aprendió Ud. nada?
¿Y él? (No aprendió nada tampoco.)

C. The preterit of **escribir** (*to write*).

| escribí | escribimos |
|---|---|
| escribiste | [escribisteis] |
| escribió | escribieron |

1. Después *nosotros* le escribimos una carta. *Repitan.*

ellos, él, Uds., Luis, Luis y Eduardo

2. ¿Quiénes le escribieron una carta? *Contesten.*
¿Le escribió Ud. una carta?
¿Cuándo le escribieron Uds. una carta?
¿Por qué le escribió él una carta?
¿Tú le escribiste una carta después?

**Irregular preterit stems**

| poder | pud- | pude |
|---|---|---|
| poner | pus- | puse |
| saber | sup- | supe |
| tener | tuv- | tuve |
| estar | estuv- | estuve |
| conducir | conduj- | conduje |
| traducir | traduj- | traduje |

Note that the stems for these verbs have the vowel **u** in common. Unlike the endings for regular verbs in the preterit, the **e** and the **o** are not stressed. (**Poder** and **saber** are drilled in Unit 11.) Irregular verbs **decir** and **traer** are similar to the **-ucir** verbs in the preterit: **decir/dije, traer/traje.**

Verb Structure Drills

A. The preterit of **poner.**

| puse | pusimos |
|---|---|
| pusiste | [pusisteis] |
| puso | pusieron |

1. *Carlos* lo puso aquí. *Repitan.*

ellos, Ud., nosotros, ella, Ricardo y yo

2. ¿Quién lo puso aquí?  *Contesten.*
   ¿Lo puso Ud. aquí?
   ¿Cuándo lo pusieron aquí?
   ¿Lo pusiste aquí?
   ¿Lo pusieron aquí Uds.?

B.  The preterit of **tener.**

| | |
|---|---|
| **tuve** | **tuvimos** |
| **tuviste** | **[tuvisteis]** |
| **tuvo** | **tuvieron** |

1. Ayer *Roberto* tuvo que ir a casa.  *Repitan.*

   nosotros, tus hermanos, yo, ella, ellas, el profesor, ellos

2. ¿Tuvo Ud. que estudiar mucho anoche?  *Contesten.*
   ¿Qué tuviste que hacer anoche?
   ¿Tuvieron Uds. que ir a la iglesia el domingo?
   ¿Tuvo Ud. clases ayer?
   ¿No tuvo Ud. que levantarse temprano?
   ¿Cuándo tuvieron ellos los exámenes finales?

C.  The preterit of **estar.**

| | |
|---|---|
| **estuve** | **estuvimos** |
| **estuviste** | **[estuvisteis]** |
| **estuvo** | **estuvieron** |

1. ¿Dónde estuvo *Ud.* ayer por la tarde?  *Repitan.*

   él, Uds., tú, su amigo, Felipe, el profesor

2. ¿Dónde estuviste anoche?  *Contesten.*
   ¿Estuvo Ud. en casa ayer?
   ¿Por qué no estuvo Ud. en la clase ayer?
   ¿Cuándo estuvieron Uds. en la biblioteca?
   ¿Qué tal estuvo el banquete?

D.  The preterit of **decir.**

| | |
|---|---|
| **dije** | **dijimos** |
| **dijiste** | **[dijisteis]** |
| **dijo** | **dijeron** |

1. *Ella* se lo dijo ayer.   *Repitan.*

   nosotros, mi papá, ellos, Uds., yo

2. ¿Quién se lo dijo?   *Contesten.*
   ¿Cuándo se lo dijo?
   ¿Se lo dijo Juan?
   ¿Por qué no se lo dijo Ud.?
   ¿Se lo dijiste también?

E.  The preterit of **poder** (*to succeed in* — in preterit only).

| pude | pudimos |
|---|---|
| pudiste | [pudisteis] |
| pudo | pudieron |

1. *Yo* no pude estudiar tampoco.   *Repitan.*

   él, nosotros, mi novia, Luis y Eduardo, tú

2. ¿No pudo Ud. estudiar tampoco?   *Contesten.*
   ¿No pudieron Uds. estudiar tampoco?
   ¿No pudiste estudiar tampoco?
   ¿No pudo Luis estudiar tampoco?
   ¿No pudieron ellos estudiar tampoco?

*Whether in Manhattan or in Mexico City, the policeman fulfills his role as a friend in times of need. Here a woman from the country seeks assistance in the big city. Notice the hand-woven basket which is a popular carryall in many South American countries.*

F. The preterit of **hacer.**

| hice | hicimos |
|---|---|
| hiciste | [hicisteis] |
| hizo | hicieron |

Both **venir** and **hacer** are irregular verbs. They change **e** to **i** in the preterit. See Appendix C.

1. ¿Qué hizo *Ud.* ayer? *Repitan.*

   él, Linda, ellos, yo, nosotros, tú, el profesor, tu hermano, Uds.

2. ¿No hizo Ud. nada anoche? *Contesten.*
   ¿Cuándo hizo Ud. el trabajo?
   ¿Cuántos no hicieron el trabajo?
   ¿Quién no hizo nada?
   ¿Por qué no hicieron Uds. nada?

G. The preterit of **divertirse** (*to amuse* [*oneself*]).

| me divertí | nos divertimos |
|---|---|
| te divertiste | [os divertisteis] |
| se divirtió | se divirtieron |

1. Anoche *me* divertí bastante. *Repitan.*

   Ud., nosotros, tú, ella, Uds., Dorotea, ellos, él

2. ¿Se divirtió Ud. en el baile? *Contesten.*
   ¿Se divirtieron Uds. en la fiesta?
   ¿Quién se divirtió ayer?
   ¿Nos divertimos ayer en la clase?
   ¿Te divertiste con tus amigos?

H. The preterit of **dormirse** (*to fall asleep*).

| me dormí | nos dormimos |
|---|---|
| te dormiste | [os dormisteis] |
| se durmió | se durmieron |

For other verbs conjugated like **divertirse** and **dormirse**, see Appendix D.

1. *Ricardo* se durmió en la clase. *Repitan.*

   nosotros, tú, ellas, yo, Juanita, mi amigo, Samuel y yo

2. ¿Por qué se durmió Ud. en la clase ayer? *Contesten.*

¿Se durmieron Uds. en el cine anoche?

¿Quién se durmió en la asamblea?

¿Te dormiste pronto anoche?

¿Se durmió el profesor en la clase ayer?

I. The preterit of **ir** and **ser**. Note that both verbs have the same preterit forms.

| fui | fuimos |
|-----|--------|
| fuiste | [fuisteis] |
| fue | fueron |

1. *Bolívar* fue un gran hombre. *Repitan.*

él, mi papá, mi abuelo, San Martín

2. ¿Fue un gran hombre Bolívar? *Contesten.*

¿Fue un gran hombre el presidente?

¿Fue un gran hombre San Martín?

¿Fue un gran hombre su papá?

¿Fue un gran hombre su abuelo?

3. Ayer fuimos al cine. *Repitan.*

Ana, yo, el joven, las señoritas, Ud., tú, los estudiantes, él

4. ¿Cuándo fue Ud. al cine? *Contesten.*

¿Fueron Uds. a la asamblea ayer?

¿Fuiste a casa a las doce?

¿A dónde fue Ud. anoche?

¿Por qué no fue Ud. a la iglesia el domingo?

Patterned Response

| *Teacher:* | Me desperté y me levanté. |
|---|---|
| *Student:* | Me desperté y me levanté. |
| *Teacher:* | desayuné |
| *Student:* | Me levanté y desayuné. |

| | |
|---|---|
| salí de la casa | volví a casa |
| fui a la universidad | comí en seguida |
| tuve clases toda la mañana | miré la televisión |
| almorcé a las doce | estudié hasta las once |
| fui a trabajar | me acosté |
| trabajé hasta las cinco | me dormi en seguida |
| fui de paseo al parque | me divertí mucho |

(*Repitan con* Ud., tú, él, nosotros, Uds.)

## Tense Substitution

*Teacher:* Hoy Ud. aprende la lección.   ¿Qué hizo Ud. ayer?
*Student:* Ayer aprendí la lección.

trabaja mucho                desayuna en casa
va al centro                 come mucho
va de compras                estudia poco
escribe una carta            se acuesta a las seis
compra un regalo             se lava las manos
estudia la lección           se lava la cara
escucha el programa          se despierta temprano

## Structure Substitution

1. ¿Escribiste la carta?  *Contesten.*          Sí, la escribí.
   ¿Compraste los regalos?
   ¿Estudiaste las lecciones?
   ¿Miraste la televisión?
   ¿Vendiste la casa?
   ¿Hiciste el trabajo?
   ¿Escuchaste los programas?

*In Latin American towns and villages the square, or plaza, is the hub. This is where market is held, friends meet to chat and socialize, and evening entertainment often is offered. The square is also the place to go for certain services. Here a village barber receives unsolicited help with the finishing touches.*

140

2. Véndale a Roberto el libro.   *Contesten.*          Ya se lo vendí.
   Présteme el lápiz.                                  Ya se lo presté.
   Escríbale una carta a María.                        Ya se la escribí.
   Véndale la casa a Juan.                             Ya se la vendí.
   Dígame su nombre.                                   Ya se lo dije.
   Léame el periódico.                                 Ya se lo leí.
   Póngale el sombrero.                                Ya se lo puse.
   Póngase el sombrero.                                Ya me lo puse.


Item Substitution

Yo me levanté y me lavé las manos.   *Repitan.*
El _____.
_____ la cara.
Nosotros _____.
_____ desayunamos.
Ud. _____.
___ charló un rato_____.
_____ salió de casa.
Tú_____.
_____ fuiste a trabajar.
El profesor_____.
_____ almorzó.
__ fue al centro _____.
Ellos _____.
_____ fueron de paseo.
Roberto_____.
_____ compró un regalo.
__ estudió la lección _____.
_____ fue al cine.
Uds. _____.
_____ volvieron a casa.
Ella_____.
__ escribió una carta _____.
_____ cenó.
Ellas _____.
_____ se acostaron.


**_También_ versus _tampoco_**

¿Aprendió Ud. **algo?**              Did you learn *anything*?
No, no aprendí **nada.**             No, I didn't learn *anything*.
Yo **tampoco.**                      *Neither* did I.  I didn't *either*.
¿No aprendió Ud. **nada?**           Didn't you learn *anything*?
Sí, aprendí **algo.**  ¿Y Ud.?       Yes, I learned *something*.  How
                                       about you?

**Yo también.**                      I did *too*.

Notice the double negative in Spanish in the dialog pattern **No aprendí nada.** Literally this says, "I didn't learn nothing," contrary to English usage "I didn't learn anything."

**Tampoco** is the equivalent of "nor I either" or "me neither." **Yo también** means "I too" or "me too."

*Give an appropriate response to the following questions, using* **también** *or* **tampoco** *as required.*

*A young Cuzco shoemaker who has set up shop in the square is able to mend an Indian girl's footwear on the spot.*

1. Yo no fui al cine.  ¿Y Carlos?
2. Ella fue a la iglesia.  ¿Y Ud.?
3. Nosotros aprendimos mucho.  ¿Y Ud.?

4. Luis no estudió anoche. ¿Y Eduardo?
5. No conozco al señor que habla ruso. ¿Y Ud.?

Sentence Completion

1. _____ sueño.
2. _____ a las siete.
3. _____ es imposible estudiar.
4. Fui _____.
5. Volviste_____.

Question Formation

1. Fui al cine porque me gusta.
2. Sí, me divertí en el baile.
3. Me acosté a la una.
4. Sí, escribí una.
5. Trabajé cinco horas ayer.

**Controlled Conversation**

Pregúntele a _____ a qué hora se despertó esta mañana.
a qué hora se levantó esta mañana.
si se lavó la cara esta mañana.
si se lavó las manos esta mañana.
si fue a casa de Roberto ayer.
si fue al cine ayer.
si fue a la iglesia el domingo.
si fue de paseo al parque.
si escribió una carta ayer.
si estudio la lección de español.
si le gustó la camisa nueva.
si le gustaron los zapatos nuevos.
si volvió tarde a casa anoche.
si se acostó en seguida.
si Bolívar fue un gran hombre.
si tuvo que estudiar anoche.

**Personalized Questions**

1. ¿Qué hizo Ud. ayer después de la clase?
2. ¿Por qué se durmió Ud. en la clase de español?
3. ¿Por qué fue Ud. al cine ayer?
4. ¿Le gustó la película?
5. ¿Por qué no vino Ud. a la clase ayer?
6. ¿Dónde estuvo Ud. ayer por la tarde?
7. ¿Se lavó Ud. la cara o las manos esta mañana?
8. ¿Por qué no estudió Ud. anoche?
9. ¿Cuántas horas trabajó Ud. ayer?
10. El profesor se levantó a las seis. ¿Y Ud.?

11. ¿Se durmió Ud. después de acostarse anoche?
12. ¿Fue de paseo al parque Ud. ayer con su novio?
13. ¿Te divertiste en el baile?
14. ¿Dónde vivió Ud. antes de venir a la universidad?
15. El estudió mucho anoche. ¿Y Ud.?
16. ¿Cuándo lo puso Ud. aquí?
17. ¿Cuándo tiene Ud. que trabajar?
18. ¿No tuvo Ud. que estudiar anoche?
19. ¿Qué hizo Ud. anoche?
20. ¿A qué hora se acostó Ud. anoche?

**Extemporization**

*1. Cosas que hice ayer*

*Vocabulary:*  estudiar, levantarse, desayunar, charlar, compañeros de cuarto, ir de paseo al parque, fiesta, divertirse, trabajar

*Topic Ideas:*  1. Ayer.
2. Fui de paseo al parque.
3. Ayer tuve que estudiar mucho.

*Questions:*  1. ¿Fuiste de paseo al parque con tu novia?
2. ¿Por qué no viniste a clase ayer?
3. ¿Fuiste a la fiesta con tu amigo (a) el martes?
4. ¿Te divertiste mucho?

*2. El cine*

*Vocabulary:*  tarde, divertirse, compañero de cuarto, hora, acostarse

*Topic Ideas:*  1. Anoche fui al cine.
2. Me dormí en el cine.
3. Anoche me acosté a las doce menos cuarto.

*Questions:*  1. ¿A dónde fuiste el sábado?
2. ¿Te divertiste en el cine?
3. ¿A qué hora fuiste al cine?
4. ¿Con quién fuiste?

**Task Assignments**

1. Find out from another student what she did yesterday, if she went to her classes, and if she studied a lot. Then report to the group.
2. Find out from another student if he went out last night, what he did, if he had fun, and what time he went to bed.

PROVERBS

1. A espaldas vueltas, memorias muertas. *Out of sight, out of mind.*
2. Al buen entendedor, pocas palabras. *A word to the wise is sufficient.*
3. El hábito no hace al monje. *Clothes don't make the man.*
4. El que mucho habla, mucho yerra. *He who talks a lot makes many mistakes.*

# REVIEW 2

(Units 5–8)

A. *Respond to the commands according to the example.*

   *Example:* No limpie Ud. el cuarto. **Sí, quiero limpiarlo.**

   1. No traiga Ud. la medicina.
   2. No coma Ud. los sandwiches.
   3. No escuche Ud. el programa.
   4. No lea Ud. la noticia.
   5. No tome Ud. el refresco.

B. *Answer the questions according to the example.*

   *Example:* ¿Quieres decirme tu nombre? **Ya te lo dije.**

   1. ¿Quiere Ud. prestarme el lápiz?
   2. ¿Quieres venderles la casa?
   3. ¿Quiere Ud. prestarles el libro?
   4. ¿Quieres pedirle el cinturón?
   5. ¿Quieres decirme la verdad?

C. *Reword the questions according to the pattern, making the changes required by the cues.*

   1. ¿Tú le escribes una carta a Luisa?
   2. ¿ ————————————— a Juan y María?
   3. ¿ ————————————— a mí?
   4. ¿ ————————————— a esos muchachos?
   5. ¿ ————————————— a él?
   6. ¿ ————————————— a Paco y a mí?
   7. ¿ ————————————— a ti?
   8. ¿ ————————————— a mi abuela?

D. *Answer the questions according to the example.*

   *Example:* ¿Quieres lavar la mesa? **Estoy lavándola.**

   1. ¿Quieres estudiar la lección?
   2. ¿Quieres escribir la carta?
   3. ¿Quieres aprender el español?
   4. ¿Quieres comer el pan?
   5. ¿Quieres escuchar la música?

E. *Give affirmative commands for* **Ud.** *to the questions as in the example.*

   *Example:* ¿Puedo limpiar la casa? **Sí, límpiela.**

   1. ¿Puedo tomar el refresco?
   2. ¿Puedo comer la ensalada?
   3. ¿Puedo leer el libro?
   4. ¿Puedo escribir la carta?
   5. ¿Puedo salir ahora?
   6. ¿Puedo venir esta noche?

F. *Give the affirmative and negative command responses for* **Ud.** *to the questions as in the example.*

   *Example:* ¿Le presto el libro? **Sí, préstemelo.**
   **No, no me lo preste.**

   1. ¿Le digo la verdad?
   2. ¿Le doy el dinero?
   3. ¿Le lavo la mesa?
   4. ¿Le traigo las camisas?
   5. ¿Le leo el periódico?
   6. ¿Le limpio los zapatos?

G. *Give complete answers to these questions.*

   1. ¿En qué mes nieva mucho?
   2. ¿En qué mes es la Navidad?
   3. ¿En qué mes es el Día de la Independencia?
   4. ¿En qué mes es el Día de los Enamorados?
   5. ¿En qué mes es el Día de las Madres?
   6. ¿Qué tiempo hace en el otoño?
   7. ¿En qué estación hace mucho sol?
   8. ¿En qué estación llueve mucho?
   9. ¿En qué estación hay mucha nieve?
   10. ¿En qué estación va Ud. de vacaciones?

H. *Reword each sentence giving the preterit form of the verb as in the example.*

   *Example:* Estudio las lecciones. **Estudié las lecciones.**

   1. Comienzo a estudiar.
   2. Escribo una carta.
   3. Carlos la pone aquí.
   4. Luisa está en casa.
   5. Bolívar es un gran hombre.
   6. Me despierto a las seis.
   7. Tengo que salir.
   8. María no viene.
   9. Ella se divierte mucho.

I. *Give responses, making the necessary changes as in the example.*

> *Example:* Yo me vestí rápido. (Ellos)
> **Ellos se vistieron rápido también.**

1. El se afeitó temprano. (Yo)
2. Ellos se levantaron tarde. (Ella)
3. Luisa se lavó la cara. (Nosotros)
4. Ud. se acostó a las diez. (Yo)
5. Nosotros nos despertamos a las seis. (Yo)
6. Ellos se sentaron a descansar. (Nosotros)
7. Yo me fui temprano. (Ellos)

**Culture Capsule**

# La serenata

La serenata es una costumbre muy romántica. A las muchachas les gusta despertarse a medianoche[1] para oír la música. Y a los muchachos les encanta[2] tocar la guitarra y cantar.

A veces un grupo lleva[3] una serenata a la casa de un amigo para saludarlo. Otras veces lo hacen para dar la bienvenida a uno que está visitando en el pueblo.

Es siempre muy romántico cuando un joven lleva a sus amigos con su guitarra para hacer una declaración de amor a una señorita.

Y es más romántico aún[4] cuando la chica sale a la ventana para agradecer[5] la serenata.

[1] **a medianoche** *at midnight*
[2] **les encanta** *it thrills them*
[3] **lleva** *takes*

[4] **más romántico aún** *even more romantic*
[5] **para agradecer** *to thank*

Question–Answer

1. ¿Qué es una serenata?
2. ¿A qué hora hacen la serenata?
3. ¿Por qué hacen la serenata?
4. ¿Quiénes son los músicos?
5. ¿Qué hace la persona que recibe la serenata?
6. ¿Qué le parece a Ud. la serenata?
7. ¿Prefiere Ud. despertarse a medianoche para oír la música?

# UNIT 9

## Las comidas

ANITA — ¡Hola, Carmen! ¿Qué hay de nuevo?

CARMEN — Nada de particular.

ANITA — ¿Ya desayunaste?

CARMEN — Sí, desayuné huevos con jamón.

ANITA — ¿Y nada más?

CARMEN — Tomé una taza de chocolate con pan tostado.

ANITA — Ayer te vi entrar en la cafetería Leblón.

CARMEN — Sí, allí sirven unas enchiladas y tacos riquísimos.

ANITA — Te gustaron, ¿eh?

CARMEN — Sí, pero me molestó la espera.

ANITA — ¿Qué te pareció el banquete de anoche?

CARMEN — ¡Estuvo magnífico!

ANITA — ¿Te gustaron los aperitivos que sirvieron?

CARMEN — ¡Todavía se me hace agua la boca!

ANITA — Y la sopa, ¡qué deliciosa!

CARMEN — ¡Y qué sabroso el pollo frito!

ANITA — Y el postre que más me gusta.

CARMEN — Ah sí, un budín con nueces y pasas de uva.

ANITA — Hoy decidí ponerme a dieta.

CARMEN — ¡Imposible! ¡No lo creo! Y tú que eres tan delgada.

# Meals

ANITA — Hi, Carmen! What's new?

CARMEN — Nothing in particular.

ANITA — Did you eat already?

CARMEN — Yes, I had ham and eggs (for breakfast).

ANITA — And that's all?

CARMEN — I had a cup of chocolate with some toast.

ANITA — I saw you go into the Cafeteria Leblón yesterday.

CARMEN — Yes, they serve some very delicious enchiladas and tacos there.

ANITA — You liked them, right?

CARMEN — Yes, but the waiting annoyed me.

ANITA — What did you think of last night's banquet?

CARMEN — It was wonderful!

ANITA — Did you like the appetizers they served?

CARMEN — My mouth still waters at the thought!

ANITA — And the soup! How delicious!

CARMEN — And how tasty the fried chicken!

ANITA — And my favorite dessert.

CARMEN — Oh yes, a pudding with nuts and raisins.

ANITA — Today I decided to go on a diet.

CARMEN — Really! I don't believe it! And you who are so thin.

**CULTURAL NOTES**

*Food in Mexico.* Almost everyone knows about or has eaten Mexican food. Popular dishes include: the *taco*, a tortilla filled with chopped meat, lettuce, cheese, tomatoes, and seasoned to taste; the *enchilada*, a *taco* covered with a hot sauce and sprinkled or filled with cheese; and the *tostada*, a tortilla fried in deep fat until it becomes crisp, and then covered with beans and/or meat and lettuce and cheese. *Frijoles* (boiled beans) probably rank second to tortillas as the most common food in Mexico. Sometimes tortillas are broken into pieces and used to scoop up food.

Other dishes include *atole* (a thick corn meal gruel) and the *tamale*. Mexicans make *tamales* by wrapping corn husks around corn meal mixed with highly seasoned pork or chicken. Mexicans prefer foods highly seasoned with chili and other types of strong pepper.

Mexicans also eat tropical fruits such as mangoes, bananas, oranges, limes, papayas, and avocados. Turkey ranks as the favorite holiday dish.

A favorite drink is cinnamon-flavored hot thick chocolate cooked with water and stirred into foam; it is called *chocolate*. They also enjoy milk, coffee, and fruit drinks. *Pulque* is a slightly alcoholic beverage made from the juice of the *maguey* plant. *Tequila*, another alcoholic beverage, is also made from the juice of the *maguey*.

Each of the other countries of Latin America has a rich variety of its own special dishes. The items common to the diets of all Latin Americans include beans, rice, and fruit. But people in Argentina, Chile, Ecuador, and Guatemala, for example, might never eat *tacos* or *enchiladas*. They simply do not exist as popular dishes in any country except Mexico.

## VOCABULARY EXPANSION

| Tomé **jugo de tomate** esta mañana. | *tomato juice* |
|---|---|
| **jugo de naranja** | *orange juice* |
| **jugo de uva** | *grape juice* |
| **un vaso de leche** | *a glass of milk* |
| **un vaso de agua** | *a glass of water* |
| **una taza de café** | *a cup of coffee* |

| Comí **frijoles** ayer. | *beans* |
|---|---|
| **arroz** | *rice* |
| **biftec** | *steak* |
| **filet mignon** | *filet mignon* |
| **pescado** | *fish* |
| **verduras** | *green vegetables* |
| **chuletas de cerdo** | *pork chops* |
| **chuletas de cordero** | *lamb chops* |
| **pollo frito** | *fried chicken* |
| **papas fritas** | *French fries* |
| **papas al horno** | *baked potatoes* |
| **un helado** | *ice cream* |
| **flan** | *custard* |
| **dulce** | *candy* |
| **pastel** | *pie* |

| ¿Te hace falta el **palillo**? | *toothpick* |
|---|---|
| la **sal** | *salt* |
| la **pimienta** | *pepper* |
| la **mantequilla*** | *butter* |
| la **salsa de tomate** | *catsup* |
| el **azúcar** | *sugar* |
| el **pan** | *bread* |

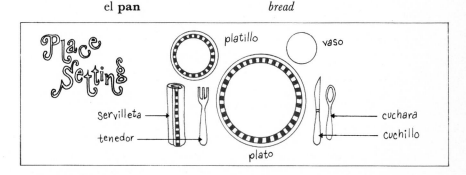

Place Setting: servilleta, tenedor, platillo, plato, vaso, cuchara, cuchillo

---

* In Argentina butter is called **manteca**; in Mexico and Central America, **mantequilla**.

**The preterit continued**

Verb Structure Drills

A. The preterit of **dar**.

| di | dimos |
|---|---|
| diste | [disteis] |
| dio | dieron |

Note that the irregular verb **dar** takes the same set of endings as the regular verbs ending in **-er** and **-ir.**

1. ¿Por qué no me dio *Ud.* el libro? *Repitan.*

   ellas, ella, tú, Pedro, su abuelo, mi padre

2. ¿Le diste un regalo a tu novio? *Contesten.*
   ¿Qué le dio a Ud. su novia?
   ¿Les dieron Uds. dinero a los pobres?
   ¿Le dio mucho dinero su padre?
   ¿Quién le dio dinero a Ud.?

B. The preterit of **leer** (*to read*).

| leí | leímos |
|---|---|
| leíste | [leísteis] |
| leyó | leyeron |

1. ¿Leyó *Ud.* el periódico anoche? *Repitan.*

   él, los estudiantes, tú, Uds., el joven, ella

2. ¿Leíste el periódico anoche? *Contesten.*
   ¿Cuándo leyó Ud. el periódico?
   ¿Qué libro leyó Ud. anoche?
   ¿Qué hizo Ud. cuando leyó del accidente de su amigo?
   ¿Leyeron Uds. muchos libros el año pasado?

C. The preterit of **servir** (*to serve*).

| serví | servimos |
|---|---|
| serviste | [servisteis] |
| sirvió | sirvieron |

For other verbs conjugated like **servir** see Appendix D.

1. ¿Sirvió *María* la comida? *Repitan.*

   tú, él, ellas, Ud., la joven, tu hermano

152

2. ¿A qué hora sirvieron la comida? *Contesten.*
¿Quién la sirvió?
¿Qué le sirvieron en el banquete anoche?
¿Elena le sirvió el desayuno esta mañana?
¿Te sirvieron chocolate en el banquete?

Tense Substitution

1. *Teacher:* ¿Están Uds. contentos hoy?
   *Student:* Sí, pero ayer no estuvimos contentos.
   (No, y no estuvimos contentos ayer tampoco.)

   ¿Está Ud. contento hoy?
   ¿Está contenta María hoy?
   ¿Están contentos ellos hoy?
   ¿Estás contento hoy?

2. *Teacher:* ¿Le molesta a Ud. la espera?
   *Student:* Sí, y me molestó anoche también.

   ¿Les molesta a ellos la espera?
   ¿Les molesta a Uds. la espera?
   ¿Le molesta a él la espera?
   ¿Le molesta a María la espera?

3. *Teacher:* Yo duermo la siesta todos los días.
   *Student:* No es cierto. Ayer no durmió Ud. la siesta.

   Ella duerme la siesta todos los días.
   Nosotros dormimos la siesta todos los días.
   Ellos duermen la siesta todos los días.
   Uds. duermen la siesta todos los días.

*The ringing cash registers, bubbling Coca-Cola dispensers, and general noontime hum of any American lunch counter can be found in Mexico City as well. Shoppers and businessmen take time out from the daily routine for lunch at one of the popular Sanborn-chain soda fountains.*

4. *Teacher:* Yo no me divierto nunca.
   *Student:* No es cierto. Anoche se divirtió bastante.

   El no se divierte nunca.
   Ellas no se divierten nunca.
   Nosotros no nos divertimos nunca.
   Ud. no se divierte nunca.

5. Hoy estamos contentos. *Repitan.*
   Ayer _____.
   Hoy está mi papá en casa.
   Ayer _____.
   El banquete está magnífico.
   Anoche _____.
   Me gustan los aperitivos que sirven.
   Anoche _____.
   Ahora no me molesta la espera.
   Ayer _____.
   Hoy tengo dos cartas.
   Ayer_____.


## Patterned Response

1. *Teacher:* ¿Lo puso Ud. sobre la mesa?
   *Student:* Sí, lo puse sobre la mesa.

   ¿Lo pusieron Uds. sobre la mesa?
   ¿Lo pusiste sobre la mesa?
   ¿Lo puso Juan sobre la mesa?
   ¿Lo pusieron ellos sobre la mesa?

2. *Teacher:* ¿Tomaste chocolate esta mañana?
   *Student:* Sí, tomé chocolate esta mañana.

   | | | |
   |---|---|---|
   | jugo de tomate | jugo de uva | leche |
   | jugo de naranja | un vaso de agua | café con leche |

3. *Teacher:* ¿Comió Ud. una ensalada ayer?
   *Student:* Sí, comí una ensalada ayer.

   | | | |
   |---|---|---|
   | un sandwich | enchiladas | pastel |
   | una hamburguesa | frijoles | tortillas |
   | tacos | arroz | tamales |

4. *Teacher:* ¿Comiste rosbif en la comida?
   *Student:* Sí, comí rosbif en la comida.

   | | | |
   |---|---|---|
   | pescado | biftec | cordero |
   | verduras | cerdo | pollo frito |

5. *Teacher:* ¿Comiste pastel de postre?
   *Student:* Sí, comí pastel de postre.

   | budín | helado | dulces |
   | fruta | queso y galletitas | flan |

6. *Teacher:* ¿Qué desayunaste?
   *Student:* No desayuné nada.

   almorzaste — no almorcé nada
   comiste — no comí nada
   cenaste — no cené nada

7. *Teacher:* ¿Te hace falta un cuchillo?
   *Student:* Sí, me hace falta un cuchillo.

   | un tenedor | un vaso | una servilleta |
   | una cuchara | un plato | un palillo |

8. *Teacher:* Páseme la sal, por favor.
   *Student:* Aquí la tiene.

   | la pimienta | el agua (*f.*) | la salsa de tomate |
   | la mantequilla | el pan | el azúcar |

Item Substitution

Esta mañana tomé jugo de uva.  *Repitan.*
_____ Ud. _____.
_____ jugo de tomate.
_____ nosotros _____.
_____ comimos huevos con jamón.
Al mediodía _____.
_____ una ensalada.
_____ él _____.
_____ una hamburguesa.
_____ tú _____.
_____ pastel.
En la comida_____.
_____ rosbif.
_____ Uds._____.
_____ verduras.
_____ budín.
De postre _____.
_____ ella _____.
_____ helado.

ORDERING A MEAL

*Practice the patterns in the following dialog. Then vary the entries, using the new vocabulary items you have learned in this unit.*

MESERO — Buenas noches.

JUAN — Una mesa para dos, por favor.

MESERO — Sí, señor, por aquí. Aquí tiene Ud. el menú.

JUAN — Gracias. ¿Qué quieres pedir, María?

MARIA — Yo quiero un filet mignon con papas al horno y una ensalada.

JUAN — Yo tengo mucha hambre. Tráigame una sopa de verdura, un biftec con papas fritas y una ensalada.

MESERO — ¿Y para tomar, señores?

JUAN — A mí me trae cerveza y a mi esposa una limonada.

Sentence Completion

1. Te vi _____.
2. _____ tan delgada.
3. _____ divierto _____.
4. Tomé _____.
5. _____ la sal _____.

Question Formation

1. No estuve porque fui al campo.
2. Me puse a dieta ayer.
3. Estuve en casa anoche.
4. Sí, me hace falta un cuchillo.
5. Yo les di dinero ayer.

**Controlled Conversation**

Pregúntele a un amigo si tomó jugo de naranja de desayuno.

a un joven si comió huevos con jamón de desayuno.

al profesor si comió una ensalada en el almuerzo.

a una señorita si comió tacos en el almuerzo.

a un muchacho si tomó un vaso de leche en el almuerzo.

a una muchacha si comió enchiladas en la comida.

a una joven si comió arroz en la cena.

a un estudiante si comió pastel de postre.

a un señor si comió un budín de postre.

a una amiga si tomó helado de postre.

**Personalized Questions**

1. ¿Cuándo se puso Ud. a dieta?
2. ¿Le gustó la cena anoche?
3. ¿Qué hizo Ud. anoche?
4. ¿Dónde estuvo Ud. ayer por la tarde?
5. ¿Qué comió Ud. al mediodía?
6. ¿Cuándo les dio Ud. dinero a los pobres?
7. ¿Por qué no fue Ud. al cine anoche?
8. ¿Qué hizo el profesor cuando Ud. se durmió en la clase?
9. ¿Le sirvieron pollo frito en la cena anoche?
10. ¿Por qué no aprendió Ud. todos los verbos irregulares?

11. ¿Estuviste en casa anoche?
12. ¿Por qué no estuvo Ud. en la clase ayer?
13. El leyó muchos libros. ¿Y Ud.?
14. ¿Les dio Ud. dinero a los pobres?
15. ¿A qué hora desayunó Ud. esta mañana?
16. ¿Qué hizo Ud. el domingo?
17. ¿Qué desayunó esta mañana?
18. ¿Qué comiste en la cena anoche?
19. ¿Qué hay de nuevo?
20. ¿Qué le pareció el banquete de anoche?

## Extemporization

### 1. El banquete

*Vocabulary:*   ensalada, aperitivos, magnífico, pollo frito, arroz, jugo, pastel, postre, tenedor, vaso, servilleta, delicioso, servir, sabroso

*Topic Ideas:*   1. El banquete estuvo magnífico.
2. En la cafetería.
3. Esta mañana me puse a dieta.

*Questions:*   1. ¿Cómo estuvo el banquete de anoche?
2. ¿Qué comiste de postre?
3. ¿Qué te hace falta para comer?
4. ¿Tomaste jugo de naranja?

### 2. Lo que como todos los días

*Vocabulary:*   leche, naranja, tomate, jugo, comida, almuerzo, desayuno, cena, vaso, huevos, taza, cafetería

*Topic Ideas:*   1. El desayuno de esta mañana.
2. Una cena sabrosa.
3. Mi amigo come mucho.

*Questions:*   1. ¿Comes en tu casa o en la cafetería?
2. ¿Qué desayunaste esta mañana?
3. ¿Cuándo comiste el postre?
4. ¿A qué hora cenas?

## Task Assignments

1. Ask another student where he had breakfast, what he ate, what he drank, and how he liked it.
2. Imagine that it is dinner time and that you are very hungry. Another student will act the part of the waiter in a café and take your order for a complete dinner including the beverage and a dessert.

### PROVERBS

1. Querer es poder. *Where there's a will, there's a way.*
2. Quien mucho abarca, poco aprieta. *Grasp all and lose all.*
3. La ropa sucia se lava en la casa. *Don't wash your dirty linen in public.*
4. No es oro todo lo que reluce. *All that glitters is not gold.*

# UNIT 10

## La ciudad contra el campo

OLIVIA — Flora, ¿de dónde eres?

FLORA — Soy de la Argentina.

OLIVIA — ¡Ah! por eso hablas con un acento diferente.

FLORA — Hablaba con más acento cuando vivía allá.

OLIVIA — ¿Vivías en el campo cuando eras niña?

FLORA — ¿Yo? ¡Qué esperanza!

OLIVIA — ¿Por qué? ¿No te gusta el campo?

FLORA — Prefiero mil veces la gran ciudad de Buenos Aires.

OLIVIA — A mí me gustaba mucho el campo.

FLORA — En la ciudad se puede ir al teatro, a conciertos . . .

OLIVIA — Pero en el campo se puede pescar, montar a caballo . . . ¿Qué hacías cuando eras niña?

FLORA — Estudiaba más que nada.

OLIVIA — ¿Tenías que estudiar tanto como ahora?

FLORA — Sí, mucho más, leíamos y escribíamos todos los días.

OLIVIA — ¿A qué escuela ibas cuando eras niña?

FLORA — Iba a una escuela que se llamaba Sarmiento.

OLIVIA — ¿Eras feliz en esos días?

FLORA — No tan feliz como ahora.

# The City versus the Country

OLIVIA — Flora, where are you from?

FLORA — I am from Argentina.

OLIVIA — Oh, that's why you speak with a different accent.

FLORA — I used to speak with more of an accent when I lived there.

OLIVIA — Did you live in the country when you were a girl?

FLORA — Me? Of course not.

OLIVIA — Why? Don't you like the country?

FLORA — I prefer the great city of Buenos Aires a thousand times over.

OLIVIA — I liked the country very much.

FLORA — In the city you can go to the theater, to concerts . . . .

OLIVIA — But in the country you can fish, ride horseback. . . . What did you use to do when you were a young girl?

FLORA — I studied more than anything else.

OLIVIA — Did you have to study as much as you do now?

FLORA — Yes, much more. We used to read and write every day.

OLIVIA — What school did you attend when you were a girl?

FLORA — I went to a school called Sarmiento.

OLIVIA — Were you happy in those days?

FLORA — Not as happy as I am now.

CULTURAL NOTES

1. *Hispanic friendliness.* Latin Americans seem to be naturally courteous and friendly. Often a man will take the time to greet a friend on the street, give him an *abrazo*, and then inquire about each member of his family.

In an introduction it is common to say *"A sus órdenes"* (at your service). When giving one's address it is common to add: *"Donde está su casa."* A common greeting along the roadway is *"Vaya Ud. con Dios"* (may God accompany you).

2. *Gratitude.* There are innumerable ways of expressing gratitude. Many may be considered a bit flowery but they are nonetheless sincere. One often hears *"Gracias"* (thank you) and one of its many embellished variants: *"Muchas gracias, mil gracias, muchísimas gracias, un millón de gracias."* Common too are *"Se (te) lo agradezco"* (I'm grateful to you for it) or its equivalents, *"Le (te) estoy muy agradecido"* and *"Dios se (te) lo pague"* (may God bless you for it).

An appropriate response might be one of the following: *"No hay de que"* (there's no need to thank me) and a variant *"No tiene por qué."* Common too are *"De nada"* (don't mention it) and *"A la orden"* or *"Para servirle"* (at your service).

VOCABULARY EXPANSION

| | |
|---|---|
| **De costumbre** comía mucho. | *ordinarily* |
| **A menudo** | *often* |
| **De vez en cuando** | *from time to time* |

| | |
|---|---|
| Siempre hablaba inglés **de niño.** | *as a child* |
| **cuando era pequeño.** | *when I was small* |
| **el año pasado.** | *last year* |
| **la semana pasada.** | *last week* |
| **cuando era joven.** | *when I was young* |
| **Antes cazaba pájaros.** | *I used to hunt birds.* |
| **nadaba mucho.** | *I used to swim a lot.* |
| Gloria es muy **lista.** | *smart, clever* |
| **alta.** | *tall* |
| **bonita.** | *pretty* |
| **rica.** | *rich* |
| María está **cansada.** | *tired* |
| **Creo que sí.** | *I think so.* |
| **Creo que no.** | *I think not.* |
| **Yo pienso ir.** | *I intend to go.* |

**The imperfect of regular verbs**

To form the imperfect, the following sets of endings are added to the stem of the verb:

| **habl-** | | **aprend-** | | **viv-** | |
|---|---|---|---|---|---|
| -aba | -ábamos | -ía | -íamos | -ía | -íamos |
| -abas | [-abais] | -ías | [íais] | -ías | [-íais] |
| -aba | -aban | -ía | -ían | -ía | -ían |

**Some uses of the imperfect**

In Spanish the imperfect is used for actions which are viewed as being in progress in the past.

> **Yo pescaba** mucho. *I used to fish a great deal.*
> **Yo leía** un libro. *I was reading a book.*

In English we frequently express the same idea with "used to" plus the infinitive or with "was" ("were") plus the present participle.

Verb Structure Drills

A. The imperfect of **hablar.**

| hablaba | hablábamos |
|---|---|
| hablabas | [hablabais] |
| hablaba | hablaban |

1. *Yo* siempre hablaba español de niño (-a). *Repitan.*

   él, tú, ella, Ud., Juan, María

2. ¿Siempre hablaba Ud. inglés de niño? *Contesten.*
   ¿Qué lengua hablaba Ud. en la escuela?

**161**

¿Hablaban Uds. español?

¿Hablaba Ud. inglés o francés?

¿Hablaba Ud. castellano cuando tenía cuatro años?

B. The imperfect of **aprender.**

| aprendía | aprendíamos |
|----------|-------------|
| aprendías | [aprendíais] |
| aprendía | aprendían |

1. En la escuela *yo* no aprendía mucho.  *Repitan.*

   nosotros, él, ella, Ud., ellos, tú, Flora

2. ¿No aprendía Ud. mucho en la escuela?  *Contesten.*
   ¿No aprendía él mucho en casa?
   ¿Aprendía Gloria mucho de niña?
   ¿Qué aprendía Ud. en casa?
   ¿Por qué no aprendía Ud. español?

C. The imperfect of **vivir.**

| vivía | vivíamos |
|-------|----------|
| vivías | [vivíais] |
| vivía | vivían |

1. *Yo* vivía en la Argentina.  *Repitan.*

   tú, él, ella, Ud., nosotros, ellos

2. ¿Antes vivía Ud. en la Argentina?  *Contesten.*
   ¿Antes vivía Ud. en los Estados Unidos?
   ¿Dónde vivía Ud. antes?
   ¿Vivía Ud. con sus abuelos?
   ¿Vivía Ud. con su tío?

**The three irregular verbs in the imperfect**

With the exception of the verbs **ir** (*to go*), **ser** (*to be*), and **ver** (*to see*), all verbs are regular in the imperfect.

Verb Structure Drills

A. The imperfect of **ir.**

| iba | íbamos |
|-----|--------|
| ibas | [ibais] |
| iba | iban |

1. *Yo* siempre iba a la escuela.   *Repitan.*

   tú, él, ella, Ud., nosotros, ellos

2. ¿Iba Ud. al teatro de niño?   *Contesten.*
   ¿Iban Uds. al cine en esos días?
   ¿Iba él a la escuela de niño?
   ¿Iban Uds. al campo?
   ¿A dónde iban Uds.?

B. The imperfect of **ser.**

| era | éramos |
|-----|--------|
| eras | [erais] |
| era | eran |

1. Antes *yo* era muy listo.   *Repitan.*

   tú, nosotros, él, ella, ellos, Uds., Ud., Juan

2. ¿Era Ud. muy listo de niño?   *Contesten.*
   ¿Flora era muy lista de niña?
   ¿Quién era muy lista de niña?
   Antes Carlos era muy bueno, ¿verdad?
   ¿Y Gloria?

*The serene splendor of Brazil's modern inland capital of Brasília. A billion-dollar achievement masterminded by Brazilian architect Oscar Niemeyer, the city reflects the ambition and beauty of the new South American cities. Here the two windowless concrete "bowls" of Brazil's Congress and the twin-towered office building are mirrored in one of the city's many reflecting pools.*

*Stretching across Argentina from the Atlantic coast to the foothills of the Andes is* la pampa. *Once the bed of an inland sea, this flat fertile plain which covers almost 300,000 square miles is Argentina's economic heartland. Maize and flax are the chief crops in this area near Rosario.*

C. The imperfect of **ver.**

| veía | veíamos |
|------|---------|
| veías | [veíais] |
| veía | veían |

1. *Yo* lo veía todos los días.  *Repitan.*

   nosotros, él, ellos, tú, ella, Flora, Uds., Ud., yo

2. ¿Lo veía Ud. todos los días?  *Contesten.*
   ¿Quién lo veía todos los días?
   ¿No lo veían ellos todos los días?
   ¿Cuándo lo veían ellos?
   ¿Flora lo veía en la escuela?

Tense Substitution

1. *Teacher:*  ¿Lee Ud. mucho?
   *Student:*  Ahora no, pero cuando era niño (-a), leía mucho.
   (Ahora sí, pero cuando era niño (-a), no leía mucho.)

   | | |
   |---|---|
   | ¿Estudia Ud. mucho? | ¿Está Ud. contento (-a)? |
   | ¿Se levanta Ud. temprano? | ¿Tiene Ud. que estudiar? |
   | ¿Va Ud. al cine a menudo? | ¿Le gusta estudiar? |
   | ¿Vive Ud. en el campo? | ¿Prefiere Ud. el campo? |
   | ¿Se lava Ud. los dientes? | ¿Trabaja Ud. mucho? |
   | ¿Se acuesta Ud. temprano? | ¿Duerme Ud. mucho? |

2. *Teacher:*  Son las tres y media de la tarde.
   *Student:*  Eran las tres y media de la tarde.

   | | |
   |---|---|
   | Son las dos y media de la madrugada. | Son las doce de la noche. |
   | Son las diez de la noche. | Es la una de la tarde. |
   | Es la una y media de la tarde. | Son las seis de la mañana. |

Note that the imperfect is always used to indicate the time of the day in the past.

Item Substitution

1. Yo creía que Ud. iba al cine. *Repitan.*
   Nosotros _____.
   _____ al campo.
   Me parecía _____.
   _____ a la iglesia.
   Nos parecía _____.
   _____ al mercado.
   Ella creía _____.
   _____ al centro.
   El creía _____.
   _____ a casa.
   Le parecía _____.

2. Yo lo veía todos los días. *Repitan.*
   Uds. _____.
   _____ de vez en cuando.
   Ella _____.
   _____ cuando era joven.
   _____ hablaba castellano ____.
   Flora _____.
   _____ cuando era pequeña.
   Ella _____.
   _____ cuando estaba en el colegio.
   Juan _____.
   _____ en esos días.
   Yo _____.

3. Me acostaba temprano cuando estaba en casa.
   _____ el año pasado.
   El _____.
   _____ cuando hacía frío.
   Ellos _____.
   _____ cuando hacía calor.
   Juan _____.
   __ me lo prestaba _____.
   _____ cuando podía.

Tense Substitution

*Teacher:* La casa es bonita.
*Student:* La casa era bonita.

La escuela es bonita.         Hace mucho viento.
La señora es rica.            María está cansada.
Gloria es muy lista.         Yo creo que sí.
Carlos es inteligente.     Yo pienso ir.
El sol brilla mucho.       Me parece interesante.

Patterned Response

1. *Teacher:*  ¿Hablaba Ud. español cuando era niño (-a)?
   *Student:*  No, yo no hablaba español cuando era niño.
   (Sí, yo hablaba español cuando era niño.)

   | | |
   |---|---|
   | francés | portugués |
   | inglés | alemán |
   | ruso | noruego |

2. *Teacher:*  ¿Aprendían Uds. matemáticas cuando iban a la escuela?
   *Student:*  Sí, aprendíamos matemáticas cuando íbamos a la escuela.
   (No, no aprendíamos matemáticas cuando íbamos a la escuela.)

   geografía
   botánica
   literatura

3. *Teacher:*  ¿Pescaba Ud. a menudo cuando vivía en el campo?
   *Student:*  Sí, yo pescaba a menudo cuando vivía en el campo.
   (No, yo no pescaba a menudo cuando vivía en el campo.)

   nadaba Ud.
   montaba Ud. a caballo
   cazaba Ud. pájaros

**Comparisons
of equality**

> *Adjectives*

**tanto (tanta) ... como**  *as much ... as*
**tantos (tantas) ... como**  *as many ... as*

Ella tenía **tanto** dinero **como** el profesor. *She had as much money as the
teacher (did).*
El tenía **tantos** libros **como** el profesor. *He had as many books as the
teacher.*

> *Adverbs*

**tanto como**  *as much as*
**tan ... como**  *as ... as*

Flora trabajaba **tanto como** Olivia. *Flora worked as much as Olivia.*
Ella era **tan** rica **como** él. *She was as rich as he (is).*

Patterned Response

1. *Teacher:*  ¿Era Ud. tan fuerte como Carlos?
   *Student:*  Sí, yo era tan fuerte como Carlos.

   | | | |
   |---|---|---|
   | listo | alto | trabajador |
   | bueno | rico | contento |

2. *Teacher:* ¿Estudiaba Ud. tanto como Flora?
   *Student:* Sí, yo estudiaba tanto como Flora.

   | | |
   |---|---|
   | trabajaba | corría |
   | leía | bailaba |
   | hablaba | jugaba |

3. *Teacher:* ¿Tenía Ud. tanto dinero como el profesor?
   *Student:* No, yo no tenía tanto dinero como el profesor.

   | | |
   |---|---|
   | tantos discos | tanto tiempo |
   | tanta habilidad | tanta plata |
   | tantas camisas | tantos libros |

**Comparisons of inequality**

| | |
|---|---|
| Olivia es **alta.** | *tall* |
| Flora es **más alta** que Olivia. | *taller* |
| Ana es **la más alta** de todas. | *tallest* |
| Juan es **perezoso.** | *lazy* |
| Roberto es **más perezoso.** | *lazier* |
| Luis es **el más perezoso.** | *laziest* |
| Estos jóvenes son **inteligentes.** | *intelligent* |
| Esos jóvenes son **más inteligentes.** | *more intelligent* |
| Aquellos jóvenes son **los más inteligentes** de todos. | *the most intelligent* |

**Más** and **menos** are used to show unequal comparison. Note that **que** is the equivalent of "than" with adjectives (**más bonita que**), and **de** is the equivalent of "than" before numbers.

| | |
|---|---|
| Flora es **más rica que** Olivia. | *richer than* |
| Olivia es **menos bonita que** Flora. | *less pretty than* |
| Tengo **más de** diez dólares. | *more than* |
| Felipe tiene **menos de** diez dólares. | *less than* |

**Mejor*** is used instead of **más bien** and **peor** instead of **más mal.**

Pedro baila **mejor** que Juan.
Carmen canta **peor** que Anita.

Patterned Response

1. *Teacher:* Flora es muy rica.
   *Student:* Sí, es más rica que Olivia.

   | | |
   |---|---|
   | lista | inteligente |
   | pobre | bonita |

---

* Never use **más** before **mejor, peor, menor,** or **mayor.**

2. *Teacher:* Juan no es muy rico.
   *Student:* Sí, es menos rico que Pedro.

   listo                    inteligente
   pobre                    guapo

3. *Teacher:* ¿Tiene Pedro más de diez dólares?
   *Student:* No, tiene menos de diez dólares.

   ¿Tiene ella más de diecinueve años?
   ¿Necesita Juan más de cinco dólares?
   ¿Le dieron más de tres libros?

4. *Teacher:* ¿Canta Flora muy bien?
   *Student:* Sí, canta mejor que yo.

   ¿Baila Juan muy bien?
   ¿Nada Pedro muy bien?
   ¿Habla Flora muy bien?

5. *Teacher:* Flora canta mal, ¿no?
   *Student:* Sí, canta peor que yo.

   baila                    nada
   habla

**Se used as non-personal subject**

**Se** puede nadar en el campo. *One can swim in the country.*
**Se** habla español aquí. *Spanish is spoken here.* (lit., *One speaks Spanish here.*)
¿Dónde **se** podía pescar? *Where could one fish?*

The reflexive pronoun **se** is used with the third person of the verb as the equivalent of "one" or the impersonal "you." Who is doing the action is not indicated.

**Se** aprende mucho aquí. *One learns a lot here.*
**Se** come bien aquí. *One eats well here.* (*The food is good here.*)
**Se** puede ir **al mercado (al museo)**. *One can go to the market (to the museum).*

Patterned Response

1. *Teacher:* ¿Dónde se puede nadar?
   *Student:* Se puede nadar en el campo.

   montar a caballo — el campo
   ir al teatro — la ciudad
   ir al mercado — la ciudad

2. *Teacher:* ¿Dónde se podía pescar?
   *Student:* Se podía pescar en el campo.

   ir al museo — la ciudad
   ir al cine — la ciudad
   cazar pájaros — el campo

3. *Teacher:*   ¿Se aprende mucho en la clase de español?
   *Student:*   Sí, señor, se aprende mucho en la clase de español.

   se estudia               se trabaja
   se habla                 se escribe

## Sentence Completion

1. Se podía_____.
2. _____ me gustaba _____.
3. _____ cuando era pequeño.
4. Yo tenía tanto _____.
5. ¿Por qué _____?

## Question Formation

1. No, de costumbre no nadaba cuando era niña.
2. En mi casa hablaban inglés.
3. Me gusta el cine tanto como el teatro.
4. Sí, yo cazaba pájaros cuando era niña.
5. No, no me gusta el campo.

**Controlled Conversation**

Pregúntele a _____ si antes estudiaba mucho.
                     si siempre iba a clase.
                     si ayer quería ir a la iglesia.
                     si siempre decía la verdad.
                     si siempre le gustaba estudiar.
                     si antes vivía en California.
                     si de costumbre leía mucho.
                     si de costumbre escribía cartas.
                     si antes hablaba francés.
                     si antes prefería el campo.
                     si de niño se acostaba temprano.
                     si iba a menudo a conciertos.

**Personalized Questions**

1. ¿Qué hacía Ud. cuando era niño?
2. ¿Dónde vivía Ud. cuando era niño?
3. ¿Le gustaba a Ud. vivir en el campo?
4. ¿Qué se puede hacer en el campo?
5. ¿Qué se puede hacer en la ciudad?
6. ¿Estaba Ud. contento cuando era niño?
7. ¿Fue Ud. al cine ayer?
8. ¿Había mucha gente en el cine?
9. ¿Cazaba Ud. pájaros cuando era niño?
10. ¿Qué hacía Ud. de costumbre los domingos?
11. ¿Qué hacía Ud. de costumbre los lunes?

12. ¿De niño le gustaba estudiar?
13. ¿Iba Ud. a menudo a conciertos cuando era niño?
14. ¿Le gusta montar a caballo?
15. ¿Le gustaba pescar cuando era niño?

**Extemporization**

**1. Lo que hacía cuando era niño (niña)**

*Vocabulary:* escuela, jugar, aprender, montar, caballo, campo, estudiar, años

*Topic Ideas:*
1. Antes no estudiaba mucho.
2. De niño me gustaba montar a caballo.
3. Antes no estaba contento (-a).

*Questions:*
1. ¿A qué escuela ibas cuando eras niño (-a)?
2. ¿Qué idioma hablaban en tu casa?
3. ¿Dónde vivías cuando tenías cuatro años?
4. ¿Montabas a caballo los sábados?

**2. Por qué prefiero vivir en la ciudad (en el campo)**

*Vocabulary:* ciudad, teatro, concierto, antes, cine, escuela, caballo, pescar, montar, levantarse, temprano, centro, cazar, nadar

*Topic Ideas:*
1. Antes vivía en el campo.
2. De costumbre no hacía nada los domingos.
3. Prefiero vivir en la ciudad.

*Questions:*
1. ¿Te levantabas temprano para ir a la escuela?
2. ¿Te gusta el teatro tanto como el cine?
3. ¿Por qué prefieres vivir en la ciudad (en el campo)?
4. ¿Dónde se puede cazar pájaros?

**Task Assignments**

1. Ask another student to tell you four things he used to do when he was a child. Then report to the group.
2. Find out from another student whether he prefers to live in the city or in the country and why. Then report to the group.

SOME INTERESTING COMPARISONS

1. Más veloz que el rayo. *Swifter than lightning.*
2. Está más sordo que una tapia. *Deafer than a wall.*
3. Es más porfiado que un burro. *More stubborn than a mule.*
4. Más orgulloso que un pavo real. *Prouder than a peacock.*
5. Más lento que las tortugas. *Slower than turtles.*
6. Está más roja que un tomate. *Redder than a tomato.*
7. Es más negro que un carbón. *Blacker than coal.*
8. Más caliente que el infierno. *Hotter than a pistol.*
9. Más bonito que el sol. *Pretty as a picture.*
10. Más arrugado que una pasa. *More wrinkled than a raisin.*

# La amistad y los compadres[1]

En Latinoamérica hay tres niveles[2] de íntimas relaciones sociales que uno tiene generalmente con otras personas: (1) La relación más íntima es la que[3] existe entre parientes[4] o miembros de la familia que tienen sangre en común.[5] (2) El compadrazgo[6] es la forma más íntima de amistad. Es una relación formalizada entre viejos amigos, y es como una extensión de la familia. (3) La «pura mera[7] amistad» que en muchos casos existe entre dos personas que se comprenden profundamente pero no quieren imponerse[8] las obligaciones formales del compadrazgo.

Muchas veces los viejos amigos tienen una amistad de tanta confianza que sus familias participan de esa relación y resulta en lo que se llama el compadrazgo. En el bautismo[9] o confirmación de un hijo, el padre puede invitar a su íntimo amigo a ser el padrino[10] de su hijo. En ese caso los amigos se llaman «compadres.»[11] En Latinoamérica es muy común oír el saludo, «Hola, compadre. ¿Cómo estás?»

Si le invitan a la esposa[12] del amigo, ella puede ser la madrina[13] del niño que se bautiza, y la llaman a ella comadre.[14] El niño que se bautiza es el ahijado[15] o la ahijada del padrino y la madrina. También se le llama compadre al que asiste o acompaña a otra persona en el casamiento[16] de sus hijos o en un momento de dolor,[17] diversión, o cualquier ocasión importante.

[1] **la amistad y los compadres** *friendship and friends*

[2] **nivel** *level*

[3] **es la que** *is the one that*

[4] **parientes** *relatives*

[5] **sangre en común** *blood related*

[6] **compadrazgo** *state of being* compadres

[7] **pura mera** *real, true*

[8] **no quieren imponer** *do not want to impose*

[9] **bautismo** *baptism*

[10] **padrino** *godfather*

[11] **compadre** *close friend (male)*

[12] **esposa** *wife*

[13] **madrina** *godmother*

[14] **comadre** *close friend (female)*

[15] **ahijado (-a)** *godson or goddaughter*

[16] **casamiento** *marriage*

[17] **dolor** *pain, suffering*

## Question–Answer

1. ¿Qué quiere decir confianza en inglés?
2. ¿Qué es un compadre?
3. ¿Y una comadre?
4. ¿Puede Ud. explicar en español lo que es el compadrazgo?
5. ¿Qué es la pura mera amistad?
6. ¿Tenía Ud. un padrino cuando era niño?
7. ¿Tenía Ud. una madrina también?
8. ¿Qué es un ahijado?

**DIALOG PATTERNS**

# Los deportes

Carmela y Alicia están hablando por teléfono.   Están hablando de Federico,
un deportista chileno, que acaba de llegar a los Estados Unidos.

CARMELA — ¡Hola!

ALICIA — ¡Hola, Carmela!  ¿Cómo te va?

CARMELA — Muy bien, Alicia.

ALICIA — ¿Me llamaste?

CARMELA — Sí.  Quería decirte que ya llegó Federico.

ALICIA — ¿Es el muchacho que conociste en Chile?

CARMELA — Sí.  Lo conocí cuando estaba de vacaciones en Valparaíso.

ALICIA — ¿No me dijiste que era un gran deportista?

CARMELA — Sí.  Juega bien al fútbol, al básquetbol, al béisbol y a muchos
otros deportes.

ALICIA — Yo creía que los chilenos sólo eran aficionados al esquí y al polo.

CARMELA — Federico dice que ahora prefiere otras diversiones.

ALICIA — ¿Por ejemplo?

CARMELA — Ahora le gustan más el baile y el golf.

ALICIA — A propósito, ¿no saliste anoche con Jorge?

CARMELA — Sí. Estábamos bailando cuando vino Federico.

ALICIA — ¿Y qué hicieron?

CARMELA — Bailamos el cha-cha-cha y luego Federico nos enseñó unos pasos estupendos.

ALICIA — ¡Ay, los latinos! ¡Cómo bailan!

CARMELA — Sí, pero ese Federico es de los que no hay.

ALICIA — ¿Cuándo me lo presentas?

CARMELA — Te lo presento esta noche.

# Sports

Carmela and Alicia are talking on the telephone. They are talking about Federico, a Chilean athlete, who has just arrived in the United States.

CARMELA — Hello.

ALICIA — Hello, Carmela. How are you?

CARMELA — Just fine, Alicia.

ALICIA — Did you call me?

CARMELA — Yes. I wanted to tell you that Federico has already arrived.

ALICIA — Is he the boy you met in Chile?

CARMELA — Yes, I met him while I was on vacation in Valparaiso.

ALICIA — Didn't you tell me he was a great athlete?

CARMELA — Yes. He plays soccer, basketball, baseball, and many other sports well.

ALICIA — I thought that the Chileans were only fond of skiing and polo.

CARMELA — Federico says that now he prefers other amusements.

ALICIA — For example?

CARMELA — Now he likes dancing and golfing better.

ALICIA — By the way, didn't you go out with Jorge last night?

CARMELA — Yes. We were dancing when Federico came.

ALICIA — What did you do?

CARMELA — We danced the cha-cha-cha and then Federico taught us some wonderful steps.

ALICIA — Oh, the Latins! How they dance!

CARMELA — Yes, but there is no one like Federico.

ALICIA — When are you going to introduce him to me?

CARMELA — I'll introduce him to you tonight.

## CULTURAL NOTES

1. *Sports.* It is a mistaken notion that bullfighting is the national pastime and sport in the Hispanic world. Soccer (*fútbol*) reigns as the king of sports. Enthusiasm and loyalty border on fanaticism. Increasingly, other sports such as horseracing, basketball, baseball, track, golf, and fishing are becoming popular. One's interest in these different sports seems to be in direct proportion to one's ability to be able to afford either being a spectator or a participant.

Baseball is becoming more and more popular in Mexico and Central America, but it is not played to any great extent in the other Latin American countries. Despite this it is interesting to note that many of our major league baseball players are from Latin America, mostly from the Caribbean area.

2. *Whistling.* Playing before a Latin American audience can be a bit traumatic unless one understands that whistling, like clapping, is a way of showing approval. However, it must be noted that in Spain whistling at a performance or an athletic event is considered a sign of extreme disapproval.

*A close look at spectators at a soccer match in Mexico City quickly reveals the emotional intensity associated with the sport in Latin America. Now involved in as big a business as American baseball, Latin American soccer players are bought and sold and treated like national heroes.*

VOCABULARY EXPANSION

| | |
|---|---|
| Le saludábamos **casi todos los días.** | We greeted him *almost every day.* |
| Estaba jugando **a la pelota.** | I was playing *handball.* |
| **al ajedrez.** | *chess* |
| ¿Qué deporte **practicabas** de niño? | *did you play* |

**Other uses of the imperfect and the preterit**

The preterit is used to place emphasis on the beginning or the ending of a past action or condition. The imperfect is used for actions or conditions which took place or existed during an undefined period in the past. It views past events as continuous or in progress.

Emphasis on completion — Preterit:

> **Tomé** una taza de chocolate. *I had (took) a cup of chocolate.*
> Nos **enseñó** unos pasos estupendos. *He taught us some wonderful steps.*

Emphasis on continuation — Imperfect:

> Yo **iba** a la escuela todos los días. *I used to go to school every day.*
> Yo **hablaba** castellano de niño. *I used to speak Castilian as a child.*

The preterit may indicate outcome or change.

> **Yo estudié** una hora. (*then I stopped*)

The imperfect does not consider the outcome.

> Antes yo **estudiaba** mucho. (*used to*)

Tense Substitution

Antes no me gustaba.  *Repitan.*
Ayer _____.
Siempre estudiábamos en la biblioteca.
El domingo _____.
De costumbre ella leía mucho.
En esa ocasión _____.
Federico jugaba mucho en esos días.
_____ ese día.
Todos los días bailábamos con Federico.
Todo el día _____.
Antes nos enseñaba unos pasos estupendos.
Anoche _____.


Item Substitution

El profesor siempre llegaba tarde pero ayer llegó temprano.  *Repitan.*
_____comía _____.
_____comenzaba _____.
_____empezaba _____.
_____volvía _____.
_____pagaba _____.
_____entraba _____.
_____venía _____.
_____terminaba _____.
_____se despertaba _____.


Tense Substitution

Le escribía todos los días.  *Repitan.*
_____ siete veces.

Le saludábamos casi todos los días.
_____todos los días por una semana.

Ricardo estaba aquí durante la mañana.
_____ muchas veces.

Note that the preterit is used when a series of actions that took place in the past is considered completed by the speaker.

Subject Substitution

1. Dijo que iba a venir mañana.  *Repitan.*

   ellos, Ud., Uds., yo, él

2. Cuando salimos de la clase estábamos contentos.   *Repitan.*

ellos, yo, Uds., él, tú, Ud.

3. Cuando *yo* tenía veinte años fui a España.   *Repitan.*

Uds., nosotros, Ud., tú, ellos

Patterned Response

1. *Teacher:*   ¿Vas a aprenderlo?
   *Student:*   Lo estaba aprendiendo cuando tú entraste.

| | |
|---|---|
| tomarlo | escribirlo |
| escucharlo | llamarlo |
| comerlo | bailarlo |
| mirarlo | |

2. *Teacher:*   ¿Estaba Ud. jugando al golf cuando él llegó?
   *Student:*   Sí, yo estaba jugando al golf cuando él llegó.

| | |
|---|---|
| al tenis | al ajedrez |
| al fútbol | al dominó |
| al básquetbol | al béisbol |
| a la pelota | |

3. *Teacher:*   ¿Estaba Ud. hablando con Carlos?
   *Student:*   Sí, yo estaba hablando con Carlos.
   (No, yo no estaba hablando con Carlos.)

¿Estaba Ud. escribiendo una carta?
¿Estaba Ud. leyendo un libro?
¿Estaba Ud. trabajando en casa?
¿Estaba Ud. escuchando el programa?
¿Estaba Ud. comiendo despacio?
¿Estaba Ud. corriendo rápido?
¿Estaba Ud. vistiéndose?
¿Estaba Ud. limpiándolo?

4. *Teacher:*   ¿Iba Ud. al mercado?
   *Student:*   Sí, iba al mercado.

¿Venía Ud. a casa?
¿Era Ud. lista de niña?

**Verbs with a different meaning in the preterit**

Certain verbs when used in the preterit may acquire an essentially different meaning. These same verbs when used in the imperfect usually concern a mental state rather than an action.

**Le conocí** hace tres años. *I met him three years ago.*
¿**Le conocía** Ud. de niño? *Did you know him as a child?*

Lo **supo** ayer. *He found it out yesterday.*
Ya **sabía** que no iba a venir. *I already knew he wasn't going to come.*

¿**Pudo** hacerlo Pepe? *Did Pepe succeed in doing it?*
**Podía** hacerlo. *He was able to do (capable of doing) it.*

**Quiso** abrirla. *He tried to open it.*
**Quería** abrirla. *He wanted to open it.*

No **quiso** venir. *He refused to come.*
No **quería** venir. *He didn't want to come.*

Verb Structure Drills

A. The preterit of **conocer** (*to meet* — in preterit only).

| **conocí** | **conocimos** |
|---|---|
| **conociste** | **[conocisteis]** |
| **conoció** | **conocieron** |

1. *Yo* conocí a Federico. *Repitan.*

   ella, nosotros, él, tú, ellos

2. ¿Conoció Ud. a Federico? *Contesten.*
   ¿Conoció ella a Federico?
   ¿Conocieron ellos a Federico?
   ¿Tú conociste a Federico?
   ¿Conocieron Uds. a Federico?

B. The preterit of **saber** (*to find out* — in preterit only).

| **supe** | **supimos** |
|---|---|
| **supiste** | **[supisteis]** |
| **supo** | **supieron** |

1. *Yo* lo supe anoche. *Repitan.*

   nosotros, él, ellos, ella, Flora, Gloria

2. ¿Cuándo lo supo Ud.? *Contesten.*
   ¿Cuándo lo supo ella?
   ¿Cuándo lo supiste?
   ¿Cuándo lo supieron ellos?
   ¿Cuándo lo supieron Uds.?

C. The preterit of **poder** (*to succeed in* — in preterit only).

| pude | pudimos |
|------|---------|
| pudiste | [pudisteis] |
| pudo | pudieron |

1. *Yo* no pude venir temprano.   *Repitan.*

   Ud., nosotros, Felipe y Ana, él, Uds., tú, tú y yo

2. ¿Pudo Ud. terminar la lección?   *Contesten.*
   ¿Por qué no pudo Ud. terminarla?
   ¿Pudiste leer el libro?
   ¿Por qué no pudieron Uds. venir anoche?
   ¿Quién pudo aprender todos los verbos?

D. The preterit of **querer** (*to try;* with negative, *to refuse* — in preterit only).

| quise | quisimos |
|-------|----------|
| quisiste | [quisisteis] |
| quiso | quisieron |

1. *El* quiso hacerlo anoche.   *Repitan.*

   nosotros, Juan, ellos, tú, yo, Uds.

2. ¿Quiso Ud. esquiar ayer?   *Contesten.*
   ¿Quién quiso hacerlo?
   ¿Por qué quiso abrirlo?
   ¿Quisieron Uds. abrirlo anoche?

3. *Ella* no quiso comerlo.   *Repitan.*

   ellos, yo, Ud., él y Pepe, ellas, Uds.

4. ¿Por qué no quiso comerlo?   *Contesten.*
   ¿Quién no quiso comerlo?
   ¿No quisieron estudiar ellos?
   ¿Por qué no quisiste estudiar?
   ¿Por qué no quisieron Uds. bailar?

Patterned Response

*Teacher:*   ¿No quiso Ud. ir al baile?
*Student:*   Quise pero no pude.

   ¿Quisieron Uds. ir al baile?
   ¿Quiso él ir al baile?
   ¿Quisieron ellos ir al baile?
   ¿Quisiste ir al baile?

*Conocer* and *saber*    Both **conocer** and **saber** mean "to know."

**Conocer:** to be acquainted with someone or some place.

> Yo **conozco** a Federico.
> No, no **conozco** Nueva York.

**Saber:** to know a fact or to have information about something.

> Yo **sé** la lección.
> Yo **sé** que es importante.

Remember that in the preterit these two verbs have different meanings.

> Yo **conocí** a Federico.  *I met Fred.*
> Yo lo **supe** anoche.  *I found out last night.*

Item Substitution

1. **Conocer**
   Federico no conocía a Gloria.  *Repitan.*
   Ellos _____.
   _____ Alicia.
   _____ Federico.
   Yo conozco _____.
   Carmela _____.
   _____ muchas personas.
   Gloria _____.
   Yo _____.
   _____ todo el mundo.
   _____ Juan.
   Flora _____.

2. **Saber**
   Carmela sabía que él venía.  *Repitan.*
   Ellas _____.
   _____ que era importante.
   Federico _____.
   _____ bailar muy bien.
   Los latinos _____.
   _____ mucho.
   _____ la lección.
   _____ poco.
   Alicia _____.
   _____ muchísimo.

Sentence Completion

1. Estudiaba _____.
2. Carmela tuvo _____.

3. Yo supe _____.
4. Eran las seis _____.
5. ¿Qué deporte _____?

Question Formation

1. Sí, me divertía mucho en los bailes.
2. No, yo no sé jugar al tenis.
3. Conocimos a Federico en Chile.
4. No, yo no quise ir al baile.
5. Si, cuando éramos jóvenes bailábamos mucho.

Choice Question–Answer

En la universidad, ¿trabajabas o estudiabas? *Contesten.*
Antes de venir aquí, ¿estudiabas o trabajabas?
Cuando te vi, ¿ibas al mercado o venías del mercado?
De costumbre, ¿leías el periódico o escuchabas la radio?
Antes de venir aquí, ¿vivías sólo o estabas con la familia?
Cuando eras niño, ¿vivías en el campo o en la ciudad?

**Controlled Conversation**

A. *The professor assigns to a student one of the questions by number. Using the present tense only, the student should choose the proper form of* **conocer** *or* **saber,** *as the context requires, and ask the question.*

1. Pregúntele a una joven si _____ la lección.
2. _____ a una señorita si _____ a Federico.
3. _____ a un chico si _____ a muchas personas.
4. _____ a una chica si María _____ mucho.
5. _____ a un joven si _____ Nueva York.
6. _____ a él si _____ algo de matemáticas.
7. _____ a ella si _____ a muchos muchachos.
8. _____ a un profesor si _____ jugar al tenis.
9. _____ a una muchacha si _____ hablar español.
10. _____ a un muchacho si _____ bailar el cha-cha-cha.

B. Pregúntele a _____ qué hora era cuando él llegó.
qué tiempo hacía cuando él llegó.
si estaban bailando cuando llegó Federico.
si estaba él en casa cuando vino Juan.
si eran las siete cuando él comió.
si escribía ella la lección cuando entró Juan.
si recibió una carta ayer.
si conoció a Ricardo anoche.
por qué no quiso comerlo.
cuándo lo supo.

**Personalized
Questions**

1. ¿Tenía Ud. una novia en California?
2. ¿Dónde conoció Ud. a Federico?
3. ¿Conoce Ud. a Juan?
4. ¿Recibió Ud. una carta de sus padres ayer?
5. ¿Estudiaba Ud. mucho cuando estaba en casa?
6. ¿Montaba Ud. a caballo cuando era niño?
7. ¿Fue Ud. al cine ayer?
8. ¿Hacía mucho calor en el cine?
9. ¿Tenía Ud. mucha hambre cuando se acostó?
10. ¿Tenía Ud. miedo cuando le habló el profesor?
11. ¿Por qué no quiso estudiar anoche?
12. ¿Qué hora era cuando llegó a la universidad?
13. ¿Qué hacía Carlos cuando Ud. lo vio?
14. ¿Qué hacía su mamá cuando Ud. llegó a casa?
15. ¿Qué estudiaba Ud. cuando lo vi anoche?
16. ¿Hacía mal tiempo cuando Ud. se levantó?
17. ¿Dónde estaba Carmela cuando la conoció?
18. ¿Cuándo supo Ud. del accidente?
19. ¿Qué estaba Ud. leyendo cuando entró el profesor?
20. ¿Hacía mal tiempo cuando Ud. llegó?

*Although soccer is the indisputable king of sports in South America, baseball is another import that is fast growing in popularity. Here an Ecuadorian boy is up at bat while spectators take it easy.*

**Extemporization**

### 1. Los deportes

*Vocabulary:*   preferido, deportista, aficionado, jugar, aprender, gustar, tenis, fútbol, básquetbol, pelota

*Topic Ideas:*   1. Los aficionados al fútbol.
2. Mi amigo juega bien al básquetbol.
3. Mi papá era un gran deportista.

*Questions:*   1. ¿Cuál es tu deporte preferido?
2. ¿Quién es deportista en su familia?
3. ¿Qué deporte practicabas cuando eras niño (-a)?
4. ¿No quieres aprender a jugar al golf?

### 2. Lo que hacía en las vacaciones de verano

*Vocabulary:*   bailar, divertirse, baile, deportes, conocer, paso

*Topic Ideas:*   1. Conocí a Juan en las vacaciones.
2. El baile que más me gustó.
3. Mi novio (-a) sabe bailar muy bien.

*Questions:*   1. ¿Dónde fuiste para las vacaciones?
2. ¿Ibas a muchos bailes?
3. ¿Te divertías en los bailes?
4. ¿Qué te gustaba jugar?

**Task Assignments**

1. Ask another student where she went, what she did, and if she had fun on her last vacation. Then report to the group.
2. Find out from another student what his favorite sport was when he was a child and what it is now. Then report to the group.

PROVERBS

1. Poco a poco se va lejos. *Little by little one goes far.*
2. Cada lunes y cada martes hay tontos en todas partes. *There are fools everywhere.*
3. A caballo regalado no se le mira el diente. *Never look a gift horse in the mouth.*
4. De donde menos se espera, salta la liebre. *Things happen when you least expect them to.*

**DIALOG PATTERNS**

# De compras

MARIO — ¡Hombre! ¿Tú por aquí?

RAFAEL — Pues, sí. ¿Te sorprende verme?

MARIO — Busco un traje nuevo. ¿Me ayudas?

RAFAEL — Sí, esta tienda tendrá ropa para hombres.

MARIO — Ya lo creo. ¿Dónde estarán los trajes?

RAFAEL — Ah, aquí están. ¿Te gusta éste?

MARIO — Sí, y la tela es importada. ¡Qué ganga!

RAFAEL — ¿Y te gusta esta camisa de manga corta?

MARIO — Sí, pero este traje y estos calcetines me bastarán.

RAFAEL — ¿Cuánto costará todo esto?

MARIO — ¡Quién sabe!  El dependiente ya me sacará la cuenta.

RAFAEL — ¡Qué barbaridad!  ¡Es el cumpleaños de mi novia y yo sin regalo!

MARIO — Vamos a subir a la sección de damas.

RAFAEL — ¿Qué te parece un perfume, Arpège, por ejemplo?

MARIO — Sin duda le encantará, pero . . .

RAFAEL — Pero, ¿qué?

MARIO — ¿No resultará muy caro?

RAFAEL — Sí, pero eso no importa, es mi novia.

MARIO — Pues, llevátelo.

RAFAEL — Bueno, mañana te digo si le gustó.

# Shopping

MARIO — Well! You here (what are you doing here)?

RAFAEL — Well, yes. Does it surprise you to see me?

MARIO — I am looking for a new suit. Will you help me?

RAFAEL — Yes. This store probably has men's clothing.

MARIO — Of course. I wonder where the suits are?

RAFAEL — Oh, here they are. Do you like this one?

MARIO — Yes, and the fabric is imported. What a bargain!

RAFAEL — And do you like this short-sleeved shirt?

MARIO — Yes, but this suit and these socks will be enough for me.

RAFAEL — How much will all this cost?

MARIO — Who knows! The clerk will figure out the bill for me.

RAFAEL — How terrible! It's my fiancée's birthday, and here I am without a present.

MARIO — Let's go up to the ladies' department.

RAFAEL — What do you think of perfume, Arpège, for example?

MARIO — No doubt it will delight her, but . . .

RAFAEL — But what?

MARIO — Won't it be very expensive?

RAFAEL — Yes, but that doesn't matter. She's my fiancée.

MARIO — Well, get it then.

RAFAEL — Well, I'll tell you tomorrow if she liked it.


**CULTURAL NOTES**

1. *Stores.* In Hispanic America the stores and shops tend to be very specialized. The Spanish ending *-ría* indicates a place where something is made and/or sold. Therefore, one commonly sees signs on stores such as *panadería* (bakery), *lechería* (dairy), *carnecería* (butcher shop), *zapatería* (shoe repair shop), *ferretería* (hardware shop), *frutería* (fruit), *droguería* (drugs, medicine), and *peluquería* (barbershop). And they are legion.

2. *Markets.* In the large public or sidewalk markets the sales person is often the one who has produced the item being sold, and he too has only one type of item. Some large public markets in the large cities are very famous. Many people go there regularly because of the unusual bargains. In most small shops as well as in public market places the prices are rarely fixed. The buyer is almost expected to haggle (*regatear*) with the seller. He passes up a bargain if he doesn't.


**VOCABULARY EXPANSION**

| | |
|---|---|
| ¿Me dirá la **verdad**? | Will you tell the *truth*? |
| ¿Habrá **partido de fútbol** mañana? | Will there be a *football game* tomorrow? |

| | |
|---|---|
| Este traje es **barato.** | *inexpensive, cheap* |
| **caro.** | *expensive* |

| | |
|---|---|
| ¿Le gustan estos **pantalones?** | *trousers* |
| este **impermeable?** | *raincoat* |
| esta **falda?** | *skirt* |
| estas **medias?** | *hose* |
| este **paraguas?** | *umbrella* |
| este **chaleco?** | *vest* |
| este **par de calcetines?** | *pair of men's socks* |
| esta **camisa sport?** | *sport shirt* |
| esta **bolsa?** | *handbag* |
| este **pañuelo?** | *handkerchief* |
| este **traje de baño?** | *bathing suit* |
| esta **pulsera?** | *bracelet* |
| estos **gemelos?** | *cuff links* |

**The future
of regular verbs**

The future of regular verbs is formed by adding a set of endings to the infinitive. These endings are the same for all three conjugations.

| -é | -emos |
|---|---|
| -ás | [-éis] |
| -á | -án |

Verb Structure Drills

A. The future of **hablar.**

| hablaré | hablaremos |
|---|---|
| hablarás | [hablaréis] |
| hablará | hablarán |

1. *Yo* le hablaré esta noche. *Repitan.*

   ellos, ella, Uds., Juan y Elena, nosotros, tú

2. ¿Le hablará Ud. a Rafael esta noche? *Contesten.*
   ¿Quién le hablará esta noche?
   ¿Cuándo le hablará Ud.?
   ¿Hablará Ud. español con sus amigos?

B. The future of **aprender.**

| aprenderé | aprenderemos |
|---|---|
| aprenderás | [aprenderéis] |
| aprenderá | aprenderán |

1. *Tú* no aprenderás nunca la lección.   *Repitan.*

   Ud., ellos, él, los estudiantes, Uds., Mario

2. ¿Cuándo aprenderá Ud. bien la lección?   *Contesten.*
   ¿Aprenderán Uds. la lección mañana?
   ¿Quién no la aprenderá mañana?
   ¿Cuándo aprenderás a estudiar?

C. The future of **vivir.**

| viviré | viviremos |
|---|---|
| **vivirás** | **[viviréis]** |
| **vivirá** | **vivirán** |

1. *El* nunca vivirá aquí.   *Repitan.*

   ellos, Ud., nosotros, ella, tú, mis padres

2. ¿Vivirá Ud. aquí en el invierno?   *Contesten.*
   ¿Vivirán Uds. con sus familias en el verano?
   ¿Vivirás en esa casa después?
   ¿Vivirán Uds. en un apartamento el año que viene?

*Life goes on as usual in the square — even at mile-high altitudes such as in Mérida, Venezuela. This city in the Sierra Nevada highlands boasts having a church on every street.*

**The future of irregular verbs**

There are a few irregular future stems (not the endings) which must be memorized.

The following lose **-e-** from the infinitive:

| | | |
|---|---|---|
| **haber** | **habr-** | **habré** |
| **poder** | **podr-** | **podré** |
| **saber** | **sabr-** | **sabré** |
| **querer** | **querr-** | **querré** |

The following change from **-e-** or **-i-** to **-d-**:

| | | |
|---|---|---|
| **tener** | **tendr-** | **tendré** |
| **venir** | **vendr-** | **vendré** |
| **poner** | **pondr-** | **pondré** |
| **valer** | **valdr-** | **valdré** |
| **salir** | **saldr-** | **saldré** |

The following lose the stem consonant:

| | | |
|---|---|---|
| **hacer** | **har-** | **haré** |
| **decir** | **dir-** | **diré** |

Verb Structure Drills

A. The future of **saber**.

| **sabré** | **sabremos** |
|---|---|
| **sabrás** | **[sabréis]** |
| **sabrá** | **sabrán** |

1. *Ellos* lo sabrán en seguida. *Repitan.*

   tú, Ud., Uds., nosotros, él, Carlos, ellas, ella

2. ¿Lo sabrán Uds. mañana? *Contesten.*
   ¿Cuándo lo sabrá Ud.?
   ¿Quién lo sabrá mañana?
   ¿Lo sabrán Mario y Rafael mañana?
   ¿Por qué no lo sabrás mañana?

B. The future of **venir**.

| **vendré** | **vendremos** |
|---|---|
| **vendrás** | **[vendréis]** |
| **vendrá** | **vendrán** |

1. ¿Vendrás temprano a la clase? *Repitan.*

   Ud., ella, el profesor, tu amigo, mi novio, ellos

2. ¿Vendrás temprano a la clase mañana? *Contesten.*
¿Cuándo vendrán Uds. a mi casa?
¿Cuándo vendrá su amigo?
¿Quién vendrá temprano a la clase?
¿Por qué vendrá temprano a la clase Ud.?

C. The future of **decir.**

| diré | diremos |
|------|---------|
| dirás | [diréis] |
| dirá | dirán |

1. *Yo,* les diré la verdad. *Repitan.*

   él, Uds., nosotros, tú, Diana, Ud., sus amigos, su padre

2. ¿Me dirá Ud. la verdad? *Contesten.*
¿Cuándo me dirá Ud. la verdad?
¿Dirán Uds. la verdad siempre?
¿Le dirá Ud. la verdad a su papá?
¿Quién dirá la verdad?

D. The future of **salir.**

| saldré | saldremos |
|--------|-----------|
| saldrás | [saldréis] |
| saldrá | saldrán |

1. ¿Saldrás a las seis? *Repitan.*

   Uds., él, nuestras amigas, Catalina, yo, ella, nosotro

2. ¿Saldrás después de la clase? *Contesten.*
¿Saldrán Uds. temprano?
¿Quién saldrá temprano?
¿Cuándo saldrá Ud.?
¿Saldrá para Los Angeles mañana?

E. The future of **hacer.**

| haré | haremos |
|------|---------|
| harás | [haréis] |
| hará | harán |

1. ¿Lo hará *Ud.* mañana? *Repitan.*

   él, ellos, Uds., tú, Ana, los estudiantes, tu hermano, ella

2. ¿Cuándo lo harás? *Contesten.*
¿Quién lo hará mañana?
¿Lo harán Uds. esta noche?
¿Por qué no lo hará Ud.?
¿Lo hará Ud. después de la clase?

## Tense Substitution

1. *Teacher:* ¿Tienes que estudiar la lección ahora?
   *Student:* Ahora no. La estudiaré más tarde.

   | | |
   |---|---|
   | aprender la lección | leer el periódico |
   | comprar el regalo | escribir la carta |
   | hacer el trabajo | comer la ensalada |
   | decir la verdad | |

2. *Teacher:* ¿Va a desayunar ahora?
   *Student:* Ahora no. Desayunaré más tarde.

   | | |
   |---|---|
   | ir a la clase | ir al cine |
   | volver a casa | acostarse |
   | comer | levantarse |
   | ir de compras | montar a caballo |

*With the revolution of 1910 the Indian in Mexico regained his place in national life and now looms as a basic element of the population. Native arts have flourished since ancient times, but since the revolution there has been a rebirth in ceramics, weaving, and silverworking. This market at Toluca, just a few miles from Mexico City, offers unusual and interesting pottery.*

Patterned Response

*Teacher:* ¿Habrá clase mañana?
*Student:* Sí, creo que habrá clase mañana.

¿Se podrá pescar en el campo?
¿Hará buen tiempo mañana?
¿Irán a la iglesia los estudiantes?
¿Dirá la verdad Vicente?
¿Estudiarán la lección ellos?
¿Montará a caballo Pepe?
¿Se lavará Roberto los dientes?
¿Habrá partido de fútbol el sábado?

**The future
of probability**

In Spanish the use of the future to express probability is very common. The English equivalent is always in the present tense.

¿**Tendrá** sueño el profesor? *I wonder if the professor is sleepy.*
*Can the professor be sleepy?*

Verb Structure Drills

A. The future of **tener.**

| tendré | tendremos |
|--------|-----------|
| tendrás | [tendréis] |
| tendrá | tendrán |

1. ¿Tendrá sueño *el profesor*? *Repitan.*

los estudiantes, ella, Uds., tú, Felipe, Ud., ellos, él

2. ¿Tendrá sueño el profesor? *Contesten.*
¿Tendrá sueño Rafael?
¿Tendrán sueño Uds.?
¿Quién tendrá sueño?
¿Por qué tendrá sueño el profesor?

B. The future of **estar.**

| estaré | estaremos |
|--------|-----------|
| estarás | [estaréis] |
| estará | estarán |

1. ¿Dónde estará *Gloria*? *Repitan.*

el profesor, tu novia, ellos, Pepe, los estudiantes, ellas, él, su amigo

2. ¿Dónde estará su novio? *Contesten.*
¿Estarán en el laboratorio los estudiantes?
¿Por qué estará Ud. cansado?
¿Estará en casa Mario?
¿Estará trabajando su mamá?

**Present tense with future meaning**

In spoken Spanish the present indicative is often used to express a future meaning.

**Lo hago mañana.** *I will do it tomorrow.*

Patterned Response

1. *Teacher:* ¿Va a comprarlo?
   *Student:* Bueno, si Ud. quiere, lo compro mañana.

   | | |
   |---|---|
   | leerlo | escribirlo |
   | estudiarla | comerlo |
   | aprenderla | llevarlo |
   | llamarlo | venderla |
   | hacerlo | |

2. *Teacher:* ¿Voy?
   *Student:* Sí, y yo también voy.

   | | |
   |---|---|
   | ¿Salgo? | ¿Trabajo? |
   | ¿Entro? | ¿Me acuesto? |
   | ¿Vuelvo? | ¿Me levanto? |

3. *Teacher:* ¿Me ayuda Ud. más tarde a hacerlo?
   *Student:* Sí, más tarde le ayudo.

   ¿Le habla Ud. del accidente?
   ¿Nos escribe Ud. una carta?
   ¿Les dice Ud. la verdad?
   ¿Me vende Ud. un libro?

4. *Teacher:* ¿Trabajamos ahora?
   *Student:* No, después trabajamos.

   | | |
   |---|---|
   | ¿Comemos? | ¿Lo llamamos? |
   | ¿Entramos? | ¿Lo vendemos? |
   | ¿Estudiamos? | |

**The demonstrative adjectives**

There are three demonstrative adjectives: **este** ("this," near me), **ese** ("that," near person spoken to), and **aquel** ("that," over there, away from both of us). These adjectives precede the noun they modify and agree with it in gender and number.

193

|          | Masculine | Feminine |
|----------|-----------|----------|
| Singular | este<br>ese<br>aquel | esta<br>esa<br>aquella |
| Plural   | estos<br>esos<br>aquellos | estas<br>esas<br>aquellas |

**Este** traje es nuevo. *This suit is new.*
**Ese** muchacho es mi amigo. *That boy is my friend.*
**Aquel** hombre no vive aquí. *That man does not live here.*

**The demonstrative pronouns**

The form of the demonstrative pronoun is the same as that of the demonstrative adjective, except that the demonstrative pronoun bears a written accent.

|          | Masculine | Feminine |
|----------|-----------|----------|
| Singular | éste<br>ése<br>aquél | ésta<br>ésa<br>aquélla |
| Plural   | éstos<br>ésos<br>aquéllos | éstas<br>ésas<br>aquéllas |

There are corresponding neuter pronouns which do not refer to nouns but to ideas or actions that are not specified. They do not bear a written accent. These nouns are used to represent an idea or a concept.

| Neuter |
|--------|

**esto**       **eso**       **aquello**

**Eso** no me gusta. *I don't like that.*

Structure Substitution

1. *Teacher:*   ¿Te gustan estos zapatos?
   *Student:*   No, prefiero ésos.

| | |
|---|---|
| este abrigo | esta falda |
| este suéter | estas medias |
| estos pantalones | este paraguas |
| este sombrero | este vestido |
| este impermeable | este chaleco |

194

2. *Teacher:*   ¿Qué te parece este traje?
   *Student:*   Ése (aquél) me gusta más.

| | |
|---|---|
| esta camisa sport | esta bolsa |
| estos pañuelos | esta pulsera |
| este traje de baño | esta corbata |
| este par de calcetines | estos gemelos |

## Item Substitution

| | |
|---|---|
| Este libro es interesante.  *Repitan.* | Ésos _____. |
| Éste _____. | _____ nuevos. |
| Ése _____. | Estas camisas _____. |
| _____ fácil. | Éstas _____. |
| Esta lección_____. | Ésas _____. |
| Ésta _____. | _____ caras. |
| Ésa _____. | Esto _____. |
| _____ difícil. | Eso _____. |
| Estos problemas ___. | Aquello _____. |
| Éstos _____. | _____ barato. |

## Sentence Completion

1. Federico nos _____.
2. _____ cuando estaba de vacaciones.
3. Quería decirte _____.
4. Ellos tendrán que _____.
5. No me dijiste _____.

## Question Formation

1. Compraré zapatos con ese dinero.
2. Mañana saldré a las cuatro.
3. No, no me gustará el perfume.
4. Yo prefiero ésta.
5. Pepe tendrá veinte años.

**Controlled Conversation**

Pregúntele a _____ si le gusta esta lección.
si le gusta su vestido nuevo.
si le gusta el traje del profesor.
si la blusa que lleva es nueva.
si irá de compras el sábado.
si tendrá que estudiar el viernes.
si irá a la iglesia el domingo.
si se levantará a las seis.
si se acostará a las diez.
si aprenderá la lección mañana.
si montará a caballo en el campo.
si comprará un regalo para su novia.

**Personalized Questions**

1. ¿Prefieres la camisa de Roberto o ésta?
2. ¿Por qué prefieres la camisa de Roberto?
3. ¿Habrá clase mañana?
4. ¿Por qué no habrá clase mañana?
5. ¿Cree Ud. que le gustará a su novio el regalo?
6. ¿Qué perfume le gusta a su novia?
7. ¿Cuántos años tendrá Pepe?
8. ¿Qué estará haciendo Luisa?
9. ¿Estudiarán los estudiantes durante las vacaciones?
10. ¿Cuándo estudiará Ud.?
11. ¿Por qué tendrá sueño el profesor?
12. ¿Es difícil esta lección?
13. ¿Hará buen tiempo mañana?
14. ¿Por qué no se levantará Ud. mañana a las cinco?
15. El aprenderá todos los verbos irregulares. ¿Y Ud.?
16. Ellos tendrán que estudiar esta noche. ¿Y Uds.?
17. ¿Quién irá a la iglesia el domingo?
18. ¿Dónde estará María?
19. ¿Por qué le gusta esta clase?
20. ¿Son nuevos esos zapatos que lleva Ud.?

**Extemporization**

**1. Mi programa para mañana**

*Vocabulary:* salir, aprender, estudiar, comprar, temprano, ayudar, clase, regalo (Use verbs in future tense.)

*Topic Ideas:* 1. Mañana.
2. El regalo que compraré para mi novio (-a).
3. Mañana no tendré que estudiar.

*Questions:* 1. ¿A qué hora te levantarás mañana?
2. ¿Qué harás antes de ir a clase?
3. ¿Saldrás temprano de tus clases?
4. ¿Comprarás un regalo para tu mamá o tu papá?

**2. En la tienda**

*Vocabulary:* dependiente, comprar, gustar, tela, importada, camisa, pantalones, traje, vestido, perfume, cuenta, caro, ganga, sección, corbata

*Topic Ideas:* 1. Compraré muchas cosas en la tienda.
2. Siempre me gustan las gangas.
3. Mi tienda preferida.

*Questions:* 1. ¿Qué comprarás en esta tienda?
2. ¿Venderán de todo en esta tienda?
3. ¿Es un perfume importado una ganga?
4. ¿En qué sección puedes comprar una corbata?

*When a storefront is available to small shopkeepers, it is often little more than a doorway chock-full of salable items. Although La Paz has its share of exclusive shops, the growing business community includes countless small specialty shops like this general store with its formidable proprietress.*

**Task Assignments**

1. Ask another student four things he is going to do tomorrow. Then report to the group.
2. Find out from another student where she is going shopping and what she is going to buy at the store. Then report to the group.

SOME CONTRASTS

| Spanish: | English: |
|---|---|
| **blanco y negro** | *black and white* |
| **tarde o temprano** | *sooner or later* |
| **fría o caliente** | *hot or cold* |
| **príncipe azul** | *prince charming* |
| **un libro verde** | *a "dirty" book* |
| **día y noche** | *night and day* |

**197**

# REVIEW 3

(Units 9–12)

A. *Answer these questions according to the example.*

    *Example:* ¿Leyó Ud. la lección? **Sí, leí la lección.**

    1. ¿Les dio Ud. mucho dinero?
    2. ¿Sirvieron Uds. la comida?
    3. ¿Desayunaste con ellos?
    4. ¿Leyeron Uds. el periódico?
    5. ¿Comió Ud. el pan?

B. *Change the following sentences to the preterit.*

    1. Voy al hospital.
    2. El aprende rápido.
    3. Tomas jugo de tomate.
    4. Almuerzo temprano.
    5. No te gustan los libros.

C. *Give the preterit forms of the verbs in the following sentences.*

    1. Llegas y te acuestas en seguida.
    2. Estudian y salen en seguida.
    3. Ve los regalos y los compra en seguida.
    4. Ud. recibe la carta y la lee en seguida.
    5. Se despierta y se lava en seguida.

D. *Complete the sentences with the proper form of the imperfect.*

    *Example:* Ahora no tomamos leche. Antes la **tomábamos** siempre.

    1. Ahora no sé nada. Antes _____ mucho.
    2. Ahora voy a la universidad. Antes no _____ nunca.
    3. Ahora mi amigo está presente. Antes no _____ presente nunca.
    4. Ahora hay dos estudiantes. Antes _____ veinte.
    5. Ahora lo veo muy poco. Antes lo _____ todos los días.
    6. Ahora no soy muy listo. Antes _____ muy listo.
    7. Ahora no leo nada. Antes _____ mucho.
    8. Ahora no hago nada los lunes. Antes _____ algo todos los días.
    9. Ahora vivo en California. Antes _____ en Arizona.
    10. Ahora no me gusta pescar. Antes me _____ mucho.

E. *Complete the sentences with the proper form of* **saber** *or* **conocer.**

Example: Esa joven dice que **sabe** la lección.

1. Ese muchacho dice que _____ bailar el cha-cha-cha.
2. Ella dice que _____ a Federico.
3. María no _____ Nueva York.
4. Pregúntele si _____ algo de geografía.
5. Ella es bonita. Pregúntele a Juan si la _____.
6. Dígale al profesor que Ud. _____ jugar al tenis.
7. Juan _____ que es importante.
8. Carlos es simpático y por eso _____ a muchas muchachas.
9. Ellos dicen que _____ del accidente.
10. Si Ud. _____ hablar español, todo saldrá bien.

F. *Respond to the sentences according to the examples.*

Examples: Voy a salir esta noche. Yo **saldré** también.
Voy a darle las gracias. Yo **se las daré** también.

1. Voy a ponerme a dieta.
2. Voy a hacerlo mañana.
3. Voy a decirle la verdad.
4. Voy a dormir esta noche.
5. Voy a tener sueño.
6. Voy a ir a la iglesia.
7. Voy a ser profesor.
8. Voy a acostarme a las diez.
9. Voy a saberlo mañana.
10. Voy a estar en casa.

G. *List in Spanish the items you would order in a restaurant for the following meals:* desayuno, almuerzo, cena.

H. *Ask questions and give answers as in the example.*

Example: **¿Le gustan estas** blusas? **No me gustan éstas pero ésas sí.**

1. ¿_____ pantalones? _____.
2. ¿_____ camisas? _____.
3. ¿_____ vestido? _____.
4. ¿_____ pañuelos? _____.
5. ¿_____ sombrero? _____.

I. *Give five original sentences using a form of the possessive adjectives* **este, ese,** *or* **aquel.**

Examples: 1. Prefiero estos gemelos.
2. Me gusta más aquel reloj.
3. Esos zapatos son bonitos.

J. *Complete the sentences as in the examples.*

    *Examples:* Ella tenía **tanto** dinero **como** Carlos.
               El era **tan** rico **como** ella.
               María tiene **tantos** hermanos **como** Felipe.
               Ellos jugaban **tanto como** nosotros.

1. Yo era _____ fuerte _____ Carlos.
2. Yo tenía _____ amigos _____ María.
3. Ella estudia _____ _____ yo.
4. Nadie tenía _____ dinero _____ el profesor.
5. Nosotros corríamos _____ _____ ellos.
6. Flora comió _____ _____ Anita.
7. Carlos tiene _____ camisas _____ Alberto.
8. Yo era _____ bueno _____ mi hermano.
9. Ellos son _____ listos _____ las muchachas.
10. María baila _____ bien _____ Elisa.

K. *Give the comparative forms for the following.*

    *Examples:* Esta fruta es rica.
               Esa es más rica.
               Aquella es la más rica.

1. Este libro es caro.
   Ese _____.
   Aquel _____.

2. Estas sillas son fuertes.
   Esas _____.
   Aquellas_____.

3. Este maestro es bueno.
   Ese _____.
   Aquel_____.

**Culture Capsule**      # Los problemas del tráfico

El tráfico en la mayoría[1] de los países de Latinoamérica es peligroso[2] pero muy interesante. No hay muchas señales luminosas[3] y los conductores[4] tocan el claxon[5] cuando llegan a la esquina. El que primero toca el claxon tiene derecho a pasar.[6] También usan las luces del coche. En México, por ejemplo, si hay un puente[7] por donde sólo puede pasar un vehículo, el que primero encienda[8] las luces de su auto tiene derecho a pasar.

Cuando hay un choque,[9] casi siempre los dos conductores se bajan y sostienen un acalorado altercado[10] pero casi nunca llegan a las manos.[11] Es interesante oír a estos hombres que discuten con el clásico «carácter latino» que es tan apasionado. El sarcasmo en estos casos siempre predomina. Un chofer, por ejemplo, dice: «¿Por qué no te compras una bolsa[12] de cemento y haces una carretera[13] para ti sólo?»

Si le dan una multa,[14] un conductor habla de sus «influencias», y de los amigos que tienen altos cargos[15] políticos.

| | |
|---|---|
| [1] **la mayoría** *the major part, most* | [9] **un choque** *an accident* |
| [2] **peligroso** *dangerous* | [10] **acalorado altercado** *heated argument* |
| [3] **señales luminosas** *stoplights* | [11] **llegan a las manos** *come to blows* |
| [4] **conductores** *drivers* | [12] **bolsa** *sack* |
| [5] **tocan el claxon** *blow their horn* | [13] **carretera** *highway* |
| [6] **derecho a pasar** *right of way* | [14] **multa** *fine or ticket* |
| [7] **puente** *bridge* | [15] **cargos** *positions* |
| [8] **encienda** *turns on* | |

## Question–Answer

1. ¿Cómo es el tráfico de Latinoamérica?
2. ¿Quién tiene derecho a pasar primero?
3. ¿Qué es el claxon?
4. ¿Llegan a las manos los conductores?
5. ¿Como es el «carácter latino»?
6. ¿Qué son «influencias»?
7. ¿Quiere Ud. ser conductor en Latinoamérica?

# UNIT 13

DIALOG PATTERNS

## El cine

Miguel y Fernando viven en el barrio de los estudiantes cerca de la universidad. Están cansados de estudiar. Son las siete de la noche.

MIGUEL — Hace más de dos horas que estudiamos.

FERNANDO — ¡Qué aburrido estoy!

MIGUEL — Yo también. Ya me cansé de estudiar.

FERNANDO — Bueno. ¿Vamos al cine?

MIGUEL — Yo iría con gusto pero no tengo ni un centavo.

FERNANDO — No te aflijas. Yo te invito.

MIGUEL — ¿Habrá buenas películas esta noche?

FERNANDO — En el periódico anuncian una de Cantinflas.

MIGUEL — ¡Ah! Me gustaría verla. Trabaja muy bien ese cómico.

FERNANDO — Con Cantinflas cualquier película es buena.

MIGUEL — ¿En qué cine la dan?

FERNANDO — En el Rex. ¿Sabes dónde queda?

MIGUEL — Claro, está cerca de la plaza.

FERNANDO — No está tan lejos. ¿Vamos a pie?

MIGUEL — Llegaríamos tarde. Mejor vamos en el autobús.

FERNANDO — ¿A qué hora comienza la próxima función?

MIGUEL — Dentro de media hora.

Serían las ocho cuando llegaron. Delante de la ventanilla había muchas personas que esperaban entrar al cine. Miguel tuvo que pedir permiso para pasar.

MIGUEL — Permítame, por favor. Con su permiso.

UN SEÑOR — ¡Cómo no! Pase.

MIGUEL — Deme dos boletos, por favor.

SEÑORITA — Aquí los tiene Ud. Son a 15 pesos cada uno.

# The Movies

Miguel and Fernando live in the student district near the university. They are tired of studying. It is seven o'clock in the evening.

MIGUEL — We have been studying for more than two hours.
FERNANDO — How bored I am!
MIGUEL — Me too. I'm already tired of studying.
FERNANDO — All right. Shall we go to the movies?
MIGUEL — I'd gladly go, but I don't have a cent.
FERNANDO — Don't worry. I will invite you (You'll be my guest).
MIGUEL — I wonder if there are any good movies tonight.
FERNANDO — In the newspaper they are advertising one with Cantinflas.
MIGUEL — Oh! I'd like to see it. That comedian is very good.
FERNANDO — With Cantinflas any film is good.
MIGUEL — At what theater is it playing?
FERNANDO — At the Rex. Do you know where it is?
MIGUEL — Of course, it's near the square.
FERNANDO — That isn't so far. Shall we walk?
MIGUEL — We would arrive late. We had better go by bus.
FERNANDO — At what time does the next showing begin?
MIGUEL — Within half an hour.

It was probably eight o'clock when they arrived. In front of the box office there were many people who were waiting to enter the theater. Miguel had to ask permission to get through.

MIGUEL — Allow me, please. Excuse me.
A GENTLEMAN — Of course. Go ahead.
MIGUEL — Give me two tickets, please.
GIRL — Here they are. They are 15 pesos each.

## CULTURAL NOTES

*Movies in Latin America.* With its vast number of movie theaters, one would think that Latin America would be a mecca for the motion picture industry. Actually many of the films shown are from non-Spanish speaking countries such as Russia, France, Germany, and, of course, the United States. Because of their inherent Latin spirit, the Mexican and Spanish movies still have the greatest appeal — especially to the lower middle-class group. Cantinflas has no equal; he is the number one theater idol all over Latin America. The films from the United States are also popular, probably because there are so many of them and because their themes of imaginative adventure and violence fascinate.

It is not uncommon for a movie theater to open at 11 a.m. and run continuously until 1 a.m. the next morning. This means that a person can enter and stay as long as he wants in the theater. Usually these movies are identified with the sign "*rotativo*" (continuous showing). The normal bill includes a cartoon, often some local advertising by means of slides, a newsreel, and then the featured movie. There is an intermission of five minutes between films.

Censorship regarding what films can be shown exists. The committee is ordinarily composed of representatives from the Catholic church, some city and university officials, and parents. There are restrictions on admission, such as "for over 18," "for over 21," and "for adults only." Girls never go to the movies alone; they always attend with a female or male companion or in a group.

Generally there are several different seating choices, particularly if within a country attention is given to social status. The *galería* (upper balcony) is the cheapest place to sit and therefore is likely to be frequented by the lower-class people. Bleacher-type seating is not uncommon. In some theaters there are specially reserved sections for city and government officials.

Everybody seems to enjoy going to the movies, and the low admission prices make it possible for everyone to attend frequently.

VOCABULARY EXPANSION

| | |
|---|---|
| Ud. lo aprendería **en ese caso.** | *in that case* |
| **mejor.** | *better* |
| ¿No viviría Ud. **muy mal sin dinero?** | *very poorly without money* |
| ¿Dónde estaba José **a esa hora?** | *at that time* |
| ¿Cuánto tiempo hace que **no vas** al cine? | How long has it been since you *have gone* (*don't go*) to the movies? |
| Hace tres meses que **no voy** al cine. | I *haven't been* to the movies in three months. |
| ¿Dónde **queda** el cine Rex? | *is located* |
| Queda ahí **a dos cuadras.** | *at (a distance of) two blocks* |
| **derecho.** | *straight ahead* |
| **La Cruz Roja** queda ahí derecho. | *The Red Cross* |
| **La peluquería** queda ahí. | *The barbershop* |

Note that Spanish does not use **está** for "Where *is* the theater?" It is assumed that like other buildings its location does not change. They think of it as remaining in one place. Therefore the verb **quedar** is a logical usage.

**The conditional of regular verbs**

The conditional of regular verbs is formed by adding a set of endings to the infinitive. All three conjugations take the same endings, which are identical to those of **-er** and **-ir** verbs in the imperfect. The conditional endings are attached to the infinitive rather than to the stem.

| -ía | -íamos | |
|---|---|---|
| | | hablaría |
| -ías | [-íais] | aprendería |
| -ía | -ían | viviría |

**The use of the
conditional tense**

The English equivalent of the conditional is rendered by the word "would" plus a verb.

> **¿Viviría Ud. ahí?** *Would you live there?*
> **Sí, yo viviría ahí.** *Yes, I would live there.*

The conditional indicates what would occur if something else happened or if certain circumstances were present. The key word in English is "would."

> **Llegaríamos tarde.** *We would arrive late.*

This use of "would" is not to be confused with "would" meaning "we used to." In Spanish the imperfect is used in this sense.

> **Siempre íbamos en coche.** *We would always go by car.*

Verb Structure Drills

A. The conditional of **hablar.**

| hablaría | hablaríamos |
|----------|-------------|
| hablarías | [hablaríais] |
| hablaría | hablarían |

1. *Yo* hablaría más despacio. *Repitan.*

   tú, Ud., nosotros, ellos, ellas, yo, Uds., Miguel

2. ¿Hablaría Ud. más despacio? *Contesten.*
   ¿Cómo le hablarías?
   ¿Hablaría Ud. más rápido?
   ¿Hablaría Ud. con respeto al presidente?
   ¿Le hablaría Ud. en alemán?

B. The conditional of **aprender.**

| aprendería | aprenderíamos |
|------------|---------------|
| aprenderías | [aprenderíais] |
| aprendería | aprenderían |

1. En ese caso *yo* no lo aprendería. *Repitan.*

   tú, Ud., ellos, Fernando, ellas, Uds., nosotros

2. ¿Ud. lo aprendería en ese caso? *Contesten.*
   ¿Lo aprendería Ud. rápido?
   ¿Aprenderían Uds. francés?
   ¿Aprenderían ellos la lección?
   ¿Lo aprenderían ellos bien?

C. The conditional of **vivir**.

| | |
|---|---|
| **viviría** | **viviríamos** |
| **vivirías** | **[viviríais]** |
| **viviría** | **vivirían** |

1. *Yo* viviría bien con ese dinero.  *Repitan.*

   él, ellos, nosotros, Miguel, ella, Uds., tú, Ud.

2. ¿Viviría Ud. bien con ese dinero?  *Contesten.*
   ¿Cómo vivirían ellos en ese caso?
   ¿Quién viviría con él?
   ¿No viviría Ud. muy mal sin dinero?

**The conditional of irregular verbs**

The verbs which are irregular in the future have the same stem irregularities in the conditional.

| | | |
|---|---|---|
| **haber** | **habr-** | **habría** |
| **poder** | **podr-** | **podría** |
| **saber** | **sabr-** | **sabría** |
| **poner** | **pondr-** | **pondría** |
| **tener** | **tendr-** | **tendría** |
| **venir** | **vendr-** | **vendría** |
| **salir** | **saldr-** | **saldría** |
| **valer** | **valdr-** | **valdría** |
| **querer** | **querr-** | **querría** |
| **decir** | **dir-** | **diría** |
| **hacer** | **har-** | **haría** |

Tense Substitution

1. *Teacher:*  ¿Ya vino Miguel?
   *Student:*  Dijo que vendría mañana.

   ¿Ya salió Fernando?
   ¿Ya vino Carlos?
   ¿Ya estudió Carmen?
   ¿Ya salió Marta?

2. *Teacher:*  ¿Ya lo hizo Carlos?
   *Student:*  Dijo que lo haría esta noche.

   ¿Ya lo puso ahí María?
   ¿Ya lo leyó* Juan?
   ¿Ya lo hizo Miguel?
   ¿Ya lo trajo Luis?

---

* **Leer,** an irregular verb, has a **y** in the third person singular (**leyó**) and plural (**leyeron**) in the preterit.  See Appendix B.

"Cine Continuo," *announces a theater marquee in Medellín, Colombia. Pedestrian malls such as this one, featuring clothing shops, apartment complexes, and modern office buildings, help to ease the growing pains of Colombian metropolises. Medellín is an important manufacturing center in the Antioquia region.*

Patterned Response

*Teacher:* ¿Haría Ud. eso?
*Student:* Sí, yo haría eso.

¿Diría Ud. la verdad?
¿Pondría Ud. la mano ahí?
¿Tendría Ud. paciencia?
¿Saldría Ud. temprano?
¿Sabría Ud. todo?
¿Podría Ud. venir?
¿Vendría Ud. sin zapatos?

**Probability in the past**

The conditional tense is used to express probability in the past. The English equivalent is always a past tense.

**Serían** las ocho cuando llegaron.　*It was probably eight o'clock when they arrived.*

Tense Substitution

1. *Teacher:* ¿Qué hora era cuando llegaste anoche?
   *Student:* No sé. Serían las seis.

   ¿Qué hora era cuando entró Flora? — la una
   ¿Qué hora era cuando salieron? — las nueve
   ¿Qué hora era cuando vinieron? — las dos

2. *Teacher:* ¿Dónde estaba José a esas horas?
   *Student:* ¿Quién sabe? Estaría en casa.

   ¿Dónde estaba Carlos cuando salieron? — en el cine
   ¿Dónde estaba María cuando comenzó la función? — en casa
   ¿Dónde estaba el profesor cuando Ud. llegó? — en la clase

3. *Teacher:* ¿Eran las siete cuando vino?
   *Student:* Sí, serían las siete.

   ¿Era muy tarde cuando comió?
   ¿Era temprano cuando se levantó?
   ¿Eran las diez cuando lo vio?

4. *Teacher:* ¿Quién era esa muchacha que vimos?
   *Student:* No sé. Sería una estudiante.

   ¿Quién era el profesor de esa clase? — el señor Martínez
   ¿Quién era el presidente en ese tiempo? — el presidente Lincoln
   ¿Quién era ese joven que salió? — el hermano de Juan

**Expressions with *hacer* + present**

Use the following formula for actions which began in the past and are still going on at the present time.

**Hace** una hora que estudian. *They have been studying for an hour.*

**Hace**      **una hora**   **que estudian.**
*Present* —— *Length of time* ——— *Present*

Patterned Response

1. *Teacher:* ¿Cuánto tiempo hace *que estudia Ud.?*
   *Student:* Hace una hora que estudio.

   que dan esa película — una semana
   que Cantinflas trabaja en las películas — 38 años
   que esperas — media hora

2. *Teacher:* ¿Cuánto tiempo hace que no vas al cine?
   *Student:* Hace un mes que no voy al cine.

   que no viene Luis — dos días
   que no dan esa película — un año
   que no vas al cine en taxi — varios meses ya

3. *Teacher:*  ¿Hace más de una hora que habla ese señor?
   *Student:*  Sí, hace más de una hora que habla ese señor.

   un año que lo conoces          cinco minutos que esperas
   media hora que trabajas        quince minutos que estás aquí

**Expressions with**
***hacer* + preterit**

Lo vi hace cinco minutos. *I saw him five minutes ago.*

**Lo vi        hace        cinco minutos.**
*Preterit —— Present —— Length of time*

Alternate form:

**Hace** cinco minutos que lo **vi.**

**Hace        cinco minutos que  lo vi.**
*Present ———— Length of time ————Preterit*

Patterned Response

1. *Teacher:*  ¿Cuándo vio Ud. esa película?
   *Student:*  La vi hace un año

   ¿Cuándo abrieron la ventanilla? — cinco minutos
   ¿Cuándo comenzó la función? — un cuarto de hora
   ¿Cuándo entraste al cine? — veinte minutos
   ¿Cuándo comenzaron a dar esta película? — dos días
   ¿Cuándo llegó Luis? — un minuto
   ¿Cuándo lo hizo Juan? — cinco años
   ¿Cuándo vino ella? — media hora
   ¿Cuándo estuvo Ud. aquí? — un año
   ¿Cuándo volvió Juan? — tres meses

2. *Teacher:*  ¿Dónde queda el cine Rex?
   *Student:*  El cine Rex queda ahí a dos cuadras.

   la embajada americana — ahí en la esquina
   el correo — ahí a la izquierda
   la farmacia — ahí a la derecha
   el supermercado — ahí a la derecha
   la Cruz Roja — ahí derecho
   la peluquería — ahí derecho, también

**Uses of *por* and *para***

Both **por** and **para** mean "for" in English.

A. **Por** means "in exchange for."

   Vendí el coche **por** cinco dólares. *I sold the car for five dollars.*

   Other specific uses of **por:**

   1. Roberto ha trabajado **por** mí. ("for my sake" or "on my behalf")
   2. La carta fue escrita **por** ella. ("by," *after passive voice*)

3. Yo estuve en casa **por** tres días. ("for," *length of time*)
4. Luis fue **por** las cartas. (*to go* "for" *something*)
5. Luis corría **por** la calle. ("through")
6. A Ud. lo toman **por** mexicano. ("for," *mistaken identity*)
7. Yo siempre trabajo **por** la noche. ("at" *or* "in," *set phrase as* **por la mañana,** *etc.*)

B. **Para** means "intended for," "destined for."

Salimos **para** Africa al mediodía. *We leave for Africa at noon.*

Other specific uses of **para:**

1. La carta es **para** Ud. ("intended for")
2. Los necesitamos **para** las siete. ("by," *a certain time in the future*)
3. Partieron **para** Nueva York. ("for," *destination*)
4. Comemos **para** vivir. ("in order to")
5. La lección es **para** mañana. ("for," *a certain time in the future*)
6. Tenemos que estar allí **para** los ocho. ("by")
7. **Para** (ser) americano, habla muy bien. ("for," *unequal comparison*)

## Sentence Completion

1. Me cansé de estudiar y por eso

   _____.
2. Irías al cine _____.
3. Me dijo _____.
4. ¿Qué hora _____?
5. _____ por la noche.

## Question Formation

1. Yo le hablaría con respeto.
2. No, yo no iría a pie.
3. Yo dormiría la siesta todos los días.
4. Sí, salgo para México mañana.
5. Hace media hora que estudio.

**Controlled Conversation**

A. *The professor assigns to a student one of the questions by number. The student directs the question to a person of his choice, supplying* **por** *or* **para** *as the context requires. Some of the questions may use both* **por** *or* **para,** *but with a different meaning.*

Pregúntele a _____
1. si la carta fue escrita _____ Juan.
2. si lo trajo _____ ellos.
3. si esta lección es _____ mañana.
4. si la carta es _____ mí.
5. si estudia _____ la noche.
6. si ella vuelve _____ el mediodía.

7. si corría _____ la calle.

8. si fue _____ las cartas.

9. si lo tomaron _____ americano.

10. si él come _____ vivir.

11. si Felipe trajo las flores _____ ella.

12. si estuvo allí _____ cuatro horas.

13. si lo vendió _____ diez pesos.

14. si lo hizo _____ mí.

15. si sale mañana _____ México.

B. Pregúntele a _____ si le gustaría ver una película de Cantinflas.

si lo comería en ese caso.

cómo viviría con ese dinero.

si diría siempre la verdad.

si dormiría la siesta todos los días.

cuánto tiempo hace que estudia el español.

cuánto tiempo hace que está aquí.

cuánto tiempo hace que no va al cine.

si iría a casa a pie.

dónde queda la farmacia.

dónde queda la peluquería.

**Personalized Questions**

1. ¿Se cansó Ud. de estudiar?

2. ¿Iría Ud. con gusto al cine?

3. ¿Habrá buenas películas esta noche?

4. ¿Qué película anuncian en los periódicos?

5. ¿Está lejos el cine?

6. ¿Dónde queda el cine?

7. ¿Dónde compró Luis los boletos?

8. ¿Hablaría Ud. más despacio?

9. ¿Cómo le hablarías al presidente?

10. Yo como para vivir. ¿Y Ud.?

11. ¿Dijo Ud. que le hablaría?

12. ¿Diría Ud. siempre la verdad?

13. ¿Dónde queda el correo?

14. ¿Dónde queda la delegación?

15. ¿Está Ud. cansado de estudiar?

16. ¿Cuándo sale Ud. para Nueva York?

17. ¿Trabaja Ud. por la noche?

18. ¿Qué hora sería cuando Ud. se acostó anoche?

19. ¿Sale Ud. para México mañana?

20. ¿A qué hora comienza esta clase?

**Extemporization**

**1. La película**

*Vocabulary:* cómico, buena, mala, anunciar, dar, cerca, lejos, autobús, a pie, ventanilla, boletos, función, tarde, próxima, comenzar

*Topic Ideas:* 1. Iría a ver otra vez esa película.
2. Hace mucho que no voy al cine.
3. Me gustaría ir al cine el sábado.

*Questions:* 1. ¿Queda el cine muy lejos de tu casa?
2. ¿Vas a pie o en autobús?
3. ¿A qué hora abren la ventanilla?
4. ¿Irías al cine a las doce de la noche?
5. ¿Qué película irías a ver, una de Cantinflas o una de Bob Hope?
6. ¿A qué hora comienza la película?

### 2. El fin de semana

*Vocabulary:* cine, teatro, biblioteca, aburrido, dormir, siesta

*Topic Ideas:* 1. Este fin de semana.
2. No estudiaría el domingo.
3. Dormiría durante todo el fin de semana.

*Questions:* 1. ¿Qué te gustaría hacer este fin de semana?
2. ¿Te parecería aburrido estudiar todo el fin de semana?
3. ¿Irías al cine o al teatro el sábado?
4. ¿Qué harías el domingo?
5. ¿Qué estudiarías?

**Task Assignments**    1. Ask another student if he would like to go to the movies, what he would like to see, and if there is a film he would like to see again. Then report to the group.
2. Find out from another student four things he would like to do on the week-end. Then report to the group.

### PROVERBS

1. Aunque la mona se vista de seda, mona se queda. *Even if you dress a monkey in silk, it will still be a monkey.*
2. Cada oveja con su pareja. *Birds of a feather flock together.*
3. Del dicho al hecho hay gran trecho. *There's many a slip between the cup and the lip. Easier said than done.*
4. El hombre propone y Dios dispone. *Man proposes and God disposes.*

**DIALOG PATTERNS**

# El consultorio del médico

David y Ramón se encuentran en la calle. Hace mucho tiempo que no se ven.

DAVID — ¡Hola! Hace mucho que no te veo.

RAMON — He estado en el hospital.

DAVID — Lo siento mucho. ¿Qué tenías?

RAMON — Me operaron del apéndice.

DAVID — Y en estas condiciones, ¿siempre vas a viajar?

RAMON — Seguro. Me acaban de poner todas las inyecciones.

DAVID — ¿Qué tuviste que hacer?

RAMON — Subí al consultorio del médico, pregunté por él, me senté
y...

DAVID — ¿Y su enfermera te hizo mil preguntas, ¿verdad?

RAMON — Muchas, sí. Pero se las contesté fácilmente.

DAVID — Y, ¿te dieron un certificado de salud para el pasaporte?

RAMON — Sí, pero no sin el examen médico.

DAVID — ¿Tardó mucho en examinarte?

RAMON — Bueno, esa enfermera suya era tan bonita que no me di cuenta.

DAVID — ¿Qué tal la salud ahora?

RAMON — Muy bien pero sufro de alergia.

DAVID — De modo que te ha dado algunas pastillas verdes, ¿verdad?

RAMON — Sí, y poco a poco me voy mejorando.

DAVID — Dime pues, ¿cuánto te ha costado todo eso?

RAMON — Todavía no sé, porque tengo que volver la semana que viene.

# The Doctor's Office

David and Ramón meet on the street. They have not seen each other for a long time.

DAVID — Hi! I haven't seen you for a long time.

RAMON — I've been in the hospital.

DAVID — I'm very sorry. What was the matter with you?

RAMON — They operated on (took out) my appendix.

DAVID — And you are still going to travel in this condition.

RAMON — Of course. They have just given me all the shots.

DAVID — What did you have to do?

RAMON — I went up to the doctor's office, asked for him, sat down and . . .

DAVID — And his nurse asked you a thousand questions, right?

RAMON — Quite a few, yes. But I answered them easily.

DAVID — And did they give you a health certificate for your passport?

RAMON — Yes, but not without the physical exam.

DAVID — Did it take long to examine you?

RAMON — Well, that nurse of his was so pretty I didn't even notice.

DAVID — How's your health now?

RAMON — It's fine, but I am suffering from an allergy.

DAVID — So they gave you some green pills, right?

RAMON — That's right, and gradually I'm getting better.

DAVID — Tell me now, how much did all that cost?

RAMON — I don't know yet, because I have to go back next week.


CULTURAL NOTES

1. *Doctors and hospitals.* In many areas of Latin America the doctors and the hospitals have excellent reputations. Most of the doctors have completed their residency in the United States, Germany, or France. Many hospitals have the very latest and best equipment. Many countries have their own medical schools.

Hospitals may have names such as Workers' Hospital, Social Security Hospital, and Public Hospital (our equivalent of county hospital), usually for the very poor who cannot afford medical attention. There are also many clinics which are privately owned and which specialize in certain facets of medicine. For instance, a cancer operation would often be performed in a clinic.

2. *Nurses.* The degree "*enfermera universitaria*" is similar to the RN in the United States and may be acquired in the medical school. Nurses work mainly in the hospitals. There is also the *practicante* who is like a male nurse. He gives injections, administers aspirin, and treats minor cuts and bruises. Midwives are also numerous, are much less expensive, and work mostly in the homes.

3. *Pharmacists.* The pharmacist is a graduate of the pharmaceutical college of the medical school. He is generally a very knowledgeable person who is forced to keep current on medicine and related technical information because of the reliance of the public on his expertise. Since a prescription is not required for

prescriptive medicine, a person commonly describes his problem to the pharmacist and the latter prescribes an appropriate treatment. Should a person ever obtain a prescription from a doctor, he may use it as often and as long as he likes. All of the common and new "wonder" drugs are available over the counter and are usually from the European market.

4. *The "herb" doctor.* In most areas there are many practitioners of this art. Many people avail themselves of this help and are cured, so they say.

VOCABULARY EXPANSION

| | |
|---|---|
| ¿Van Uds. **a hacer las preguntas?** | *to ask the questions* |
| **a conseguir los pasaportes?** | *to get the passports* |
| Esos jovenes, ¿son **parientes** suyos? | *relatives* |
| **enemigos** | *enemies* |
| Esta **receta** es mía. | *prescription* |
| **venda** | *bandage* |
| Estas **muletas** son mías. | *crutches* |
| **fotos** | *pictures* |
| Esta **cámara** es mía. | *camera* |
| Estos **gemelos** son míos. | *field glasses; cuff links; twins* |
| ¿Fue muy grave tu **fiebre?** | *fever* |
| **enfermedad?** | *illness* |
| **resfrío?** | *cold* |
| **tos?** | *cough* |
| **quemadura?** | *burn* |
| **catarro?** | *chest cold* |
| Mi **traje de baño** está aquí. | *bathing suit* |
| Mi camisa es **blanca.** | *white* |
| **roja.** | *red* |
| **negra.** | *black* |
| **azul.** | *blue* |
| **amarilla.** | *yellow* |
| **morena.** | *brown* |
| **gris.** | *grey* |
| ¿Te duele **la cabeza?** | *head* |
| **el estómago?** | *stomach* |
| **el oído?** | *ear* |
| **la garganta?** | *throat* |
| ¿Te duelen las **muelas?** | *teeth* |
| ¿Ha tenido Ud. **sarampión?** | *measles* |
| **tos ferina?** | *whooping cough* |
| la **varicela?** | *chicken pox* |
| las **viruelas?** | *smallpox* |
| la **escarlatina?** | *scarlet fever* |
| la **gripe?** | *flu* |
| **No he tenido el gusto de conocerle.** | *I have not had the pleasure of meeting him.* |

**The past participle**

The past participle of regular verbs is formed by adding the ending **-ado** to the stem of **-ar** verbs and the ending **-ido** to the stem of **-er** and **-ir** verbs.

| | |
|---|---|
| **habl-ar** | **habl-ado** |
| **aprend-er** | **aprend-ido** |
| **sufr-ir** | **sufr-ido** |

Some verbs have irregular past participles. Those not listed below will be indicated as they appear later in the text.

| | |
|---|---|
| **escribir — escrito** | **abrir — abierto** |
| **hacer — hecho** | **decir — dicho** |
| **ver — visto** | **poner — puesto** |

**The present perfect**

The present perfect (in English, *has spoken*, *have learned*) is formed by combining a form of **haber** in the present with a past participle.

The present of **haber** (*to have* — auxiliary verb).

| | |
|---|---|
| **he** | **hemos** |
| **has** | **[habéis]** |
| **ha** | **han** |

| Present | + | Past participle | = | Present perfect |
|---|---|---|---|---|
| **han** | + | **hablado** | = | **han hablado** |

Ellos **han hablado.** *They have spoken.*

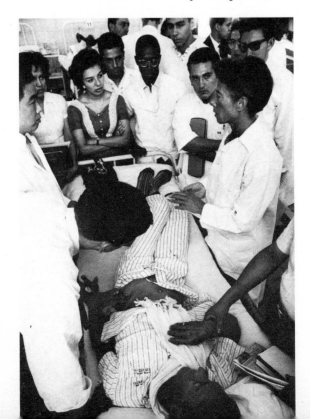

*Although Ecuador has long been plagued by the specters of poverty, malnutrition, and premature death, governmental reforms are making intensive health-care training and facilities available to the country's larger cities. In Guayaquil, medical students at the University of Ecuador's teaching hospital give their undivided attention to an instruction session on diagnosis.*

Patterned Response

1. *Teacher:* ¿Ha estado Ud. en el hospital?
   *Student:* Sí, he estado en el hospital.

   ¿Ha salido Ud. del país?
   ¿Les han puesto todas las inyecciones?
   ¿Ha contestado Juan las preguntas?
   ¿Han tomado Uds. el examen médico?
   ¿Ha sufrido Ud. de alergia?

2. *Teacher:* ¿Van Uds. a contestar las preguntas?
   *Student:* No, porque ya las hemos contestado.

   | | |
   |---|---|
   | estudiar la lección | conseguir los pasaportes |
   | escribir las cartas | tomar las pastillas |
   | hacer las preguntas | |

**The pluperfect**

The pluperfect (in English, *had spoken, had learned*) is formed by combining a form of **haber** in the imperfect with a past participle.

The imperfect of **haber.**

| | |
|---|---|
| **había** | **habíamos** |
| **habías** | **[habíais]** |
| **había** | **habían** |

$$\boxed{Imperfect} + \boxed{Past\ participle} = \boxed{Pluperfect}$$
**había** + **vivido** = **había vivido**

¿Dijo David que **había vivido** en México? *Did David say he had lived in México?*

Tense Substitution

*Teacher:* ¿Quién leyó el libro?
*Student:* El me dijo que Pepe lo había leído.

   ¿Quién vio la película?
   ¿Quién comió el postre?
   ¿Quién estudió la lección?
   ¿Quién hizo las preguntas?

**The past participle as adjective**

The past participle is also used as an adjective. As such, it must agree in number and gender with the noun it modifies.

**La puerta** está **cerrada.** *The door is closed.*
**El libro** está **cerrado.** *The book is closed.*

Structure Substitution

*Teacher:* ¿Ha escrito Ud. la carta?
*Student:* Sí, ya está escrita.

¿Ha abierto Ud. la puerta?
¿Ha preparado Ud. la comida?
¿Se ha lavado Ud. las manos?
¿Ha cerrado Ud. el libro?
¿Ha vendido Ud. los caballos?

**The stressed possessive adjectives**

| mío, mía (-os, -as) | nuestro, nuestra (-os, -as) |
|---|---|
| tuyo, tuya (-os, -as) | [vuestro, vuestra (-os, -as)] |
| suyo, suya (-os, -as) | suyo, suya (-os, -as) |

These forms are used after the noun or as predicate adjectives. They agree in number and gender with the noun they modify.

*After the noun:* Esa enfermera **suya** era muy bonita.
*As predicate adjective:* Esa casa es **nuestra.**

**The possessive pronouns**

The possessive pronouns are formed by using the definite articles **el, la, los** and **las** with the stressed forms of the possessive adjectives.

| el mío, la mía (-os, -as) | el nuestro, la nuestra (-os, -as) |
|---|---|
| el tuyo, la tuya (-os, -as) | [el vuestro, la vuestra (-os, -as)] |
| el suyo, la suya (-os, -as) | el suyo, la suya (-os, -as) |

Mi traje es viejo; **el tuyo** es nuevo.
Tu casa y **la mía** son nuevas.
Mis pastillas y **las suyas** son verdes.

Since **las suyas** may mean "yours," "hers," "his," or "theirs," alternate forms may be used for clarification in the third person.

las de Ud.          las de él
las de Uds.         las de ellos
las de ella         las de ellas

After **ser** the article is omitted. Thus:

El coche **es mío** *The car is mine.*

*But:*

**¿Tiene Ud. el suyo?** *Do you have yours?*

220

Structure Substitution

1. *Teacher:* Esos jóvenes, ¿son amigos suyos?
   *Student:* Sí, son amigos míos.

   | | |
   |---|---|
   | parientes | primos |
   | hermanos | enemigos |

2. *Teacher:* Esas chicas, ¿son primas suyas?
   *Student:* Sí, son primas mías.

   | | |
   |---|---|
   | hermanas | compañeras |
   | amigas | enemigas |

3. *Teacher:* ¿De quién es esta medicina?
   *Student:* Esta medicina es mía (tuya, suya, nuestra).

   | | |
   |---|---|
   | esta receta | estas pastillas |
   | este termómetro | esta venda |
   | estas aspirinas | estas muletas |

4. *Teacher:* ¿Tienes tus vitaminas?
   *Student:* Sí, yo tengo las mías, pero Juan no tiene las suyas.

   | | |
   |---|---|
   | (el) pasaporte | (los) gemelos |
   | (las) fotos | (los) mapas |
   | (la) cámara | (los) papeles |
   | (el) rollo | |

5. *Teacher:* ¿Fue muy grave tu operación?
   *Student:* Sí, pero no tan grave como la tuya (la de Roberto).

   | | |
   |---|---|
   | (la) fiebre | (la) alergia |
   | (la) enfermedad | (la) quemadura |
   | (el) resfrío | (el) catarro |

6. *Teacher:* ¿Dónde están el libro de María y el de Pepe?
   *Student:* El de María está aquí. No sé dónde estará el de Pepe.

   | | |
   |---|---|
   | el caballo | los zapatos |
   | la medicina | las fotos |
   | el suéter | el traje de baño |

7. *Teacher:* Mi camisa es blanca. ¿De qué color es la suya?
   *Student:* La mía es azul.

   | | | |
   |---|---|---|
   | (la) falda | rojo | amarillo |
   | (el) libro | negro | blanco |
   | (las) pastillas | azul | moreno |
   | (el) traje de baño | verde | gris |
   | (los) zapatos | | |
   | (el) chaleco | | |
   | (el) vestido | | |

Patterned Response

1. *Teacher:* ¿Te duele la cabeza?
   *Student:* No, no me duele la cabeza.

   el estómago          la garganta
   las muelas           la quemadura
   el oído

2. *Teacher:* ¿Te duele la cabeza?
   *Student:* ¡Ay, cómo me duele la cabeza!

   el estómago          la garganta
   las muelas           la quemadura
   el oído

3. *Teacher:* ¿Ha tenido Ud. sarampión?
   *Student:* Sí, señor, he tenido sarampión.

   la tos ferina        la escarlatina
   la varicela          la gripe
   las viruelas

**Summary of the uses of *ser* and *estar***

Both **ser** and **estar** mean "to be" in English. **Ser** is used to tell what persons or things are, while **estar** tells where they are located or what their condition is.

A. **Ser** is used:

1. With predicate adjectives to denote an inherent characteristic.

   Mi novia es **bonita.** *My fiancée is pretty.*

2. With predicate nouns.

   Mi padre es **médico.** *My father is a doctor.*

3. To tell the time of day.

   Es **la una.** *It is one o'clock.*
   Son **las dos.** *It is two o'clock.*

4. With the preposition **de** to express ownership, origin, or material.

   Este pasaporte es **de David.** (*ownership*)
   Los argentinos son **de la Argentina.** (*origin*)
   Las medias son **de nilón.** (*material*)

5. With impersonal expressions.

   **Es fácil** salir del país. *It is easy to leave the country.*

B. **Estar** is used:

1. To express location of an entity.

   El médico está **en su consultorio.** *The doctor is in his office.*

2. To express temporary condition.

   Los dos jóvenes están **enfermos.** *The two young men are ill.*

3. With the present participle to form the progressive tense.

   El **está estudiando** la lección. *He is studying the lesson.*

4. With the past participle it is used as an adjective.

   Ya **está escrita** la carta. *The letter is already written.*

Item Substitution

1. El doctor Suárez está en su consultorio.  *Repitan.*
   El dentista _____.
   _____ en el centro.
   Los dos jóvenes _____.
   _____ enfermos.
   Las dos jóvenes _____.
   _____ aquí.
   Elena _____.
   _____ estudiando la lección.
   Nosotros _____.
   _____ hablando español.
   El _____.

*From one-room village missions where priests serve as doctors, lawyers, and counselors to their parishioners to splendid recreations of European vastness, the Church remains a very real part of Mexican life. Churches often house the only art the villager ever sees, and the round of feast days enlivens the calendar with celebration.*

2. El profesor es muy viejo.  *Repitan.*
   Mi madre _____.
   _____ joven.
   Diana _____.
   _____ rica.
   El médico _____.
   Los estudiantes _____.
   Mi novia _____.
   _____ bonita.
   María _____.
   _____ de la Argentina.
   Los argentinos _____.
   El señor Suárez _____.
   _____ profesor.
   Tu hermano _____.
   _____ médico.

3. Mi padre es joven.  *Repitan.*
   _____ en Chile.
   _____ aquí.
   _____ dentista.
   _____ enfermo.
   _____ lejos.
   _____ rico.
   _____ pobre.
   _____ en casa.
   _____ americano.
   _____ en la Argentina.
   _____ de la Argentina.
   _____ estudiando español.

## Sentence Completion

1. Yo tengo mis pastillas. El _____.
2. Mi camisa el blanca. _____ es blanca también.
3. ¿ _____ la salud?
4. A mí _____.
5. Esa enfermera _____.

## Question Formation

1. Sí, me las han puesto todas.
2. No, no le he dado mi dirección.
3. La mía es azul.
4. Sí, ya habían salido cuando yo llegué.
5. Sí, ya la había abierto.

**Controlled Conversation**

A. *The professor assigns to a student one of the questions by number and gives the name of the person to be asked. The student asks the question of the person indicated, supplying the proper form of* **ser** *or* **estar.**

Pregúntele a _____  1. si el profesor _____ muy viejo.
2. si todos los estudiantes _____ aquí.
3. si _____ estudiando español.
4. si su camisa _____ blanca.
5. si _____ de California.
6. si _____ enfermo.
7. si su novia _____ bonita.
8. si su padre _____ médico.

B. Pregúntele a _____ dónde está la novia de Roberto.
si le duele la garganta.
si el médico le dio algunas pastillas.
si ha salido del país.
si va a salir del país el año que viene.
si ha sufrido de alergia.
si estamos hablando español.
si los estudiantes son ricos.
si ha tenido sarampión.
si es hora de almorzar.
si tomó el examen médico.

**Personalized Questions**

1. ¿Cuánto tiempo hace que Ud. estudia español?
2. ¿Ha estado Ud. enfermo?
3. ¿Ha estudiado Ud. la lección?
4. ¿Ha bailado Ud. con su novia?
5. ¿Ha decidido casarse el año que viene?
6. ¿No le han presentado a Juan?
7. ¿No ha tenido Ud. el gusto de conocerle?
8. Mi camisa es blanca. ¿De qué color es la suya?
9. ¿Le han hecho a Ud. un examen médico?
10. ¿De quién es este libro?
11. ¿Le duele la cabeza?
12. Yo voy a salir del país el mes que viene. ¿Y Ud.?
13. ¿Ha tenido Ud. la gripe?
14. El es del Perú, ¿y Ud?
15. El padre de ella es viejo, ¿y el suyo?
16. ¿Está en Madrid Ramón?
17. ¿Qué libro está Ud. leyendo?
18. ¿Está abierta la puerta?
19. ¿Por qué le dio pastillas verdes el médico?
20. ¿Son pobres todos los profesores?

*Venezuela ranks as the world's third largest producer of petroleum; two-thirds of its crude oil comes from the oilfields in the Lake Maracaibo region. Since the first pumping of oil in 1914, Maracaibo has grown from an uninspiring village in the tradewind desert to the second largest city in Venezuela and a major port. Plaza Baralt is a busy square near the docks.*

## Extemporization

### 1. El viaje

*Vocabulary:* pasaporte, país, salir, médico, inyecciones, consultorio, enfermera, preguntas, alergia, pastillas, certificado, salud, costar

*Topic Ideas:*
1. Ya tengo un pasaporte.
2. Visitaré a mi amigo en Sudamérica.
3. No he salido del país.

*Questions:*
1. ¿Cuándo vas a salir del país?
2. ¿Qué ciudades de Sudamérica visitarías?
3. ¿Cuándo conseguiste el pasaporte?
4. ¿Qué médico te dio el examen?
5. ¿Qué preguntas te hizo?
6. ¿Cuánto te costó todo eso?

### 2. En el consultorio del médico

*Vocabulary:* enfermera, duele, garganta, estómago, muelas, oído, inyecciones, medicina, pastillas, fiebre, tos, receta, vitaminas

*Topic Ideas:*
1. No me gustan las inyecciones.
2. Mi operación fue muy grave.
3. El médico me ha dado muchas pastillas.

*Questions:* 1. ¿Qué te duele?
2. ¿Hace mucho que te duele la garganta?
3. ¿Te han puesto ya las inyecciones?
4. ¿Qué pastillas has tomado para el dolor de cabeza?
5. ¿Ya le diste tu nombre a la enfermera?

**Task Assignments**

1. Ask another student how long he has lived here, what illnesses he has had, and how long it has been since he went to the doctor's office. Then report to the group.
2. Tell the group that you had a doctor's examination one year ago and that you have had perfect health for one year because you take your green pills.

### PROVERBS

1. El que la hace, la paga. *As ye sow, so shall ye reap.*
2. El que quiera celeste, que le cueste. *If you want something badly enough, you must be prepared to pay for it.*
3. En boca cerrada no entran moscas. *It pays to hold one's tongue.*
4. No se ganó Zamora en una hora. *Rome wasn't built in a day.*

**Culture Capsule**

# El día del santo

En Latinoamérica se celebran muchos santos.[1] Dicen que hay más de uno para cada día del año. En casi todos los almanaques[2] hay una lista completa de los nombres de los santos. Los padres, muchas veces, nombran[3] a los niños según el día en que nacen. Por ejemplo, el 16 de julio es el día de la Virgen del Carmen. Por lo tanto,[4] una niña nacida ese día se llamará Carmen.

Muchas veces los padres le dan al niño el nombre de su padre o de algún tío favorito. Por ejemplo, el niño nace el día 24 de enero y sus padres le nombran Luis. En este caso el niño tiene dos días que se celebran — su cumpleaños que es el día 24 de enero y el día de su santo que es el día 25 de junio.

[1] **se celebran muchos santos** *many saints are honored*
[2] **almanaques** *calendars*
[3] **nombran** *they name*
[4] **por lo tanto** *therefore*

### Question–Answer

1. ¿Cuántos santos se celebran en Latinoamérica?
2. ¿Cuándo es el día de la Virgen del Carmen?
3. ¿Por qué tiene Luis dos días que celebrar?
4. ¿Cuándo es el cumpleaños de Ud.?
5. ¿Tiene Ud. un santo favorito?
6. ¿Tiene alguien en la clase el nombre de su padre?
7. ¿Tiene Ud. un tío favorito?

# UNIT 15

## El fin de semana

Para divertirse durante el fin de semana Jaime y Guillermo han salido a pescar. El sábado por la mañana los encontramos a la orilla de una hermosa laguna.

JAIME — ¡Ah caray! ¡Ya picó algo!

GUILLERMO — ¿Es grande?

JAIME — ¿Grande? ¿Que no ves como dobla la caña?

GUILLERMO — ¿Quieres que te ayude?

JAIME — ¡No! Me parece que lo puedo hacer solo.

GUILLERMO — ¡Pero qué trucha más grande!

JAIME — Con ésta te he ganado. ¿Quieres nadar?

GUILLERMO — Bueno. Vamos a ponernos el traje de baño.

JAIME — El último a la otra orilla paga el refresco.

GUILLERMO — ¡Huy! ¡Qué agua más fría!

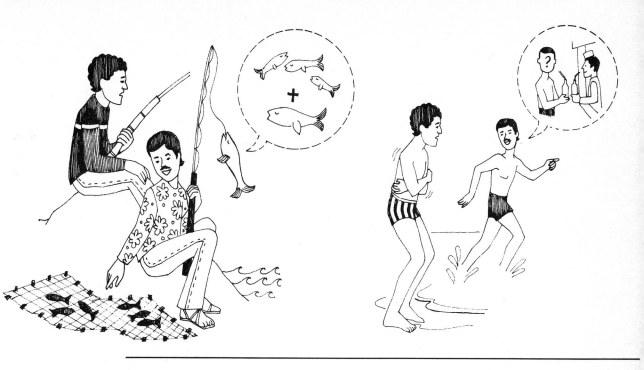

JAIME — ¿Dónde aprendiste a nadar tan bien? Quiero que me enseñes.

GUILLERMO — Tal vez María lo haga. Ella me ayudó a mí.

JAIME — ¡María! Me parece muy jovencita para ser maestra de natación.

GUILLERMO — Sí, ella sabe nadar muy bien. A propósito, ¿quieres venir al baile de esta noche?

JAIME — Siento no poder ir. Además no sé bailar.

GUILLERMO — Es posible que María te enseñe. Ella es una bailarina de primera.

JAIME — Una vez más me recomiendas a María y no sé qué te hago.

# The Weekend

To have a good time on the weekend **Jaime** and Guillermo have gone fishing. Saturday morning we find them on the banks of a beautiful lagoon.

JAIME — Hey, something already bit!

GUILLERMO — Is it big?

JAIME — Big? Can't you see how it's pulling my rod?

GUILLERMO — Do you want me to help you?

JAIME — No. I think I can do it alone.

GUILLERMO — What a big trout!

JAIME — With this one I have beaten you. Do you want to swim?

GUILLERMO — Fine. Let's put on our swimming suits.

JAIME — The last one to the other bank buys the soda pop.

GUILLERMO — Ouch! What cold water!

JAIME — Where did you learn to swim so well? I want you to teach me.

GUILLERMO — Maybe María will do it. She helped me.

JAIME — María! She seems very young to me to be a swimming teacher.

GUILLERMO — Yes, she knows how to swim very well. By the way, do you want to come to the dance tonight?

JAIME — I am sorry I can't go. Besides I don't know how to dance.

GUILLERMO — It is possible that María will teach you. She is an excellent dancer.

JAIME — You recommend María to me once more and I don't know what I'll do to you.


CULTURAL NOTES

1. *The Latin American male.* The word *hombría* (manliness) best describes what characteristics a man should possess. As a child he is constantly reminded, "*No llores, eres un hombre*" (Don't cry, you are a man). Even if he is severely punished by his father, he is expected not to cry. This is what girls do.

From early childhood a boy is exempt from doing any household chores, since these are girls' jobs and might dilute his manliness. As the saying goes, boys are "born with a loaf of bread under one arm and a soccer ball under the other." From the moment a boy can walk he is out kicking the soccer ball.

There seems to be a double standard with respect to males and females. A male may seek, enjoy, and boast about sexual prowess; a female is not expected to indulge and certainly not to reveal her secrets. At a high school or college bull session it would be common for males to recount the weekend's conquests. In smaller towns the men congregate in the square after the evening meal, sometimes engaging in song sessions with the guitar, sometimes playing a few hands of cards.

At age 18 it is mandatory in most countries that a young man serve in the armed forces. There are ways of avoiding this — such as with money or influence — but often it is an asset to have proof of service if one wants to go on to other important things.

In most families the father wants his sons to surpass whatever might have been his accomplishments. In large families it is common to have one of the boys become a lawyer, another to become a doctor, another an engineer, and usually one is expected to become a priest. Material goals are not the main focus. A man's family is his chief asset and he strives to make a nice home for them. He may also strive to eventually have a home on the beach or in the country.

There appears to be no great plan for tomorrow's security. A popular philosophy is: "Live and enjoy today. The future may not come."

2. *Education.* In most Latin American countries education is compulsory from grades equivalent to kindergarten through grade 6. In some countries the requirement is even higher. Illiteracy is on the decline.

## VOCABULARY EXPANSION

| | |
|---|---|
| **Supongo** que Ud. no puede venir. | *I suppose* |
| **Dígales** que Ud. no puede venir. | *Tell them* |
| El profesor **sugiere** que le ayudemos. | *suggests* |
| **no cree** | *doesn't believe* |
| **Es que** Ud. no me escribe. | *It's that* |
| | *The fact is that* |
| Supongo que tienen una **piscina.** | *swimming pool* |
| **No conviene** que María se case. | *It is not right (not good for her)* |
| **Dudo** | *I doubt* |
| **Parece extraño** | *It seems strange* |
| **Es verdad** que están en casa. | *It is true* |
| **Apuesto que** en fútbol ganamos. | *I'll bet that* |
| **Estoy seguro que** | *I'm sure that* |
| **Espero** que toquen un vals. | *I hope* |
| ¿**Toma** este **remedio** Elena? | *cure, prescription* |
| **Es una lástima** que no saben nadar. | *It's a shame they don't know how to swim.* |
| **Me alegro que** ellos trabajen. | *I'm glad that they are working.* |
| **Siento que** | *I'm sorry that* |
| **Deja que** | *Let (them work)* |
| **Le ruego** que venga temprano. | *I beg of you* |
| **Le aconsejo** | *I advise you* |
| **Puede ser** | *It's possible* |
| **El manda** | *He orders* |
| ¡**Qué raro** que Ud. no la conozca! | *How odd* |
| **Es mejor** | *It's better* |
| **Me opongo a que** Ud. vaya. | *I oppose your going.* |

Note that **tocar** (subjunctive **toquen**) means to play a song or an instrument, while **jugar** (subjunctive **jueguen**) means to play a game.

**The present subjunctive of regular verbs**

The present subjunctive of all regular verbs and of most irregular verbs is formed by adding the following sets of endings to the first person singular stem of the present indicative.

| habl- | | aprend- | | viv- | |
|------|-------|------|-------|------|-------|
| -e | -emos | -a | -amos | -a | -amos |
| -es | [-éis] | -as | [-áis] | -as | [-áis] |
| -e | -en | -a | -an | -a | -an |

**The present subjunctive of irregular verbs**

The following are examples of irregular verbs whose subjunctive stems are derived regularly.

| Infinitive | Present Indicative | Present Subjunctive |
|------------|--------------------|---------------------|
| hacer | hago | haga |
| poner | pongo | ponga |
| decir | digo | diga |
| salir | salgo | salga |
| tener | tengo | tenga |
| venir | vengo | venga |
| caer | caigo | caiga |
| traer | traigo | traiga |
| oír | oigo | oiga |
| conocer | conozco | conozca |

There are six verbs, all very common, whose subjunctive stems cannot be derived in this way. They are:

dar — dé          estar — esté
ir — vaya         haber — haya
ser — sea         saber — sepa

**The present subjunctive of stem-changing verbs**

The following are examples of stem-changing verbs whose subjunctive stems are derived regularly.

| Infinitive | Present Indicative | Present Subjunctive |
|------------|--------------------|---------------------|
| cerrar | cierro | cierre |
| entender | entiendo | entienda |
| volver | vuelvo | vuelva |
| contar | cuento | cuente |
| pensar | pienso | piense |
| perder | pierdo | pierda |
| dormir | duermo | duerma |
| sentir | siento | sienta |
| servir | sirvo | sirva |
| reír | río | ría |
| pedir | pido | pida |

## The subjunctive versus the indicative in the noun clause

A noun clause is a clause which is used as a noun, and it is generally the object of the main verb. It is always introduced by **que**.

| *Main Verb* | *Noun Clause* |
|---|---|
| **Quiero** | **que me enseñen a nadar.** |
| *I want* | *them to teach me to swim* |

A. When the idea of the noun clause is influenced by an expression of desire, hope, like, dislike, approval, or disapproval in the main clause, *the subjunctive must be used.*

Influence exerted: Subjunctive in the noun clause.

Quiero que ella **baile.** *I want her to dance.*
Dígales que **paguen** el refresco. *Tell them to pay for the refreshment.*
No me gusta que **salgan** a pescar. *I do not like them to go fishing.*

B. When the main verb serves only to report what is happening in the noun clause, *the indicative is used.*

Information reported: Indicative in the noun clause.

Yo sé que ella **baila** bien. *I know she dances well.*
Dígales que yo **pago** el refresco. *Tell them that I shall pay for the refreshment.*
Es que Ud. no me **escribe.** *The fact is that you do not write to me.*

*A Caribbean version of the Saturday afternoon hike to a favorite fishing hole is spearfishing in the lukewarm waters off San Juan, Puerto Rico. While these boys' sisters may be at home helping with the weekend cleanup or shopping, the Latin American stress on male independence allows them to march freely down the beach enjoying each other's company.*

Tense Substitution

*Teacher:* Yo sé que ella baila bien.
*Student:* Yo sé que ella baila bien.
*Teacher:* Espero _____.
*Student:* Espero que ella baile bien.

1. Dicen que él viene.
   Quieren _____.

2. Supongo que Ud. no puede venir.
   Siento _____.

3. Dicen que Ud. aprende rápido.
   Desean _____.

4. Dígales que Juan paga el refresco.
   Pídale a Juan que _____.

5. Me parece que salen a pescar.
   No me gusta _____.

6. El profesor sabe que le ayudamos.
   El profesor sugiere _____.

7. Es que Ud. no me escribe nunca.
   Prefiero _____.

8. Supongo que tienen una piscina en casa.
   Me alegro _____.

9. Saben que María se casa con José.
   No conviene que _____.

C. When the main clause expresses a possibility, doubt, or uncertainty regarding what is happening in the noun clause, *the subjunctive is used.*

   Possibility or uncertainty: Subjunctive in the noun clause.

   Es posible que ella me **acompañe.** *It is possible that she will accompany me.*
   Dudo que **tengan** una orquesta. *I doubt they will have an orchestra.*
   ¿Cree Ud. que **vuelvan** temprano? *Do you think they will return early?*

D. When the main clause expresses a certainty regarding what is happening in the noun clause, *the indicative is used.*

   Certainty: Indicative in the noun clause.

   Es cierto que ella me **acompaña.** *It is certain that she is going with me.*
   Estoy seguro que **tienen** una orquesta. *I am sure that they have an orchestra.*
   Creo que **están** en casa. *I believe they are home.*

## Tense Substitution

*Teacher:* Es cierto que ella me acompaña.
*Student:* Es cierto que ella me acompaña.
*Teacher:* Dudo_____.
*Student:* Dudo que ella me acompañe.

1. Es verdad que están en casa.
   Es posible _____.

2. Alicia cree que el agua está fría.
   No creo _____.

3. Apuesto que en fútbol ganamos.
   Es probable _____.

4. Estoy seguro que tienen una orquesta.
   ¿Cree Ud. _____?

5. Dice que sabe bailar.
   Es importante _____.

## Item Substitution

1. Espero que toquen un vals.  *Repitan.*
   _____ vengan temprano.
   _____ no esté enfermo.
   _____ duermas bien.
   _____ hablen español.
   _____ coman bien.
   _____ estudien la lección.

2. Dígale que venga mañana.  *Repitan.*
   _____ venda el coche.
   _____ estudie mucho.
   _____ abra la ventana.
   _____ cierre la puerta.
   _____ baile con ella.
   _____ vuelva temprano.

## Tense Substitution

1. *Teacher:* ¿Estudia la lección Roberto?
   *Student:* No estoy seguro, pero espero que la estudie.

   ¿Toma este remedio Elena?
   ¿Compra el regalo María?
   ¿Paga el refresco Juanita?
   ¿Escucha los programas Ricardo?
   ¿Mira la televisión ella?

2. *Teacher:* ¿Va a comer la ensalada Renaldo?
*Student:* Sí, quiero que la coma.

> vender la casa
> leer el periódico
> aprender la lección
> volver a tiempo
> entender la lección

3. *Teacher:* ¿Puede escribir la carta Samuel?
*Student:* Sí, dígale que la escriba.

> abrir la ventana
> traer el libro
> estudiar la lección
> lavar los platos
> vender las bicicletas

4. *Teacher:* No sé nadar. ¿Quieres enseñarme?
*Student:* Claro, es una lástima que no sepas nadar.

> flotar en el agua
> hablar español
> escribir

## Patterned Response

1. *Teacher:* ¿Prefiere Ud. que venga Margarita mañana?
*Student:* Sí, prefiero que Margarita venga mañana.

> vaya Pancho al cine
> salga yo en seguida
> sea rico el novio
> toquen un vals

2. *Teacher:* ¿Quiere Ud. que me ponga el sombrero?
*Student:* No, no quiero que se ponga el sombrero.

> me acueste tarde
> me levante ahora
> me lave las manos
> me duerma en la clase
> me vista rápido

3. *Teacher:* ¿Es necesario que le paguemos el dinero?
*Student:* Sí, es necesario que Uds. le paguen el dinero.

> le enseñemos a cantar
> le ayudemos con la lección
> le digamos la verdad
> le escribamos una carta
> le acompañemos a casa

Item Substitution

1. Dudo que Uds. estudien mucho.  *Repitan.*
   _____ él _____.
   Me alegro _____.
   _____ aprenda \_\_\_\_\_.
   Deseo _____.
   _____ tú _____.
   _____ hables _____.
   _____ ella _____.
   Siento _____.
   _____ se duerma en la clase.
   Es lástima _____.
   _____ el profesor _____.
   No creo _____.
   Deja _____.

2. Le digo a Ud. que venga temprano.  *Repitan.*
   _____ a Uds. _____.
   _____ salgan _____.
   \_ ruego _____.
   _____ se levanten \_\_\_\_.
   _____ a ti _____.
   \_ aconsejo _____.
   _____ te acuestes \_\_\_\_.
   _____ después de comer.
   _____ duermas la siesta _____.
   _____ juegues al tenis _____.

3. *Use the indicative or the subjunctive as required.*

   Es cierto que él va al centro.  *Repitan.*
   _____ nosotros \_\_\_\_\_.
   Es posible _____.
   _____ ellos _____.
   Puede ser _____.
   _____ Luis _____.
   Me alegro _____.
   _____ Ud. _____.
   El manda _____.
   _____ María _____.
   Espero _____.
   _____ ella _____.
   Parece extraño _____.
   _____ Uds. _____.
   Es verdad _____.
   _____ Juan _____.
   Yo creo _____.
   _____ ellos _____.

4. ¡Qué raro que Ud. no la conozca!   *Repitan.*
   Es mejor _____.
   No importa _____.
   Es bueno _____.

5. Es difícil que lo traigan hoy.   *Repitan.*
   Les mando _____.
   Me opongo a _____.
   Es probable _____.

6. Insisto en que lo oigan.   *Repitan.*
   ¡Qué bueno _____!
   Me alegro _____.
   Prefiero _____.

**The subjunctive with *ojalá* and *tal vez***   Ojalá ("God grant," "I hope") and **tal vez** ("perhaps") are used as words of attitude and therefore require the subjunctive.

Item Substitution

1. Ojalá que ellas no estén enfermas.   *Repitan.*
   _____ el médico _____.
   _____ no me ponga inyecciones.
   _____ dé _____.
   _____ pastillas verdes.
   _____ venga pronto.
   _____ ellos _____.
   _____ llueva mañana.

2. Tal vez él no venga mañana.   *Repitan.*
   _____ ellos _____.
   _____ lleguen _____.
   _____ temprano.
   _____ nosotros _____.
   _____ a tiempo.

3. *Use the indicative or the subjunctive as required.*

   Ojalá que venga pronto.   *Repitan.*
   Es necesario _____.
   Le pido _____.
   Le ruego _____.
   Es cierto _____.
   Tal vez _____.
   Creo que _____.

Sentence Completion

1. La fiesta anoche _____.
2. _____ baile esta noche.
3. ¿Duda Ud. _____?
4. Es posible _____.
5. ¿Cuántos _____?

Question Formation

1. Sí, quiero que él haga el trabajo.
2. No, no me gusta tanto como la rumba.
3. Sí, creo que vuelven hoy.
4. No, no es cierto que estudien mucho.
5. Sí, es posible que me ponga una inyección.

**Controlled Conversation**

*Teacher:*    Dígale a _____ que abra la ventana.
*First Student:*    El profesor quiere que abras la ventana.
*Second Student:*    Bueno, si él quiere, la voy a abrir.

que cierre la puerta.
que escuche el programa esta noche.
que lea el periódico antes de acostarse.
que estudie la lección día y noche.
que compre el regalo en el centro.
que coma la ensalada en seguida.
que tome el jugo de naranja ahora.
que baile la rumba en la clase.
que se levante temprano.
que se lave los dientes después de comer.
que no venga tarde a la clase.
que no vaya al cine esta noche.
que vaya a pescar al lago.
que vaya a nadar en la piscina.
que se acueste temprano esta noche.

**Personalized Questions**

1. ¿Quiere Ud. que le ayude con la lección?
2. ¿Tiene Ud. una caña de pescar?
3. ¿Le parece extraño que no haya trucha en el río?
4. ¿Tiene Ud. piscina en casa?
5. ¿Habrá baile esta noche?
6. ¿Ha nadado Ud. en el océano?
7. ¿Le parece extraño que los estudiantes no estudien mucho?
8. ¿Le gusta la rumba tanto como el «rock»?
9. ¿Duda Ud. que Roberto sepa nadar?
10. ¿Cuándo piensa aprender de memoria todos los verbos irregulares?

*Bowling on the green, a national recreation in many European countries, has been easily transplanted to Argentina, where country bowling gives the men and boys a chance to get together in the spirit of male camaraderie.*

11. ¿Es posible que llueva mañana?
12. ¿Es verdad que Ud. no estudia mucho?
13. ¿Siente Ud. que María esté enferma?
14. ¿Qué hizo Ud. anoche?
15. ¿Cuántos años tendrá Elena?
16. ¿Cree Ud. que Guillermo venga más tarde?
17. ¿Quiere Ud. que yo haga todo el trabajo?
18. ¿Es cierto que Ud. no tiene que trabajar?
19. ¿Quiere Ud. bailar el jarabe tapatío?
20. ¿Quiere comprarnos un refresco?

## Extemporization

### 1. En el lago

*Vocabulary:* fin de semana, amiga, pescar, roca, caña, red, trucha, nadar, zambullirse, traje de baño

*Topic Ideas:*
1. La semana pasada fuimos al lago.
2. Me gusta pescar.
3. No sé nadar.

*Questions:*
1. ¿Habías ido al hospital la semana anterior?
2. ¿Qué hiciste en el lago?
3. ¿Qué usas para pescar?
4. ¿Quieres que te enseñe a nadar?
5. ¿Se puede pescar sin caña?
6. ¿Qué día fuiste al lago?

### 2. La fiesta

*Vocabulary:* orquesta, bailar, tocar, vals, rumba, de vez en cuando, siempre, enseñar

*Topic Ideas:*
1. Una gran fiesta.
2. Me gusta bailar.
3. Los bailes latinos.

*Questions:*
1. ¿A qué hora es la fiesta en la casa de tu amigo?
2. ¿Qué te gustaría bailar, una rumba o un vals?
3. ¿Tocará una rumba la orquesta?
4. ¿Quieres que tu amigo te enseñe a bailar el cha-cha-cha?
5. ¿Habrá baile con orquesta?
6. ¿Bailas siempre la rumba, o de vez en cuando?

**Task Assignments**

1. Tell another student that you swim very well and that you have a pool at home. Ask if he wants you to teach him how to swim. If he says no, talk him into it by telling him all the reasons why he should know how to swim. Be as persistent as you can. If he says yes, make an appointment for a given hour and day and make sure he knows how to get to your house.
2. Find out four things your friend's father wants her to do by asking, "What does your father want you to do?" in Spanish. Report the answer to the group using complete sentences.

PROVERBS

1. A quien le venga el guante, que se lo plante. *If the shoe fits, wear it.*
2. Agua que no has de beber, déjala correr. *If it's not for you, let it alone.*
3. El que se mete a redentor, sale crucificado. *Don't stick your neck out.*
4. No hay mal que por bien no venga. *It's an ill wind that blows nobody good.*

# UNIT 16

## La discoteca

La discoteca se encuentra en un barrio moderno de la ciudad donde hay tiendas muy elegantes. Unos jóvenes de la universidad entran para curiosear.

LUIS — ¡Mira cuántos discos!

JUAN — Me gustaría comprarlos todos.

LUIS — Ahí viene una señorita para vendértelos.

SEÑORITA — Buenas tardes. ¿Qué clase de disco buscan?

JUAN — Buenas tardes. Buscamos ese disco que acaba de grabar Sandro.

SEÑORITA — ¿«Las manos»?

JUAN — Ese mismo. ¿Lo tiene en 33?

SEÑORITA — Lo siento, pero no lo tenemos en 33. Está agotado. Sólo tenemos éste que es en 45, pero no es estéreo.

JUAN — ¡Qué mala suerte! Queremos uno en 33, pero que sea estéreo.

ROBERTO — ¿Tienen Uds. el último álbum de Rafael con las canciones más populares?

SEÑORITA — Creo que lo tenemos entre estos discos de ritmos latinoamericanos.

ROBERTO — ¿Podríamos escucharlo?

SEÑORITA — Por supuesto. Estoy segura que les va a gustar.

JUAN — Si Ud. quiere yo lo pongo.

SEÑORITA — Bueno, pasen a esa cabina.

ROBERTO — ¡Qué maltratado está el disco!

JUAN — Parece que está rayado.

SEÑORITA — Lo siento, no quiero venderles un disco que no esté en buenas
condiciones.

ROBERTO — No, no importa, señorita. De todos modos no tenemos
dinero. Queríamos nada más pasar el rato.

# The Record Shop

The record shop is in a modern district of the city where there are very elegant stores. Some young men from the university enter to look around.

LUIS — Look how many records!

JUAN — I would like to buy all of them.

LUIS — There comes the young lady to sell them to you.

SEÑORITA — Good afternoon. What kind of record are you looking for?

JUAN — Good afternoon. We are looking for that record that Sandro has just recorded.

SEÑORITA — "The Hands"?

JUAN — That's the one. Do you have it in 33?

SEÑORITA — I am sorry, but we don't have it in 33. It's sold out. We only have this one that is in 45, but it isn't stereo.

JUAN — What bad luck! We want one in 33, but in stereo.

ROBERTO — Do you have Rafael's latest album with the most popular songs?

SEÑORITA — I believe we have it among these records of Latin American rhythms.

ROBERTO — Could we listen to it?

SEÑORITA — Of course. I am sure that you will like it.

JUAN — If you wish I will put it on (play it).

SEÑORITA — Fine, go back to that little room.

ROBERTO — How badly treated this record is!

JUAN — It looks like it's scratched.

SEÑORITA — I'm sorry. I don't want to sell you a record that isn't in good condition.

ROBERTO — No, it doesn't matter, miss. Anyway we don't have any money. We just wanted to pass the time.

CULTURAL NOTES

*Music in Latin America.* Latin America has always been rich in folk music, but only lately, and mainly in this century, has there been a significant expression of other kinds of music. Perhaps the most distinguished Latin American composer is the Mexican Carlos Chávez (1899– ). Among his greatest works are: *Toccata mexicana, Sinfonía india,* and the ballet *El fuego nuevo.* His genius has been his unique ability to identify the musical ritual of the Mayas, the Aztecs, and the Incas.

In Argentina two composers are worthy of note: Juan José Castro (1895–1968) and Alberto Ginestera (1916– ). Castro is famous for his opera *Bodas de sangre* and his works for orchestra, which include *Sinfonía argentina* and *Corales criollas.* Ginestera has received fame from *Concierto argentino, Sinfonía porteña* and some important chamber music pieces.

Mention must be made of Heitor A. Villalobos (1881–1959) from Brazil. His music suggests a definite popular or folkloric influence. Among many other pieces he has written *Danzas africanas* and *10 Bachianas brasileiras*. He has achieved a synthesis between Bach and the folklore of his country.

No less prominent are the pianist Claudio Arrau from Chile, the composer Ernesto Lecuona (*Malagueña*) from Cuba, and the conductor Roque Cordero from Panama.

### VOCABULARY EXPANSION

| | |
|---|---|
| Busco un disco que tenga **ritmos latinos.** | *Latin rhythms* |
| **pasodobles.** | *two-step* |
| **música típica.** | *typical (folk) music* |
| ¿Hay una casa por aquí que tenga **ventanas azules?** | *blue windows* |
| **muchos cuartos?** | *many rooms* |

**The subjective versus the indicative in the adjective clause**

An adjective clause is a clause which modifies a noun or a pronoun.

| *Noun* | *Adjective Clause* |
|---|---|

Tengo un **disco**     **que es caro.**

| *Pronoun* | *Adjective Clause* |
|---|---|

Aquí hay **alguien**     **que lo sabe.**

If the noun or pronoun modified is a definite object or person predetermined in the mind of the speaker, the verb of the adjective clause is in the *indicative*. Otherwise it is in the *subjunctive*.

A. A definite object or person: Indicative in the adjective clause.

Tengo un **disco** que **es** de larga duración.     *I have a record which is long playing.*

In the mind of the speaker this is a definite record which is in his possession. Therefore, the verb of the adjective clause is in the indicative mood.

B. Not a definite object or person: Subjunctive in the adjective clause.

Quiero un **disco** que **sea** de larga duración.     *I want a record which is long playing.*

In the mind of the speaker this is a record which he is seeking. He may not find one, or there may not be one. Therefore, the verb of the adjective clause is in the subjunctive mood.

C. Not a definite person: Subjunctive in the adjective clause.

¿Hay un **muchacho** que **diga** la verdad?     *Is there a boy who speaks the truth?*

In the mind of the speaker there is no definite person. This occurs frequently in questions or in negative statements.

Question–Answer

*Compare the following pairs of questions and answers. Practice them until you are able to answer the questions correctly with your text closed.*

1. ¿Quiere Ud. un disco que esté rayado?  *Contesten.*
   No, no quiero un disco que esté rayado.

2. ¿Quiere Ud. el disco que está rayado?
   No, no quiero el disco que está rayado.

3. ¿Vamos a grabar un disco que sea barato?
   Sí, vamos a grabar un disco que sea barato.

4. ¿Trabaja aquí una muchacha que hable inglés?
   Sí, aquí trabaja una muchacha que habla inglés.

5. ¿Hay aquí alguien que hable ruso?
   No, aquí no hay nadie que hable ruso.

6. ¿Compró Ud. ese album que tiene música tropical?
   Sí, compré uno que tiene música tropical.

7. ¿Conoce Ud. a alguien que tenga un tocadiscos?
   Sí, yo conozco a un muchacho que tiene uno.

Patterned Response

1. *Teacher:*  ¿Hay estaciones de radio que toquen sólo valses?
   *Student:*  No, no hay estaciones de radio que toquen sólo valses.

   ¿Tiene Ud. un tocadiscos que toque bien?
   ¿Busca Ud. una novia que sea bonita?
   ¿Hay una casa por aquí que tenga ventanas azules?
   ¿Hay un restorán por aquí donde sirvan helados?
   ¿Le hace falta un auto que sea económico?
   ¿Quiere Ud. comprar un disco que esté rayado?

2. *Teacher:*  ¿Hay estaciones de radio que toquen sólo valses?
   *Student:*  Sí, hay estaciones de radio que tocan sólo valses.

   ¿Hay un muchacho que diga la verdad?
   ¿Tiene Ud. un tocadiscos que toque bien?
   ¿Hay una casa por aquí que tenga ventanas azules?
   ¿Hay un restorán por aquí donde sirvan helados?

Tense Substitution

*Teacher:*  Busco a la señorita que conoce el disco.
*Student:*  Busco una señorita que conozca el disco.

   1. Necesito la muchacha que habla inglés.
   _____ una _____.

2. Prefiero la casa que tiene muchos cuartos.
   _____ una _____.

3. Siempre compras el disco que te gusta más.
   Puedes comprar _____.

4. Ella es la joven que trabaja conmigo.
   Busco una _____.

5. Ud. es el que más aprende.
   Se lo daré al que _____.

## Item Substitution

Busco un disco que tenga ritmos latinos.   *Repitan.*
¿Dónde hay _____?
¿_____ música tropical?
Pongan _____.
_____ música clásica.
Quiero comprar _____.
_____ música contemporánea.
Escuchemos _____.
_____ canciones mexicanas.
Ud. busca _____.
_____ pasodobles.
Luis quiere _____.
_____ muchos tangos.

*Traditional* ritmos latinos *in action in a small San Juan nightclub. Flamenco, actually of Andalusian gypsy origin, is a combination of improvisational flourishes which the guitarist must follow to perfection, all within a traditional disciplinary framework. The ideal male dancer is unquestionably masculine, while his partner usually embodies sensuous femininity.*

Patterned Response

1. *Teacher:*  ¿No hay nadie aquí que hable ruso?
   *Student:*  No, aquí no hay nadie que hable ruso.
   (Sí, ahí va un señor que habla ruso.)

   | | | |
   |---|---|---|
   | sepa bailar rumba | me lo dé | lo compre |
   | pueda hacerlo | me lo traiga | lo lleve |
   | tenga un tocadiscos | me lo diga | lo toque |

2. *Teacher:*  ¿Conoce Ud. a alguien que toque el piano?
   *Student:*  Sí, yo conozco a una señora que toca el piano.
   (No, yo no conozco a nadie que toque el piano.)

   tenga un tocadiscos
   cante bien
   escriba novelas
   diga siempre la verdad
   sea comunista
   trabaje quince horas al día
   hable perfectamente el español

**Indirect commands**

An indirect command always requires the present subjunctive in the third person singular or plural and is always introduced by **que**. The indirect command may be considered an elliptical form with the main clause eliminated.

Quiero **que se vaya.** *I want him to go.*
**Que se vaya.** *Let him go. May he go. Have him go.*

Tense Substitution

1. *Teacher:*  Juan quiere escucharlo.
   *Student:*  Pues, que lo escuche.

   Roberto quiere tocarlo.
   La señorita quiere traerlo.
   Juan quiere comprarlo.
   Luis quiere pagarlo.

2. *Teacher:*  ¿Canto yo o canta él?
   *Student:*  Que cante él.

   | | |
   |---|---|
   | ¿Voy yo o va él? | ¿Toco yo o toca él? |
   | ¿Leo yo o lee él? | ¿Pago yo o paga él? |

3. *Teacher:*  ¿Lo traigo yo?
   *Student:*  No, que no lo traiga.

   | | |
   |---|---|
   | ¿Lo escribo yo? | ¿Lo pido yo? |
   | ¿Lo compro yo? | ¿Lo vendo yo? |
   | ¿Lo lavo yo? | ¿Lo digo yo? |

**The subjunctive in the noun clause—review**

Verb Structure Drills

A. The present subjunctive of **conocer.**

| conozca | conozcamos |
|---------|------------|
| conozcas | [conozcáis] |
| conozca | conozcan |

1. El quiere que *Ud.* lo conozca.  *Repitan.*

   tú, yo, nosotros, ella, Roberto

2. ¿Quiere Ud. que yo lo conozca?  *Contesten.*
   ¿Quiere Ud. que él lo conozca?
   ¿Quiere Ud. que ellos lo conozcan?
   ¿Quiere Ud. que Juan lo conozca?
   ¿Quiere Ud. que nosotros lo conozcamos?
   ¿Quiere Ud. que ella lo conozca?

B. The present subjunctive of **poner.**

| ponga | pongamos |
|-------|----------|
| pongas | [pongáis] |
| ponga | pongan |

1. El prefiere que *yo* no lo ponga ahí.  *Repitan.*

   tú, Uds., Ud., ella, ellos, nosotros

2. ¿Prefiere Ud. que *yo* no lo ponga ahí?  *Contesten.*
   Sí, prefiero que Ud. no lo ponga ahí.

   ¿Prefiere Ud. que él no lo ponga ahí?
   ¿Prefiere Ud. que nosotros no lo pongamos ahí?
   ¿Prefiere Ud. que ella no lo ponga ahí?
   ¿Prefiere Ud. que ellos no lo pongan ahí?
   ¿Prefiere Ud. que Juan no lo ponga ahí?

C. The present subjunctive of **salir.**

| salga | salgamos |
|-------|----------|
| salgas | [salgáis] |
| salga | salgan |

1. Dudo que *él* salga hoy.  *Repitan.*

   Ud., nosotros, ella, ellos, Uds., Juan

2. ¿Cree Ud. que *él* salga hoy? *Contesten.* No, no creo que él salga hoy.
(Sí creo que él sale hoy.)

¿Cree Ud. que nosotros salgamos hoy?
¿Cree Ud. que ellos salgan hoy?
¿Cree Ud. que ella salga hoy?
¿Cree Ud. que María y Juan salgan hoy?

D. The present subjunctive of **caerse** (*to fall down*).

| me caiga | nos caigamos |
|----------|--------------|
| te caigas | [os caigáis] |
| se caiga | se caigan |

1. Temo que *ella* se caiga. *Repitan.*

nosotros, Ud., ellos, Juan, ella

2. ¿No teme Ud. que ella se caiga? *Contesten.* Sí, temo que se caiga.
¿No teme Ud. que nosotros nos caigamos?
¿No teme Ud. que ellos se caigan?
¿No teme Ud. que Juan se caiga?
¿No teme Ud. que él se caiga?

E. The present subjunctive of **traer.**

| traiga | traigamos |
|--------|-----------|
| traigas | [traigáis] |
| traiga | traigan |

1. Dígale (*a él*) que lo traiga en seguida. *Repitan.*

a ellos, a Juan, a Luis, a los chicos, a los dependientes

2. ¿Quiere Ud. que él traiga el dinero? *Contesten.*
¿Quiere Ud. que ellos traigan el dinero?
¿Quiere Ud. que Juan traiga el dinero?
¿Quiere Ud. que los chicos traigan el dinero?
¿Quiere Ud. que el dependiente traiga el dinero?

F. The present subjunctive of **saber.**

| sepa | sepamos |
|------|---------|
| sepas | [sepáis] |
| sepa | sepan |

1. Es urgente que *él* lo sepa cuanto antes. *Repitan.*

Ud., tú, nosotros, ellos, ella

2. ¿Es urgente que él lo sepa ahora? *Contesten.*
¿Es urgente que Ud. lo sepa ahora?
¿Es urgente que ellos lo sepan ahora?
¿Es urgente que ella lo sepa ahora?
¿Es urgente que nosotros lo sepamos ahora?

G. The present subjunctive of **pedir.**

| pida | pidamos |
|------|---------|
| pidas | [pidáis] |
| pida | pidan |

1. Pídale (*a él*) que venga mañana. *Repitan.*

a ella, a Juan, a ellos, a Luis

2. ¿Quiere Ud. que yo le pida el dinero? *Contesten.*
¿Quiere Ud. que ellas le pidan el dinero?
¿Quiere Ud. que Juan le pida el dinero?
¿Quiere Ud. que nosotros le pidamos el dinero?
¿Quiere Ud. que Luis le pida el dinero?

H. The present subjunctive of **hacer.**

| haga | hagamos |
|------|---------|
| hagas | [hagáis] |
| haga | hagan |

1. El insiste en que *Ud.* lo haga ahora. *Repitan.*

yo, Uds., nosotros, Juan, ellos

2. ¿Insiste él en que yo lo haga ahora? *Contesten.*
¿Insiste él en que Ud. lo haga ahora?
¿Insiste él en que nosotros lo hagamos ahora?
¿Insiste él en que Juan lo haga ahora?
¿Insiste él en que ellos lo hagan ahora?

**_Pedir_ versus _preguntar_**

**Pedir** means "to ask for" and refers to a request made of someone to do something or to give something.

**Pídale que venga.** *Ask him to come.*
**Voy a pedirle dinero.** *I am going to ask him for money.*
**Ayer le pedimos cinco dólares.** *Yesterday we asked him for five dollars.*
**Señor Maldonado, le pedimos** *Señor Maldonado, all we ask is a*
**sólo un poco de paciencia.** *little patience.*

Note that **pedir** includes the idea of asking *for* something and does not require the use of an additional word as in English.

*The Angel of Independence statue, bathed in spotlights on Mexico City's Avenida de la Reforma, is a symbolic reminder of Mexican patriotism. Mexico's struggle for independence from Spanish rule is marked by two dates chiseled in stone near the base of the monument: 1810, the first large-scale revolt; 1821, the signing of the independence treaty.*

**Me pidío el coche.** He asked me *for* the car.

**Preguntar** means "to ask" in the sense of requesting information.

**Pregúntele a qué hora viene.** *Ask him what time he is coming.*
**Pregúntele si va al cine.** *Ask him if he is going to the movies.*

**Hacer una pregunta** means "to ask a question."

**El profesor nos hace muchas preguntas.** *The professor asks us many questions.*

*Choose between* **pedir, preguntar,** *and* **hacer preguntas.**

1. I asked him for a pencil.
   Le _____ un lápiz.

2. I want to ask her a favor.
   Quiero _____ un favor.

3. Ask them to speak Spanish.
   _____ que hablen español.

4. They asked me how I was.
   Me _____ cómo estaba.

5. Ask him if he wants to go.
   _____ si quiere ir.

6. He asked me a very difficult question.
   Me _____ una pregunta muy difícil.

7. Did he ask you for money?
   ¿Le _____ dinero?

8. He didn't ask me for anything.
   No me _____ nada.

9. I want to ask a question.
   Quiero _____.

10. Ask her if she wants some ice cream.
    _____ si quiere helado.

## Sentence Completion

1. Busco un libro _____.
2. Tengo un tocadiscos que _____.
3. Prefiero un disco _____.
4. ¿Conoce Ud. a alguien _____?
5. ¿Quiere Ud. que _____?

## Question Formation

1. No me gusta este disco porque está rayado.
2. No, no creo que ella venga.
3. Sí, tenemos un disco que es de larga duración.
4. Yo insisto en que Ud. venga a mi casa.
5. Prefiero música tropical para bailar.

**Controlled Conversation**

Pregúntele a _____ si prefiere una novia que sea bonita.
qué prefiere.
qué busca.
qué le hace falta.
si duda que Juan venga.
si es posible que vaya al centro.
si es probable que Pablo llegue temprano.
si conoce a alguien que hable ruso.
si le gusta la música clásica.
si le gustan las canciones mexicanas.

253

**Personalized Questions**

1. ¿Tiene Ud. muchos discos?
2. ¿Tiene Ud. un tocadiscos que toque bien?
3. ¿Qué música prefiere Ud. para bailar?
4. ¿Conoce Ud. a alguien que toque el piano?
5. ¿A Ud. le hace falta un piano?
6. ¿Busca Ud. un disco que tenga ritmos latinos?
7. ¿Le gusta a Ud. la música tropical?
8. ¿Conoce Ud. a alguien que hable ruso?
9. ¿Quiere Ud. que él conozca a su novia?
10. ¿Prefiere Ud. que yo no lo ponga ahí?
11. ¿Cree Ud. que él salga hoy?
12. ¿No teme Ud. que ella se caiga?
13. ¿Insiste Ud. en que lo haga ahora?
14. ¿Hay alguien aquí que tenga un tocadiscos?
15. ¿No tienen discos que sean económicos?
16. ¿Cree Ud. que ella venga mañana?
17. ¿Duda Ud. que yo tenga veinte años?
18. ¿Quiere Ud. que le preste diez dólares?
19. ¿Cree Ud. que él sepa nadar?
20. ¿Quiere Ud. que se lo traiga?
21. ¿Quiere Ud. que le pida dinero?
22. ¿Qué le hace falta?
23. ¿Qué clase de novia busca Ud.?
24. ¿Qué busca su compañero?
25. ¿Qué clase de auto quiere Ud.?
26. ¿Qué clase de música prefiere Ud.?
27. ¿En qué insiste ella?
28. ¿De qué se alegra Ud.?
29. ¿Voy yo o va él?

**Extemporization**

*1. Los discos*

*Vocabulary:* discoteca, tocadiscos, rayado, preferir, estereofónico, fantástico, álbum, larga duración, grabar

*Topic Ideas:* 1. Tengo un tocadiscos estereofónico.
2. Los discos que más me gustan.
3. Son caros los discos.

*Questions:* 1. ¿Dónde se puede comprar discos aquí?
2. ¿Te gustan los discos estereofónicos?
3. ¿Querrías grabar un disco?
4. ¿Son los discos de 45 de larga duración?
5. ¿Compras discos que no sean estereofónicos?
6. Ese disco se cayó. ¿No temes que esté rayado?

### 2. La música

*Vocabulary:*  clásica, tropical, ritmo, típico, artista, categoría, preferir

*Topic Ideas:*  1. Prefiero la música clásica.
2. La música típica de Latinoamérica.
3. Hay muchos ritmos latinoamericanos.

*Questions:*  1. ¿Te gusta la música clásica o la tropical?
2. ¿Qué ritmo prefieres?
3. ¿Quién es un artista de primera categoría de música clásica?
4. ¿Es Van Cliburn un artista de música tropical?
5. ¿Te gustan los ritmos típicos latinoamericanos?
6. ¿Quién es tu artista preferido?

**Task Assignments**

1. Describe to your friend what kind of a fiancé you are looking for. Name four characteristics or qualities, starting with: *Busco un novio que* . . . .
2. Find out what kind of a record your friend is looking for by mentioning that you would like to find a record that has Latin rhythms.

### PROVERBS

1. Dios los cría y ellos se juntan. *Birds of a feather flock together.*
2. El que a cuchillo mata, a cuchillo muere. *He who lives by the sword, dies by the sword.*
3. Ayúdate que Dios te ayudará. *God helps those who help themselves.*
4. Perro que ladra no muerde. *A barking dog never bites.*

# REVIEW 4

(Units 13–16)

A. *Complete the sentences using* **por** *or* **para** *as required.*

1. Esa carta es _____ mí.
2. Estuvimos ahí _____ cuatro horas.
3. Salió ayer _____ Nueva York.
4. Se lo vendí _____ cien pesos.
5. Necesitamos el traje _____ las siete.

B. *Match corresponding correct answers with the questions.*

1. ¿Cuánto tiempo hace que estudia Ud.?
2. ¿Hace mucho que habla ese señor?
3. ¿Cuánto tiempo hace que no vas al cine?
4. ¿Cuándo vio Ud. esa película?
5. ¿Cuándo lo vio Ud.?

a. La vi hace dos meses.
b. Lo vi hace una hora.
c. Sí, hace más de una hora.
d. Hace una hora.
e. Hace más de un mes que no voy.

C. *Answer the questions according to the example.*

*Example:* ¿Cuándo escribirá Ud. las cartas? **Ya las he escrito.**

1. ¿Cuándo abrirá Ud. la puerta?
2. ¿Cuándo venderá Ud. el caballo?
3. ¿Cuándo se lavará Ud. las manos?
4. ¿Cuándo hablarán ellos?
5. ¿Cuándo saldrá Carlos del hospital?

D. *Answer the questions according to the example.*

*Example:* ¿Comieren Uds. el postre? **No, ya lo habían comido ellos.**

1. ¿Trajeron Uds. el libro?
2. ¿Lavaron Uds. los platos?
3. ¿Salieron Uds. primero?
4. ¿Escribieron Uds. la noticia?
5. ¿Hicieron Uds. la comida?

E. *Answer the questions using the stressed possessive adjectives as in the example.*

*Example:* ¿Es de él esa medicina? Sí, es **suya.**

1. ¿Es de Ud. esa blusa?
2. ¿Es de nosotros ese libro?
3. ¿Son de ellos esas medias?
4. ¿Son de él esos papeles?
5. ¿Es de ella esa camisa?

F. *Give the proper form of the possessive pronoun as in the example.*

*Example:* Este reloj es nuevo.  (Ud.)     **El suyo** es viejo.
    **El de Ud.** es viejo.

1. Estos zapatos son nuevos.  (él)     _____ son viejos.
    _____ son viejos.
2. Estas cámaras son nuevas.  (ella)     _____ son viejas.
    _____ son viejas.
3. Este traje es nuevo.  (nosotros)     _____ es viejo.
    _____ es viejo.
4. Esta falda es nueva.  (ellos)     _____ es vieja.
    _____ es vieja.
5. Estos vestidos son nuevos.  (Ud.)     _____ son viejos.
    _____ son viejos.

G. *Complete the sentences using a form of* **ser** *or* **estar** *as required by the context. Some sentences may take either* **ser** *or* **estar,** *depending on the meaning.*

1. Este lápiz _____ de Ud.
2. El profesor _____ viejo.
3. El estudiante _____ en la clase.
4. Mi padre _____ estudiando español.
5. La puerta _____ abierta.
6. Su novia _____ muy bonita.
7. María _____ de la Argentina.
8. Nuestra casa _____ blanca.
9. Su mamá _____ enferma.
10. Carlos _____ pobre.

H. *Use the indicative or the subjunctive of the verb* **ir** *as required.*

1. Es cierto que él _____ al centro.
2. Deseo que él _____ al centro.
3. Yo creo que él _____ al centro.
4. Es lástima que él _____ al centro.
5. Dígale que él _____ al centro.
6. Ella manda que él _____ al centro.
7. No importa que él _____ al centro.

8. Es verdad que él _____ al centro.
9. Ojalá que él _____ al centro.
10. He oído que él _____ al centro.

I. *Use the subjunctive or the indicative of the verb as required.*

1. Ella es la joven que _____ (trabajar) conmigo.
2. ¿Conoce Ud. a alguien que _____ (tener) un tocadiscos?
3. Quiero un disco que _____ (ser) de larga duración.
4. Busco una novia que _____ (bailar) bien.
5. No hay nadie aquí que _____ (hablar) ruso.

J. *Complete the sentences according to the example.*

*Example:* Luisa es más lista que Juan.
Sí, pero María **es la más lista de todos.**

1. Juana es más inteligente que yo.
Sí, pero estos muchachos son _____ de todos.
2. Este libro es más interesante que el suyo.
Sí, pero aquél es _____ de todos.
3. Su torta es más deliciosa que la mía.
Sí, pero ésta es _____ de todas.
4. Nuestro profesor es más joven que el suyo.
Sí, pero éste es _____ de todos.
5. Estas montañas son más altas que ésas.
Sí, pero aquéllas son _____ de todas.

K. *Complete the sentences using* **de** *or* **que** *as required.*

1. María es más bonita _____ ella.
2. Tengo menos _____ cinco dólares.
3. Aquí hay más _____ veinte estudiantes.
4. No duermo más _____ Ud.
5. Este libro es mejor _____ aquél.

**Culture Capsule**

# El patriotismo en Latinoamérica

En Latinoamérica, como en los Estados Unidos, hay desfiles,[1] demostraciones y programas para celebrar «el Día de la Independencia.» En el caso de ellos, España era la madre patria, y la mayor parte de los países no consiguieron[2] la independencia hasta principios del siglo[3] diecinueve (1810).

Los grandes héroes de allá son José de San Martín y Simón Bolívar, que dieron la libertad a Sudamérica, y Miguel Hidalgo es considerado como el padre de su Patria en México.

Los jóvenes de Latinoamérica se consideran tan «americanos» como nosotros, y sus antepasados[4] vinieron a América en busca de libertad y oportunidad.

Sin embargo, ellos muestran más lealtad[5] para con su propia nación y se consideran primero mexicanos, argentinos o chilenos antes que americanos. Son más nacionalistas que nosotros, y de costumbre[6] se interesan mucho más en la política nacional e internacional que los estudiantes de los Estados Unidos.

[1] **desfiles** *parades*  
[2] **consiguieron** *obtained*  
[3] **del siglo** *century*  

[4] **antepasados** *ancestors*  
[5] **lealtad** *loyalty*  
[6] **de costumbre** *usually*  

## Question–Answer

1. ¿Cuándo consiguieron la independencia la mayor parte de los países latino-americanos?
2. ¿Quiénes son los grandes héroes de Sudamérica?
3. ¿Quién es el «padre de la Patria» en México?
4. ¿Son americanos también los argentinos?
5. ¿Cuál fue la «madre patria» de los latinoamericanos?
6. ¿Se interesa Ud. en la política?
7. ¿Hace Ud. demostraciones políticas como los latinos?

# UNIT 17

## El periódico

La familia Pérez acostumbra leer el periódico después de comer. El Sr. Pérez está conversando con la Sra. Pérez acerca de una noticia que protesta por la falta de confianza entre las naciones del mundo.

SR. PÉREZ — A mí me parece que siempre hay una guerra fría.

SRA. PÉREZ — Tienes razón. Y aunque el presidente vaya al extranjero, dudo que tenga éxito.

SR. PÉREZ — De todos modos tiene que ir para llegar a un acuerdo con los líderes de Europa.

SRA. PÉREZ — Recuerdo bien lo que sucedió la última vez.

SR. PÉREZ — A mi parecer prometen una cosa y hacen otra.

Las dos señoritas Pérez buscan primero la sección social.

MARTA — ¡Fíjate! Pablo y María acaban de casarse.

PILAR — Se me olvidó decirte que telefoneó ella el otro día para despedirse.

MARTA — ¡No me digas! ¡Qué hombre más guapo es ese Pablo!

PILAR — Sí. Se van a México en su luna de miel. No van a volver hasta que hayan visto todo lo interesante.

MARTA — ¡Ay! Yo también voy a casarme cuanto antes con un hombre que tenga mucho dinero.

PILAR — Pues debes apurarte. Ya tienes casi trece años.

Los dos muchachos Pérez no leen más que la sección deportiva.

ERNESTO — ¡Qué barbaridad! Ese Chico Martínez bateó otro jonrón.

DAVID — Y los Atléticos ganan como siempre, ¿no?

ERNESTO — Por supuesto. Y antes de que termine la temporada ganarán el campeonato.

DAVID — ¿No jugaron anoche con los Pumas?

ERNESTO — Sí, y ganaron 6 a 0.

# The Newspaper

The Pérez family is accustomed to reading the newspaper after dinner. Mr. Pérez is discussing with Mrs. Pérez an article that protests the lack of confidence among the nations of the world.

MR. PÉREZ — It seems to me there's always a cold war.

MRS. PÉREZ — You're right. And even though the president is going abroad, I doubt that he will be successful.

MR. PÉREZ — At any rate he has to go in order to reach an agreement with the European leaders.

MRS. PÉREZ — I remember well what happened the last time.

MR. PÉREZ — It seems to me they promise one thing and do another.

The two young Pérez girls look first for the society section.

MARTA — Imagine! Pablo and María just got married.

PILAR — I forgot to tell you that she called the other day to say good-bye.

MARTA — You don't say! What a handsome fellow that Pablo is!

PILAR — Yes. They are going to Mexico on their honeymoon. They aren't returning until they've seen everything of interest.

MARTA — Wow! As soon as possible I am going to marry a man who has lots of money.

PILAR — Well, you'd better hurry. You're almost thirteen now.

The two Pérez boys only read the sports section.

ERNESTO — Good grief! That Chico Martínez hit another home run.

DAVID — And the Athletics are winning as usual, aren't they?

ERNESTO — Of course. And before the season ends they'll win the championship.

DAVID — Didn't they play the Cougars last night?

ERNESTO — Yes, and they won 6 to 0.

**CULTURAL NOTES**

*Newspapers in Latin America.* In Mexico, Cuba, Colombia, Chile, and Argentina, journalism has made a significant contribution for at least 200 years. In Argentina, for example, there are approximately 400 daily newspapers and about 20 count on a circulation in Buenos Aires. Two of the world's most prominent newspapers are *La Prensa* and *La Nación*, both published in Buenos Aires.

In Mexico the somewhat conservative *Excelsior* has a daily circulation of about 110,000 copies; others like the *Novedades* and *La Prensa* are prominent dailies that also enjoy a wide circulation. Both the *Excelsior* from Mexico and *La Prensa* from Argentina are commonly found at many newsstands in the United States. University students studying Spanish usually read the copy subscribed to by their respective university libraries.

In Chile the daily *El Mercurio*, in addition to being one of the oldest newspapers on the continent, still enjoys a wide circulation and great reader interest.

Obviously all the other countries have their own important newspapers. Both morning and evening daily newspapers provide vending opportunities for thousands of people — young boys and old men alike.

In Latin America the newspaper has had over the years three important functions: (1) to keep the public well informed of both domestic and foreign issues, (2) to help determine political opinion and policy, and (3) to help develop and stimulate the intellectual life of the citizenry. Many important literary figures have either managed, written articles for, or had works first published in the newspapers of their countries.

### VOCABULARY EXPANSION

| | |
|---|---|
| ¿Leyó Ud. del **choque de automóviles?** | *automobile accident* |
| | **(chocar** = *to crash*) |
| de la **muerte repentina** de un joven? | *sudden death* |
| la **boda** de nuestros amigos? | *wedding* |
| la **huelga?** | *strike* |
| el **robo?** | *robbery* |
| el **partido de béisbol?** | *baseball game* |

**The subjunctive versus the indicative in the adverbial clause**

A. An adverbial clause is a clause which is introduced by a conjunction and which modifies the verb in the main clause. The following conjunctions always take the *subjunctive*.

| | | | |
|---|---|---|---|
| **antes (de) que** | *before* | **a menos que** | *unless* |
| **para que** | *in order that* | **con tal (de) que** | *provided* |
| **sin que** | *without* | | |

| Main Verb | Adverbial Clause |
|---|---|
| Quiero hacerlo | **antes de que Ud. lo haga.** |
| *I want to do it* | *before you do it.* |

| Main Verb | Adverbial Clause |
|---|---|
| Iré | **para que Ud. vaya también.** |
| *I will go* | *in order that you may go too.* |

### Tense Substitution

1. *Teacher:* ¿Hará Ud. el trabajo?
   *Student:* Sí, quiero hacerlo antes (de) que Ud. lo haga.

| | |
|---|---|
| ¿Comerá Ud. la ensalada? | ¿Estudiará Ud. la lección? |
| ¿Leerá Ud. el periódico? | ¿Pedirá Ud. el dinero? |

2. *Teacher:* ¿Va Ud.?
   *Student:* Sí, voy para que vaya Ud. también.

   | | |
   |---|---|
   | ¿Trabaja Ud.? | ¿Nada Ud.? |
   | ¿Lee Ud.? | ¿Juega Ud.? |
   | ¿Pesca Ud.? | ¿Duerme Ud.? |

3. *Teacher:* ¿Va a leerlo?
   *Student:* Sí, pero no sin que Ud. lo lea también.

   | | |
   |---|---|
   | decirlo | buscarlo |
   | terminarlo | comerlo |
   | llevarlo | estudiarlo |

4. *Teacher:* ¿Entrará Ud. más tarde?
   *Student:* No entraré a menos que Ud. entre también.

   | | |
   |---|---|
   | ¿Saldrá Ud. temprano? | ¿Irá Ud. mañana? |
   | ¿Subirá Ud. ahora? | ¿Vendrá Ud. esta noche? |
   | ¿Volverá Ud. pronto? | ¿Llegará Ud. temprano? |

5. *Teacher:* ¿Bailará Ud.?
   *Student:* Yo bailaré con tal (de) que Ud. baile también.

   | | |
   |---|---|
   | ¿Cantará Ud.? | ¿Trabajará Ud.? |
   | ¿Comerá Ud.? | ¿Comenzará Ud.? |

B. The *indicative* is used with the following conjunctions if the clause refers to something that has already occurred, is presently occurring, or usually occurs. The *subjunctive* is used with these same conjunctions if the clause refers to something that has yet to occur or something regarded as nonfactual.

| | | | |
|---|---|---|---|
| **cuando** | *when* | **aunque** | *although* |
| **hasta que** | *until* | **mientras** | *while* |
| **tan pronto como** | *as soon as* | **después que** | *after* |

1. Something which has yet to occur: Subjunctive in the adverbial clause.

   No comeremos hasta que **llegue** Carlos.
   Le hablaremos mientras **esté** aquí.
   Dígale tan pronto como **venga.**

2. Something regarded as nonfactual: Subjunctive in the adverbial clause.

   Aunque **esté** en casa no hablará con Ud.
   Aunque él lo **diga** no lo voy a creer.

Patterned Response

1. *Teacher:* ¿Cuándo comerán ellos?
   *Student:* Comerán cuando lleguen.

¿Cuándo comeremos?
¿Cuándo comerá Carlos?
¿Cuándo comerán las señoras?

2. *Teacher:* ¿Está en casa Carlos?
   *Student:* Aunque esté en casa no hablará.

   ¿Están en casa ellos?
   ¿Están en casa sus padres?
   ¿Está en casa su mamá?

3. *Teacher:* ¿Se lo dijo él?
   *Student:* Sí, y aunque me lo dijo no lo creo.

   ¿Se lo dijeron ellos?
   ¿Se lo dijo María?
   ¿Se lo dijeron los maestros?

*Of the Latin American countries with large Indian populations, Mexico takes the lead in reducing illiteracy, from 80% in 1910 to 24% in 1970. Still, more schools are needed to provide education to large segments of the rural population. The rise in university attendance is spectacular, and there are now more than 24 institutions of higher learning in the country. These young men study in Mexico City.*

Question–Answer

*Compare the following pairs of questions and answers. Practice them until you are able to answer the questions correctly with your text closed.*

1. ¿Hará él las preguntas? *Contesten.*
   Sí, las hará cuando venga.

   ¿Hizo él las preguntas?
   Sí, las hizo cuando vino.

2. ¿Tomará Juan pastillas verdes?
   Sí, va a tomarlas hasta que se sienta mejor.

   ¿Toma tu hermano pastillas verdes?
   Sí, las toma hasta que se siente mejor.

3. Mientras esté aquí, ¿quiere hablarle?
   Sí, quiero hablarle mientras esté aquí.

   ¿Lee Ud. el periódico mientras come?
   Sí, leo el periódico mientras como.

4. ¿Se lo dirá Ud. tan pronto como llegue?
   Sí, se lo diré tan pronto come llegue.

   ¿Se lo dijo Ud. tan pronto como llegó?
   Sí, se lo dije tan pronto como llegó.

5. ¿Irá Ud. aunque haga mal tiempo?
   Sí, iré aunque haga mal tiempo.

   ¿Va Ud. aunque hace mal tiempo?
   Sí, voy aunque hace mal tiempo.

Structure Substitution

*Teacher:* ¿Qué hacen cuando viene él?
*Student:* ¿Qué harán cuando venga él?

1. Casi siempre estudio en cuanto llego a casa.
   Esta noche estudiaré _____.

2. Lo saludé cuando lo vi.
   Voy a saludarlo _____.

3. No puede aprender si no estudia.
   _____ a menos que _____.

4. Le doy el dinero para comprarlas.
   _____ para que _____.

**The infinitive after prepositions**

Certain conjunctions have corresponding prepositions: **hasta, sin, para, antes de,** etc. After prepositions the infinitive of the verb is always used.

**Después que comen,** ellos leen el periódico.   *After they eat, they read the newspaper.*

**Después de comer,** ellos leen el periódico.   *After eating they read the newspaper.*

Note that the *preposition* + *infinitive* combination is the equivalent of the *preposition* + *–ing* form in English.

## Question–Answer

*Study the following examples until you are able to answer the questions correctly with your text closed.*

1. ¿Va a leer hasta terminar el libro?   *Contesten.*
   Sí, voy a leer hasta terminarlo.

2. ¿Estudia Ud. para prepararse bien?
   Sí, estudio para prepararme bien.

3. ¿Se puede salir bien sin estudiar?
   No, no se puede salir bien sin estudiar.

4. Antes de comer, ¿se lava Ud. las manos?
   Claro, me lavo las manos antes de comer.

## Structure Substitution

*Teacher:*   Voy a leer hasta terminar el libro.
*Student:*   Voy a leer hasta que termine el libro.

1. Lávese las manos antes de salir.
   _____ antes que ___.

2. Lea Ud. la lección para comprender mejor.
   _____ para que _____.

3. No podemos salir sin saberlo ella.
   _____ sin que ella ___.

4. No podemos progresar sin trabajar.
   _____ sin que todos _____.

5. El lo hace a fin de salir bien.
   _____ a fin de que ella _____.

6. No quiere salir hasta aprenderlo.
   _____ hasta que _____.

7. Tenemos que hacerlo antes de llegar él.
   _____ antes de que ___.

*As early as the late eighteenth century, a group of prominent Peruvian journalists and intellectuals published the* Mercurio Peruano *to inform the public of economic and political matters. Peru's long tradition of intellectual ferment has culminated in a rapid increase in literacy, as indicated by this washerwoman who seems to be taking so much delight in the morning edition of the* Ultima Hora.

## Item Substitution

1. Tome Ud. las pastillas hasta que se sienta mejor.  *Repitan.*
   _____ aspirinas _____.
   _____ para que _____.
   _____ remedio _____.
   _____ Uds. _____.
   _____ aunque _____.
   _____ medicina _____.

2. El lo hace tan pronto como viene.  *Repitan.*
   Ellos _____.
   _____ leen _____.
   _____ cuando _____.
   Mi padre _____.
   _____ toma _____.
   _____ está enfermo.
   _____ aunque _____.
   Mi hermano y yo _____.

## Patterned Response

*Teacher:*  ¿Leyó Ud. la noticia de la gran tormenta en el este?
*Student:*  Sí, leí la noticia, pero no me interesó.

| | |
|---|---|
| un choque de automóviles | la huelga |
| la muerte repentina de un joven | el robo |
| la boda de nuestros amigos | el partido de béisbol |

Sentence Completion

1. Cuando yo me case _____.
2. Cuando hace mal tiempo _____.
3. Aunque _____.
4. _____ hasta que llegue Carlos.
5. Tan pronto como_____.

Question Formation

1. Me lo dijo tan pronto como llegó.
2. Dice que hará las preguntas cuando venga.
3. Sí, me levanto sin que lo sepa nadie.
4. No, no me casaré hasta que tenga 25 años.
5. Sí, vamos a estudiar hasta que terminemos la lección.

**Controlled Conversation**

Pregúntele a _____ si va a casarse antes que tenga dieciocho años.
si estudiará hasta que aprenda la lección.
si toma pastillas aunque se sienta bien.
si lee el periódico para informarse.
si se lava las manos antes de comer.
si leyó la noticia del accidente.
si va al hospital cuando está enfermo.
si le pusieron algunas inyecciones el año pasado.
si va a pescar aunque no tenga caña.
si baila cuando la orquesta toca una rumba.
si le presta veinte dólares para que compre un par de zapatos.

**Personalized Questions**

1. ¿No le parece que siempre hay una guerra fría?
2. ¿Puede Ud. aprender sin estudiar?
3. ¿Va Ud. al centro cuando hace mal tiempo?
4. ¿Va Ud. a casarse con un hombre que sea guapo o con uno que tenga mucho dinero?
5. ¿Se levanta Ud. sin que lo sepa su compañera (-o) de cuarto?
6. ¿Por qué le interesa la sección deportiva?
7. ¿Toma Ud. aspirinas cuando le duele la cabeza?
8. ¿Por qué toma Ud. aspirinas?
9. Cuando Ud. se case, ¿irá a México en su luna de miel?
10. ¿Mira Ud. la televisión mientras estudia?
11. ¿Qué hace Ud. cuando está enfermo (-a)?
12. Sin estudiar no se puede salir bien. ¿Por qué?
13. ¿Ha tenido Ud. un choque?
14. ¿Cómo estuvo la boda de sus amigos?
15. A él le gusta un partido de béisbol. ¿Y a Ud.?
16. ¿Estudiará Ud. la lección sin que yo se lo diga?

17. ¿Quiénes ganarán el campeonato de béisbol el año que viene?
18. ¿Por qué lee Ud. la sección social?
19. ¿Va Ud. a casarse antes que tenga veinte años?
20. ¿Conoce Ud. un joven que juegue al béisbol?
21. ¿Qué hará Ud. cuando venga él?
22. ¿Estudiará Ud. esta noche hasta que termine la lección?
23. ¿Piensa Ud. lavarse las manos antes de comer?
24. ¿Puede Ud. salir de casa sin que lo sepa su mamá?

*Soaring toward the sky in Baroque splendor is the Parochial Church of San Miguel de Allende in Mexico. Born of a synthesis rooted in Mexico's Spanish-Indian heritage, the church was reconstructed by Ceferino Gutierrez, a self-taught Indian mason, after he had seen the church's European prototype on a postcard!*

**Extemporization**

### 1. La guerra fría

*Vocabulary:* presidente, extranjero, éxito, naciones, mundo, confianza, acuerdo, líderes, periódico, recordar

*Topic Ideas:*
1. El presidente irá otra vez al extranjero.
2. Dudo que tenga éxito en su viaje.
3. Los líderes del mundo.

*Questions:*
1. ¿Dónde leíste acerca del viaje del presidente?
2. ¿Por qué va el presidente al extranjero?
3. ¿Te parece que llegará a un acuerdo con los líderes?
4. ¿Por qué hay guerra fría?
5. ¿Crees que hacen lo que prometen en esos acuerdos?
6. ¿Recuerdas lo que pasó la última vez?

### 2. El periódico

*Vocabulary:* noticias, sociales, guerra, fría, deportiva, informarse, sección, leer

*Topic Ideas:*
1. El periódico que yo leo.
2. Prefiero leer la sección deportiva.
3. Ayer leí la noticia del casamiento de mi amigo (-a).

*Questions:*
1. ¿Cuándo lee tu familia el periódico, antes o después de comer?
2. ¿Por qué lees el periódico?
3. ¿Qué sección lees primero? ¿Por qué?
4. ¿Te gusta leer las noticias de todas las naciones del mundo?
5. ¿Dónde leíste la noticia del casamiento de tu amigo (-a)?
6. ¿Qué haces después de leer el periódico?

**Task Assignments**

1. Give a two-minute oral report to the group regarding a current newspaper article on your favorite sport.
2. Give a two-minute oral report to the group regarding a current newspaper article on international affairs.

PROVERBS

1. Poco a poco se va lejos. *Little by little, one goes a long way.*
2. Más vale solo que mal acompañado. *It's better to be alone than have to be in bad company.*
3. No hay peor sordo que el que no quiere oír. *There is no one so deaf as he who will not hear.*
4. No es tan fiero el león como lo pintan. *His bark is worse than his bite.*

## DIALOG PATTERNS

# La fiesta

Anoche hubo una gran fiesta con baile, programa y refrescos en casa de ʰ
Suárez...

JULIO — ¡Qué noche más inolvidable hemos pasado! ¿Eh?

PEDRO — Para mí fue un éxito completo.

JULIO — Tú lo dices por las chicas bonitas, ¿no?

PEDRO — Sí, y también por el programa y la banda que estuvo formidabⁱ

JULIO — ¿Quiénes eran esas muchachas que estaban contigo? Quería qᵘ
me presentaras a la rubia.

PEDRO — Quería que la conocieras, pero tú estabas bailando con Eleⁿ
toda la noche.

JULIO — Era urgente que Elena y yo habláramos a solas.

PEDRO — ¡Ah! ¿Sí? ¿Y qué pasó?

JULIO — Bueno... después de tanto tiempo prometió casarse conmigo.

PEDRO — Te felicito. Pero ahora no estás contento. ¿Qué te pasa?

JULIO — Mi papá me dijo que no podía casarme hasta que terminara mi carrera.

PEDRO — Con razón estás triste. Todavía te faltan dos años para terminar tu carrera, ¿no?

JULIO — Sí. Ojalá mi padre la hubiera conocido a Elena anoche.

PEDRO — Es una lástima que no haya podido venir. Elena es una chica fantástica.

JULIO — Sí, papá me pidió que le acompañara, pero yo no iba a perder la fiesta de anoche.

PEDRO — No creo que te hubieras divertido tanto. Bueno, a estudiar y paciencia.

# The Fiesta

Last night there was a big fiesta with dancing, entertainment, and refreshments at the Suárez home . . .

JULIO — What an unforgettable night we spent, eh?

PEDRO — As far as I'm concerned it was a complete success.

JULIO — You say that because of the cute girls, right?

PEDRO — Yes, and also because of the program and the band that was terrific.

JULIO — Who were those girls that were with you? I wanted you to introduce me to the blonde.

PEDRO — I wanted you to meet her, but you were dancing with Elena all night.

JULIO — It was urgent that Elena and I speak alone.

PEDRO — Oh! Yes? And what happened?

JULIO — Well . . . after such a long time she promised to marry me.

PEDRO — Congratulations. But now you're not happy. What's the matter with you?

JULIO — Father told me that I could not marry until I finished my studies.

PEDRO — You have reason to be sad. You still need two years to finish your studies, don't you?

JULIO — Yes. I wish that my father might have met Elena last night.

PEDRO — It's a shame that he wasn't able to come. Elena is a fantastic girl.

JULIO — Yes, father asked me to go with him, but I was not going to miss the fiesta last night.

PEDRO — I don't believe you would have had as much fun. Well, let's study, and have patience.

CULTURAL NOTES

*Holidays.* To enumerate all the holidays, both religious and national, in Latin America would be exhausting. Here, however, are some of the more important ones.

1. *Nochebuena* (Christmas). In Mexico and in Guatemala the *posadas* begin on December 16 and end on Christmas Eve. The *posada* commemorates the journey of Mary and Joseph to Bethlehem and their nightly search for a place to stay. A typical procession includes children carrying a litter decorated with pine twigs which contains statues of Mary riding a burro and Joseph and the angel following. Other people join the procession carrying lighted candles and singing music especially prepared for this event; someone carries a figure of the star of Bethlehem. They stop at a different house on each of the nine nights but are not admitted. Finally on the last night they are admitted amidst great rejoicing and an ensuing celebration.

2. *El día de los inocentes.* December 28 in Latin America corresponds to our April Fools' Day. It is a day of harmless pranks and jokes.

3. *Nochevieja* (New Year's Eve). During the day of December 31 families prepare for evening festivities. At exactly 12 midnight, the town erupts in noise, mainly from firecrackers and noisemakers. Church bells and sirens add to the din, then the "Happy New Year" wish to all. Commonly a big dinner is served and conversation focuses on events of the past year. After dinner the younger people leave to go dancing.

4. *Día de los Reyes*. January 6 is a day of celebration to commemorate the visit of the three wise men to the baby Jesus. This day is used to give gifts and have parties, especially for younger children.

5. *Ferias* (Fairs). Each town or village has a patron saint on whose birthdate there is a cause for a special celebration. Usually the statue of the saint is taken from the church and carried in a procession. Because of a strong Indian influence the fairs often combine the religious and the profane, such as in the custom of burning incense on the steps of the cathedrals in Mexico and Guatemala.

6. *Independence Day*. Gaining independence from Spain was no small event and most countries have their independence day. Mexicans celebrate on September 15 and 16, the Central American countries also on September 15, and Chile on July 28. Argentina celebrates two dates: the proclamation of the Constitution on May 25 and its ratification on July 9.

7. *National heroes*. Colombia, Venezuela, and Panama celebrate Simón Bolívar's birthday on October 28. Cuba celebrates the birthdate of José Martí on January 28. Mexico celebrates the birthday of Benito Juárez, Uruguay that of José Artigas, and Argentina that of General José de San Martín. These men are the heroes of independence and reform in their respective countries.

VOCABULARY EXPANSION

| | |
|---|---|
| ¿No los **pudieron vender?** | *Couldn't they sell them?* |
| Le dije **que lo aprendiera.** | *I told him to learn it.* |
| **que viniera.** | *to come* |
| **que tuviera cuidado.** | *to be careful* |
| **No se los pusieron** (los guantes). | *They didn't put them on* (the gloves). |

**The sequence of tenses**

A. When the verb of the main clause is a direct command or is in the present or future, the verb of the subordinate clause is either in the present subjunctive or the present perfect subjunctive.

| Main Clause | Subordinate Clause |
|---|---|

1. **Dígale**
   direct command

   **que venga.**
   noun clause in present subjunctive

2. **Yo busco un disco**
   present

   **que sea económico.**
   adjective clause in present subjunctive

275

3. **Siento**
present

**que Ud. no haya venido.**
noun clause in present perfect subjunctive*

4. **No podré casarme**
future

**hasta que haya terminado mi carrera.**
adverbial clause in present perfect subjunctive*

B. When the verb of the main clause is in the preterit, the imperfect, the conditional, or any other past tense of the indicative mood, the subordinate clause is in the past subjunctive or the pluperfect subjunctive.

| Main Clause | Subordinate Clause |

1. **Me mandó**
preterit

**que lo hiciera.**
noun clause in past subjunctive

2. **Yo quería**
imperfect

**que Ud. viniera.**
noun clause in past subjunctive

3. **Dijo que iría**
conditional

**en cuanto tuviera tiempo.**
adverbial clause in past subjunctive

4. **Yo temía**
imperfect

**que él no hubiera venido.**
noun clause in pluperfect subjunctive†

C. If the main verb is in the present, the subordinate verb may be in the past subjunctive whenever it expresses something definitely past.

| Main Clause | Subordinate Clause |

**Siento**
present

**que no viniera.**
noun clause in past subjunctive (idea definitely past)

**The past subjunctive**

The past subjunctive of all verbs, regular and irregular, is formed by adding a set of endings to the third person plural stem of the preterit: **habla-ron, aprendie-ron, vivie-ron.** There are two acceptable sets of endings: the **-ra** and the **-se** forms. In the following exercises only the **-ra** forms are used because they are the most universally accepted in spoken Spanish today. Note that the first person plural carries an accent.

The **-ra** endings

| -ra | ´ramos |
| --- | --- |
| -ras | [-rais] |
| -ra | -ran |

The **-se** endings

| -se | ´semos |
| --- | --- |
| -ses | [-seis] |
| -se | -sen |

---

* The present perfect subjunctive is formed by combining the present subjunctive of **haber** with a past participle.
† The pluperfect subjunctive is formed by combining the past subjunctive of **haber** with a past participle.

Verb Structure Drills

A. The past subjunctive of **hablar**.

| hablara | habláramos | hablase | hablásemos |
|---------|------------|---------|------------|
| hablaras | [hablarais] | hablases | [hablaseis] |
| hablara | hablaran | hablase | hablasen |

1. Era urgente que *yo* le hablara (hablase). *Repitan.*

   tú, Ud., ellos, ella, María, Julio, Pedro y Juan

2. ¿Era urgente que Ud. le hablara? *Contesten.*
   ¿Era urgente que María le hablara?
   ¿Era urgente que Pedro y Juan le hablaran?
   ¿Era urgente que ella le hablara?
   ¿Era urgente que ellos le hablaran?

B. The past subjunctive of **aprender**.

| aprendiera | aprendiéramos |
|------------|---------------|
| aprendieras | [aprendierais] |
| aprendiera | aprendieran |

| aprendiese | aprendiésemos |
|------------|---------------|
| aprendieses | [aprendieseis] |
| aprendiese | aprendiesen |

1. Insistió en que *yo* lo aprendiera. *Repitan.*

   tú, Ud., Uds., nosotros, ellos, ella, Juan

2. ¿Insistió él en que Ud. lo aprendiera? *Contesten.*
   ¿Insistió él en que Pedro lo aprendiera?
   ¿Insistió él en que Pedro y María lo aprendieran?
   ¿Insistió él en que ellos lo aprendieran?
   ¿Insistió él en que Uds. lo aprendieran?

C. The past subjunctive of **vivir**.

| viviera | viviéramos | viviese | viviésemos |
|---------|------------|---------|------------|
| vivieras | [vivierais] | vivieses | [vivieseis] |
| viviera | vivieran | viviese | viviesen |

1. Yo dudaba que *él* viviera ahí. *Repitan.*

   Ud., Uds., Juan, tú, ellos, Pedro y María

2. ¿Dudaba Ud. que él viviera ahí? *Contesten.*
   ¿Dudaba Ud. que Pedro y María vivieran ahí?

¿Dudaba Ud. que ellos vivieran ahí?
¿Dudaba Ud. que Julio viviera ahí?
¿Dudaba Ud. que nosotros viviéramos ahí?

**The past subjunctive of irregular verbs**

The following are examples of irregular verbs whose subjunctive stems are derived regularly:

| *Infinitive* | *Preterit* | *Past Subjunctive* |
|---|---|---|
| **decir** | **dijeron** | **dijera** |
| **dar** | **dieron** | **diera** |
| **estar** | **estuvieron** | **estuviera** |
| **hacer** | **hicieron** | **hiciera** |
| **ir** | **fueron** | **fuera** |
| **oír** | **oyeron** | **oyera** |
| **poder** | **pudieron** | **pudiera** |
| **poner** | **pusieron** | **pusiera** |
| **querer** | **quisieron** | **quisiera** |
| **saber** | **supieron** | **supiera** |
| **salir** | **salieron** | **saliera** |
| **ser** | **fueron** | **fuera** |
| **tener** | **tuvieron** | **tuviera** |
| **traer** | **trajeron** | **trajera** |
| **venir** | **vinieron** | **viniera** |
| **ver** | **vieron** | **viera** |

Patterned Response

1. *Teacher:* ¿No lo vieron ellos?
   *Student:* No encontré a nadie que lo viera.

   hicieron          oyeron
   tuvieron          dijeron
   trajeron

2. *Teacher:* ¿Te dieron el dinero?
   *Student:* Sí, el jefe les mandó que me lo dieran.

   ¿Le compraron la leche?
   ¿Le leyeron el contrato?
   ¿Le pidieron los papeles?
   ¿Le sirvieron el chocolate?
   ¿Le trajeron el libro?
   ¿Le dijeron el secreto?

3. *Teacher:* ¿Y los regalos? ¿No los quisieron?
   *Student:* Sí, y yo esperaba que no los quisieran.

   ¿Y el secreto? ¿No lo supieron?
   ¿Y el dinero? ¿No lo tuvieron?

¿Y los libros? ¿No los pudieron vender?
¿Y los primos? ¿No se fueron?
¿Y los padres? ¿No estuvieron allí?
¿Y los zapatos? ¿No se los pusieron?

4. *Teacher:* ¿Ya se levantó Juan?
   *Student:* No sé. Le aconsejé que se levantara.

   ¿Se acostó él?          ¿Se lavó él?
   ¿Se sentó ella?         ¿Se vistió él?
   ¿Se afeitó Carlos?

5. *Teacher:* ¿Lo aprendió Juan?
   *Student:* Creo que sí. Le dije que lo aprendiera.

   ¿Lo trajo Flora?        ¿Lo sirvió Diana?
   ¿Lo leyó María?         ¿Lo hizo Jorge?
   ¿Lo escuchó Carlota?

**The subjunctive in the noun clause —review**

Patterned Response

1. *Teacher:* ¿Compraron ellos el coche?
   *Student:* Sí, porque yo insistí en que lo compraran.

   ¿Escribieron la carta?      ¿Volvieron temprano?
   ¿Tocaron un vals?           ¿Limpiaron la casa?
   ¿Terminaron la carrera?     ¿Vendieron la casa?
   ¿Tomaron la leche?          ¿Hicieron el trabajo?

2. *Teacher:* ¿Vino Anita?
   *Student:* Creo que sí. Le dije que viniera.

   ¿Fue a la fiesta Rita?
   ¿Volvió Felisa?
   ¿Salió Pedro?
   ¿Estudió Renaldo?
   ¿Trabajó Juana?

Item Substitution

1. Cuánto me alegro que Ud. haya venido. *Repitan.*

   _____ él _____.
   _____ María _____.
   _____ ellos _____.
   _____ Uds. _____.

2. Siento que Ud. no haya venido. *Repitan.*

   _____ él _____.
   _____ María _____.
   _____ ellos _____.
   _____ nosotros _____.
   _____ ella _____.

3. Ella me pidió que fuera a visitarle.  *Repitan.*

—— nos ———————————————.

—— le ———————————————.

—— les ———————————————.

—— te ———————————————.

4. Yo temía que ella no volviera.  *Repitan.*

Parecía extraño ——————————.

Era una lástima ——————————.

——————————————— viniera tarde.

Le aconsejé ———————————————.

Querían ———————————————.

——————————————— la conociera.

Yo esperaba ———————————————.

Era posible ———————————————.

——————————————— lo hiciera.

Mandaron ———————————————.

No estaba seguro ——————————.

——————————————— lo creyera.

Sentía mucho ——————————————.

¡Qué lástima ———————————————!

¡——————————————— saliera temprano!

Yo dudaba ———————————————.

No creía ———————————————.

*Although many fiestas in Latin America follow the church calendar, any day can provide an excuse for a* feria, *or fair. Decked out in his own wares — all-purpose spectacles and a garish star-spangled cape — an antique dealer breathlessly anticipates a sale during the* Feria de Artesanías y Antigüedades *in Buenos Aires.*

**The subjunctive in the adverbial clause —review**

Tense Substitution

1. *Teacher:* ¿Fue a la fiesta tu primo?
   *Student:* Creo que no.  Dijo que no iría a menos que fuera Ud. también.

   ¿Salió Juan anoche?　　　　¿Se casó Jorge?
   ¿Bailó ella la rumba?　　　¿Escribió María la lección?
   ¿Trabajó ayer Felipe?　　　¿Jugó Luis al fútbol?

2. *Teacher:* ¿Terminó el trabajo?
   *Student:* Creo que sí.  Dijo que lo terminaría en cuanto tuviera tiempo.

   ¿Hizo el vestido?　　　　¿Compró los regalos?
   ¿Vino Juan?　　　　　　¿Vendió la casa?
   ¿Trajo el auto?　　　　　¿Fue al mercado?

**The subjunctive in the adjective clause —review**

Patterned Response

1. *Teacher:* ¿Buscaba Ud. un muchacho que llevara la maleta?
   *Student:* Sí, yo buscaba un muchacho que llevara la maleta.

   ¿Quería Ud. un disco que no estuviera rayado?
   ¿Buscaba Ud. un hombre que hablara español?
   ¿Prefería Ud. un libro que no costara mucho?

2. *Teacher:* ¿No había nadie que lo supiera?
   *Student:* No, no había nadie que lo supiera.

   que lo trajera　　　　　　que quisiera casarse
   que pudiera hacerlo　　　　que quisiera bailar
   que lo tocara　　　　　　que estuviera triste
   que lo llevara　　　　　　que estuviera alegre
   que tuviera un tocadiscos

Sentence Completion

1. ¿No encontraste a nadie _____?
2. Tú dudabas _____.
3. No había un tocadiscos _____.
4. El tenía _____.
5. Antes de que_____.

Question Formation

1. Sí, allá había alguien que hablaba ruso.
2. No, no le dije que tuviera cuidado.
3. Sí, lo hizo sin que yo le dijera.
4. No, no tenía que volver.
5. Sí, siento que Juan no haya venido.

**Controlled
Conversation**

Pregúntele a _____ si quería que le presentara a la rubia.

si dijo a su amigo que viniera.

si es urgente que Pablo estudie.

si el profesor insiste en que lo aprenda Juan.

si se alegra que sus padres hayan venido.

si temía que su novia (-o) no volviera.

si no había nadie que quisiera casarse.

si puede casarse antes que termine sus estudios.

si le gusta la música de los mariachis.

**Personalized
Questions**

1. ¿No viste a nadie que lo hiciera?
2. ¿No hubo nadie en la fiesta que se divirtiera?
3. ¿No querían que él cantara?
4. ¿Quíen insistió en que ella viniera?
5. ¿No sintió él que lo hubieran hecho?
6. ¿Quién te mandó que fueras al banco?
7. ¿Lo hizo Ud. antes de que volvieran?
8. ¿Buscaba Ud. un señor que hablara español?
9. ¿No había un tocadiscos que tocara bien?
10. ¿No viste a nadie que lo oyera?
11. ¿No encontraste a nadie que quisiera ir?
12. ¿No quería Ud. que lo supiera Ana?
13. ¿No le dijiste que tuviera cuidado?
14. ¿Los llevó para que lo vieran?
15. ¿Tú dudabas que yo pudiera hacerlo?
16. ¿Insistió él en que Ud. lo aprendiera?
17. ¿Dudaba Julio que yo viviera ahí?
18. ¿Era urgente que Ud. le hablara?
19. ¿Le parecía extraño que ella lo hiciera?
20. ¿Esperaba Ud. que Pedro viviera aquí?

**Extemporization**

*1.  La fiesta de anoche*

*Vocabulary:*  baile, programa, refrescos, casa, noche, inolvidable, servir, rubia, presentar, banda

*Topic Ideas:*  1. Anoche conocí a una rubia muy bonita.

2. La música de la banda.

3. Me divertí mucho en el baile de anoche.

*Questions:*  1. ¿En casa de quién fue la fiesta?

2. ¿Era buena la banda?

3. ¿Dónde hicieron la fiesta?

4. ¿Quiénes bailaban?

5. ¿Se divirtieron al estilo americano o al estilo latino?

6. ¿Fue un éxito el baile?

*From Rio's* Carnaval *to Mexico's Day of the Dead, fiesta time fills the Latin American calendar with flower-decked floats, bizarre costumes, fireworks, and village pageants. The clutter of the streamers on this street in Buenos Aires indicates the sense of excitement on New Year's Day.*

### 2. El casamiento

*Vocabulary:*   casarse, terminar, carrera, fiesta, luna, fragancia, jazmín, anoche, bailar, a solas, perder, prometer, romántica

*Topic Ideas:*   1. Una noche inolvidable.
2. No podré casarme hasta que haya terminado mi carrera.
3. Era urgente que yo le hablara a solas.

*Questions:*   1. ¿Cuándo piensas casarte?
2. ¿Te dejaría tu padre casarte a los 17 años?
3. ¿Deseas casarte antes de terminar tu carrera?
4. ¿Es romántico estar con tu novio (-a) en una noche de luna llena?
5. ¿Te gusta bailar?
6. ¿Prometió tu novio (-a) casarse contigo?

**Task Assignments**

1. Find out what your friend's father told her to do, what he ordered her to do, and what she did. Then report to the group.
2. Find out what your friend's mother wanted her to do and then report to the group.

PROVERBS

1. Que con su pan se lo coma. *That's his own affair.*
2. El que espera, desespera. *He who lives in hope dies in despair.*
3. Más vale tarde que nunca. *Better late than never.*
4. Más vale pájaro en mano que cien volando. *A bird in the hand is worth two in the bush.*

**Culture Capsule**

# El jefe¹ de la familia

En Latinoamérica el padre de familia es quien manda.² El es el jefe de la familia como se verá en el siguiente episodio.

John y Mary Jensen de Arizona están viajando en Sudamérica. Jennifer, una amiga de Mary, está casada con José Martínez, y los Martínez viven en el Uruguay. Los Jensen llegan a la casa de los Martínez.

JENNIFER — Tanto gusto en verlos.

MARY — El gusto es nuestro. Y José, ¿dónde está?

JENNIFER — No sé, pero debe llegar pronto, porque ya es hora de comer.

JOHN — Perdón. No queremos molestarlos. Vendremos en otra ocasión.

JENNIFER — De ninguna manera.³ Quiero que Uds. se queden a comer con nosotros.

(Una hora más tarde y José no llega.)

JENNIFER — Ya se está enfriando⁴ la comida y José no llega.

MARY — No importa, nosotros podemos esperar.

(Pasan unos treinta minutos más y José no llega.)

JENNIFER — Me parece mejor⁵ comenzar ya. Uds. deben tener mucha hambre.

(José llega cuando están a medio comer.⁶)

JENNIFER — José, estos son unos amigos que nos han venido a visitar.

JOSÉ — (*Saluda muy serio*) Mucho gusto en conocerlos.

JENNIFER — Voy a calentar⁷ tu comida y te la traigo en un minuto.

(José la sigue a Jennifer a la cocina.)

JOSÉ — (*Con voz airada*⁸) ¿Desde cuándo se sirve la comida en esta casa cuando yo no estoy presente?

JENNIFER — Pero querido, tú no llegabas y la comida se enfriaba.

JOSÉ — ¡No me interesa! ¡En esta casa no se sirve la comida hasta que yo esté sentado a la mesa! ¡Dónde se ha visto semejante disparate!⁹

El padre de familia espera que todos en la casa le hagan saber[10] lo que están haciendo o que le pidan permiso para hacer algo. También espera que todos le tengan mucho respeto y consideración. Cuando se rompe con[11] una de estas costumbres, puede haber problemas, como en este caso.

[1] **jefe** *boss, chief, leader*

[2] **es quien manda** *is the one who commands*

[3] **de ninguna manera** *not at all, by no means*

[4] **ya se está enfriando** *is getting cold*

[5] **me parece mejor** *I think we'd better*

[6] **están a medio comer** *they are halfway through eating*

[7] **voy a calentar** *I am going to warm*

[8] **voz airada** *irate, angry voice*

[9] **semejante disparate** *such a crazy idea*

[10] **que . . . le hagan saber** *that they will let him know*

[11] **cuando se rompe con** *when one deviates from*

## Question–Answer

1. ¿Quién manda en su casa?
2. ¿Quién manda en casa de los Martínez?
3. ¿Cree Ud. que José Martínez le ayude a Jennifer en la cocina?
4. ¿Qué haría Ud. en un semejante caso si fuera José?
5. ¿Qué haría Ud. en un semejante caso si fuera Jennifer?
6. ¿Tiene razón José?
7. ¿Por qué no son como nosotros en el Uruguay?
8. ¿Quién va a ser jefe en su familia cuando se case?

*With the ever-changing role of the female in Latin America, more and more women are attending institutions of higher learning, entering into professions — and participating in sports competition. Here an enthusiastic soccer team from Chile poses for a picture commemorating its latest victory.*

**DIALOG PATTERNS**

## Si yo fuera rico

Andrés y Mariano, amigos desde la juventud, se hallan sentados en el fondo de un café. Están conversando de Pedro, otro amigo desde la niñez.

MARIANO — ¿Sabes que Pedro se sacó la lotería?

ANDRES — ¡No me digas! ¿Cuánto se sacó?

MARIANO — Creo que cinco millones.

ANDRES — ¡Qué suerte! Yo no sé qué podría hacer con tanto dinero.

MARIANO — Yo sí. Lo primero que haría sería irme de este país.

ANDRES — ¿A dónde te irías?

MARIANO — Me compraría una camioneta y me iría por todas las Américas.

ANDRES — ¿Y si tu esposa no te lo permitiera?

MARIANO — Pues ella se quedaría en la nueva casa que le compraría.

ANDRES — ¿Y no regresarías a casa?

MARIANO — A veces, pero estaría viajando por el mundo el resto del tiempo.

$ 5.000.000,00

ANDRES — Y para la humanidad, ¿qué harías?

MARIANO — Fundaría una universidad internacional en donde se enseñaran muchos idiomas.

ANDRES — Ah, yo quisiera asistir a esa universidad.

MARIANO — Y daría muchas becas a los estudiantes pobres para que pudieran asistir.

ANDRES — Está bien, parece que ya tienes todos los planes hechos.

MARIANO — Sí, me estoy preparando para cuando yo me saque la lotería.

ANDRES — Te felicito por esos sueños, pero en vista de que naciste pobre, mejor que sigas pobre.

MARIANO — Buen consejo, pero hablas como los ricos.

# If I Were Rich

Andrés and Mariano, friends since their youth, are seated in the rear of a café. They are discussing Pedro, another childhood friend.

MARIANO — Do you know that Pedro won the lottery?

ANDRES — You don't say! How much did he win?

MARIANO — Five million, I believe.

ANDRES — What luck! I don't know what I would be able to do with so much money.

MARIANO — I do. The first thing I would do would be to leave this country.

ANDRES — Where would you go?

MARIANO — I would buy a station wagon and I would go all over the Americas.

ANDRES — And if your wife would not let you do it?

MARIANO — Well, she would stay in the new house I would buy for her.

ANDRES — And you wouldn't return home?

MARIANO — Occasionally, but I would be traveling around the world the rest of the time.

ANDRES — And for humanity — what would you do?

MARIANO — I would establish an international university where many languages would be taught.

ANDRES — Oh, I would like to attend that university.

MARIANO — And I would give many scholarships to poor students so that they might attend.

ANDRES — That's good. It looks like you already have all your plans made.

MARIANO — Yes, I am preparing myself for the time when I win the lottery.

ANDRES — I congratulate you on those dreams, but in view of the fact that you were born poor, it's better that you remain poor.

MARIANO — That's good advice, but you talk like all the rich people.


CULTURAL NOTES

*Transportation.* Due to varying topographical conditions it is at once obvious that each country in Latin America has developed its unique transportation network. Chief among the various modes of transportation are:

1. *Air travel.* The airplane, or more commonly, the jet, permits a total and effective contact among all the Latin American countries. Many international airlines as well as local government-owned airlines provide for flight schedules adequate to the ever-increasing air travel need. Today the airplane is the principal means of travel between countries.

2. *Railroads.* In Argentina, Mexico, and Chile the railroads figure prominently in fulfilling a transportation need. Buenos Aires and Mexico City both have an ever-expanding and efficient subway system called *el metro.* In many other countries, high mountains, vast forests, and never-ending rivers make a network of railroads almost an impossibility.

*A far cry from the stereotyped South American mode of transportation is this sleek commuter bus in Mexico City. A network of bus and subway lines criss-crosses the sprawling city, assuring rapid and efficient, if a bit crowded, service.*

3. *Buses.* This seems to be the most popular form of public transportation. A vast network of intra-city buses exists in most large urban centers. The fare is very cheap. Some cities have a *servicio nocturno* which covers the same routes as the daytime buses but comes less often and charges double fare; in some places service ends at midnight. Between cities the most popular form of transportation also seems to be by bus. Often the buses of a particular company are all painted in the same colorful way and one recognizes "his" bus not by a number but rather by the color.

4. *Taxis.* In some cities, Mexico City, for example, the taxis are very reasonable. In others, like Guatemala City, they are very expensive. Some cities have what are known as *ruleteros.* These are taxis made from old station wagons that hold about fifteen people. They go from one end of the city to the other, generally passing through the central plaza. A young boy shouts out the route and the price until the taxi is full. Different countries have different variations of this rather common procedure designed to give the customer a chance to share the taxi and also to pay a lower fare. In Mexico City they are called *peseros* and operate on the busiest thoroughfares downtown. The cab driver drives along holding up the index finger of his left hand until the *pesero* is full. The price is always one peso.

VOCABULARY EXPANSION

| | |
|---|---|
| Hay un viento **bárbaro**. | *terrible* |
| Nos ayuda Ud. **a edificarlo**. | *to build it* |
| **¿Puede Ud. estar de vuelta** a las cinco? | *Can you be back* |
| Pregúntele **lo que hace** si tiene sed. | *what he does* |
| Ella no sabe **lo que está haciendo**. | *what she is doing* |
| Es mejor **que sigas pobre**. | *that you remain (continue) poor* |
| **¿Desde cuándo** son amigos? | *Since when* |
| **Ud. no debe enojarse**. | *You should not become angry.* |
| Voy **en avión (jet)**. | *I'm going by plane.* |
| _____ **autobús.** | *bus* |
| _____ **tren.** | *train* |
| _____ **coche.** | *automobile* |

**Present indicative versus past subjunctive after *si* and *como si***

**Como si** (*as if*) is always followed by a past subjunctive form.

> Habla **como si supiera** todo. *He speaks as if he knew everything.*

Depending on the meaning expressed by the "if" clause, either the present indicative or the past subjunctive is used after **si**.

A. When **si** has the meaning "when," the present, imperfect, preterit, or present perfect are normally used.

> **Si llueve**, no iré al centro. (*present*)
> **Si bailo**, me divierto. (*present*)
> **Si tenía hambre**, ¿por qué no comió algo? (*imperfect*)
> **Si ha venido**, dígale que pase a la oficina. (*present perfect*)

B. When **si** has the meaning of "whether," it may be followed by the future, conditional, present, imperfect, or preterit.

> No sé **si vendrán**. (*future*)
> Le pregunté **si sería posible** hacerlo. (*conditional*)
> No sé **si viene**. (*present*)

C. When **si** introduces a clause which suggests something unlikely to happen or something which may be contrary to fact, either the past subjunctive or the pluperfect subjunctive is used. Note that the result clause, or the conclusion, will always be in the conditional or the conditional perfect.

> **Si yo fuera** rico, compraría un avión. (*past subjunctive*)
> **Si hubiera salido** temprano, habría llegado a tiempo. (*pluperfect subjunctive*)

Note that the present subjunctive is *not generally* used after the word **si**.*

---

\* In Mexican usage, however, one may hear **no sé si venga Juan.**

**"If" clauses
—summary**

| Meaning of **si** | Tense |
|---|---|
| 1. "supposing that" "when" | present, imperfect, preterit, present perfect indicative |
| 2. "whether" | future, conditional, present, imperfect, preterit |
| 3. unlikely to happen or contrary to fact | past subjunctive, pluperfect subjunctive |

Tense Substitution

1. *Teacher:*  Si hace mal tiempo, no iré a la fiesta.
   *Student:*  Si hiciera mal tiempo, no iría a la fiesta.

      Si Ud. viene, las verá.
      Si trabajas mucho, ganarás el premio.
      Si Ud. estudia, aprenderá las lecciones.
      Si es necesario, lo harán.
      Si se levanta temprano, estará listo.

2. *Teacher:*  Si no ha venido, lo llamaremos.
   *Student:*  Si no hubiera venido, lo habríamos llamado.

      Si no ha practicado, no bailará bien.
      Si ha llamado por teléfono, nos lo dirán.
      Si ha estudiado, lo sabremos.
      Si ha escrito la carta, la mandará.
      Si ha hecho el trabajo, nos escribirá.

Patterned Response

1. *Teacher:*  ¿Qué hace Ud. si llueve?
   *Student:*  Si llueve me quedo en casa.

      hay un viento helado — me pongo el abrigo
      tiene sueño — me acuesto
      sufre de alergia — tomo pastillas
      tiene hambre — como
      está enfermo — voy a ver al médico

2. *Teacher:*  ¿Qué haría Ud. si lloviera?
   *Student:*  Si lloviera me quedaría en casa.

      hubiera un viento helado — me pondría el abrigo
      tuviera sueño — me acostaría
      sufriera de alergia — tomaría pastillas
      tuviera hambre — comería
      estuviera enfermo — iría a ver al médico

Question–Answer

1. *Teacher:* ¿Qué harías si fueras rico?
   *Student:* Si fuera rico, les daría dinero a los pobres.

   si vivieras en el campo
   si no tuvieras dinero
   si tu amigo saliera con tu novia
   si hubiera guerra
   si tus padres no te mandaran más dinero

2. *Teacher:* Si Ud. fuera el maestro de esta clase, ¿qué haría?
   *Student:* Si fuera el maestro de esta clase, haríamos una fiesta todas las semanas.

   el presidente de los Estados Unidos
   el gobernador de este estado
   millonario
   un artista de cine
   médico

**Softened statements**

The contrast in English between "*Open the door*" and the more polite or "softened" form "*Would you please open the door*" has a counterpart in Spanish. Both the conditional and the past subjunctive tenses are used to "soften" the request. The past subjunctive is generally used with the verbs **querer, poder,** and **deber.**

¿**Pudiera** Ud. acompañarme al banco? *Could you accompany me to the bank?*
¿**Quisiera** Ud. abrir la puerta? *Would you (please) open the door?*

To make a statement:

1. Mild, polite: *use conditional of any verb.*
2. Very polite: *use past subjunctive of* **querer, poder,** *or* **deber.**

Tense Substitution

1. *Teacher:* ¿Puede Ud. acompañarme al banco?
   *Student:* ¿Podría Ud. acompañarme al banco?

   ¿Me vende Ud. el coche?
   ¿Me presta Ud. cinco dólares?
   ¿Tiene Ud. tiempo para hacerlo?
   ¿Nos ayuda Ud. a edificarlo?

2. *Teacher:* ¿Quiere Ud. leerme la noticia?
   *Student:* ¿Quisiera Ud. leerme la noticia?

   ¿Quiere Ud. mandarme las pastillas?
   ¿Quiere Ud. prestarme el dinero?
   ¿Quiere Ud. prepararme la ensalda?
   ¿Quiere Ud. explicarme la situación?

¿Quiere Ud. estudiar la lección?
¿Quiere Ud. levantarse?
¿Quiere Ud. acompañarme al cine?
¿Quiere Ud. esperarme un rato?

3. *Teacher:*   ¿Puede Ud. escribirme una vez a la semana?
   *Student:*   ¿Pudiera Ud. escribirme una vez a la semana?

¿Puede Ud. hacerme el favor de estudiar mucho?
¿Puede Ud. ir a ver a mi padre?
¿Puede Ud. contestar pronto?
¿Puede Ud. decir la verdad?
¿Puede Ud. acostarse a las diez?
¿Puede Ud. venir a verme pronto?
¿Puede Ud. estar de vuelta a las cinco?
¿Puede Ud. llegar temprano?
¿Puede Ud. ayudarme a pescar?
¿Puede Ud. enseñarme a nadar?
¿Puede Ud. prestarme treinta dólares?

4. *Teacher:*   Ud. debe trabajar más.
   *Student:*   Ud. debiera trabajar más.

Ud. debe aprender a bailar.
Ud. debe tomar las pastillas.
Ud. debe acostarse antes de las once.
Ud. debe estudiar tanto ahora como estudiaba el año pasado.
Ud. debe ponerse a dieta.
Ud. no debe esperar tanto tiempo.
Ud. no debe prestarle tanto dinero.
Ud. no debe acompañarle al cine.
Ud. no debe levantarse tan tarde.
Ud. no debe casarse tan joven.

## Choice Question–Answer

Si Ud. se casara, ¿iría a México o al Canadá en su luna de miel?   *Contesten.*
Si Ud. fuera rico, ¿les daría dinero a los pobres o a sus amigos?
Si Ud. tuviera hambre, ¿comería biftec o rosbif?
Si Ud. viviera en el campo, ¿montaría a caballo o iría a pescar?
Si lloviera, ¿se quedaría en casa o saldría a la calle?
Si Ud. viera a su amigo, ¿le diría «¿Qué tal?» o «Hasta luego»?
¿Iría Ud. al cine o al hospital si estuviera enfermo?
¿Bailaría Ud. una rumba o un cha-cha-cha si fuera al baile?
Si alguien le diera un millón de dólares, ¿le daría Ud. las gracias o no lo
    aceptaría?
¿Se levantaría Ud. a las diez o a las doce si estuviera en casa?

*Entrusted with her neighbors' money to pay for the next year's fiesta, this Peruvian woman sits in the marketplace, proudly hanging the bills around her neck and wearing her finest silks.*

*The first part of Mexico City's subway system was completed in 1969 and will eventually extend 26 miles. Subway stations are complete with the typical crowds, newsstands, little shops, and multiple-exit turnstyles. Symbolic pictures accompany the signs for the various stops for those who cannot read — including foreign visitors!*

## Patterned Response

*Teacher:* ¿No vas a estudiar?
*Student:* Si tuviera más energía, estudiaría.

¿No vas a levantarte?
¿No vas a la fiesta?
¿No vas a terminar la carrera?
¿No vas a bailar con Dorotea?
¿No vas a llamar a Carlos?
¿No vas a ir de compras?

## Item Substitution

1. ¿Quiere Ud. pasarme la sal? *Repitan.*
   ¿_____ la mantequilla?
   ¿_____ ayudarme?
   ¿Quisiera _____?
   ¿_____ pagarme?
   ¿Puede _____?
   ¿_____ bailar el cha-cha-cha?
   ¿Podría _____?
   ¿_____ prestármelo?
   ¿Pudiera _____?
   ¿_____ mandármelo?

2. No debe enojarse ahora. *Repitan.*
   _____ hacerlo _____.
   ___ debiera _____.
   _____ aceptarlo ____.
   Deben _____.
   _____ pedirlo _____.
   Debieran _____.
   _____ entrar _____.

## Sentence Completion

1. Voy a casarme cuando _____.
2. Yo iría si _____.
3. Si tenía hambre _____.
4. Quisiera _____.
5. _____ compraría un avión.

## Question Formation

1. Si tuviera dinero iría a Las Vegas.
2. Yo les daría mil dólares a mis padres.
3. Yo viviría en Acapulco.

4. Sí, él podría prestarle cinco dólares.
5. Si tengo sueño me acuesto.

**Controlled Conversation**

Pregúntele a _____ lo que hace si tiene sed.

lo que haría si fuera rico.

lo que haría si fuera presidente estudiantil.

lo que hace cuando hace calor.

lo que hace si está enfermo.

lo que haría si fuera pobre.

si iría a México si se casara.

si se acuesta si tiene sueño.

si puede prestarle cien dólares.

si le gustaría visitar España.

si es que no estudia.

**Personalized Questions**

1. ¿Cuándo debe uno casarse?
2. ¿Por qué dejaría Ud. de trabajar si tuviera mucho dinero?
3. ¿Asistiría Ud. a una universidad que no tuviera exámenes?
4. ¿Cómo va a hacerse famoso Ud.?
5. ¿Debe dar el hombre todo su dinero a su esposa?
6. ¿Quiere Ud. ser millonario?
7. ¿Irá Ud. a España el año que viene?
8. ¿Iría si tuviera bastante dinero?
9. ¿Por qué es tan importante el dinero?
10. Si Ud. fuera rico, ¿qué haría?
11. ¿Quisiera Ud. abrir la puerta?
12. ¿Hay discusiones sobre cuestiones de dinero en su casa?
13. ¿Se compararía Ud. una camioneta para irse por todas las Américas?
14. ¿Vive Ud. como millonario?
15. ¿Qué va a hacer Ud. para la humanidad?
16. ¿Podría Ud. prestarme cinco dólares?
17. Si llueve, ¿va Ud. al centro?
18. Si sufriera de alergia, ¿qué haría Ud.?
19. ¿Es verdad que Ud. estudió anoche?
20. ¿Lo hizo Ud. sin que nadie lo supiera?

**Extemporization**

*1. El amigo pobre*

*Vocabulary:* juventud, café, abogado, ingeniero, sacarse, lotería, falta, sueldo, discusión

*Topic Ideas:* 1. Si ganara más dinero no tendría tantos problemas.
2. Mi amigo es pobre.
3. Mi sueldo no es muy grande.

*Questions:*   1. ¿Desde cuándo son amigos tú y Rafael?
2. ¿Quién es un abogado famoso?
3. ¿Naciste pobre?
4. ¿Piensas que es una desgracia la falta de dinero?
5. ¿Qué haces con tu sueldo?
6. ¿Qué harías si tuvieras dinero?

### 2. Si yo fuera rico (-a)

*Vocabulary:*   dinero, viajar, famoso, consejo, trabajar, camioneta, comprar, visitar, irse, país

*Topic Ideas:*   1. Voy a casarme con una persona que sea rica.
2. Es una desgracia no tener dinero.
3. Si fuera rico (-a) visitaría Europa.

*Questions:*   1. ¿Son ricos los estudiantes?
2. ¿Por qué tienes que trabajar tanto?
3. Si fueras rico (-a), ¿a dónde irías para tus vacaciones?
4. ¿Piensas que es una desgracia tener mucho dinero?
5. ¿Puede comprar un avión una persona rica?
6. ¿Qué harías para la humanidad?

**Task Assignments**   1. Find out four things your friend would do if he were rich. Then report to the group.
2. Find out four things your friend would do if he were poor. Then report to the group.

PROVERBS

1. La experiencia hace al maestro. *Practice makes perfect.*
2. Ojos que no ven, corazón que no siente. *What we don't see doesn't hurt us.*
3. No hay rosas sin espinas. *Every rose has its thorn.*
4. Por mucho madrugar, no amanece más temprano. *No matter how early you get up, you cannot hasten the dawn.*

# UNIT 20

## Una corrida de toros

Alonso lleva a su hermanito Pepe a su primera corrida de toros. Al entrar pueden oír los gritos de los vendedores de helados, Coca-Cola y muchas otras cosas. Alonso guía a su hermanito a sus asientos.

ALONSO — Parece que hemos llegado un poco tarde. ¿Qué te parecen estos asientos?

PEPE — Muy buenos. Desde aquí podremos ver hasta la expresión en la cara de los toreros.

ALONSO — Ya está entrando el desfile. ¡Qué caballos más finos!

PEPE — Sí, y ahí vienen caminando los toreros. ¡Hay tantos!

ALONSO — El primer matador que va a la derecha es El Cordobés.

PEPE — ¿El Cordobés? Es el mejor del mundo, ¿verdad?

ALONSO — Así es. Ya salió el primer toro del toril. ¡Qué animal más feroz!

PEPE — ¡Y qué cuernos más grandes!

ALONSO — Ahí está El Cordobés. Qué bien usa el capote y **qué** hermosos pases. ¡Olé!

PEPE — Esos que entran a caballo, son los picadores, ¿no?

298

ALONSO — Sí, vamos a ver como se portan.

PEPE — ¿Qué hace El Cordobés parado allá?

ALONSO — Tiene las banderillas para clavarlas cuando el toro embista.

PEPE — ¡Qué hermoso! Lo hace con tanta elegancia.

ALONSO — ¡Es el número uno!

PEPE — Ahora se pone de rodillas. Es muy peligroso, ¿verdad?

ALONSO — Claro. ¡Olé! Ahora un pase natural. ¡Olé! Un pase de pecho. ¡Olé! Una saltillera. ¡Olé! Formidable, formidable.

PEPE — ¿Qué hace ahora?

ALONSO — Está dedicando el toro al presidente que está en el palco presidencial.

PEPE — ¿Lo va a matar con la espada?

ALONSO — Sí, y tiene que hacerlo con la primera estocada o no tiene gracia.

PEPE — ¿Viste qué estocada? ¡El Cordobés es el mejor!

# A Bullfight

Alonso takes his little brother Pepe to his first bullfight. As they are entering, they can hear the shouts of the vendors of ice cream, Coca-Cola, and many other things. Alonso guides his little brother to their seats.

ALONSO — It looks like we have arrived a little late. What do you think of these seats?

PEPE — They are very good. From here we will even be able to see the expressions on the bullfighters' faces.

ALONSO — The parade is already starting. What fine horses!

PEPE — Yes, and here come the bullfighters. There are so many!

ALONSO — The first bullfighter on the right is El Cordobés.

PEPE — El Cordobés? He is the best in the world, isn't he?

ALONSO — That's right. Now the first bull has come out of the bull pen. What a fierce animal!

PEPE — And what big horns!

ALONSO — There is El Cordobés. How well he uses the cape and what beautiful passes! Olé!

PEPE — Those who are entering on horseback are the picadores, aren't they?

ALONSO — Yes, let's see how they do.

PEPE — What is El Cordobés doing standing there?

ALONSO — He has the banderillas to thrust when the bull charges.

PEPE — How beautiful! He does it with so much grace.

ALONSO — He is number one!

PEPE — Now he is kneeling. It's very dangerous, isn't it?

ALONSO — Certainly. Olé! Now a natural pass. Olé! A chest pass. Olé! A saltillera. Olé! Terrific, terrific.

PEPE — What is he doing now?

ALONSO — He is dedicating the bull to the president who is in the presidential box.

PEPE — Is he going to kill it with the sword?

ALONSO — Yes, and he must do it with the first thrust or else he doesn't have any skill. (It is not well done).

PEPE — Did you see what a thrust? El Cordobés is the best!

CULTURAL NOTES

*Bullfighting.* Mexico City prides itself on having the largest bullring in the world. There is seating for 100,000 people. In Mexico and Peru bullfighting is as popular as it is in Spain. Due to a temperate climate there are bullfights during most of the year in these two countries. In other countries, such as Venezuela, Colombia, and Guatemala, there is an occasional bullfight. In Argentina and Uruguay bullfighting is simply not permitted.

Bullfighting has long been considered an art as much as, and perhaps even more than, a sport. It pits a man against a beast and allows him opportunities to match wits and energies with a powerful, specially-bred animal. Many spectators imagine themselves in the ring with the bull, and they glory in the superiority of the man able to defend and dignify himself by means of his acquired skills.

VOCABULARY EXPANSION

| | |
|---|---|
| ¿Ya compraste **las entradas**? | *the tickets* |
| ¡**Qué silueta más bonita**! | *What a beautiful figure!* |
| **llamativa**! | *attractive* |
| ¡**Qué bonitas pestañas**! | *What beautiful eyelashes!* |
| **uñas**! | *fingernails* |
| ¡**Qué molestia** que no ha vuelto! | *What a bother* |
| **barbaridad** | *outrage* |
| El torero **muestra** que no tiene miedo. | *shows* |

**Direct and indirect object pronouns — review**

Structure Substitution

1. *Teacher:* Me lo va a comprar.  *Cambien.*
   *Student:* Va a comprármelo.

   Ya lo van a matar.                  Ud. lo está viendo.
   Ud. lo puede ver en la plaza.       Lo están comprando.

2. *Teacher:* Van a comprármelo.  *Cambien.*
   *Student:* Me lo van a comprar.

   Ya van a matarlo.                   Ud. está viéndolo.
   Ud. puede verlo en la plaza.        Están comprándolo.

Question–Answer

1. ¿Te dio Juan el billete?  *Contesten.*   Sí, me lo dio.
   ¿Cuándo te lo dio?                        Me lo dio hace media hora.
   ¿Por qué te lo dio?                       Porque quería dármelo.

2. ¿Antonio te dedicó el toro?               Sí, me lo dedicó.
   ¿Cuándo te lo dedicó?                     Me lo dedicó hace una hora.
   ¿Por qué te lo dedicó?                    Porque quería dedicármelo. .

3. ¿Te pidió Juan la maleta?                 Sí, me la pidió.
   ¿Cuándo te la pidió?                      Me la pidió hace veinte minutos.
   ¿Por qué te la pidió?                     Porque quería pedírmela.

4. ¿Ese señor te compró los dulces?          Sí, me los compró.
   ¿Cuándo te los compró?                    Me los compró hace dos días.
   ¿Por qué te los compró?                   Porque quería comprármelos.

5. ¿Le mostró Pedro los toros?               Sí, me los mostró.
   ¿Cuándo se los mostró?                    Me los mostró hace una semana.
   ¿Por qué se los mostró?                   Porque quería mostrármelos.

6. ¿Antonio le dio las banderillas?    Sí, me las dio.
   ¿Cuándo se las dio?    Me las dio hace dos horas.
   ¿Por qué se las dio?    Porque quería dármelas.

Patterned Response

*Teacher:*   ¿Ya clavaron las banderillas?
*Student:*   Sí, las clavaron hace un rato.

   ¿Ya compraste las entradas?    ¿Ya pidió la maleta?
   ¿Ya mataron el toro?    ¿Ya dedicó el toro?

**The dative of interest**   The indirect object pronoun is commonly used to indicate in whose interest an action is performed.

**Nos** cambiaron el dinero. *They changed the money for us.*
**Me** quitó la entrada. *He took the ticket from me.*

**Commands — review**   Structure Substitution

1. *Teacher:*   ¿Le cierro la puerta?
   *Student:*   Sí, ciérremela, por favor.
          (No, no me la cierre.)

          ¿Le lavo las orejas?
          ¿Le busco el libro?
          ¿Le abro la puerta?
          ¿Le compro un helado?

2. *Teacher:*   Ciérreme la puerta, por favor.
   *Student:*   Se la cierro en seguida.

          Búsqueme el periódico, por favor.
          Láveme las orejas.
          Abrame la ventana, por favor.
          Cómpreme un refresco, por favor.

**Exclamations**   A. Exclamations may follow either of the following two structure patterns.

     **qué** + *Noun* + *Adverb* + *Adjective* — *No verb*
     **¡Qué casa tan (más) rara!**

     **qué** + *Adjective* + *Noun* + *Verb*
     **¡Qué bonitos ojos tiene!**

Item Substitution

1. ¡Qué cosa tan rara! *Repitan.*
   ¡——————— fantástica!
   ¡—— libro ———————!

¡_____ complicado!

¡_____ muchacha _____!

¡_____ aburrida!

¡_____ muchacho _____!

¡_____ interesante!

2. ¡Qué ojos más bonitos! *Repitan.*

¡_____ pelo _____!

¡_____ largo!

¡_____ manos _____!

¡_____ fuertes!

¡_____ muchacho _____!

¡_____ guapo!

¡_____ muchacha _____!

¡_____ bonita!

¡_____ silueta _____!

¡_____ llamativa!

3. ¡Qué bonitos ojos tiene! *Repitan.*

¡_____ manos __!

¡_____ cara _____!

¡_____ dientes _____!

¡_____ pestañas __!

¡_____ uñas _____!

B. A noun clause may either be in the indicative or the subjunctive when it follows an exclamation.

Item Substitution

1. ¡Qué lástima que no ganara! *Repitan.*

¡_____ malo _____!

¡_____ lo aceptara!

¡_____ bueno _____!

¡_____ comprara!

¡_____ suerte _____!

¡_____ contestara!

¡_____ ridículo _____!

¡_____ trajera!

¡_____ horror _____!

2. ¡Qué lástima que no ganó! *Repitan.*

¡_____ malo _____!

¡_____ lo aceptó!

¡_____ bueno _____!

¡_____ compró!

¡_____ suerte _____!

¡————————— contestó!
¡—— ridículo —————!
¡————————— trajo!
¡—— horror —————!

3. ¡Qué bueno que no haya ido!  *Repitan.*
¡————————— asistido!
¡—— suerte —————!
¡————————— pagado!
¡—— molestia —————!
¡————————— vuelto!
¡—— barbaridad —————!
¡————————— escrito!

4. ¡Qué bueno que no ha ido!  *Repitan.*
¡————————— asistido!
¡—— suerte —————!
¡————————— pagado!
¡—— molestia —————!
¡————————— vuelto!
¡—— barbaridad —————!
¡————————— escrito!

*For the* aficionado *in Mexico the bullfight is as exciting an experience as is the Super Bowl for U.S. football fans. And like our quarterbacks, the finest matadors become national idols. Mexico City boasts the largest bullrings in the world: the National Stadium has a capacity of 80,000; the new Olympic Stadium, 100,000.*

Patterned Response

*Teacher:* ¿Quería Ud. que le buscara el libro?
*Student:* Sí, quería que me buscara el libro.

> que le lavara las orejas
> que le abriera la puerta
> que le comprara un helado
> que le cerrara la puerta
> que le dedicara el toro
> que le mostrara las banderillas

Sentence Completion

1. Yo tendría miedo si _____.
2. ¡Qué lástima que _____!
3. Yo soy aficionado _____.
4. Mi papá insistió _____.
5. Ella no quería que _____.

Question Formation

1. Mi deporte favorito es el béisbol.
2. Clavaron las banderillas hace un rato.
3. Juan me la dio.
4. Le dedicó el toro al presidente.
5. Sí, quería que me la buscara.

**Controlled Conversation**

Pregúntele a _____ qué le parece la corrida de toros.
> si le gustaría ser torero.
> si su amigo va a vendérselo.
> qué haría si fuera rico.
> si es aficionado a los toros.
> si su novio (-a) tiene los ojos negros.
> si fue una lástima que no ganáramos.
> quién le dio el dinero.

**Personalized Questions**

1. Si estuviera Ud. en España, ¿iría a la corrida de toros?
2. ¿Le parece un deporte cruel la corrida de toros?
3. ¿No es más brutal el boxeo?
4. ¿Quién es el mejor torero del mundo?
5. ¿Cómo muestra el torero que no tiene miedo?
6. ¿Por qué les gusta esto a los espectadores españoles?
7. ¿Qué tiene de artístico la corrida de toros?
8. ¿Cuánto tiempo hace que no va Ud. a la corrida de toros?
9. ¿No se puede ver la corrida de toros en la televisión?
10. ¿Tendría Ud. miedo de entrar en la plaza de toros si hubiera un toro?

11. ¿Le gustaría más si no mataran el toro?
12. ¿Es Ud. aficionado a los toros?
13. ¿No es artista el torero también?
14. ¿Cree Ud. que los toreros sean tan populares como los grandes futbolistas de los Estados Unidos?
15. ¿Quería Ud. que le comprara las entradas?
16. ¿Quería Ud. que le lavara las orejas?
17. ¿Qué quería Ud. que le mostrara?
18. ¿Por qué insistía Ud. en que él estudiara?
19. ¿Cuándo le dijo Ud. que viniera?
20. Si fuera Ud. rico, ¿a dónde iría?

## Extemporization

### 1. La corrida de toros

*Vocabulary:* matador, torero, desfile, vendedores, asientos, cuernos, miedo, picadores, capote, El Cordobés

*Topic Ideas:*
1. Una corrida de toros.
2. El matador no tiene miedo.
3. Me gustaría ser matador.

*Questions:*
1. ¿En qué países se puede ver una corrida de toros?
2. ¿A qué se le llama el desfile?
3. ¿Dónde se llevan a cabo las corridas de toros?
4. ¿Por qué te gustaría ser torero?
5. ¿Te parece que el matador tiene miedo?
6. ¿Qué son las banderillas?

### 2. Los distintos deportes

*Vocabulary:* béisbol, fútbol, corridas de toros, boxeo, brutal, ganar, asientos, público

*Topic Ideas:*
1. Mi deporte preferido.
2. No me gusta el boxeo.
3. El campeonato de fútbol.

*Questions:*
1. ¿Cuál es tu deporte favorito?
2. ¿Puede decirse que un torero es un artista?
3. ¿Qué asientos prefieres cuando vas a un partido de fútbol?
4. ¿Cuestan mucho dinero las entradas para un partido de béisbol?
5. ¿Eres aficionado a los toros?
6. ¿Quién ganó el campeonato de fútbol?

## Task Assignments

Write an original composition of 100 words on the topic "Mi familia." Tell about the members of your family, the city where you live, and any other items which may be of special interest. After the teacher has made the necessary corrections, memorize it and present it orally in class.

PROVERBS

1. Con la vara que midas, serás medido. *As ye judge others, so shall ye be judged.*
2. Cuando el río suena, piedras lleva. *Where there's smoke, there's fire.*
3. Del árbol caído todos hacen leña. *When you're down, everybody will kick you.*
4. Dime con quien andas, y te diré quien eres. *A man is known by the company he keeps.*

*In eastern Peru aborigine tribes still lead a Stone Age way of life in the tropical jungles of the remote montaña. These people live in small communities, farm by means of primitive technology, hunt and fish with bow and arrow, and make most of their clothing, weapons, utensils, and tools in the way of their ancestors a thousand years ago. Their way of living will no doubt change when Peru seeks to develop its eastern provinces.*

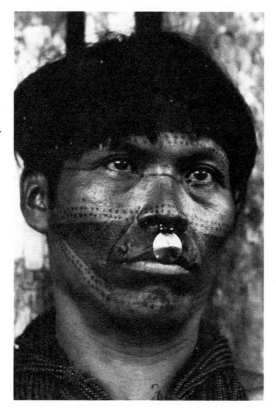

307

# REVIEW 5

A. *Choose the subjunctive or the indicative form of the verb as required by the sentences.*

1. Quiero leerlo antes de que Ud. lo (lea, lee).
2. No comeremos hasta que él (llegue, llega).
3. Se lo dijo tan pronto como (viniera, vino).
4. Ud. irá aunque (haga, hace) mal tiempo.
5. Casi siempre estudio en cuanto (vuelva, vuelvo) a casa.
6. Voy a trabajar para que ellos (trabajen, trabajan) también.
7. No cantaré a menos que tú (cantes, cantas) también.
8. Leo el periódico mientras (coma, como).
9. Lo saludé en cuanto lo (viera, vi).
10. Después que (coman, comen) se acuestan.

B. *Change the verb of the subordinate clause as required by the tense of the main verb.*

*Example:* Ella me pide que vaya a visitarla.
Ella me pidió que **fuera** a visitarla.

1. Temo que ella no venga.
   Temía que ella no _____.
2. Mandaron que él lo hiciera.
   Mandan que él lo _____.
3. Siento que ellos no lo crean.
   Sentía que ellos no lo _____.
4. Buscaba un muchacho que no tuviera miedo.
   Busco un muchacho que no _____ miedo.
5. No hay nadie que quiera casarse.
   No había nadie que _____ casarse.
6. Dudaba que tú pudieras hacerlo.
   Dudo que tú _____ hacerlo.
7. Querían que ella volviera temprano.
   Quieren que ella _____ temprano.
8. Lo hará Ud. sin que nadie le ayude.
   Lo hizo Ud. sin que nadie _____.
9. ¿Asistirá Ud. a una universidad que no tenga examen alguno?
   ¿Asistiría Ud. a una universidad que no _____ examen alguno?
10. Voy a España si tengo bastante dinero.
    Iría a España si _____ bastante dinero.

C. *Reword the sentences, changing the verbs to the preterit and the conditional as in the example.*

> *Example:* María dice que vendrá temprano.
> **María dijo que vendría temprano.**

1. Dices que iremos al teatro.
2. El dice que no podrá salir.
3. Digo que los chicos no se levantarán.
4. Le decimos que no tendrá que venir.
5. Mamá dice que sabremos pronto.

*These market girls from Pisac are descendants of the great Incas. Their language, Quechua, was the language of the Incas and is still spoken by six million Indians in the Andean republics. The Incas dated their origin with Manco Capac, the first Inca ruler, who founded Cuzco in A.D. 1100. Theirs was the last in a series of great cultures, and their empire is considered the highest political achievement of the American Indians.*

D. *Complete the sentences according to the example.*

Example: Luisa dijo que **vendría** pero no **vendrá.**

1. Mi amigo dijo que _____ (volver) pero no _____.
2. El profesor dijo que lo _____ (hacer) pero no lo _____.
3. Uds. dijeron que lo _____ (escribir) pero no lo _____.
4. Papá dijo que lo _____ (ver) pero no lo _____.
5. El novio dijo que _____ (estar) pero no _____.
6. Yo dije que _____ (ir) pero no _____.
7. Luisa dijo que lo _____ (aprender) pero no lo _____.
8. Le dijimos que le _____ (hablar) pero no le _____.
9. Ellos dijeron que _____ (jugar) pero no _____.

E. *Give the two forms of the exclamations as in the examples.*

Example: El libro es fantástico. **¡Qué fantástico es el libro!**
**¡Qué libro tan fantástico!**

1. Esa muchacha es interesante.
2. Los muchachos son fuertes.
3. La casa es rara.
4. Ese libro es aburrido.

F. *Complete the sentences as in the example.*

Example: Si él se casa irá a México.
Si él se **casara iría** a México.

1. Si tengo dinero iré a Las Vegas.
   Si _____ dinero __ a Las Vegas.
2. Si llueve no jugaremos al tenis.
   Si _____ no _____ al tenis.
3. Si vuelve al campo podrá pescar.
   Si _____ al campo _____ pescar.
4. Si se levanta a las diez llegará tarde.
   Si se _____ a las diez _____ tarde.

**Culture Capsule**

# La corrida de toros

En España y en algunos países de Latinoamérica, especialmente en México y en el Perú, la corrida de toros es uno de los espectáculos públicos más populares. El fútbol[1] atrae[2] un mayor número de aficionados[3] y se considera el deporte nacional en la mayoría de los países. La corrida es, sin embargo, más que un deporte, porque incluye más ceremonia y tradición. Es una expresión muy auténtica y característica de la gente de habla española.

La fiesta brava[4] es para los valientes.[5] Un hombre no es digno[6] de tal nombre si tiene miedo de demostrar su coraje.[7] La corrida de toros le ofrece al matador la oportunidad de demostrar su valor.

Si además de ser valiente, el matador puede colocar[8] las banderillas con gracia y facilidad, y hacer que el toro siga la capa, los aficionados lo aclaman con un resonante «olé».

Los admiradores de los matadores demuestran un entusiasmo más fanático por sus favoritos que el que nosotros sentimos por nuestros héroes del fútbol o básquetbol. Para estos aficionados la corrida de toros es una experiencia romántica y fascinante donde sus héroes se cubren[9] de honor y gloria.

[1] **el fútbol** *soccer*
[2] **atrae** *attracts*
[3] **aficionados** *fans or supporters*
[4] **fiesta brava** *bullfight*
[5] **los valientes** *the brave men*

[6] **digno** *worthy*
[7] **coraje** *courage*
[8] **colocar** *to place*
[9] **se cubren** *cover themselves*

## Question–Answer

1. ¿Cuál es el deporte nacional de la mayoría de los países latinoamericanos?
2. ¿Por qué es más que un deporte la corrida de toros?
3. ¿Qué es un valiente?
4. ¿Qué tiene uno que hacer para mostrar que es un hombre entre los españoles?
5. ¿Tienen entusiasmo los aficionados de la corrida de toros?
6. ¿Quiere Ud. ser matador?
7. ¿Tiene Ud. miedo de los toros?

# UNIT 21

## Un viaje

El señor Díaz, un importante hombre de negocios de la ciudad, vuelve a casa al mediodía. Su hija de 17 años sale a su encuentro . . .

SR. DÍAZ — Acabo de hablar con el jefe de la compañía y quizá hagamos un viaje a Guadalajara.

SUSANA — ¡Oh papá! te quiero más que nunca. ¿Cuándo partimos?

SR. DÍAZ — Paciencia, hijita. Es un viaje de negocios y todo depende del contrato con la casa mexicana.

SUSANA — Pues, ahora mismo voy a despedirme de todos mis amigos.

SR. DÍAZ — Hija mía, ¿qué prisa hay? Esta mañana escribí una carta pidiéndoles que me ayudaran con los arreglos del viaje.

SUSANA — ¿Y la mandaste por correo aéreo?

SR. DÍAZ — Claro, y llegará mañana por la mañana.

SUSANA — Papá, ¿iremos en jet?

SR. DÍAZ — Creo que sí, y según me dicen tardaremos solamente cuatro horas en llegar.

SUSANA — ¿Hay una playa cerca de la ciudad donde podré tomar el sol?

SR. DÍAZ — Bueno, el lago de Chapala, el más grande de México, queda a una distancia de treinta millas y es muy bonito.

SUSANA — ¿Vamos a detenernos en Acapulco?

SR. DÍAZ — ¡Caramba, hija! Esa ciudad queda muy lejos de Guadalajara.

SUSANA — Sí, pero mientras estemos allí, vamos a ver todo lo que se pueda, ¿no?

SR. DÍAZ — No se te olvide que no es un viaje de placer sino de negocios.

SUSANA — ¿Para cuándo estaremos de vuelta?

SR. DÍAZ — Tal vez sea posible regresar dentro de quince días.

SUSANA — Tengo grandes deseos de ver todo lo típico de México.

SR. DÍAZ — Me dicen que Guadalajara es una de las ciudades más bonitas de México y que allí se ve no solamente lo colonial sino lo moderno también.

313

# A Trip

Mr. Díaz, an important businessman in the city, returns home at noon. His seventeen-year-old daughter comes out to meet him . . .

SR. DÍAZ — I have just talked with the head of our company and perhaps we'll take a trip to Guadalajara.

SUSANA — Oh, papa, I love you more than ever. When are we leaving?

SR. DÍAZ — Patience, daughter. It's a business trip and everything depends on the contract with the Mexican firm.

SUSANA — Well, I'm going to say good-bye to all my friends right now.

SR. DÍAZ — My dear girl, what's the hurry? I wrote a letter this morning asking them to help me with the arrangements for the trip.

SUSANA — And did you send it by airmail?

SR. DÍAZ — Of course, and it will probably get there tomorrow morning.

SUSANA — Papa, will we go by jet?

SR. DÍAZ — I think so, and according to what they tell me it will only take us four hours to get there.

SUSANA — Is there a beach near the city where I can sunbathe?

SR. DÍAZ — Well, Lake Chapala, the largest in Mexico, is about thirty miles away and it's very pretty.

SUSANA — Are we going to stop in Acapulco?

SR. DÍAZ — Good grief, child! That city is very far from Guadalajara.

SUSANA — Yes, but while we're there, let's see everything possible, right?

SR. DÍAZ — Don't forget it's not a vacation trip but a business trip.

SUSANA — When will we be back?

SR. DÍAZ — Perhaps it will be possible to return in two weeks.

SUSANA — I'm so anxious to see everything that is typical of Mexico.

SR. DÍAZ — They say that Guadalajara is one of the prettiest cities in Mexico and that there you see not only things from the colonial period but also modern things.

**The subjunctive with *ojalá, tal vez,* or *quizá* — review**

A. The word **ojalá** is used with the past subjunctive to mean "I wish." It is sometimes followed by **que**, but more often than not this word is omitted. It is also used with the past perfect subjunctive.

**Ojalá (que) vinieran** mañana. *I wish they would come tomorrow.*
**Ojalá (que) no hubiera** venido. *I wish he had not come.*

Tense Substitution

1. *Teacher:* El no está aquí.
   *Student:* Ojalá que estuviera aquí.

   Ella no baila ahora.
   El no toca el piano.
   No hacemos un viaje.

No me ayudan a hacerlo.
No se acuestan temprano.
El no dice todo.
Ellos no regresan mañana.
No me escribe todos los días.

2. *Teacher:*  El estaba enfermo.
   *Student:*  Ojalá no estuviera enfermo.

          Sabían la verdad.
          Ellos salían a la calle.
          Ellos se levantaban tarde.
          Llovía esta mañana.
          Entendían lo de Juan.

3. *Teacher:*  No íbamos en jet.
   *Student:*  Ojalá fuéramos en jet.

          No tenía mucho dinero.
          No podíamos llegar a las ocho.
          El no nos hablaba directamente.
          Ella no era muy bonita.

Patterned Response

1. *Teacher:*  ¿Viene él mañana?
   *Student:*  Ojalá que viniera.

          ¿Está Ud. bien?
          ¿Tiene él tiempo para hacerlo?
          ¿Hay baile esta noche?
          ¿Puede ella venderlo?

2. *Teacher:*  Juan no vino.
   *Student:*  Ojalá hubiera venido.

          No estudió.
          No regresó.
          No ganó.
          No escribió.
          No estuvo.
          No salió.

B. Both **tal vez** and **quizá** mean "perhaps." Normally when these words follow the verb, the verb is in the indicative. When they precede the verb, the verb may be either in the indicative or in the subjunctive. The subjunctive merely expresses greater uncertainty than does the indicative.

    Me **escribe** mañana, **tal vez.** *He will write to me tomorrow perhaps.*
    **Tal vez** no esté aquí. *Perhaps he may not be here.*

*Passengers and bystanders, including tourists from many different parts of the world, await a jet departure from La Paz International Airport in Bolivia. South America has become a popular place to visit, especially for Europeans.*

## Subject Substitution

1. Tal vez *él*\* llegue mañana.  *Repitan.*
   ellos, nosotros, ella, Uds., yo, Ud.

2. Quizá *ellos* hagan un viaje.  *Repitan.*
   Ud., nosotros, Uds., tú, tus amigos, él

## Tense Substitution

1. *Teacher:*  Tal vez venga esta noche.
   *Student:*  Viene esta noche, tal vez.

   Tal vez venda el coche.
   Tal vez no esté aquí.
   Tal vez vuelva mañana.
   Tal vez la conozcan.
   Tal vez tenga bastante dinero.

2. *Teacher:*  Quizá escriba mañana.
   *Student:*  Escribe mañana, quizá.

---

\* Subject pronouns are not to be used in the pattern sentences.  They are given here only as cues.

Quizá llame ahora.
Quizá pueda ir.
Quizá no vayan ahora.
Quizá no sepamos todo.
Quizá no diga la verdad.

Patterned Response

1. *Teacher:*　¿Sabe Ud. si va a llover?
   *Student:*　No sé.  Tal vez llueva mañana.

   vienen sus amigos
   está abierto este restorán
   sale Juan del país
   vuelve Carlos
   lo vende

2. *Teacher:*　¿Ya lo hizo?
   *Student:*　No estoy seguro.  Quizá lo haya hecho.

   gastó el dinero
   aprendió ella a nadar
   fue al baile
   se casaron ellos
   se acostó

## The conjunctions *pero* and *sino*

The two common Spanish words for the conjunction "but" are **pero** and **sino**. **Pero** means "but" in the sense of "nevertheless." **Sino** means "but" in the sense of "on the contrary"; it is used when the first part of the sentence is negative and the second part contradicts it.

Quiere casarse, **pero** no tiene dinero.　　*He wants to get married, but he doesn't have any money.*

**No** es español **sino** mexicano.　　*He is not a Spaniard but a Mexican.*

Patterned Response

1. *Teacher:*　¿Le gusta hablar español?
   *Student:*　Sí, me gusta hablar español pero es muy difícil.

   bailar una rumba　　　jugar al tenis
   flotar en al agua　　　montar a caballo

2. *Teacher:*　¿Vienes esta noche?
   *Student:*　No, pero es posible que mi hermano venga.

   ¿Te vas mañana?　　　¿Te quedas ahora?
   ¿Sales esta tarde?　　　¿Llegas tarde?

3. *Teacher:*  ¿Es nuevo su vestido?
   *Student:*  No, señor, no es nuevo sino muy viejo.

   rico el profesor — pobre
   tonto Renaldo — inteligente
   fea Catalina — bonita
   difícil el español — fácil
   pequeño el muchacho — grande

4. *Teacher:*  ¿Les gusta estudiar?
   *Student:*  No, no les gusta estudiar sino divertirse.

   viajar — quedarse en casa
   ir en jet — en coche
   pescar — cazar
   jugar al tenis — al golf
   ir a la playa — a las montañas

## Question–Answer

Voy a hacer un viaje a España.  ¿Y usted?  *Contesten.*
Iré en jet.  ¿Y usted?
El quiere a su novia.  ¿Y usted?
Mañana por la mañana vamos a la playa.  ¿Y usted?
Le gusta a Carlos hablar español.  ¿Y a usted?
Pepe estudia mucho pero Juan no estudia nada.  ¿Y usted?
El nació rico.  ¿Y usted?
Ella dijo que en caso de que hiciera frío no saldría de casa.  ¿Y usted?
El dijo que si tuviera hambre, comería.  ¿Y usted?
Ricardo dice que tal vez no venga a la clase mañana.  ¿Y usted?

## Item Substitution

Si usted hace un viaje, ¿irá en jet?  *Repitan.*
___ tú _____?
_____ hicieras _____?
_____ coche?
___ nosotros _____?
_____ tuviéramos dinero _____?
___ Uds. _____?
_____ al cine?
_____ tiempo _____?
___ él _____?
_____ campo?
_____ pudiera _____?
_____ ¿viviría en el _____?
___ Ud. _____?
_____ la ciudad?

— ella _____ ?

_____ quisiera _____ ?

_____ ¿se divertiría _____ ?

— ellas _____ ?

_____ el parque ?

**Controlled Conversation**

1. Pregúntele a _____ si va a hacer un viaje a México.

   si tiene deseos de hacer un viaje.

   si mandó las cartas por correo aéreo.

   si ha tomado sol en la playa.

   si se levantó a las seis.

   si ha trabajado de noche.

   si habrá partido de fútbol el sábado.

   si cree que el profesor sea rico.

   si se le olvidó que tiene que aprender todos los verbos irregulares.

   si es tonto Roberto.

2. *Teacher:*      Dígale a _____ que tiene que estudiar más.

   *First Student:*      _____ , tienes que estudiar más.

   *Second Student:*      Sí, ya sé. Tengo que estudiar más.

   que no debiera divertirse tanto.

   que debe levantarse a las seis todas las mañanas.

   que debiera hacer el viaje el sábado y no el domingo.

   que tiene que mandar la carta por correo aéreo.

   que tendrá que acompañarle a Ud. al dentista después de la clase.

   que no debiera casarse hasta tener veintiún años.

   que debiera ganar mucho dinero durante el verano.

**Personalized Questions**

1. Si Ud. hace un viaje a Nueva York, ¿cuánto tiempo tardará en llegar ?
2. ¿Por qué va Ud. a la playa ?
3. ¿Cuándo va Ud. a casarse ?
4. ¿Ha escrito Ud. cartas a personas de otros países ?
5. ¿Es rico el profesor ?
6. ¿Se le olvidó estudiar anoche ?
7. ¿Ha hecho Ud. un viaje a México ?
8. ¿Qué se debe hacer en un viaje ?
9. ¿Es fácil el español ?
10. Si Ud. tuviera mucho dinero, ¿qué clase de automóvil compraría ?
11. ¿Por qué se manda una carta por correo aéreo ?
12. Si Ud. va a casa, ¿cuándo estará de vuelta ?
13. ¿Queda lejos del centro la universidad ?
14. ¿Es tonto su novio ?
15. ¿Le gusta jugar al tenis ?
16. ¿Sabe Ud. si su amigo viene mañana ?

17. Si Ud. hiciera un viaje, ¿iría en jet?
18. ¿Habrá partido de béisbol este fin de semana?
19. ¿Es verdad que Ud. es muy rico?
20. ¿Va Ud. al cine aunque tiene que estudiar?

**Extemporization**

**1. El correo**

*Vocabulary:* escribir, cartas, jet, rápido, extranjero, amigos, mandar, padres

*Topic Ideas:*
1. Una carta de mi papá.
2. Ayer le escribí a mi mamá.
3. Tal vez mi novio (-a) escriba mañana.

*Questions:*
1. ¿Les escribes a tus padres todas las semanas?
2. ¿Cuántas cartas les escribes en una semana?
3. ¿Mandas las cartas por correo aéreo o regular?
4. ¿Cuándo mandas las cartas por correo aéreo?
5. ¿Por qué van las cartas al extranjero en jet?
6. ¿Cuándo le escribes a tu novio (-a)?

**2. Un hombre de negocios**

*Vocabulary:* ciudad, México, negocios, despedirse, Acapulco, arreglos, jet, tardar, playa, detenerse, placer, regresar, típico

*Topic Ideas:*
1. Nuestro viaje a México.
2. Mi papá es hombre de negocios.
3. Ojalá fuéramos a Acapulco.

*Questions:*
1. ¿Es tu padre el jefe de la compañía?
2. ¿Cuándo irás de viaje a Sudamérica?
3. ¿Qué ciudades visitarás?
4. ¿Quién te ayudará con los arreglos del viaje?
5. ¿Cuánto tardarás en llegar a Acapulco?
6. ¿Qué piensas ver en Sudamérica?

**Task Assignment**

Write an original composition of 100 words on the topic "Lo que hice durante las vacaciones." Tell about the most exciting things you did or the places you visited. After the teacher has made the necessary corrections, memorize it and present it orally in class.

**Reading**

# Lo mismo da[1] (adapted)

JAVIER DE VIANA

*Javier de Viana (1868–1926) was from Uruguay. Early in his life he lived on a ranch among gauchos. He moved to Montevideo and there studied languages and medicine and served a short term in the Parliament. In 1904 he became a voluntary exile to Buenos Aires. He gained fame as a short story writer and became one of the most vigorous regionalists America has produced. Local terms and descriptive detail abound in his writings.*

### Part One

El rancho[2] de don Tiburcio en una tarde de sol parecía un animal grande y negro, pasando la siesta a la sombra[3] de dos higueras frondosas.[4] El viento de las pampas hace muchos años le torció[5] el techo[6] y fue a quedar[7] como un sombrero inclinado sobre la oreja.

No había por qué arreglar el techo porque servía lo mismo y ya era muy viejo don Tiburcio. Y además, el pelo de la res[8] no influye en el sabor[9] de la carne.[10]

Lo mismo[11] pensaba Casimira, su mujer, una viejecita que era indiferente a todo mientras que podía gruñir a gusto.[12]

Y Maura, la chiquilina,[13] encontraba más bello el rancho así. Maura era linda, era fresca y era alegre.

Sin embargo, en aquel domingo de otoño, la chiquilina se agitaba[14] en singular preocupación. Tan preocupada se hallaba junto al fogón[15] de la pequeña cocina, que la leche puesta a hervir[16] en el caldero,[17] subió y cayó en las brasas.[18] Doña Casimira le gritó desde el patio:

— ¡Que se quema la leche,[19] avestruza! . . .[20]

Maura atendió en seguida,[21] porque su madre la llamaba a veces perra,[22] a veces animala, pero cuando le decía avestruza, es que estaba furiosa, y casi siempre acompañaba el insulto con una bofetada.[23]

*The Andes form the most extensive high mountain system in the world, stretching over 4,000 miles from the shores of the Caribbean to Tierra del Fuego in Argentina. In elevation the Andes are exceeded only by the Himalayas. Despite the difficulty of life at high altitudes, the principal civilizations of South America prior to the Spanish conquest developed in the Andean region.*

En realidad, tenía muchos motivos la chica para encontrarse preocupada; ese mismo domingo, llegada la noche, debía abandonar aquellos tres viejos queridos — su padre, su madre y el rancho.

Pero había más; había una duda atroz[24] penetrando su pequeño cerebro.[25] ¿Amaba realmente a Liborio? . . . Evocando su imagen, le parecía que sí; pero le ocurría que, al evocarla, también se presentaba, sin ser llamada, la imagen de Nemesio.

Liborio la seducía[26] con su pelo colorado, con su voz[27] más dulce[28] que la miel y con su fama de peleador[29] de policías.

Nemesio era casi indio y feo de un todo.[30] Hablaba muy poco y casi no se le entendía lo que hablaba. Tenía un cuerpo grandísimo y una cabecita chiquita y redonda.[31]

Pero Nemesio era sargento de policía. La chaqueta militar y el sable le daban un prestigio acentuado por los dos hombres que siempre, en todas partes, trotaban respetuosamente a su retaguardia.[32]

El sargento y el bandolero[33] codiciaban[34] con idéntico apetito a la chiquilina de don Tiburcio y ella no sabía por quién decidirse. Pero Liborio, más atrevido,[35] sin duda, le dijo el lunes que el domingo la iba «a sacar». Y ella . . . ¿qué iba a hacer? . . . aceptó no más.

[1] **lo mismo da** *it makes no difference*
[2] **rancho** *house*
[3] **sombra** *shade*
[4] **higueras frondosas** *leafy figtrees*
[5] **torció** *twisted*
[6] **techo** *roof*
[7] **fue a quedar** *came to rest*
[8] **res** *cattle*
[9] **sabor** *savor*
[10] **carne** *meat*
[11] **lo mismo** *the same*
[12] **gruñir a gusto** *grumble at will*
[13] **chiquilina** *young girl*
[14] **se agitaba** *got excited*
[15] **fogón** *fireplace*
[16] **puesta a hervir** *put on to boil*
[17] **caldero** *kettle*
[18] **brasa** *live coal*

[19] **¡Que . . . leche!** *The milk is burning!*
[20] **avestruza** *stupid fool*
[21] **en seguida** *immediately*
[22] **perra** *dog*
[23] **bofetada** *slap*
[24] **atroz** *atrocious*
[25] **cerebro** *brain*
[26] **seducía** *charmed*
[27] **voz** *voice*
[28] **dulce** *sweet*
[29] **peleador** *fighter*
[30] **de un todo** *completely*
[31] **redonda** *round*
[32] **a su retaguardia** *in the rear*
[33] **bandolero** *robber, highwayman*
[34] **codiciaban** *coveted*
[35] **atrevido** *daring*

## Question–Answer

*Write the answers to the following questions and be prepared to discuss them in class:*

1. ¿Cómo era el rancho de don Tiburcio?
2. ¿Por qué no arregló el techo don Tiburcio?
3. Cuando uno es viejo, ¿por qué no le importa mucho el techo de la casa?
4. ¿Cómo eran los padres de Maura?

5. ¿Por qué la llamó avestruza su mamá?
6. Cuando Ud. deja quemarse la leche, ¿qué le llama su mamá?
7. Maura se hallaba muy preocupada. ¿Por qué?
8. ¿Cómo era Liborio?
9. ¿Cómo era Nemesio?
10. ¿Quiere Ud. casarse con un Liborio o un Nemesio?

*The ancient Inca fortress of Machu Picchu clings to a ridge 2,000 feet above the Urubamba Valley north of Cuzco, Peru. The last stronghold of the Incas after the Spanish conquest, it was abandoned when the last ruler was slain in 1572; it was rediscovered in 1911 by Hiram Bingham of Yale. No people have ever equaled the Incas in their use of huge stone blocks. Although the masons used no cement, they fitted the stones so carefully that their buildings remain intact after 500 years.*

## DIALOG PATTERNS

# Vuelo internacional

Una entrevista por televisión al director de la NASA acerca del vuelo espacial entre los rusos y los norteamericanos.

LOCUTOR — Es un placer tenerlo en este programa, Sr. Director.

DIRECTOR — El placer es mío.

LOCUTOR — Estoy seguro de que nuestros televidentes están muy interesados en estos vuelos espaciales.

DIRECTOR — Sí, y esto se debe a la rivalidad que existe entre los dos países en la conquista del espacio.

LOCUTOR — ¿Cuáles son las últimas novedades en este vuelo espacial internacional?

DIRECTOR — Para 1975 astronautas norteamericanos y cosmonautas rusos unirán sus naves en el primer vuelo internacional.

LOCUTOR — ¿Qué objetivos se esperan obtener de este vuelo?

DIRECTOR — Esto se presta para el mejor entendimiento y cooperación entre las dos potencias mundiales.

LOCUTOR — ¿No cree Ud. que los rusos se beneficien **más** debido a que los EE.UU. están más avanzados técnicamente?

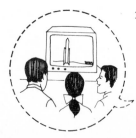

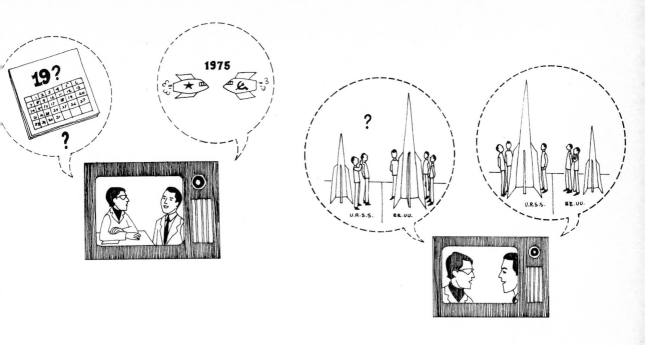

DIRECTOR — En algunos aspectos sí, pero por otra parte, los rusos han hecho grandes adelantos científicos.

LOCUTOR — Me imagino que encontrarán problemas en la comunicación.

DIRECTOR — Indudablemente, pero nuestros astronautas están aprendiendo ruso y los rusos están aprendiendo inglés.

LOCUTOR — ¿Dónde se van a entrenar todos los astronautas antes de salir al espacio?

DIRECTOR — El entrenamiento se va a llevar a cabo en Houston, Texas.

LOCUTOR — ¿Qué otras dificultades se anticipan en este proyecto?

DIRECTOR — Hay otras muy técnicas que son difíciles de explicar por el momento.

LOCUTOR — Ha sido muy interesante la entrevista. Gracias por venir.

DIRECTOR — No hay de qué.

# International Flight

A television interview with the director of NASA concerning the space flight by the Russians and the North Americans.

ANNOUNCER — It is a pleasure to have you on this program, sir.

DIRECTOR — The pleasure is mine.

ANNOUNCER — I am sure that our viewers are very interested in these space flights.

DIRECTOR — Yes, and this is due to the rivalry that exists between the two countries in the conquest of space.

ANNOUNCER — What are the latest events regarding this international space flight?

DIRECTOR — By 1975 North American astronauts and Russian cosmonauts will join their ships in the first international flight.

ANNOUNCER — What objectives are expected to be obtained from this flight?

DIRECTOR — This lends itself to better understanding and cooperation between the two world powers.

ANNOUNCER — Don't you think that the Russians will benefit more, since the United States is more advanced technologically?

DIRECTOR — In some aspects, yes, but on the other hand, the Russians have made great scientific advancements.

ANNOUNCER — I imagine that they will encounter communication problems.

DIRECTOR — Undoubtedly, but our astronauts are learning Russian, and the Russians are learning English.

ANNOUNCER — Where are all the astronauts going to train before their flight into space?

DIRECTOR — The training will take place in Houston, Texas.

ANNOUNCER — What other difficulties do you expect to encounter in this project?

DIRECTOR — There are others of a very technical nature that are difficult to explain at the moment.

ANNOUNCER — The interview has been very interesting. Thank you for coming.

DIRECTOR — You're welcome.

**The reflexive *se* as a nonpersonal subject — review**

The reflexive pronoun **se** is used as a nonpersonal subject with the third person singular when there is no reference regarding "who" or "what" performs the action. Notice that there is no object in this construction and that the English equivalent of the reflexive is "one," "they," "you," or "people."

> **Se** puede pescar en el campo. *You can fish in the country.*
> **Se** come bien allí. *People eat well there. The food is good there.*
> **Se** habla mucho aquí. *They talk a lot here.*

Patterned Response

*Teacher:* ¿Se puede fumar en la clase?
*Student:* No, se prohibe fumar en la clase.

¿Se puede entrar sin tocar?
¿Se puede comer aquí sin saco?
¿Se puede salir sin zapatos?
¿Se puede bailar en la catedral?
¿Se puede bajar por aquí?
¿Se puede hablar inglés en la clase?
¿Se puede perder el dinero todos los días?

Item Substitution

¿Por dónde se va *al cine Rex*? *Repitan.*

| | |
|---|---|
| al correo | al centro |
| a la iglesia | a la playa |
| a la universidad | al mercado |
| a la farmacia | al parque |
| al banco | al teatro |

Patterned Response

*Teacher:* ¿Por dónde se va *al cine Rex*?
*Student:* Se va por ahí derecho.  (a la izquierda, a la derecha)

| | |
|---|---|
| al correo | a la playa |
| a la farmacia | a la iglesia |
| al banco | al centro |

**Direct object and verb agreement with the reflexive *se***

The verb in this construction agrees in number with the noun subject which follows.

**Se inventó la bomba atómica** aquí. *The atomic bomb was invented here.*
**Se inventaron los cohetes** allí. *The rockets were invented here.*
**Se abrió la puerta.** *The door was opened.*
**Se abrieron las puertas.** *The doors were opened.*
Aquí **se venden discos.** *Records are sold here.*

Item Substitution

¿Aquí se venden *discos*? *Repitan.*

| | | |
|---|---|---|
| pan | queso | revistas |
| dulces | libros | chocolate |
| camisas | café | cigarrillos |
| carne | periódicos | leche |
| autos | chicle | ropa |

Patterned Response

1. *Teacher:* ¿Dónde se inventó la bomba atómica?
   *Student:* Se inventó en los Estados Unidos.

   ¿Dónde se escribió este libro?
   ¿Dónde se hizo esta máquina?
   ¿Dónde se organizó la NASA?
   ¿Dónde se publicó la revista?

2. *Teacher:* ¿Cuándo se abrió el teatro?
   *Student:* El teatro se abrió el año pasado.

   ¿Cuándo se cerró la puerta?
   ¿Cuándo se publicó el documento?
   ¿Cuándo se lanzó la bomba atómica?
   ¿Cuándo se organizó la NASA?
   ¿Cuándo se terminó el proyecto?
   ¿Cuándo se hicieron las pruebas?

3. *Teacher:* ¿Se compra pan aquí?
   *Student:* No, se compra en la panadería.

   dulces — confitería          queso — quesería
   camisas — camisería          leche — lechería
   carne — carnicería           discos — discoteca

*Television and radio have opened up tremendous vistas of education and world-consciousness to Latin Americans. Here a locutor checks his appearance before air time.*

## Impersonal construction of the reflexive *se*

Actions which appear to happen by themselves, such as English "It slipped my mind," "His horse died on him," "My books got lost," and "It occurs to us," are best expressed in Spanish by using the reflexive **se**, the appropriate indirect object pronoun, and the verb in the third person. In Spanish these English sentences are:

> **Se me olvidó.**
> **Se le murió el caballo.**
> **Se me perdieron los libros.**
> **Se nos ocurre.**

### Object Substitution

1. Se me ocurrió una idea espléndida.  *Repitan.*

   a él, a nosotros, a ellos, a ti, a Ud.

2. Se le rompieron los discos.  *Repitan.*

   a nosotros, a él, a ellas, a mí, a Juan.

### Item Substitution

¡Caramba! se me olvidó el libro.  *Repitan.*
_____ los ___.
_____ nos _____.
¡Caray! _____.
_____ le _____.
_____ zapatos.
_____ perdieron _____.
¡Dios mío! _____.
_____ el impermeable.
_____ te _____.
_____ dinero.

### Patterned Response

*Teacher:*  ¿Se te quedó en casa el libro?
*Student:*  Claro que se me quedó el libro en casa.

| | |
|---|---|
| los zapatos | la ropa |
| el suéter | el traje |
| la corbata | los frijoles |
| las aspirinas | el postre |

### Choice Question–Answer

¿Se le olvidó el dinero o el cheque?  *Contesten.*
¿Se le rompió el brazo o la pierna?
¿Se les rompieron los platos o las tazas?

¿Se nos olvidó la hora o el día?
¿Se les quedaron en casa los libros o los papeles?
¿Se te ofreció dinero o trabajo?
¿Se le cayó el plato o la servilleta?
¿Se le quedó en casa la medicina o la receta?
¿Se le murió el gato o el perro?
¿Se les permitió venir el jueves o el sábado?

**Passive voice versus active voice**

El primer vuelo espacial **fue hecho** por los rusos.
*(was made)*

Los rusos **hicieron** el primer vuelo espacial.
*(made)*

Los periódicos **fueron vendidos** por los muchachos.
*(were sold)*

Los muchachos **vendieron** los periódicos.
*(sold)*

The passive voice in Spanish is formed by combining the appropriate form of the verb **ser** with the past participle.

*Form of* **ser** + *Past particle*

**fueron** + **vendidos**
**fue** + **lanzada**

Note the agreement with the subject in number and gender.

When the agent (the one performing the action or the thing causing it) is indicated or strongly implied, the passive voice is used. The same idea may be expressed with the active voice. The passive voice is much less common in Spanish than in English.

Structure Substitution

1. *Teacher:* El primer vuelo espacial fue hecho por los rusos. *Cambien.*
   *Student:* Los rusos hicieron el primer vuelo espacial.

   Los periódicos fueron vendidos por los muchachos.
   La casa fue destruída por el terremoto.
   Las fuerzas fueron atacadas por el caudillo.
   La revolución fue iniciada por Juan Lanas.
   Las hamburguesas fueron inventadas por los americanos.
   Estos documentos fueron publicados por los rusos.
   Este auto fue fabricado por los franceses.

2. *Teacher:* ¿Quién hizo el primer vuelo espacial? *Cambien y contesten.*
   *Student:* El primer vuelo espacial fue hecho por los rusos.

¿Quién publicó este documento?
¿Quién inventó las hamburguesas?
¿Quién fabricó este auto?
¿Quién escribió este libro?

## Affirmative commands for *tú*

| hablar: | aprender: | escribir: |
|---------|-----------|-----------|
| habla   | aprende   | escribe   |

Note that the affirmative command for **tú** of all regular verbs is the same as the third person singular of the present indicative.

### Structure Substitution

| ¿Puedo limpiarlo? *Contesten.* | Sí, límpialo. |
|--------------------------------|---------------|
| ¿Puedo escribirlo? | Sí, escríbelo. |
| ¿Puedo leerlo? | Sí, léelo. |
| ¿Puedo escucharlo? | Sí, escúchalo. |
| ¿Puedo estudiarlo? | Sí, estúdialo. |
| ¿Puedo comprarlo? | Sí, cómpralo. |
| ¿Puedo tomarlo? | Sí, tómalo. |
| ¿Puedo comerlo? | Sí, cómelo. |
| ¿Puedo aprenderlo? | Sí, apréndelo. |
| ¿Puedo llamarlo? | Sí, llámalo. |

## Negative commands for *tú*

| hablar: | aprender: | escribir: |
|---------|-----------|-----------|
| no hables | no aprendas | no escribas |

Note that the negative command for **tú** is the same as the **Ud.** command form with the addition of an **-s**.

*The inhabitants of Argentina first developed from a combination of aborigines, Spanish colonists, and African slaves. Then in 1880, with the economic expansion of the pampas and the coast, began the flood of European immigrants who have since made their imprint in every walk of Argentine life. Today the River Plate region is predominantly European in descent and culture; 90% of Argentina's population is white. This couple's forefathers came from Germany two generations ago.*

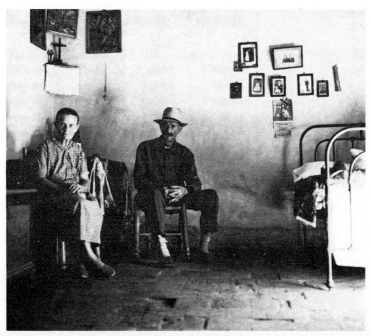

Structure Substitution

¿Puedo limpiarlo?  *Contesten.*        No, no lo limpies.
¿Puedo escribirlo?                     No, no lo escribas.
¿Puedo leerlo?                         No, no lo leas.
¿Puedo escucharlo?                     No, no lo escuches.
¿Puedo estudiarlo?                     No, no lo estudies.
¿Puedo tomarlo?                        No, no lo tomes.
¿Puedo comerlo?                        No, no lo comas.
¿Puedo aprenderlo?                     No, no lo aprendas.
¿Puedo llamarlo?                       No, no lo llames.

**Summary of command forms of regular verbs**

|  |  | *Affirmative* | *Negative* |
|---|---|---|---|
| **hablar:** | (**tú**) | habla | no hables |
|  | (**Ud.**) | hable | no hable |
|  | (**Uds.**) | hablen | no hablen |
| **aprender:** | (**tú**) | aprende | no aprendas |
|  | (**Ud.**) | aprenda | no aprenda |
|  | (**Uds.**) | aprendan | no aprendan |
| **escribir:** | (**tú**) | escribe | no escribas |
|  | (**Ud.**) | escriba | no escriba |
|  | (**Uds.**) | escriban | no escriban |

**Command forms of irregular verbs**

The following verbs are irregular in the **tú** and **Ud.** forms of the affirmative and negative command.

| *Infinitive* | *Affirmative Command* | | *Negative Command* | |
|---|---|---|---|---|
|  | **Ud.** | **tú** | **Ud.** | **tú** |
| **decir** | diga | di | no diga | no digas |
| **tener** | tenga | ten | no tenga | no tengas |
| **venir** | venga | ven | no venga | no vengas |
| **irse** | váyase | vete | no se vaya | no te vayas |
| **ser** | sea | sé | no sea | no seas |
| **poner** | ponga | pon | no ponga | no pongas |
| **hacer** | haga | haz | no haga | no hagas |
| **salir** | salga | sal | no salga | no salgas |

Patterned Response

1. *Teacher:*  El hijo mimado: — Papá, Juan no quiere salir del cuarto.
   *Student:*  Papá: — Juan, sal del cuarto.

   Papá, Luis no quiere venir con nosotros.
   Papá, Anabel no quiere irse.

Papá, Elena no quiere decir la verdad.
Papá, Anabel no quiere hacerlo.
Papá, Elena no quiere ponerlo allí.

2. *Teacher:* No quiero venir esta noche.
   *Student:* Pues, no vengas.

| | |
|---|---|
| salir de aquí | hacerlo |
| irme | ponerlo allí |
| decirlo | |

**Controlled Conversation**

Pregúntele a _____ si aquí se estudia mucho.
si aquí se habla español.
si aquí se prohibe fumar.
si aquí se come bien.
si aquí se revelan fotos.
si aquí se ven muchos rusos.

**Personalized Questions**

1. ¿Tiene Ud. miedo de los rusos?
2. ¿Cree Ud. que los rusos nos lancen la bomba atómica?
3. ¿Le gustaría hacer un viaje a Rusia?
4. ¿Cree Ud. que los rusos conquisten todos los planetas?
5. ¿Cree Ud. que haya hombres en la luna?
6. ¿Dónde se usó por primera vez la bomba atómica?
7. ¿Dónde se hacen pruebas de la bomba atómica?
8. ¿De qué se habla en la NASA?
9. ¿Qué dicen los periódicos de la guerra fría ahora?
10. ¿Cree Ud. que las escuelas de Rusia sean mejores que las nuestras?
11. ¿Hay muchos americanos que hablen ruso?
12. ¿Quisiera Ud. estudiar el ruso?
13. ¿Si fuera Ud. más joven sería piloto?
14. ¿Cree Ud. que la guerra fría se convierta en guerra caliente?
15. ¿Qué defensa hay contra la bomba atómica?
16. ¿Se vende pan en el correo?
17. ¿Se prohibe fumar en la sala de clase?
18. ¿Cuándo se escribió este libro?
19. ¿Por qué no se puede bailar en la catedral?
20. ¿Por quién fue inventado el jazz?
21. ¿Qué se le olvidó?
22. ¿Cuándo se le murió el gato?
23. ¿Por qué se le quedaron en casa los libros?
24. ¿Cuándo se le ocurrió eso?
25. ¿A quién se le rompió el brazo?

**Extemporization**

*1. El viaje a la luna*

*Vocabulary:* cohete, astronauta, lanzar, traer, listos, inventar, conquistar, planetas, gastar, dinero, poner

*Topic Ideas:*   1. Se puede viajar a la luna.
2. Me gustaría ser astronauta.
3. Se habla mucho de los cohetes.

*Questions:*   1. ¿Quiénes viajan en los cohetes?
2. ¿Cuándo te parece que los hombres colonizarán la luna?
3. ¿Cuánto dinero se gasta en los viajes a la luna?
4. ¿Te gustaría dar la vuelta al mundo en cohete?
5. ¿Por qué te gustaría ser astronauta?
6. ¿Cuáles son los peligros en la vida de un astronauta?

### 2. La bomba atómica

*Vocabulary:*   inventar, prohibir, pruebas, destruir, defensa, monstruo, técnico

*Topic Ideas:*   1. La bomba atómica es un monstruo.
2. La defensa contra la bomba atómica.
3. La bomba atómica se inventó en los Estados Unidos.

*Questions:*   1. ¿Cuándo se inventó la bomba atómica?
2. ¿Dónde se hacen las pruebas atómicas?
3. ¿Se prohibieron las pruebas atómicas?
4. ¿Qué puede destruir una bomba?
5. ¿Te parece que un técnico pueda convertir la guerra fría en guerra caliente?
6. ¿Cuántas naciones tienen la bomba atómica?

**Task Assignment**

Write a letter of 100 words inviting a friend to the "fiesta" which you are planning for next Saturday. Tell your friend what he should wear, who will attend, and the things that will happen. After your teacher has made the necessary corrections, memorize your letter and present it orally in class.

**Reading**

# Lo mismo da (adapted)

JAVIER DE VIANA

### Part Two

Y llegó el domingo. Liborio lo había elegido[1] porque Nemesio, con toda la policía, debía hallarse muy ocupado. Maura intentó resistir, pero Liborio le dijo brutalmente:

— ¿Para qué? . . . ¡El agua se saca cuando se tiene sed! Espérame al obscurecer debajo de las higueras . . .

¿Y ella qué iba a hacer?

La noche era obscura, y sin más guía[2] que el instinto, Liborio avanzaba a trote. Tenía a la grupa[3] la carga preciosa.

No hablaban. El iba soñando;[4] ella iba haciendo cálculos, esos cálculos chiquitos que hacen los brutos en los momentos solemnes.

De pronto, el gaucho sofrenó[5] el caballo. Había oído, hacia su derecha, ruido[6] de gentes y de sables.

— ¡La policía! — gritó — ¡y me vienen ganando el paso!... Pero lo mismo da; ¡pasaremos por la laguna!...

— ¡Por la laguna! — gritó Maura asustada.

— ¡No tengas miedo!

Diez minutos después se detenían al borde de la laguna.

— ¡Tengo miedo!... ¡tengo miedo! — lloraba Maura. Y él:

— No se asuste.[7] Agárreseme[8] del lomo[9] y cierre los ojos.

Cerca, cerquita resonaban los cascos[10] de los caballos de los perseguidores y se oía claro el repiqueteo[11] de los sables. El bandolero, abandonando el tono cariñoso, ordenó con acento brutal:

— ¡Vamos!... — Y se lanzó a las aguas. Pero la muchacha, con un furioso movimiento del cuerpo, se tiró al suelo. Cuando Liborio salió a flote, volvió la cabeza y lanzó el más horrible de los insultos gauchos.

Casi en seguida se oyó una descarga[12] de fusiles...[13] El bandolero gritó como un puma herido,[14] soltó[15] las crines[16] del caballo y se hundió[17] en las aguas muertas de la laguna...

El sargento Nemesio lo vio desaparecer y se volvió hacia Maura que permanecía en cuclillas,[18] muerta de miedo. La castigó[19] con una palabra fea. La iba a pegar,[20] pero poco a poco fue enterneciéndose[21] y como no sabía ser tierno[22] con las palabras, le dio un beso.

Maura lloró y él dijo:

— ¿Quieres venir conmigo?...

Ella calculó todas esas cositas chicas que permiten vivir; pensó que muerto Liborio se simplificaba su problema y respondió lagrimeando:[23]

— Bueno.

Y después, mirándolo cara a cara, confesó:

— ¡Lo mismo da!...

[1] **elegido** *chosen, elected*
[2] **guía** *guide*
[3] **a la grupa** *on the horse's rump*
[4] **soñando** *dreaming*
[5] **sofrenó** *stopped, checked*
[6] **ruido** *noise*
[7] **no se asuste** *don't become frightened*
[8] **agárreseme** *hold on to me*
[9] **lomo** *back*
[10] **casco** *hoof*
[11] **repiqueteo** *clatter*
[12] **descarga** *shot, firing*

[13] **fusil** *gun*
[14] **herido** *wounded*
[15] **soltó** *he loosened*
[16] **crin** *mane*
[17] **se hundió** *he sank*
[18] **en cuclillas** *squatting*
[19] **castigó** *he punished*
[20] **pegar** *to hit, strike*
[21] **fue enterneciéndose** *he was gradually moved to pity*
[22] **tierno** *tender*
[23] **lagrimeando** *weeping*

Question–Answer

*Write the answers to the following questions and be prepared to discuss them in class:*

1. ¿Por qué había elegido Liborio el día domingo para casarse?
2. ¿Por qué se asustó Maura?

3. ¿Qué hizo Maura cuando Liborio se lanzó al agua?
4. Explíquese el significado del título: ¡Lo mismo da!
5. Al fin Maura decidió casarse con Nemesio. ¿Por qué?
6. ¿Quién debe arreglar el casamiento — el novio, la novia, o los padres?
7. ¿Cuántos novios (-as) tiene Ud.?
8. ¿Cuántos novios debe tener una señorita?
9. ¿Por qué le importa a Ud. con quién se casa?

**Culture Capsule**

# Lealtad a la familia[1]

Tradicionalmente los latinos siempre han buscado la seguridad económica y emocional primero en casa. Claro, que en tiempos modernos hay otras organizaciones como el «Seguro Social» o la «Cruz Roja» que le ayudan en caso de emergencia. Pero muchos latinos todavía hoy prefieren pedir ayuda primero a las personas de su propia familia.[2]

Para el latino, su identidad personal se deriva principalmente de la familia. Por ejemplo, un individuo se ve primero como un miembro de la familia Ramos, y después como Juan o José. Si le preguntan quién es, es muy probable que diga, «Soy de la familia Ramos, me llamo José.» Los hijos se ven como agentes o representantes de la familia y se cuidan mucho de no deshonrarla.[3] Si uno comete un acto en contra del honor[4] o consentimiento[5] de los padres es posible que lo desconozcan[6] como miembro de la familia.

*Oil revenues for the last two decades have made it possible for Venezuela to expend more money on public works. Until 1946 this country had only two universities; by the late 1960s there were six national universities and two private ones, with a total enrolment of almost 60,000 students. University City in Caracas was designed by Carlos Raúl Villanueva, who is noted for his bold and interesting integration of art and architecture.*

En Latinoamérica el padre tiene, como en todas partes, la responsabilidad de atender a los deseos de su esposa, pero muchas veces el esposo latino siente una lealtad aún más fuerte hacia su mamá. Si hay una discusión[7] entre la mamá y la esposa es posible que el esposo siga los deseos de su mamá. Un latino que decidió hacer lo que quería su mamá lo explicó así: «Mi mamá, que me crió,[8] me pidió que lo hiciera. Mi esposa se enojó[9] y lo siento pero en mis venas tengo la sangre[10] de mi mamá.»

Estas costumbres y tendencias nos ayudan a reconocer la importancia que tiene para el latino la lealtad y la unidad de la familia, que aún en estos días es la organización más poderosa de la sociedad latinoamericana.

[1] **lealtad a la familia** *loyalty to the family*
[2] **de su propia familia** *from his own family*
[3] **se cuidan mucho de no deshonrarla** *they take great care not to dishonor it*
[4] **un acto en contra del honor** *an act against honor*
[5] **consentimiento** *consent, will*
[6] **que lo desconozcan** *that they might disown him*
[7] **discusión** *argument*
[8] **que me crió** *who bore me, raised me*
[9] **se enojó** *became angry*
[10] **sangre** *blood*

Question–Answer

1. ¿Qué organizaciones hay en Latinoamérica para ayudarle a uno en caso de emergencia?
2. ¿Por qué prefieren buscar la seguridad primero en casa?
3. ¿Cómo entra el apellido de uno cuando le preguntan a una persona quién es?
4. ¿Por qué siente tanta lealtad el esposo latino hacia su mamá?
5. Si un americano tuviera que escoger entre los deseos de su esposa y los de su mamá, ¿a quién seguiría?
6. ¿Cómo explicó el latino su decisión de seguir los deseos de su mamá?
7. ¿Qué haría Ud. en ese caso?
8. ¿Por qué es tan fuerte la lealtad a la familia en Latinoamérica?

# UNIT 23

# Un concierto

Unos jóvenes universitarios, al pasar por el Palacio de Bellas Artes, ven un gran letrero que anuncia un concierto por la Sinfónica Nacional de México bajo la batuta del maestro Carlos Chávez. Van a buscar a los demás compañeros y a las ocho en punto están para entrar al concierto.

TOMÁS — ¿Y los boletos? ¿No los trae nadie?

EFRAÍN — Yo los traigo. Son numerados y nos tocaron buenos asientos.

TOMÁS — Bueno, pues apurémonos que ya empieza el concierto.

VICENTE — ¡Qué lástima que no llegáramos más temprano para ver los murales de Rivera!

TOMÁS — Eso lo tendrás que dejar para otro día. Vamos a sentarnos.

VICENTE — Y pensar que solamente vengo para acompañarlos. Realmente no me gusta nada esta música clásica.

TOMÁS — Cállate, hombre, que están tocando la Quinta Sinfonía de Beethoven.

VICENTE — Y a mí, ¿qué me importa que toquen la décima?

EFRAÍN — ¿Cómo es posible que tú no sepas apreciar la buena música?

TOMÁS — ¡Qué raro! Porque yo, siempre que escucho esta sinfonía tan conmovedora me absorbo completamente.

EFRAÍN — Cálmate, Vicente. Solamente nos faltan dos números en el programa.

Al terminar el programa todavía es temprano y los jóvenes quieren divertirse más. Salen de Bellas Artes y se ponen a charlar por un momento.

VICENTE — Esos músicos tuyos no saben lo que es música alegre. Vamos a escuchar los mariachis en la Plaza del Tenampa.

TOMÁS — Buena idea. A mí también me gustan los mariachis.

VICENTE — Ahora sí van a ver lo que es un ritmo que tiene movimiento y vida.

# A Concert

Passing by the Palace of Fine Arts some university students see a large sign that announces a concert by the National Symphony of Mexico under the baton of maestro Carlos Chávez. They go to get their other companions, and at 8 o'clock sharp they are about to enter the concert.

TOMÁS — How about the tickets? Doesn't anyone have them?

EFRAÍN — I have them. They're numbered, and they gave us good seats.

TOMÁS — Well, let's hurry because the concert will begin soon.

VICENTE — What a pity we didn't come earlier to see the Rivera murals!

TOMÁS — You'll have to leave that for another day. Let's sit down.

VICENTE — And to think I'm here just to keep you company. I really don't like this classical music at all.

TOMÁS — Quiet, man, they're playing Beethoven's Fifth Symphony.

VICENTE — And what difference does it make to me if they're playing his tenth?

EFRAÍN — How can it be possible that you don't know how to appreciate good music?

TOMÁS — It's really strange! Because every time I hear this very moving symphony I'm completely spellbound.

EFRAÍN — Quiet down, Vicente. We have only two numbers left on the program.

When the program is finished, it is still early, and the young men want more entertainment. They leave the Fine Arts building and start to chat for a moment.

VICENTE — Those long-haired friends of yours don't know what good music is. Let's go listen to the mariachis in Tenampa Square.

TOMÁS — A good idea. I like mariachi music, too.

VICENTE — Now you'll really see what rhythm with movement and life is.

**Affirmative and negative contrasts**

| Affirmative | | Negative | |
|---|---|---|---|
| **algo** | something | **nada** | nothing |
| **alguien** | someone | **nadie** | nobody, no one |
| **alguno, -a** | some, any | **ninguno, -a*** | no, none |
| **algún* día** | some day | **nunca** | never |
| **también** | also | **tampoco** | neither, not either |
| **o . . . o** | either . . . or | **ni . . . ni** | neither . . . nor |

1. Tengo **algo** para él.
   **Nada** compré.
   **No** compré **nada**.

---

*Before a masculine singular noun, **alguno** is shortened to **algún**. **Ninguno** is treated the same way: **ningún** hombre.

2. **Alguien** ya está allí.
   **Nadie** vino al concierto.
   **No** vino **nadie** al concierto.

3. **Algunos** jóvenes me hablaron.
   **Ninguno** de los muchachos me habló.
   **No** me habló **ninguno** de los muchachos.

4. **Algún** día estaré de vuelta.
   **Nunca** funciona bien el auto.
   El auto **no** funciona bien **nunca**.

5. A mí **también** me gustan los mariachis.
   **Tampoco** me escribe.
   **No** me escribe **tampoco**.

6. Dicen que él **o** no estudia **o** es muy estúpido.
   **Ni** el profesor **ni** su esposa están aquí.
   **No** están aquí **ni** el profesor **ni** su esposa.

Note that if a negative word follows the verb, **no** must precede it. In Spanish this use of the double negative is common. If the negative precedes the verb, **no** is never used.

*Art and architecture are drawn together boldly in the Polyforum Cultural Siqueiros, a polyarts forum for drama, music, dance, and art in Mexico City. The sculpto-murals are the creations of David Alfaro Siqueiros, one of the triumvirate of Mexican muralists which also included José Clemente Orozco and Diego Rivera.*

Structure Substitution

1. *Teacher:* Alguien llama a la puerta. — nadie.
   *Student:* No llama nadie a la puerta.

   Ud. va al parque algún día. — nunca.
   El tiene un coche también. — tampoco
   El es o loco o estúpido. — ni . . . ni
   Es alguna mala noticia. — ninguna
   Tengo algo para Ud. — nada

2. *Teacher:* No se puede hacer nada. — algo
   *Student:* Se puede hacer algo.

   Nadie está en la oficina. — alguien
   Tampoco vamos a estudiar. — también
   Ni Juan ni María vienen esta noche. — o . . . o
   Ninguna lección es interesante. — alguna

Patterned Response

1. *Teacher:* ¿Qué ha aceptado Ud.?
   *Student:* Yo no acepté nada. ¿Aceptó algo Ud.?

   | | |
   |---|---|
   | hecho | vendido |
   | visto | encontrado |
   | comprado | dado |
   | tocado | tomado |
   | escrito | aprendido |

2. *Teacher:* ¿Con quién ha bailado Ud.?
   *Student:* Yo no bailé con nadie. ¿Bailó Ud. con alguien?

   | | |
   |---|---|
   | nadado | se ha divertido |
   | comido | se ha casado |
   | montado a caballo | trabajado |
   | estudiado | jugado |
   | visitado | ido |

3. *Teacher:* ¿Hay teatros en esta ciudad?
   *Student:* Sí, algunos, pero no he encontrado ninguno que me guste.

   | | |
   |---|---|
   | restoranes | almacenes |
   | escuelas | mercados |
   | estaciones de gasolina | |

4. *Teacher:* Yo voy al parque. ¿Y Ud.?
   *Student:* Yo voy también.

   *Teacher:* Yo no voy al parque. ¿Y Ud.?
   *Student:* Yo no voy tampoco.

Yo vuelvo temprano. ¿Y Ud.?
Yo no puedo hacerlo. ¿Y Ud.?
Yo quiero montar a caballo. ¿Y Ud.?
Yo no estudio nunca. ¿Y Ud.?
Yo leo todos los días. ¿Y Ud.?
Yo no estoy cansado. ¿Y Ud.?

**Algo and nada used as adverbs**

Los profesores son **algo** exigentes. *The professors are rather demanding.*
Las señoritas no son **nada** bonitas. *The girls aren't pretty at all.*

Patterned Response

1. *Teacher:* ¿Es fácil el español?
   *Student:* No, señor, no es nada fácil.

   ¿Es interesante la lección?
   ¿Son bonitas las señoritas?
   ¿Es buena la comida?
   ¿Es liberal el periódico?
   ¿Son baratos los libros?

2. *Teacher:* ¿Son exigentes los profesores?
   *Student:* Sí, señor, son algo exigentes.

   ¿Son pobres los profesores?
   ¿Es triste la película?
   ¿Es difícil el examen?
   ¿Son buenos los médicos?
   ¿Es interesante el libro?

**Cardinal numbers: 100 to 1,000,000**

| | | | |
|---|---|---|---|
| cien | 100 | mil | 1.000 |
| doscientos | 200 | dos mil | 2.000 |
| trescientos | 300 | diez mil | 10.000 |
| cuatrocientos | 400 | cien mil | 100.000 |
| quinientos | 500 | un millón | 1.000.000 |
| seiscientos | 600 | dos millones | 2.000.000 |
| setecientos | 700 | | |
| ochocientos | 800 | | |
| novecientos | 900 | | |

Spanish uses the period to punctuate thousands. The comma is used to punctuate decimals.

**Agreement problems of cardinal numbers**

| | |
|---|---|
| veintiuno | 21 |
| veintiún hombres | 21 *men* |
| veintiuna casas | 21 *houses* |
| veintiún mil libros | 21,000 *books* |
| veintiún mil personas | 21,000 *persons* |

Note that numbers ending in "one" agree in gender with the noun they modify. **Uno** before the noun becomes **un**.

| | |
|---|---|
| cien hombres | 100 *men* |
| cien ventanas | 100 *windows* |
| ciento dos muchachos | 102 *boys* |
| doscientos diez dólares | 210 *dollars* |
| trescientas treinta vacas | 330 *cows* |

When the number 100 appears before a noun, the invariable form **cien** is used. When the number is more than 100, the form **ciento** is necessary. When the number is 200 or higher, the hundreds have a feminine form in addition to the masculine. Note that units and tens are added to the hundreds without **y**.

Patterned Response

1. *Teacher:*   ¿Cuánto cuesta una bicicleta?
   *Student:*   ¡Hombre! Todo el mundo sabe que cuesta veintiún dólares.

   un refrigerador — cien
   un televisor — doscientos
   los muebles — quinientos
   las alfombras — setecientos
   un coche europeo — mil quinientos
   una casa nueva — quince mil
   un yate grande — cien mil

2. *Teacher:*   ¿Cuántas personas hay en esta clase?
   *Student:*   Creo que hay vientiuna.

   ventanas en esto edificio — trescientas
   bicicletas por aquí — ochocientas
   señoritas en esta universidad — cinco mil
   estrellas en el cielo — millones (de ellas)

**Dates**

The first day of the month is **(el) primero**; all other days are designated by cardinal numbers.

The patterns for asking the day of the month are:

**¿A cuántos estamos?**
**¿Cuál es la fecha?**

The answers are:

**Estamos a trece (veintidós,** etc.).
**Hoy es el cinco (catorce,** etc.).

In giving the complete date, the year is designated first by thousands and then by hundreds, not by multiples of hundreds as in English.

**mil novecientos setenta y cinco**   1975

*The National Museum of Anthropology in Mexico City was designed by Pedro Ramírez Vásques, who followed ancient Indian tradition in combining buildings with open spaces. The museum houses one of the finest collections of Mexican cultural and historical relics. A transplanted rain god stands at the entrance.*

## Patterned Response

1. *Teacher:* ¿Cuándo empezó la revolución francesa?
   *Student:* Empezó en mil setecientos ochenta y nueve.

   la guerra civil de los Estados Unidos — 1861
   la guerra hispanoamericana — 1898
   la primera guerra mundial — 1914
   la segunda guerra mundial — 1939

2. *Teacher:* ¿Cuándo se declaró la independencia de los Estados Unidos?
   *Student:* Se declaró el cuatro de julio de mil setecientos setenta y seis.

   de México — 16 de septiembre de 1810
   de la Argentina — 9 de julio de 1811
   de Chile — 12 de febrero de 1818
   del Perú — 9 de diciembre de 1824

3. *Teacher:* ¿Estamos a primero?
   *Student:* No, hoy es el dos.

   cinco — seis
   quince — catorce
   veintiuno — veintidós
   treinta — treinta y uno

**Commands — review**  Patterned Response

1. *Teacher:* ¿Quiere Ud. que toque la trompeta?
   *Student:* Sí, tóquela, por favor.

   | | |
   |---|---|
   | el violín | el oboe |
   | la flauta | el bombo |
   | el clarinete | el saxofón |
   | el piano | el trombón |

2. *Teacher:* ¿Se puede bailar?
   *Student:* ¡Cómo no!  Baile Ud.

   | | |
   |---|---|
   | hablar | pescar |
   | comer | entrar |
   | tocar | subir |
   | dormir | bajar |
   | nadar | fumar |

3. *Teacher:* ¿Quiere comer?
   *Student:* Sí, vamos a comer ahora mismo.

   | | |
   |---|---|
   | estudiar | hacer una fiesta |
   | montar a caballo | jugar al tenis |
   | ir al cine | asistir a un concierto |

**Imperfect and preterit — review**  Patterned Response

1. *Teacher:* ¿No vio Ud. a Margarita cuando estaba aquí?
   *Student:* No pude verla.  Es que yo estaba enfermo.

   | | |
   |---|---|
   | llamó | aconsejó |
   | conoció | visitó |
   | contestó | invitó |

2. *Teacher:* ¿Cuándo conoció Ud. a mi hermano?
   *Student:* Le conocí hace mucho tiempo.

   al profesor de inglés
   a la Sra. Bermúdez
   a don Felipe
   a los estudiantes de la otra clase
   a doña María

3. *Teacher:* ¿Estaba Ud. estudiando algo para hoy?
   *Student:* No estaba estudiando nada.

   preparando
   escribiendo
   haciendo
   tocando
   escuchando
   cantando

**Controlled Conversation**

1. Pregúntele a _____ si ha asistido a los conciertos.
   si le gusta la música sinfónica.
   si ha comprado discos de larga duración.
   si toca un instrumento.
   si le gusta practicar.
   si se puede dormir en esta clase.
   cuánto cuesta una bicicleta.
   cuántas estrellas hay en el cielo.

2. Dígale a _____ que tiene los ojos bonitos.
   que tiene el pelo largo.
   que tiene una silueta perfecta.
   que es una lástima que no estudie.
   que es ridículo que no toque un instrumento.
   que es una barbaridad que no tenga novio.
   que es bueno que no se haya dormido en la clase.

**Personalized Questions**

1. ¿Qué clase de música le gusta más?
2. Si pudiera, ¿tocaría Ud. el trombón?
3. ¿Cuántos discos clásicos tiene Ud.?
4. ¿Cuánto cuesta una educación universitaria?
5. ¿Por qué no se ha dormido Ud. en esta clase?
6. ¿Ayudó Ud. a su amigo cuando estaba enfermo?
7. ¿Quiere Ud. que le toque el piano?
8. ¿Es fácil el español?
9. ¿Con quién ha pescado Ud.?
10. Hoy día la buena música ya no es exclusivamente de unos cuantos. ¿Por qué?
11. ¿Por qué se prohibe fumar en la clase?
12. ¿Por qué son algo exigentes los profesores?
13. ¿Ha encontrado Ud. algunos restoranes que le gusten?
14. ¿Ha oído Ud. la Quinta Sinfonía de Beethoven?
15. ¿Qué diferencia hay entre la música de los mariachis y la música clásica?
16. ¿No conoce Ud. a nadie que sea rico?
17. Cuando Ud. se case, ¿dónde quiere vivir?
18. ¿No tiene Ud. ganas de asistir al concierto?
19. ¿Por qué no querían Uds. que yo viniera a la clase?
20. ¿Por qué quisiera Ud. tocar el piano?

**Extemporization**

*1. Un concierto*

*Vocabulary:* sinfónica, batuta, maestro, boletos, numerados, temprano, música, clásica, apreciar, conmovedora, números, programa

*Topic Ideas:* 1. Un concierto.
2. El maestro de la orquesta sinfónica.
3. No me gusta nada la música clásica.

347

*Questions:*    1. ¿Qué orquesta sinfónica te parece buena?

2. ¿Qué clase de música escuchas en un concierto?

3. ¿Te parece conmovedora la música de Beethoven?

4. ¿Debes llegar temprano o tarde a un concierto?

5. ¿Aprecias la música clásica?

6. ¿Cuántos números hubo en el programa del concierto?

### 2. Los instrumentos

*Vocabulary:*    tocar, trombón, guitarra, piano, música, clásica, mariachis, ritmo, alegre, comprar, aprender, difícil

*Topic Ideas:*    1. Toco el piano.

2. Me gusta la música de los mariachis.

3. Mi amigo toca bien la guitarra.

*Questions:*    1. ¿Qué instrumento tocas?

2. ¿Has aprendido a tocar algún otro?

3. ¿Es muy difícil tocar ese instrumento?

4. ¿Qué clase de música puedes tocar en él?

5. ¿Te parece que la música clásica es alegre?

6. ¿Qué instrumentos tocan los mariachis?

## Task Assignment

Write a letter of at least 100 words to your parents. Tell them about your joys, sorrows, fears, and needs with respect to the end of the school year which is now approaching. After your teacher has made the necessary corrections, memorize the letter and present it orally in class.

*Fascination shows on the faces of seekers of cultural enlightenment at the Museum of Anthropology. Here the ponderous heritage of ancient Mexico looms large in a well-lighted display hall — one of eleven in the museum which cover the country's various cultures.*

# Una esperanza (adapted)

AMADO NERVO

*Amado Nervo (1870–1919) was from Mexico. He started to study for the priesthood but left to be-come a journalist. While visiting in Paris in 1900 he met Rubén Darío. He wrote articles for the modernist journal* Revista azul, *and then was instrumental in founding the* Revista moderna, *the second famous modernist periodical of Mexico. Besides poetry Nervo wrote short stories, literary criticism, essays, and prose poems in considerable number.*

### Part One

En un ángulo[1] del cuarto Luis, el joven militar, pensaba.

Pensaba en los viejos días de su niñez,[2] en su adolescencia y luego en su juventud.[3]

Y, por último,[4] llegaba a la época más reciente de su vida, al período de entusiasmo patriótico, que le hizo afiliarse al partido[5] liberal. Cogido[6] con las armas en la mano, hecho prisionero y ofrecido con otros compañeros a trueque de[7] las vidas de algunos oficiales reaccionarios, había visto desvanecerse[8] su última esperanza cuando los liberales habían fusilado[9] ya a los prisioneros conservadores.

Iba a morir . . . ¡a morir! No podía creerlo. Iba a morir, así: fuerte, joven, rico, amado . . . ¡Y todo por qué! Por una abstracta noción de Patria[10] y de partido . . . ¡Y qué cosa era la Patria! . . . Algo muy impreciso, muy vago para él en aquellos momentos. La vida que iba a perder, era algo real, realísimo, concreto, definido . . . ¡era su vida!

No quería morir: su vida era «muy suya», y no se resignaba a que se la quitaban. Un formidable instinto de conservación se sublevaba[11] en todo su ser y ascendía lleno de protestas.

Se oyó en la puerta un breve cuchicheo[12] y en seguida ésta se abrió para dar entrada a un sombrío[13] personaje.

Era un sacerdote.[14]

El joven militar, apenas[15] lo vio, se puso en pie y extendió hacia él los brazos como para detenerlo, exclamando:

— ¡Es inútil,[16] padre; no quiero confesarme! No, no me confieso; es inútil que venga usted a molestarse. ¿Sabe usted lo que quiero? Quiero la vida, que no me quiten la vida: es mía, muy mía, y no tienen derecho de arrebatár-mela . . .[17] Si son cristianos, ¿por qué me matan? En vez de enviarle[18] a usted a que me abra las puertas de la vida eterna, que empiecen[19] por no cerrarme las de ésta . . . No quiero morir, ¿entiende usted? Me rebelo a morir: soy joven, estoy sano,[20] soy rico, tengo padres y una novia que me adora; la vida es bella, muy bella para mí . . . Morir en el campo de batalla, al lado de[21] los compañeros que luchan . . .[22] ¡bueno, bueno! Pero morir obscura y tristemente, sin que nadie sepa siquiera[23] que ha muerto uno como los hombres . . . ¡padre, padre, eso es horrible!

Y el infeliz se echó[24] en el suelo,[25] sollozando.[26]

— Hijo mío — dijo el sacerdote —: yo no vengo a traerle a usted los con-suelos[27] de la religión; en esta vez soy emisario de los hombres y no de Dios. Yo vengo a traerle justamente la vida, ¿entiende usted? esa vida que usted pedía

*In the 19th century the hacienda was the basic socio-economic unit in Colombia. Today programs are in effect which make it possible for more people (such as this Colombian farmer) to own their own land — and thus to share in the profits.*

hace un instante con tales extremos de angustia . . . ¡La vida que es para usted tan preciosa! Oígame con atención porque no tenemos tiempo que perder: he entrado con el pretexto de confesar a usted y es preciso que todos crean que usted se confiesa: arrodíllese,[28] pues, y escúcheme.

| | |
|---|---|
| [1] **ángulo** *corner* | [15] **apenas** *hardly* |
| [2] **niñez** *childhood* | [16] **inútil** *useless* |
| [3] **juventud** *youth* | [17] **arrebatármela** *to take it away from me* |
| [4] **por último** *finally* | [18] **enviar** *to send* |
| [5] **afiliarse al partido** *to join the party* | [19] **que empiecen** *let them begin* |
| [6] **cogido** *caught* | [20] **sano** *healthy* |
| [7] **a trueque de** *in exchange for* | [21] **al lado de** *beside* |
| [8] **desvanecerse** *to disappear* | [22] **que luchan** *who fight* |
| [9] **habían fusilado** *had shot* | [23] **siquiera** *even, at least* |
| [10] **Patria** *country, fatherland* | [24] **se echó** *threw himself* |
| [11] **se sublevaba** *rose up* | [25] **suelo** *floor* |
| [12] **cuchicheo** *whispering* | [26] **sollozando** *sobbing* |
| [13] **sombrío** *somber* | [27] **consuelo** *comfort, joy* |
| [14] **sacerdote** *priest* | [28] **arrodíllese** *kneel down* |

Question–Answer

1. Luis iba a morir.  ¿Por qué?
2. ¿Cómo era Luis?
3. ¿Cuántos años tenía Luis, más o menos?
4. ¿Por qué no quería confesarse Luis?
5. ¿Por qué no quería morir Luis?
6. ¿Por qué dijo el sacerdote que no era emisario de Dios?
7. ¿Con qué pretexto había entrado el sacerdote?
8. Dijo el sacerdote que venía a traerle algo.  ¿Qué era?
9. ¿Conoce Ud. alguien que tenga deseos de morir?
10. ¿Por qué no quiere Ud. morir?

# UNIT 24

## Las pruebas

RENALDO — ¡Hola, Beto! Pasado mañana hay examen de inglés, ¿no?

ALBERTO — Sí, y yo no he estudiado nada.

RENALDO — ¿No has estudiado?

ALBERTO — Yo siempre estudio tanto como cualquiera pero no me entra.

RENALDO — No es para tanto, viejo. Yo creo que ya adelantaste bastante.

ALBERTO — Es que con esos exámenes orales yo me confundo y no puedo contestar las preguntas.

RENALDO — Bueno, me gustan más los exámenes orales que los exámenes escritos de pura gramática.

ALBERTO — Los profesores no debieran dar exámenes.

RENALDO — Les parece que con los exámenes los estudiantes van a estudiar más.

ALBERTO — Yo pasé un mal rato con el último examen. Me hicieron una pregunta dificilísima.

RENALDO — Ese ha sido un examen pésimo.

ALBERTO — Para mí fue el examen más desastroso de mi carrera universitaria.

RENALDO — Quizá si fuéramos a hablar con el professor tendría compasión de nosotros.

ALBERTO — No, el único remedio que nos queda es estudiar. Si sólo supiéramos lo que nos va a preguntar.

RENALDO — Con este profesor no hay sorpresas. Te dice lo que hay que aprender y si lo aprendes sacas una buena nota. Si no, sales mal.

ALBERTO — Estoy estudiando química y me hace falta un idioma sólo para satisfacer un capricho de mi mamá.

RENALDO — Yo no. Pienso colocarme en un buen puesto cuando termine la carrera universitaria. Por eso quiero estar bien preparado en lenguas y en todo.

# The Tests

RENALDO — Hi, Beto. We have an exam in English the day after tomorrow, don't we?

ALBERTO — Yes, and I haven't studied at all.

RENALDO — You haven't studied?

ALBERTO — I always study as much as anyone, but I don't get it.

RENALDO — It isn't that bad, old boy. I think you are getting along fine.

ALBERTO — The fact is that I always get confused with those oral exams and I can't answer the questions.

RENALDO — Well, I like the oral exams better than those written ones that are only about grammar.

ALBERTO — Professors should not give exams.

RENALDO — They think that with exams students are going to study more.

ALBERTO — I had a very hard time in the last exam. They asked me the most difficult question!

RENALDO — That was the worst exam.

ALBERTO — For me it was the most disastrous exam of my college career.

RENALDO — Perhaps if we went to speak to the professor he would have compassion for us.

ALBERTO — No, the only solution that remains is for us to study. If we just knew what he was going to ask us.

RENALDO — With this professor there are no surprises. He tells you what there is to learn and if you learn it, you get a good grade. Otherwise you fail.

ALBERTO — I have a major in chemistry and I only need a language to satisfy a whim of my mother.

RENALDO — Not me. I plan to get a good job when I finish my college degree. That's why I want to be well prepared in languages and everything.

**Comparisons of equality — review**

| | |
|---|---|
| **tanto, -a . . . como** | *as much . . . as* |
| **tantos, -as . . . como** | *as many . . . as* |
| **tan . . . como** | *as . . . as* |

Yo tengo **tanto** dinero **como** él.
Yo tengo **tantas** amigas **como** él.
Yo estudio **tanto como** él.
Yo soy **tan** alta **como** ella.
Yo canto **tan** bien **como** ella.

Patterned Response

1. *Teacher:* Ella es muy alta.
   *Student:* Yo no soy tan alta como ella.

   Ella es muy rica.
   El es muy listo.
   El es muy inteligente.

Ella es muy buena.
El es muy curioso.
El es muy delgada.
El es muy guapo.

2. *Teacher:* Ud. tiene mucho dinero.
   *Student:* Ojalá tuviera tanto como ella.

Ud. tiene muchas amigas.
Ud. tiene muchos amigos.
Ud. tiene mucho tiempo.
Ud. tiene muchos discos.
Ud. tiene muchas revistas.

3. *Teacher:* Ud. sabe mucho.
   *Student:* Ojalá supiera tanto como Ud.

Ud. tiene mucho dinero.
Ud. estudia mucho.
Ud. trabaja mucho.
Ud. sabe mucho.
Ud. aprende mucho.

## Comparisons of inequality — review

In Spanish, most comparatives of adjectives are formed with the words **más** or **menos** before the adjective. To form the superlative the article (**el, la, los, las**) is added.

| *Positive* | *Comparative* | *Superlative* |
|---|---|---|
| Ella es lista. | Luisa es **más** lista. | Susana es **la más** lista. |
| El es inteligente. | Ana es **más** inteligente. | Juan es **el más** inteligente. |
| Ella es bonita. | Luisa es **menos** bonita. | Olga es **la menos** bonita. |

Note that **más** is never used with **mejor, peor, menor,** or **mayor**.

### Patterned Response

1. *Teacher:* Este examen es difícil.
   *Student:* Sí, pero el otro es más difícil.

Este profesor es rico.
Esta señorita es inteligente.
Esta clase es interesante.
Este caballo es fino.

2. *Teacher:* Ella es muy rica.
   *Student:* Sí, es la más rica.

Ella es muy simpática.
El es muy viejo.
El es muy exigente.

Ella es muy alta.
El es muy caprichoso.
Ella es muy gorda.
Ella es muy fea.
El es muy serio.

**Nouns with
the superlative**

Ella es **la** muchacha **más lista de la clase.**     *She is the cleverest girl in the class.*

Estas son **las** montañas **más altas del mundo.**     *They are the highest mountains in the world.*

When a noun is used as the point of comparison, an article precedes the noun and the rest of the superlative construction follows the noun.

|  | Article | Noun | Superlative Construction | |
|---|---|---|---|---|
| Ella es | **la** | muchacha | **más lista** | **de la clase.** |
| Estas son | **las** | montañas | **más altas** | **del mundo.** |
| Fue | **el** | examen | **más desastroso** | **de mi carrera.** |

Unlike English, Spanish does not distinguish between the comparative and superlative forms.

**Es la más alta de las dos.** *She is the taller of the two.*
**Es la más alta de las tres.** *She is the taller of the three.*

The Spanish equivalent of "in" after a superlative is **de** (**de la clase** = "in the class").

*Latin American literature, deeply influenced by European models, has recently found its own self-confident voice. In Argentina, a new generation of prolific young fiction writers has arisen, following in the footsteps of Jorge Luis Borges, the most popular Spanish-language author in South America. Among them is novelist–short story writer Julio Cortázar, whose works are given prominent display in this bookshop.*

356

**The superlative ending -*ísimo***

To form an absolute superlative, the ending **-ísimo** is attached to an adjective. It is an emphatic form meaning "very" or "exceedingly."

| | |
|---|---|
| un edificio **alto** | un edificio **altísimo** |
| una mujer **linda** | una mujer **lindísima** |

Patterned Response

*Teacher:* Este examen es dificilísimo.
*Student:* Sí, es el examen más difícil del mundo.

Esta ciudad es grandísima.
Estas montañas son altísimas.
Esta torta es deliciosísima.
Esta muchacha es inteligentísima.
Esta muchacha es hermosísima.
Estos libros son carísimos.
Esta lección es facilísima.
Este profesor es bonísimo.
Este profesor es pésimo.

Note that the forms **bonísimo** (from **bueno**) and **pésimo** (from **peor**) are formed irregularly.

**Irregular comparatives of adjectives**

The following comparatives are formed irregularly:

| *Positive* | *Comparative* | *Superlative* |
|---|---|---|
| Este es **bueno**. | Ese es **mejor**. | Aquél es **el mejor**. |
| Este es **malo**. | Ese es **peor**. | Aquél es **el peor**. |
| Este es **grande**. | Ese es **mayor**. | Aquél es **el mayor**. |
| | Ese es **más grande**. | Aquél es **el más grande**. |
| Este es **pequeño**. | Ese es **menor**. | Aquél es **el menor**. |
| | Ese es **más pequeño**. | Aquél es **el más pequeño**. |

Note that **más grande** and **más pequeño** are used instead of **mayor** and **menor** when reference is made to size. In addition to "bigger" and "smaller," **mayor** and **menor** may also mean "older" and "younger."

Yo soy **mayor** que él. *I am older than he.*
El es **menor** que ella. *He is younger than she.*

**Common comparisons of adverbs**

| | |
|---|---|
| Este juega **bien**. | Ese juega **mejor**. |
| Este juega **mal**. | Ese juega **peor**. |
| Este juega **mucho**. | Ese juega **más**. |

Patterned Response

1. *Teacher:* Este es bueno.
   *Student:* Sí, pero ése es mejor.

   Este es malo.
   Este es grande.
   Este es viejo.
   Este es pequeño.
   Este es joven.

2. *Teacher:* Ese juega bien.
   *Student:* Este juega mejor.

   Ese juega mal.
   Ese juega mucho.

**Comparisons of inequality with *que***

Spanish uses **que** as the equivalent of "than" in comparisons of inequality between different things.

| | |
|---|---|
| Me gustan **más** los exámenes orales **que** los exámenes escritos. | *I like oral exams better than written exams.* |
| Este libro es **mejor que** aquél. | *This book is better than that one.* |
| El español es **menos** difícil **que** el inglés. | *Spanish is less difficult than English.* |

**Que** is also used as the equivalent of "than" when the degree or amount of comparison is left out.

| | |
|---|---|
| María es **más** bonita **que** ella. | *Mary is prettier than she is.* |
| Alberto tiene **más** amigos **que** Renaldo. | *Albert has more friends than Reynold.* |
| Renaldo estudia **más que** nadie. | *Reynold studies more than anyone.* |

Patterned Response

1. *Teacher:* Esa muchacha es bonita.
   *Student:* Sí, es más bonita que la otra.

   Esa señora es elegante.
   Ese joven es fuerte.
   Este señor llegó tarde.
   Aquel muchacho come temprano.

2. *Teacher:* El estudia mucho.
   *Student:* Sí, estudia más que nadie.

   Ella lo hace rápido.
   Alberto habló poco. — menos
   El profesor habló mucho.
   María terminó pronto.

Luisa se levantó temprano.
Enrique se viste despacio.
María pronuncia bien. — mejor
Renaldo pronuncia mal. — peor

**Comparisons of inequality with *de***

The equivalent of "than" is **de** when the comparison involves different amounts or degrees of the same thing.

Siempre duermo **más de** seis horas.
Me dio **menos de** la mitad.
Tiene **más de** tres coches.

Patterned Response

1. *Teacher:* El durmió.
   *Student:* Sí, pero ella durmió más de seis horas.

   El se comió seis helados.
   El sacó cinco fotos.
   El trabajó dos horas.
   El tiene tres hermanas.

2. *Teacher:* ¿Tiene Ud. más de tres pesos?
   *Student:* No, tengo menos de tres pesos.

   ¿Tiene Ud. más de cinco lápices?
   ¿Tiene Ud. más de dos libros?
   ¿Tiene Ud. más de cuatro clases?
   ¿Tiene Ud. más de diez dólares?

**Controlled Conversation**

Pregúntele a _____ si habrá examen de español pasado mañana.
si se confunde en los exámenes orales.
si cree que los profesores no debieran dar exámenes.
si ha pasado muy mal rato con el último examen.
si hay sorpresas con el profesor de español.
qué piensa hacer cuando termine la carrera universitaria.
si estudia más que nadie.
si tiene mucho dinero.

**Personalized Questions**

1. ¿Cuándo habrá examen?
2. ¿Cuántos exámenes tiene Ud. el jueves?
3. ¿Tiene Ud. ganas de sacar una buena nota?
4. ¿Qué dice su papá si Ud. saca malas notas?
5. ¿Estudia Ud. más que nadie?
6. ¿Estudia Ud. tanto como sus amigos?
7. ¿Estudia Ud. toda la noche si es necesario?
8. ¿Tiene Ud. que estudiar más que nadie para salir bien?

9. ¿Qué nota piensa Ud. sacar de esta clase?
10. ¿Cree Ud. que sin exámenes los estudiantes trabajen tanto?
11. ¿Cree Ud. que los exámenes sean necesarios?
12. ¿Qué haría Ud. en vez de dar exámenes si fuera profesor?
13. ¿Qué haría Ud. si fuera tan alto como él?
14. ¿Es Ud. tan rico como su primo?
15. ¿Sería Ud. tan rico como él si trabajara más?
16. Si estudiaras más, ¿tendría compasión el profesor?
17. ¿Cuánto tiempo hace que Ud. estudia español?
18. ¿Le gustan los exámenes orales más que los exámenes escritos?

## Extemporization

### 1. Estudiantes y profesores

*Vocabulary:* clase, estudiar, exámenes, dar, sorpresas, carrera, compasión, notas

*Topic Ideas:*
1. El mejor profesor de la universidad.
2. Yo estudio más que nadie.
3. Roberto no estudia tanto como yo.

*Questions:*
1. ¿Les gusta a los profesores dar exámenes?
2. Qué deben hacer los estudiantes para salir bien en un examen?
3. ¿Hay siempre sorpresas en los exámenes?
4. ¿Crees que un profesor que dé sorpresas en los exámenes sea bueno?
5. ¿Sacan muchos estudiantes buenas notas?
6. ¿Cuándo tiene compasión de los estudiantes un profesor?

### 2. Los exámenes

*Vocabulary:* estudiar, oral, escrito, peor, mejor, carrera, confundirse, difícil, notas, necesarios, inteligente, calificación, exigente

*Topic Ideas:*
1. Prefiero los exámenes escritos.
2. En esta universidad los exámenes son dificilísimos.
3. El examen más desastroso de mi carrera.

*Questions:*
1. ¿Tienes que estudiar poco o mucho para los exámenes?
2. ¿Qué prefieres, un examen escrito o uno oral?
3. ¿Qué pasa si se confunde en el examen oral?
4. ¿Crees que los exámenes sean necesarios?
5. ¿Son exigentes los profesores en los exámenes?
6. ¿Son fáciles o difíciles los exámenes de español?

## Task Assignment

Write a 100-word composition entitled "Si yo fuera rico." Tell what you would do and where you would go, if this were true. After the teacher has made the necessary corrections, memorize the composition and present it orally in class.

# Una esperanza (adapted)

AMADO NERVO

### Part Two

Tiene usted amigos poderosos que se interesan por su suerte; su familia ha hecho hasta lo imposible por salvarle. Se ha logrado[1] con graves dificultades sobornar[2] al jefe del pelotón encargado de fusilarle.[3] Los fusiles estarán cargados[4] sólo con pólvora y taco,[5] al oír el disparo,[6] usted caerá como los otros, los que con usted serán llevados al patíbulo,[7] y permanecerá inmóvil. La obscuridad de la hora le ayudará a representar esta comedia. Manos piadosas[8] le recogerán[9] a usted del sitio en cuanto[10] el pelotón se aleje,[11] y le ocultarán[12] hasta llegada la noche, durante la cual sus amigos facilitarán su huída.[13] Las tropas liberales avanzan sobre la ciudad. Se unirá usted a ellas si gusta. Conque[14] . . . ya lo sabe usted todo.

— Padre, ¡que Dios le bendiga![15] Pero . . . ¿todo esto es verdad? ¿No se trata de[16] un engaño?[17] ¡Oh, eso sería inicuo, padre!

— Hijo mío: un engaño de tal naturaleza constituiría la mayor de las infamias, y yo soy incapaz de cometerla . . .

— Es cierto, padre; ¡perdóneme, no sé lo que digo, estoy loco de contento!

— Calma, hijo, mucha calma y hasta mañana; yo estaré con usted en el momento solemne.

Apuntaba el alba[18] cuando los presos[19] — cinco por todos — fueron sacados de la prisión y conducidos, en compañía del sacerdote, a una plazuela donde era costumbre llevar a cabo[20] las ejecuciones.

Nuestro Luis marchaba entre todos con paso firme, pero llena el alma[21] de una emoción desconocida y de un deseo infinito de que acabase[22] pronto aquella horrible farsa.

Al llegar a la plazuela, los cinco fueron colocados en fila,[23] a cierta distancia, y la tropa que los escoltaba,[24] a la voz de mando, se dividió en cinco grupos de a siete hombres.

El coronel del cuerpo indicó al sacerdote que vendara[25] a los cinco y se alejase luego a cierta distancia. Así lo hizo el padre, y el jefe del pelotón dio las primeras órdenes.

*Within easy economic reach of mainland prosperity, Puerto Rico has blossomed within the last two decades. One of the results has been an energetic new eagerness for top-notch schooling. Many Puerto Rican children are now reaping the benefits of a twentieth-century education.*

De pronto una espada²⁶ rubricó el aire,²⁷ una detonación formidable y desigual llenó de ecos la plazuela, y los cinco cayeron trágicamente.

El jefe del pelotón hizo en seguida desfilar²⁸ a sus hombres, y con breves órdenes organizó regreso²⁹ al cuartel.³⁰

En aquel momento, un granuja³¹ de los muchos mañaneadores³² que asistían a la ejecución gritó, señalando a Luis:

— ¡Ese está vivo! ¡Ese está vivo! Ha movido una pierna . . .

El jefe del pelotón se detuvo, vaciló³³ un instante, quiso³⁴ decir algo al pillete;³⁵ pero sus ojos se encontraron con la mirada interrogadora, fría e imperiosa del coronel, y desnudando³⁶ la gran pistola de Colt, avanzó hacia Luis, que, preso³⁷ del terror más espantoso,³⁸ casi no respiraba, apoyó³⁹ el cañón en su sien⁴⁰ izquierda, e hizo fuego.⁴¹

| | |
|---|---|
| ¹ **logrado** *succeeded* | ²¹ **alma** *soul, heart* |
| ² **sobornar** *to bribe* | ²² **que acabase** *that it might end* |
| ³ **pelotón encargado de fusilarle** *firing squad* | ²³ **en fila** *in a row* |
| ⁴ **cargados** *loaded* | ²⁴ **los escoltaba** *was escorting them* |
| ⁵ **pólvora y taco** *powder and wadding* | ²⁵ **que vendara** *that he might blindfold* |
| ⁶ **disparo** *shot, firing* | ²⁶ **espada** *sword* |
| ⁷ **patíbulo** *scaffold* | ²⁷ **rubricó el aire** *split the air* |
| ⁸ **piadosas** *merciful* | ²⁸ **desfilar** *to file away* |
| ⁹ **le recogerán** *will pick you up* | ²⁹ **regreso** *the return* |
| ¹⁰ **en cuanto** *as soon as* | ³⁰ **cuartel** *barracks* |
| ¹¹ **se aleje** *withdraws* | ³¹ **granuja** *scoundrel* |
| ¹² **ocultarán** *will hide* | ³² **mañaneador** *early riser* |
| ¹³ **huída** *flight, escape* | ³³ **vaciló** *hesitated* |
| ¹⁴ **conque** *so that* | ³⁴ **quiso** *tried* |
| ¹⁵ **que Dios le bendiga** *may God bless you* | ³⁵ **pillete** *scoundrel* |
| ¹⁶ **no se trata de** *it is not a question of* | ³⁶ **desnudando** *drawing* |
| ¹⁷ **engaño** *deceit, fraud* | ³⁷ **preso de** *seized by* |
| ¹⁸ **apuntaba el alba** *dawn was breaking* | ³⁸ **epantoso** *frightful* |
| ¹⁹ **preso** *prisoner* | ³⁹ **apoyó** *placed* |
| ²⁰ **llevar a cabo** *to carry out* | ⁴⁰ **sien** *temple* |
| | ⁴¹ **hizo fuego** *fired* |

### Question–Answer

1. ¿Cómo iba a salvarse Luis?
2. ¿Cree Luis lo que le dice el sacerdote?
3. ¿Tiene Ud. amigos poderosos?
4. ¿Son necesarios los amigos poderosos?
5. ¿Logró Luis salir con la vida?
6. Un muchacho gritó que Luis todavía estaba vivo. ¿Habría gritado Ud. también?
7. ¿Quería matarle a Luis el jefe?
8. ¿Por qué le hizo fuego el jefe con su pistola de Colt?
9. ¿Tiene Ud. una pistola de Colt?
10. ¿Tiene un hombre el derecho de matar a otro hombre?
11. ¿Quién tiene este derecho?

# REVIEW 6

(Units 21–24)

A. *Respond to the sentences according to the example.*

> *Example:* Juan estuvo enfermo. **Ojalá no hubiera estado enfermo.**

1. Luisa llegó tarde.
2. Ellos vinieron solos.
3. Llovió esta tarde.
4. Fueron en jet.
5. Los muchachos ganaron.

B. *Respond to the sentences according to the example.*

> *Example:* Ella no escribió. **Ojalá hubiera escrito.**

1. Tú no volviste.
2. Ella no estuvo.
3. Juan no dijo todo.
4. Ellos no regresaron.
5. Mamá no fue al baile.

C. *Complete the sentences using* **también** *or* **tampoco** *as required.*

1. Ella no bailó nada. _____ bailó mi novia.
2. A ella le gusta el español. Y a mí me gusta _____.
3. Le escribo siempre a él. _____ me escribe.
4. Tengo algo para él. Y para ella _____.
5. No me habla nunca. _____ le habla a Ud.

D. *Complete the sentences using* **alguien** *or* **nadie** *as required.*

1. No vino _____ al concierto.
2. No llama _____ a la puerta.
3. ¿No conoce Ud. a _____ que sea rico?
4. ¿No ha encontrado Ud. a _____ que cante bien?
5. He visto a _____ en la casa.

E. *Complete the sentences using* **sino** *or* **pero** *as required.*

1. Me gusta la música _____ no me gusta bailar.
2. No voy al baile _____ al cine.
3. Es bonito _____ no es nuevo.
4. Les gusta estudiar _____ no les gusta divertirse.
5. Parece joven _____ es muy viejo.

6. No sé esquiar _____ me gustaría aprender.
7. Le compraría el regalo _____ no tiene dinero.
8. El cree que es rico _____ es pobre.
9. El español no es difícil _____ fácil.

F. *Answer the questions according to the example.*

> *Example:* ¿Quién hizo el primer vuelo espacial? (los rusos)
>
> **El primer vuelo espacial fue hecho por los rusos.**

1. ¿Quién vendió los periódicos? (los muchachos)
2. ¿Quién inventó el jazz? (los americanos)
3. ¿Quién vendió el pan? (los muchachos)
4. ¿Quién fabricó ese auto? (la compañía Ford)
5. ¿Quién escribió esa música? (el señor Jones)

G. *Complete the sentences using* **algo** *or* **nada** *as required.*

1. Los libros son _____ baratos.
2. Yo no acepté _____.
3. ¿Hizo Ud. _____?
4. No me interesa _____.
5. El examen no es _____ fácil.

H. *Respond to the questions with the* **Ud.** *form of the command in Spanish.*

> *Example:* ¿Le abro la carta? **Sí, ábramela, por favor.**

1. ¿Les compro el desayuno?
2. ¿Le busco la novela?
3. ¿Les cambio el dinero?
4. ¿Le lavo las orejas?
5. ¿Le quito los zapatos?

I. *Respond to the questions with the* **tú** *form of the affirmative command in Spanish.*

> *Example:* ¿Puedo hacerlo? **Sí, hazlo, por favor.**

1. ¿Puedo comprarlo?
2. ¿Puedo escribirlo?
3. ¿Puedo decirlo?
4. ¿Puedo irme?
5. ¿Puedo ponérmelo?

J. *Respond to the questions with the* **tú** *form of the negative command.*

> *Example:* ¿Puedo leerlo? **No, no lo leas.**

1. ¿Puedo comerlo?
2. ¿Puedo verlo?
3. ¿Puedo tomarlo?
4. ¿Puedo venir?
5. ¿Puedo salir?

# La idea del tiempo

JUAN PÉREZ — Yo soy latinoamericano cien por ciento.[1] ¡Yo sé gozar de la vida![2] Me gusta disfrutar[3] de cada momento del presente y no me preocupo tanto[4] del futuro. El futuro, ¿qué es? El futuro no es real, porque no existe todavía.[5]

JOHN SMITH — ¡Vamos amigo![6] Uds. en la tierra del mañana[7] están soñando.[8] Si quieres tener seguridad económica tienes que llegar al trabajo a la hora y tienes que trabajar fuerte[9] ocho horas al día ¿No sabes que el tiempo es oro?[10]

JUAN PÉREZ — Te equivocas,[11] mi amigo. Latinoamérica no es la tierra del mañana. Nosotros tenemos más bien[12] una psicología de hoy. No ponemos énfasis en las cosas materiales del mundo. El tiempo es para usarlo en los placeres, las sensaciones, en cosas intelectuales, en fin,[13] en la vida real de cada día.

JOHN SMITH — Yo creo que el hombre sólo puede tener éxito[14] en esta vida si se aprovecha de cada momento disponible[15] para trabajar y producir algo. Si un hombre no produce nada ¿qué valor tiene?

JUAN PÉREZ — En mi tierra tenemos un dicho: El norteamericano tiene. El latinoamericano es. A mí me gusta trabajar también, pero no me olvido[16] que soy un ser humano.[17] Para nosotros, por ejemplo, el trato fino[18] y la conversación tienen que acompañar los contratos, los negocios,[19] y el trabajo, y si no, el hombre es como una máquina.

JOHN SMITH — No me opongo a la conversación amena[20] pero al menos no llego tarde a los compromisos.[21]

JUAN PÉREZ — Yo nunca podría ser esclavo del reloj[22] como tú. Y la buena amistad vale mucho más que el oro.

[1] **cien por ciento** *100 percent*
[2] **gozar de la vida** *enjoy life*
[3] **disfrutar** *to use profitably*
[4] **no me preocupo tanto** *I don't worry so much*
[5] **todavía** *yet*
[6] **vamos amigo** *come on, friend*
[7] **tierra del mañana** *land of tomorrow*
[8] **están soñando** *you are dreaming*
[9] **trabajar fuerte** *to work hard*
[10] **el tiempo es oro** *time is money*
[11] **te equivocas** *you are wrong*
[12] **más bien** *rather*

[13] **en fin** *finally, in a word*
[14] **tener éxito** *to have success*
[15] **se aprovecha de cada momento disponible** *he takes advantage of every available moment*
[16] **no me olvido** *I don't forget*
[17] **un ser humano** *a human being*
[18] **trato fino** *friendly relations*
[19] **negocios** *business deals*
[20] **conversación amena** *pleasant conversation*
[21] **compromisos** *appointments*
[22] **esclavo del reloj** *a slave to the clock*

## Question–Answer

1. ¿Sabe Ud. gozar de la vida?
2. ¿Qué es el futuro?
3. ¿Cree Ud. que el tiempo sea oro?

4. ¿Qué es la tierra del mañana?
5. ¿Qué es la psicología de hoy?
6. ¿Cómo puede el hombre tener éxito?
7. ¿Está bien con Ud. si uno llega tarde a los compromisos?
8. ¿Es Ud. un esclavo del reloj?

Appendices
Vocabulary
Index

# APPENDIX A

**Songs**

*Las Mañanitas*

Es-tas son   las ma-ña-ni - tas que can-ta - ba el Rey Da-

vid    pe-ro no e - ran tan bo-ni-tas co-mo las

can - tan a - quí. Des - pier - ta, mi bien, des -

pier - ta, mi - ra que ya a-ma - ne - ció. Que a-ma -

ne - ce, que a-ma-ne - ce ro - si - ta blan - ca de Je - ri -

có. Des - pier - ta, mi bien, des - pier - ta, mi - ra que ya a - ma - ne -

ció, ya los pa - ja - ri - llos can - tan, la lu - na

ya se me - tió. ¡Qué bo - ni - ta ma - ña -

ni - ta co - mo que quie - re llo - ver! A - sí es -

ta - ba la ma - ña - na cuan-do te em-pe-cé a que - rer.

Éstas son las mañanitas que cantaba el Rey David
Pero no eran tan bonitas como las cantan aquí.

Si el sereno de la esquina me quisiera hacer favor
De apagar su linternita mientras que pasa mi amor.

Despierta, mi bien, despierta, mira que ya amaneció.
Que amanece, que amanece rosita blanca de Jericó.
Despierta, mi bien, despierta, mira que ya amaneció,
Ya los pajarillos cantan, la luna ya se metió.

Que bonita mañanita como que quiere llover,
Así estaba la mañana cuando te empecé a querer.

## Cielito Lindo

Mexican Folk Song
Arranged by Glenna M. Hansen

De la Sie - rra Mo - re - na, cie - li - to lin - do, vie - nen ba - jan - do,____ un par de o - ji - tos ne - gros, cie -

li - to lin - do, de con - tra - ban - do.____

¡Ay,    ay,   ay, ay!_____    Can -

ta y   no llo - res;____    por - que can - tan - do se a-

374

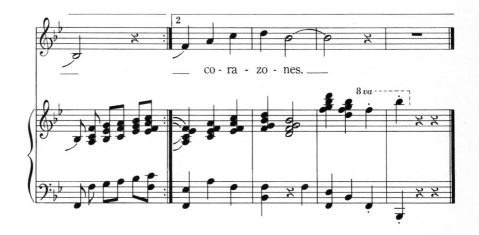

Ese lunar que tienes, cielito lindo, junto a la boca,
no se lo des a nadie, cielito lindo, que a mí me toca.

Pájaro que abandona, cielito lindo, su primer nido
si lo encuentra ocupado, cielito lindo, bien merecido.

Todas las ilusiones, cielito lindo, que el amor fragua
son como las espumas, cielito lindo, que forma el agua.

CORO:

Ay, ay, ay, ay, canta y no llores;
porque cantando se alegran, cielito lindo, los corazones.

## La Cucaracha

Mexican Folk Song
Arranged by Glenna M. Hansen

U - na co - sa me da ri - sa, Pan - cho Vi - lla sin ca - mi - sa; ya se van los ca-rran-cis - tas por-que vie-nen los vi - llis - tas.

La cu - ca - ra - cha, la cu - ca - ra - cha, ya no

pue - de ca - mi - nar, por - que no tie - ne, por - que le

fal - ta ma - ri - hua - na que fu - mar. mar.

Una cosa me da risa,
Pancho Villa sin camisa;
ya se van los carrancistas
porque vienen los villistas.

La cucaracha, la cucaracha,
ya no puede caminar,
porque no tiene, porque le falta
marihuana que fumar.

Las muchachas son de oro,
las casadas son de plata,
y las viudas son de cobre,
las viejas hoja de lata.

Cuando uno quiere a una
y esta una no lo quiere,
es lo mismo que si un calvo
en la calle encuentra un peine.

La cucaracha, la cucaracha,
ya no puede caminar,
porque no tiene, porque le falta
marihuana que fumar.

## Allá en el Rancho Grande*

*Original Words and Music by Silvano R. Ramos
Music arranged by Glenna M. Hansen*

A - llá en el ran - cho gran - de, a-

*Copyright by Edward B. Marks Music Corporation. Used by permission.

llá don-de vi - ví - a,          ya ja

ha - bía u - na ran-che - ri - ta,     que a - le - gre me de -

cí - a,     que a - le - gre me de - cí - a:_____

Te voy a ha - cer

tus cal - zo - nes, _____ co - mo los u -

sa el ran - che - ro, _____ te los co - mien -

Allá en rancho grande, allá donde vivía,
Había una rancherita, que alegre me decía,
Que alegre me decía: —

Te voy a hacer tus calzones, como los usa el ranchero,
Te los comienzo de lana, te los acabo de cuero.

Nunca te fíes de promesas, ni mucho menos de amores,
Que si te dan calabazas verás lo que son ardores.

Pon muy atento el oído cuando rechine la puerta,
Hay muertos que no hacen ruido y son muy gordas sus penas.

Cuando te pidan cigarro no des cigarro y cerillo,
Porque si das las dos cosas te tantearán de zorrillo.

## Carmen, Carmela

Mexican Folk Song
Arranged by Glenna M. Hansen

A - sí cual mue-ren en oc-ci-den-te los ti-bios

ra-yos del as-tro rey.   A - sí mu - rie-ron mis i - lu -

sio-nes a-sí ex-tin-guién-do-se va mi   fe.   Car-men, Car-

me - la, ___ luz de mis o - jos. ___ Si luz no hu -

bie - ra, ___ ha-bías de ser. Her - mo - so

*rit*     *a tempo*

fa - ro, ___ de ven-tu-ran - za dul-ce es-pe -

ran - za, be - llo pla - cer._____ A - sí cual

be - llo pla - cer.

Así cual mueren en occidente
Los tibios rayos del astro rey.
Así murieron mis ilusiones
Así extinguiéndose va mi fe.

Carmen, Carmela, luz de mis ojos.
Si luz no hubiera, habías de ser.
Hermoso faro, de venturanza
Dulce esperanza, bello placer.

# APPENDIX B

**Regular Verbs**

Simple Tenses — First Conjugation

| INFINITIVE | PRESENT PARTICIPLE | PAST PARTICIPLE |
|---|---|---|
| hablar *to speak* | hablando *speaking* | hablado *spoken* |

### PRESENT INDÍCATIVE

*I speak, do speak, am speaking*

| | |
|---|---|
| hablo | hablamos |
| hablas | habláis |
| habla | hablan |

### IMPERFECT

*I was speaking, used to speak*

| | |
|---|---|
| hablaba | hablábamos |
| hablabas | hablabais |
| hablaba | hablaban |

### PRETERIT

*I spoke, did speak*

| | |
|---|---|
| hablé | hablamos |
| hablaste | hablasteis |
| habló | hablaron |

### FUTURE

*I will speak, shall speak*

| | |
|---|---|
| hablaré | hablaremos |
| hablarás | hablaréis |
| hablará | hablarán |

### CONDITIONAL

*I would speak, should speak*

| | |
|---|---|
| hablaría | hablaríamos |
| hablarías | hablaríais |
| hablaría | hablarían |

### PRESENT SUBJUNCTIVE

*(that)* I may speak

| | |
|---|---|
| hable | hablemos |
| hables | habléis |
| hable | hablen |

### PAST SUBJUNCTIVE (1)

*(that)* I might speak

| | |
|---|---|
| hablara | habláramos |
| hablaras | hablarais |
| hablara | hablaran |

### PAST SUBJUNCTIVE (2)

*(that)* I might speak

| | |
|---|---|
| hablase | hablásemos |
| hablases | hablaseis |
| hablase | hablasen |

### IMPERATIVE

*speak*

habla   hablad

## Simple Tenses — Second Conjugation

| INFINITIVE | PRESENT PARTICIPLE | PAST PARTICIPLE |
|---|---|---|
| aprender  *to learn* | aprendiendo  *learning* | aprendido  *learned* |

**PRESENT INDICATIVE**

*I learn, do learn, am learning*

| | |
|---|---|
| aprendo | aprendemos |
| aprendes | aprendéis |
| aprende | aprenden |

**CONDITIONAL**

*I would learn, should learn*

| | |
|---|---|
| aprendería | aprenderíamos |
| aprenderías | aprenderíais |
| aprendería | aprenderían |

**IMPERFECT**

*I was learning, used to learn*

| | |
|---|---|
| aprendía | aprendíamos |
| aprendías | aprendíais |
| aprendía | aprendían |

**PRESENT SUBJUNCTIVE**

*(that) I may learn*

| | |
|---|---|
| aprenda | aprendamos |
| aprendas | aprendáis |
| aprenda | aprendan |

**PRETERIT**

*I learned, did learn*

| | |
|---|---|
| aprendí | aprendimos |
| aprendiste | aprendisteis |
| aprendió | aprendieron |

**PAST SUBJUNCTIVE (1)**

*(that) I might learn*

| | |
|---|---|
| aprendiera | aprendiéramos |
| aprendieras | aprendierais |
| aprendiera | aprendieran |

**FUTURE**

*I will learn, shall learn*

| | |
|---|---|
| aprenderé | aprenderemos |
| aprenderás | aprenderéis |
| aprenderá | aprenderán |

**PAST SUBJUNCTIVE (2)**

*(that) I might learn*

| | |
|---|---|
| aprendiese | aprendiésemos |
| aprendieses | aprendieseis |
| aprendiese | aprendiesen |

**IMPERATIVE**

*learn*

aprende   aprended

## Simple Tenses — Third Conjugation

| INFINITIVE | PRESENT PARTICIPLE | PAST PARTICIPLE |
|---|---|---|
| vivir  *to live* | viviendo  *living* | vivido  *lived* |

**PRESENT INDICATIVE**

*I live, do live, am living*

| | |
|---|---|
| vivo | vivimos |
| vives | vivís |
| vive | viven |

**CONDITIONAL**

*I would live, should live*

| | |
|---|---|
| viviría | viviríamos |
| vivirías | viviríais |
| viviría | vivirían |

| IMPERFECT | | PRESENT SUBJUNCTIVE | |
|---|---|---|---|
| *I was living, used to live* | | *(that) I may live* | |
| vivía | vivíamos | viva | vivamos |
| vivías | vivíais | vivas | viváis |
| vivía | vivían | viva | vivan |

| PRETERIT | | PAST SUBJUNCTIVE (1) | |
|---|---|---|---|
| *I lived, did live* | | *(that) I might live* | |
| viví | vivimos | viviera | viviéramos |
| viviste | vivisteis | vivieras | vivierais |
| vivió | vivieron | viviera | vivieran |

| FUTURE | | PAST SUBJUNCTIVE (2) | |
|---|---|---|---|
| *I will live, shall live* | | *(that) I might live* | |
| viviré | viviremos | viviese | viviésemos |
| vivirás | viviréis | vivieses | vivieseis |
| vivirá | vivirán | viviese | viviesen |

### IMPERATIVE

*live*

viva  vivid

## Compound Tenses — All Conjugations

### PERFECT INFINITIVE

haber hablado   *to have spoken*
haber aprendido   *to have learned*
haber vivido   *to have lived*

### PERFECT PARTICIPLE

habiendo hablado   *having spoken*
habiendo aprendido   *having learned*
habiendo vivido   *having lived*

### PRESENT PERFECT

| *I have spoken* | |
|---|---|
| he hablado | hemos hablado |
| has hablado | habéis hablado |
| ha hablado | han hablado |

### CONDITIONAL PERFECT

| *I would have spoken, should have spoken* | |
|---|---|
| habría hablado | habríamos hablado |
| habrías hablado | habríais hablado |
| habría hablado | habrían hablado |

### PLUPERFECT

| *I had spoken* | |
|---|---|
| había hablado | habíamos hablado |
| habías hablado | habíais hablado |
| había hablado | habían hablado |

### PRESENT PERFECT SUBJUNCTIVE

| *(that) I may have spoken* | |
|---|---|
| haya hablado | hayamos hablado |
| hayas hablado | hayáis hablado |
| haya hablado | hayan hablado |

FUTURE PERFECT

*I shall have spoken, will have spoken*

| | |
|---|---|
| habré hablado | habremos hablado |
| habrás hablado | habréis hablado |
| habrá hablado | habrán hablado |

PLUPERFECT SUBJUNCTIVE

*(that) I might have spoken*

| | |
|---|---|
| hubiera (-se) hablado | hubiéramos (-se) hablado |
| hubieras hablado | hubierais hablado |
| hubiera hablado | hubieran hablado |

# APPENDIX C

**Irregular Verbs**

1. INFINITIVE      PRESENT PARTICIPLE      PAST PARTICIPLE

andar   *to walk*      andando  *walking*      andado  *walked*

PRESENT INDICATIVE

| | | | |
|---|---|---|---|
| ando | andamos |
| andas | andáis |
| anda | andan |

CONDITIONAL

| | |
|---|---|
| andaría | andaríamos |
| andarías | andaríais |
| andaría | andarían |

IMPERFECT

| | |
|---|---|
| andaba | andábamos |
| andabas | andabais |
| andaba | andaban |

PRESENT SUBJUNCTIVE

| | |
|---|---|
| ande | andemos |
| andes | andéis |
| ande | anden |

PRETERIT

| | |
|---|---|
| anduve | anduvimos |
| anduviste | anduvisteis |
| anduvo | anduvieron |

PAST SUBJUNCTIVE (1)

| | |
|---|---|
| anduviera | anduviéramos |
| anduvieras | anduvierais |
| anduviera | anduvieran |

FUTURE

| | |
|---|---|
| andaré | andaremos |
| andarás | andaréis |
| andará | andarán |

PAST SUBJUNCTIVE (2)

| | |
|---|---|
| anduviese | anduviésemos |
| anduvieses | anduvieseis |
| anduviese | anduviesen |

IMPERATIVE

anda   andad

2. INFINITIVE      PRESENT PARTICIPLE      PAST PARTICIPLE

caber   *to fit into*      cabiendo  *fitting into*      cabido  *fitted into*

PRESENT INDICATIVE

| | |
|---|---|
| quepo | cabemos |
| cabes | cabéis |
| cabe | caben |

CONDITIONAL

| | |
|---|---|
| cabría | cabríamos |
| cabrías | cabríais |
| cabría | cabrían |

389

### IMPERFECT

| cabía | cabíamos |
|---|---|
| cabías | cabíais |
| cabía | cabían |

### PRESENT SUBJUNCTIVE

| quepa | quepamos |
|---|---|
| quepas | quepáis |
| quepa | quepan |

### PRETERIT

| cupe | cupimos |
|---|---|
| cupiste | cupisteis |
| cupo | cupieron |

### PAST SUBJUNCTIVE (1)

| cupiera | cupiéramos |
|---|---|
| cupieras | cupierais |
| cupiera | cupieran |

### FUTURE

| cabré | cabremos |
|---|---|
| cabrás | cabréis |
| cabrá | cabrán |

### PAST SUBJUNCTIVE (2)

| cupiese | cupiésemos |
|---|---|
| cupieses | cupieseis |
| cupiese | cupiesen |

### IMPERATIVE

cabe   cabed

3. **INFINITIVE**     **PRESENT PARTICIPLE**    **PAST PARTICIPLE**

caer   *to fall*     cayendo   *falling*     caído   *fallen*

### PRESENT INDICATIVE

| caigo | caemos |
|---|---|
| caes | caéis |
| cae | caen |

### CONDITIONAL

| caería | caeríamos |
|---|---|
| caerías | caeríais |
| caería | caerían |

### IMPERFECT

| caía | caíamos |
|---|---|
| caías | caíais |
| caía | caían |

### PRESENT SUBJUNCTIVE

| caiga | caigamos |
|---|---|
| caigas | caigáis |
| caiga | caigan |

### PRETERIT

| caí | caímos |
|---|---|
| caíste | caísteis |
| cayó | cayeron |

### PAST SUBJUNCTIVE (1)

| cayera | cayéramos |
|---|---|
| cayeras | cayerais |
| cayera | cayeran |

### FUTURE

| caeré | caeremos |
|---|---|
| caerás | caeréis |
| caerá | caerán |

### PAST SUBJUNCTIVE (2)

| cayese | cayésemos |
|---|---|
| cayeses | cayeseis |
| cayese | cayesen |

### IMPERATIVE

cae   caed

4. **INFINITIVE**       **PRESENT PARTICIPLE**      **PAST PARTICIPLE**

   conducir  *to lead, conduct*    conduciendo  *leading*    conducido  *led*

### PRESENT INDICATIVE

| | |
|---|---|
| conduzco | conducimos |
| conduces | conducís |
| conduce | conducen |

### CONDITIONAL

| | |
|---|---|
| conduciría | conduciríamos |
| conducirías | conduciríais |
| conduciría | conducirían |

### IMPERFECT

| | |
|---|---|
| conducía | conducíamos |
| conducías | conducíais |
| conducía | conducían |

### PRESENT SUBJUNCTIVE

| | |
|---|---|
| conduzca | conduzcamos |
| conduzcas | conduzcáis |
| conduzca | conduzcan |

### PRETERIT

| | |
|---|---|
| conduje | condujimos |
| condujiste | condujisteis |
| condujo | condujeron |

### PAST SUBJUNCTIVE (1)

| | |
|---|---|
| condujera | condujéramos |
| condujeras | condujerais |
| condujera | condujeran |

### FUTURE

| | |
|---|---|
| conduciré | conduciremos |
| conducirás | conduciréis |
| conducirá | conducirán |

### PAST SUBJUNCTIVE (2)

| | |
|---|---|
| condujese | condujésemos |
| condujeses | condujeseis |
| condujese | condujesen |

### IMPERATIVE

conduce    conducid

5. **INFINITIVE**       **PRESENT PARTICIPLE**      **PAST PARTICIPLE**

   dar  *to give*    dando  *giving*    dado  *given*

### PRESENT INDICATIVE

| | |
|---|---|
| doy | damos |
| das | dais |
| da | dan |

### CONDITIONAL

| | |
|---|---|
| daría | daríamos |
| darías | daríais |
| daría | darían |

### IMPERFECT

| | |
|---|---|
| daba | dábamos |
| dabas | dabais |
| daba | daban |

### PRESENT SUBJUNCTIVE

| | |
|---|---|
| dé | demos |
| des | deis |
| dé | den |

### PRETERIT

| | |
|---|---|
| di | dimos |
| diste | disteis |
| dio | dieron |

### PAST SUBJUNCTIVE (1)

| | |
|---|---|
| diera | diéramos |
| dieras | dierais |
| diera | dieran |

FUTURE

| daré | daremos |
|------|---------|
| darás | daréis |
| dará | darán |

PAST SUBJUNCTIVE (2)

| diese | diésemos |
|-------|----------|
| dieses | dieseis |
| diese | diesen |

IMPERATIVE

da   dad

6. INFINITIVE

decir   *to say, tell*

PRESENT PARTICIPLE

diciendo   *saying*

PAST PARTICIPLE

dicho   *said*

PRESENT INDICATIVE

| digo | decimos |
|------|---------|
| dices | decís |
| dice | dicen |

CONDITIONAL

| diría | diríamos |
|-------|----------|
| dirías | diríais |
| diría | dirían |

IMPERFECT

| decía | decíamos |
|-------|----------|
| decías | decíais |
| decía | decían |

PRESENT SUBJUNCTIVE

| diga | digamos |
|------|---------|
| digas | digáis |
| diga | digan |

PRETERIT

| dije | dijimos |
|------|---------|
| dijiste | dijisteis |
| dijo | dijeron |

PAST SUBJUNCTIVE (1)

| dijera | dijéramos |
|--------|-----------|
| dijeras | dijerais |
| dijera | dijeran |

FUTURE

| diré | diremos |
|------|---------|
| dirás | diréis |
| dirá | dirán |

PAST SUBJUNCTIVE (2)

| dijese | dijésemos |
|--------|-----------|
| dijeses | dijeseis |
| dijese | dijesen |

IMPERATIVE

di   decid

7. INFINITIVE

estar   *to be*

PRESENT PARTICIPLE

estando   *being*

PAST PARTICIPLE

estado   *been*

PRESENT INDICATIVE

| estoy | estamos |
|-------|---------|
| estás | estáis |
| está | están |

CONDITIONAL

| estaría | estaríamos |
|---------|------------|
| estarías | estaríais |
| estaría | estarían |

| IMPERFECT | | | PRESENT SUBJUNCTIVE | |
|---|---|---|---|---|
| estaba | estábamos | | esté | estemos |
| estabas | estabais | | estés | estéis |
| estaba | estaban | | esté | estén |

| PRETERIT | | | PAST SUBJUNCTIVE (1) | |
|---|---|---|---|---|
| estuve | estuvimos | | estuviera | estuviéramos |
| estuviste | estuvisteis | | estuvieras | estuvierais |
| estuvo | estuvieron | | estuviera | estuvieran |

| FUTURE | | | PAST SUBJUNCTIVE (2) | |
|---|---|---|---|---|
| estaré | estaremos | | estuviese | estuviésemos |
| estarás | estaréis | | estuvieses | estuvieseis |
| estará | estarán | | estuviese | estuviesen |

IMPERATIVE

está   estad

8. INFINITIVE      PRESENT PARTICIPLE      PAST PARTICIPLE

haber  *to have*      habiendo  *having*      habido  *had*

| PRESENT INDICATIVE | | | CONDITIONAL | |
|---|---|---|---|---|
| he | hemos | | habría | habríamos |
| has | habéis | | habrías | habríais |
| ha | han | | habría | habrían |

| IMPERFECT | | | PRESENT SUBJUNCTIVE | |
|---|---|---|---|---|
| había | habíamos | | haya | hayamos |
| habías | habíais | | hayas | hayáis |
| había | habían | | haya | hayan |

| PRETERIT | | | PAST SUBJUNCTIVE (1) | |
|---|---|---|---|---|
| hube | hubimos | | hubiera | hubiéramos |
| hubiste | hubisteis | | hubieras | hubierais |
| hubo | hubieron | | hubiera | hubieran |

| FUTURE | | | PAST SUBJUNCTIVE (2) | |
|---|---|---|---|---|
| habré | habremos | | hubiese | hubiésemos |
| habrás | habréis | | hubieses | hubieseis |
| habrá | habrán | | hubiese | hubiesen |

IMPERATIVE

he   habed

9. | INFINITIVE | PRESENT PARTICIPLE | PAST PARTICIPLE |
| --- | --- | --- |
| hacer  *to do, make* | haciendo  *doing* | hecho  *done* |

### PRESENT INDICATIVE

| | |
| --- | --- |
| hago | hacemos |
| haces | hacéis |
| hace | hacen |

### CONDITIONAL

| | |
| --- | --- |
| haría | haríamos |
| harías | haríais |
| haría | harían |

### IMPERFECT

| | |
| --- | --- |
| hacía | hacíamos |
| hacías | hacíais |
| hacía | hacían |

### PRESENT SUBJUNCTIVE

| | |
| --- | --- |
| haga | hagamos |
| hagas | hagáis |
| haga | hagan |

### PRETERIT

| | |
| --- | --- |
| hice | hicimos |
| hiciste | hicisteis |
| hizo | hicieron |

### PAST SUBJUNCTIVE (1)

| | |
| --- | --- |
| hiciera | hiciéramos |
| hicieras | hicierais |
| hiciera | hicieran |

### FUTURE

| | |
| --- | --- |
| haré | haremos |
| harás | haréis |
| hará | harán |

### PAST SUBJUNCTIVE (2)

| | |
| --- | --- |
| hiciese | hiciésemos |
| hicieses | hicieseis |
| hiciese | hiciesen |

### IMPERATIVE

haz    haced

10. | INFINITIVE | PRESENT PARTICIPLE | PAST PARTICIPLE |
| --- | --- | --- |
| ir  *to go* | yendo  *going* | ido  *gone* |

### PRESENT INDICATIVE

| | |
| --- | --- |
| voy | vamos |
| vas | vais |
| va | van |

### CONDITIONAL

| | |
| --- | --- |
| iría | iríamos |
| irías | iríais |
| iría | irían |

### IMPERFECT

| | |
| --- | --- |
| iba | íbamos |
| ibas | ibais |
| iba | iban |

### PRESENT SUBJUNCTIVE

| | |
| --- | --- |
| vaya | vayamos |
| vayas | vayáis |
| vaya | vayan |

| PRETERIT | | PAST SUBJUNCTIVE (1) | |
|---|---|---|---|
| fui | fuimos | fuera | fuéramos |
| fuiste | fuisteis | fueras | fuerais |
| fue | fueron | fuera | fueran |

| FUTURE | | PAST SUBJUNCTIVE (2) | |
|---|---|---|---|
| iré | iremos | fuese | fuésemos |
| irás | iréis | fueses | fuesis |
| irá | irán | fuese | fuesen |

### IMPERATIVE

ve   id

11. | INFINITIVE | PRESENT PARTICIPLE | PAST PARTICIPLE |
|---|---|---|
| leer  *to read* | leyendo  *reading* | leído  *read* |

| PRESENT INDICATIVE | | CONDITIONAL | |
|---|---|---|---|
| leo | leemos | leería | leeríamos |
| lees | leéis | leerías | leeríais |
| lee | leen | leería | leerían |

| IMPERFECT | | PRESENT SUBJUNCTIVE | |
|---|---|---|---|
| leía | leíamos | lea | leamos |
| leías | leíais | leas | leais |
| leía | leían | lea | lean |

| PRETERIT | | PAST SUBJUNCTIVE (1) | |
|---|---|---|---|
| leí | leímos | leyera | leyéramos |
| leíste | leísteis | leyeras | leyerais |
| leyó | leyeron | leyera | leyeran |

| FUTURE | | PAST SUBJUNCTIVE (2) | |
|---|---|---|---|
| leeré | leeremos | leyese | leyésemos |
| leerás | leeréis | leyeses | leyeseis |
| leerá | leerán | leyese | leyesen |

### IMPERATIVE

lee   leed

12. INFINITIVE          PRESENT PARTICIPLE        PAST PARTICIPLE

    oír   *to hear*     oyendo  *hearing*        oído  *heard*

| PRESENT INDICATIVE | | CONDITIONAL | |
|---|---|---|---|
| oigo | oímos | oiría | oiríamos |
| oyes | oís | oiríais | oiríais |
| oye | oyen | oiría | oirían |

| IMPERFECT | | PRESENT SUBJUNCTIVE | |
|---|---|---|---|
| oía | oíamos | oiga | oigamos |
| oías | oíais | oigas | oigáis |
| oía | oían | oiga | oigan |

| PRETERIT | | PAST SUBJUNCTIVE (1) | |
|---|---|---|---|
| oí | oímos | oyera | oyéramos |
| oíste | oísteis | oyeras | oyerais |
| oyó | oyeron | oyera | oyeran |

| FUTURE | | PAST SUBJUNCTIVE (2) | |
|---|---|---|---|
| oiré | oiremos | oyese | oyésemos |
| oirás | oiréis | oyeses | oyeseis |
| oirá | oirán | oyese | oyesen |

IMPERATIVE

oye   oíd

13. INFINITIVE                PRESENT PARTICIPLE        PAST PARTICIPLE

    poder   *to be able, can*     pudiendo  *being able*     podido  *been able*

| PRESENT INDICATIVE | | CONDITIONAL | |
|---|---|---|---|
| puedo | podemos | podría | podríamos |
| puedes | podéis | podrías | podríais |
| puede | pueden | podría | podrían |

| IMPERFECT | | PRESENT SUBJUNCTIVE | |
|---|---|---|---|
| podía | podíamos | pueda | podamos |
| podías | podíais | puedas | podáis |
| podía | podían | pueda | puedan |

| PRETERIT | | PAST SUBJUNCTIVE (1) | |
|---|---|---|---|
| pude | pudimos | pudiera | pudiéramos |
| pudiste | pudisteis | pudieras | pudierais |
| pudo | pudieron | pudiera | pudieran |

FUTURE

| | |
|---|---|
| podré | podremos |
| podrás | podréis |
| podrá | podrán |

PAST SUBJUNCTIVE (2)

| | |
|---|---|
| pudiese | pudiésemos |
| pudieses | pudieseis |
| pudiese | pudiesen |

14. INFINITIVE      PRESENT PARTICIPLE      PAST PARTICIPLE

poner   *to put*      poniendo *putting*      puesto  *put*

PRESENT INDICATIVE

| | |
|---|---|
| pongo | ponemos |
| pones | ponéis |
| pone | ponen |

CONDITIONAL

| | |
|---|---|
| pondría | pondríamos |
| pondrías | pondrĺais |
| pondría | pondrían |

IMPERFECT

| | |
|---|---|
| ponía | poníamos |
| ponías | poníais |
| ponía | ponían |

PRESENT SUBJUNCTIVE

| | |
|---|---|
| ponga | pongamos |
| pongas | pongáis |
| ponga | pongan |

PRETERIT

| | |
|---|---|
| puse | pusimos |
| pusiste | pusisteis |
| puso | pusieron |

PAST SUBJUNCTIVE (1)

| | |
|---|---|
| pusiera | pusiéramos |
| pusieras | pusierais |
| pusiera | pusieran |

FUTURE

| | |
|---|---|
| pondré | pondremos |
| pondrás | pondréis |
| pondrá | pondrán |

PAST SUBJUNCTIVE (2)

| | |
|---|---|
| pusiese | pusiésemos |
| pusieses | pusieseis |
| pusiese | pusiesen |

IMPERATIVE

pon   poned

15. INFINITIVE      PRESENT PARTICIPLE      PAST PARTICIPLE

querer   *to want, love*      queriendo *wanting*      querido *wanted*

PRESENT INDICATIVE

| | |
|---|---|
| quiero | queremos |
| quieres | queréis |
| quiere | quieren |

CONDITIONAL

| | |
|---|---|
| querría | querríamos |
| querrías | querríais |
| querría | querrían |

| IMPERFECT | | PRESENT SUBJUNCTIVE | |
|---|---|---|---|
| quería | queríamos | quiera | queramos |
| querías | queríais | quieras | queráis |
| quería | querían | quiera | quieran |

| PRETERIT | | PAST SUBJUNCTIVE (1) | |
|---|---|---|---|
| quise | quisimos | quisiera | quisiéramos |
| quisiste | quisisteis | quisieras | quisierais |
| quiso | quisieron | quisiera | quisieran |

| FUTURE | | PAST SUBJUNCTIVE (2) | |
|---|---|---|---|
| querré | querremos | quisiese | quisiésemos |
| querrás | querréis | quisieses | quisieseis |
| querrá | querrán | quisiese | quisiesen |

### IMPERATIVE

quiere    quered

16. **INFINITIVE**      **PRESENT PARTICIPLE**      **PAST PARTICIPLE**

saber  *to know*      sabiendo  *knowing*      sabido  *known*

| PRESENT INDICATIVE | | CONDITIONAL | |
|---|---|---|---|
| sé | sabemos | sabría | sabríamos |
| sabes | sabéis | sabrías | sabríais |
| sabe | saben | sabría | sabrían |

| IMPERFECT | | PRESENT SUBJUNCTIVE | |
|---|---|---|---|
| sabía | sabíamos | sepa | sepamos |
| sabías | sabíais | sepas | sepáis |
| sabía | sabían | sepa | sepan |

| PRETERIT | | PAST SUBJUNCTIVE (1) | |
|---|---|---|---|
| supe | supimos | supiera | supiéramos |
| supiste | supisteis | supieras | supierais |
| supo | supieron | supiera | supieran |

| FUTURE | | PAST SUBJUNCTIVE (2) | |
|---|---|---|---|
| sabré | sabremos | supiese | supiésemos |
| sabrás | sabréis | supieses | supieseis |
| sabrá | sabrán | supiese | supiesen |

### IMPERATIVE

sabe    sabed

17. INFINITIVE      PRESENT PARTICIPLE      PAST PARTICIPLE

salir  *to go out, leave*      saliendo  *leaving*      salido  *left*

PRESENT INDICATIVE

| | |
|---|---|
| salgo | salimos |
| sales | salís |
| sale | salen |

CONDITIONAL

| | |
|---|---|
| saldría | saldríamos |
| saldrías | saldríais |
| saldría | saldrían |

IMPERFECT

| | |
|---|---|
| salía | salíamos |
| salías | salíais |
| salía | salían |

PRESENT SUBJUNCTIVE

| | |
|---|---|
| salga | salgamos |
| salgas | salgáis |
| salga | salgan |

PRETERIT

| | |
|---|---|
| salí | salimos |
| saliste | salisteis |
| salió | salieron |

PAST SUBJUNCTIVE (1)

| | |
|---|---|
| saliera | saliéramos |
| salieras | salierais |
| saliera | salieran |

FUTURE

| | |
|---|---|
| saldré | saldremos |
| saldrás | saldréis |
| saldrá | saldrán |

PAST SUBJUNCTIVE (2)

| | |
|---|---|
| saliese | saliésemos |
| salieses | salieseis |
| saliese | saliesen |

IMPERATIVE

sal    salid

18. INFINITIVE      PRESENT PARTICIPLE      PAST PARTICIPLE

ser  *to be*      siendo  *being*      sido  *been*

PRESENT INDICATIVE

| | |
|---|---|
| soy | somos |
| eres | sois |
| es | son |

CONDITIONAL

| | |
|---|---|
| sería | seríamos |
| serías | seríais |
| sería | serían |

IMPERFECT

| | |
|---|---|
| era | éramos |
| eras | erais |
| era | eran |

PRESENT SUBJUNCTIVE

| | |
|---|---|
| sea | seamos |
| seas | seáis |
| sea | sean |

PRETERIT

| fui | fuimos |
|---|---|
| fuiste | fuisteis |
| fue | fueron |

PAST SUBJUNCTIVE (1)

| fuera | fuéramos |
|---|---|
| fueras | fuerais |
| fuera | fueran |

FUTURE

| seré | seremos |
|---|---|
| serás | seréis |
| será | serán |

PAST SUBJUNCTIVE (2)

| fuese | fuésemos |
|---|---|
| fueses | fueseis |
| fuese | fuesen |

IMPERATIVE

sé    sed

19. INFINITIVE          PRESENT PARTICIPLE          PAST PARTICIPLE

tener   *to have*       teniendo   *having*          tenido   *had*

PRESENT INDICATIVE

| tengo | tenemos |
|---|---|
| tienes | tenéis |
| tiene | tienen |

CONDITIONAL

| tendría | tendríamos |
|---|---|
| tendrías | tendríais |
| tendría | tendrían |

IMPERFECT

| tenía | teníamos |
|---|---|
| tenías | teníais |
| tenía | tenían |

PRESENT SUBJUNCTIVE

| tenga | tengamos |
|---|---|
| tengas | tengáis |
| tenga | tengan |

PRETERIT

| tuve | tuvimos |
|---|---|
| tuviste | tuvisteis |
| tuvo | tuvieron |

PAST SUBJUNCTIVE (1)

| tuviera | tuviéramos |
|---|---|
| tuvieras | tuvierais |
| tuviera | tuvieran |

FUTURE

| tendré | tendremos |
|---|---|
| tendrás | tendréis |
| tendrá | tendrán |

PAST SUBJUNCTIVE (2)

| tuviese | tuviésemos |
|---|---|
| tuvieses | tuvieseis |
| tuviese | tuviesen |

IMPERATIVE

ten    tened

**400**

20. INFINITIVE     PRESENT PARTICIPLE     PAST PARTICIPLE

traer  *to bring*     trayendo  *bringing*     traído  *brought*

PRESENT INDICATIVE

| traigo | traemos |
|--------|---------|
| traes | traéis |
| trae | traen |

CONDITIONAL

| traería | traeríamos |
|---------|------------|
| traerías | traeríais |
| traería | traerían |

IMPERFECT

| traía | traíamos |
|-------|----------|
| traías | traíais |
| traía | traían |

PRESENT SUBJUNCTIVE

| traiga | traigamos |
|--------|-----------|
| traigas | traigáis |
| traiga | traigan |

PRETERIT

| traje | trajimos |
|-------|----------|
| trajiste | trajisteis |
| trajo | trajeron |

PAST SUBJUNCTIVE (1)

| trajera | trajéramos |
|---------|------------|
| trajeras | trajerais |
| trajera | trajeran |

FUTURE

| traeré | traeremos |
|--------|-----------|
| traerás | traeréis |
| traerá | traerán |

PAST SUBJUNCTIVE (2)

| trajes | trajésemos |
|--------|------------|
| trajeses | trajeseis |
| trajese | trajesen |

IMPERATIVE

trae    traed

21. INFINITIVE     PRESENT PARTICIPLE     PAST PARTICIPLE

valer  *to be worth*     valiendo  *being worth*     valido  *been worth*

PRESENT INDICATIVE

| valgo | valemos |
|-------|---------|
| vales | valéis |
| vale | valen |

CONDITIONAL

| valdría | valdríamos |
|---------|------------|
| valdrías | valdríais |
| valdría | valdrían |

IMPERFECT

| valía | valíamos |
|-------|----------|
| valías | valíais |
| valía | valían |

PRESENT SUBJUNCTIVE

| valga | valgamos |
|-------|----------|
| valgas | valgáis |
| valga | valgan |

### PRETERIT

| | | |
|---|---|---|
| valí | | valimos |
| valiste | | valisteis |
| valió | | valieron |

### PAST SUBJUNCTIVE (1)

| | | |
|---|---|---|
| valiera | | valiéramos |
| valieras | | valierais |
| valiera | | valieran |

### FUTURE

| | | |
|---|---|---|
| valdré | | valdremos |
| valdrás | | valdréis |
| valdrá | | valdrán |

### PAST SUBJUNCTIVE (2)

| | | |
|---|---|---|
| valiese | | valiésemos |
| valieses | | valieseis |
| valiese | | valiesen |

### IMPERATIVE

val (vale)   valed

---

22. 

| INFINITIVE | PRESENT PARTICIPLE | PAST PARTICIPLE |
|---|---|---|
| venir   *to come* | viniendo   *coming* | venido   *come* |

### PRESENT INDICATIVE

| | | |
|---|---|---|
| vengo | | venimos |
| vienes | | venís |
| viene | | vienen |

### CONDITIONAL

| | | |
|---|---|---|
| vendría | | vendríamos |
| vendrías | | vendríais |
| vendría | | vendrían |

### IMPERFECT

| | | |
|---|---|---|
| venía | | veníamos |
| venías | | veníais |
| venía | | venían |

### PRESENT SUBJUNCTIVE

| | | |
|---|---|---|
| venga | | vengamos |
| vengas | | vengáis |
| venga | | vengan |

### PRETERIT

| | | |
|---|---|---|
| vine | | vinimos |
| viniste | | vinisteis |
| vino | | vinieron |

### PAST SUBJUNCTIVE (1)

| | | |
|---|---|---|
| viniera | | viniéramos |
| vinieras | | vinierais |
| viniera | | vinieran |

### FUTURE

| | | |
|---|---|---|
| vendré | | vendremos |
| vendrás | | vendréis |
| vendrá | | vendrán |

### PAST SUBJUNCTIVE (2)

| | | |
|---|---|---|
| viniese | | viniésemos |
| vinieses | | vinieseis |
| viniese | | viniesen |

### IMPERATIVE

ven   venid

23. | INFINITIVE | PRESENT PARTICIPLE | PAST PARTICIPLE |

ver   *to see*          viendo   *seeing*          visto   *seen*

PRESENT INDICATIVE

| veo | vemos |
|-----|-------|
| ves | veis |
| ve | ven |

CONDITIONAL

| vería | veríamos |
|-------|----------|
| verías | veríais |
| vería | verían |

IMPERFECT

| veía | veíamos |
|------|---------|
| veías | veíais |
| veía | veían |

PRESENT SUBJUNCTIVE

| vea | veamos |
|-----|--------|
| veas | veáis |
| vea | vean |

PRETERIT

| vi | vimos |
|----|-------|
| viste | visteis |
| vio | vieron |

PAST SUBJUNCTIVE (1)

| viera | viéramos |
|-------|----------|
| vieras | vierais |
| viera | vieran |

FUTURE

| veré | veremos |
|------|---------|
| verás | veréis |
| verá | verán |

PAST SUBJUNCTIVE (2)

| viese | viésemos |
|-------|----------|
| vieses | vieseis |
| viese | viesen |

IMPERATIVE

ve   ved

# APPENDIX D

**Class I:
Stem-changing
Verbs**

Certain verbs ending in **-ar** and **-er** change the stem vowel **e** to **ie** or **o** to **ue** in all persons of the singular and in the third person plural of the present indicative and the present subjunctive. The same changes occur in the singular imperative. All other tenses are regular.

cerrar   *to close* (regular in all except the following tenses)

PRESENT INDICATIVE

| | |
|---|---|
| cierro | cerramos |
| cierras | cerráis |
| cierra | cierran |

PRESENT SUBJUNCTIVE

| | |
|---|---|
| cierre | cerremos |
| cierres | cerréis |
| cierre | cierren |

IMPERATIVE

cierra   cerrad

volver   *to return* (regular in all except the following tenses)

PRESENT INDICATIVE

| | |
|---|---|
| vuelvo | volvemos |
| vuelves | volvéis |
| vuelve | vuelven |

PRESENT SUBJUNCTIVE

| | |
|---|---|
| vuelva | volvamos |
| vuelvas | volváis |
| vuelva | vuelvan |

IMPERATIVE

vuelve   volved

Other common Class I stem-changing verbs:

| | | | |
|---|---|---|---|
| acordarse | despertar | jugar | pensar |
| acostarse | empezar | llover | perder |
| almorzar | encender | mostrar | recordar |
| comenzar | encontrar | mover | rogar |
| contar | entender | negar | sentarse |
| costar | errar (yerro) | oler (huelo) | |

404

**Class II:
Stem-changing
Verbs**

Certain verbs ending in **-ir** show the same changes as in Class I, plus a change of **e** to **i** or **o** to **u** in the present participle, the first and second persons plural of the present subjunctive, both third persons of the preterit, and all persons of the imperfect subjunctive.

dormir    *to sleep*

PRESENT INDICATIVE

| | |
|---|---|
| duermo | dormimos |
| duermes | dormís |
| duerme | duermen |

PRESENT SUBJUNCTIVE

| | |
|---|---|
| duerma | durmamos |
| duermas | durmáis |
| duerma | duerman |

PRETERIT

| | |
|---|---|
| dormí | dormimos |
| dormiste | dormisteis |
| durmió | durmieron |

PAST SUBJUNCTIVE (1)

| | |
|---|---|
| durmiera | durmiéramos |
| durmieras | durmierais |
| durmiera | durmieran |

IMPERATIVE

duerme    dormid

PRESENT PARTICIPLE

durmiendo

PAST SUBJUNCTIVE (2)

| | |
|---|---|
| durmiese | durmiésemos |
| durmieses | durmieseis |
| durmiese | durmiesen |

sentir    *to feel*

PRESENT INDICATIVE

| | |
|---|---|
| siento | sentimos |
| sientes | sentís |
| siente | sienten |

PRESENT SUBJUNCTIVE

| | |
|---|---|
| sienta | sintamos |
| sientas | sintáis |
| sienta | sientan |

PRETERIT

| | |
|---|---|
| sentí | sentimos |
| sentiste | sentisteis |
| sintió | sintieron |

PAST SUBJUNCTIVE (1)

| | |
|---|---|
| sintiera | sintiéramos |
| sintieras | sintierais |
| sintiera | sintieran |

IMPERATIVE    PRESENT PARTICIPLE

siente  sentid    sintiendo

PAST SUBJUNCTIVE (2)

| | |
|---|---|
| sintiese | sintiésemos |
| sintieses | sintieseis |
| sintiese | sintiesen |

Other common Class II stem-changing verbs:

| | | | |
|---|---|---|---|
| advertir | divertirse | morir | referir |
| consentir | mentir | preferir | sugerir |

## Class III: Stem-changing Verbs

Certain other verbs ending in **-ir** change **e** to **i** in all the persons and tenses affected in Classes I and II.

pedir  *to ask for*

### PRESENT INDICATIVE

| | |
|---|---|
| pido | pedimos |
| pides | pedís |
| pide | piden |

### PRESENT SUBJUNCTIVE

| | |
|---|---|
| pida | pidamos |
| pidas | pidáis |
| pida | pidan |

### PRETERIT

| | |
|---|---|
| pedí | pedimos |
| pediste | pedisteis |
| pidió | pidieron |

### PAST SUBJUNCTIVE (1)

| | |
|---|---|
| pidiera | pidiéramos |
| pidieras | pidierais |
| pidiera | pidieran |

### IMPERATIVE

pide    pedid

### PRESENT PARTICIPLE

pidiendo

### PAST SUBJUNCTIVE (2)

| | |
|---|---|
| pidiese | pidiésemos |
| pidieses | pidieseis |
| pidiese | pidiesen |

Other common Class III stem-changing verbs:

| | | | |
|---|---|---|---|
| conseguir | impedir | reñir | servir |
| despedir | perseguir | repetir | vestirse |
| elegir | reír | seguir | |

# VOCABULARY

The vocabulary includes all words used in text, with the exception of those which appear only once in the reading selections and are translated in the footnotes and of those which are identical in form and meaning in both Spanish and English.

All irregular verbs are asterisked. Stem changes are indicated in parentheses after the infinitive.

### ABBREVIATIONS

| | | | | | |
|---|---|---|---|---|---|
| *abbr* | abbreviated | *inf* | infinitive | *pl* | plural |
| *adj* | adjective | *interj* | interjection | *prep* | preposition |
| *adv* | adverb | *interr* | interrogative | *pres* | present |
| *coll* | colloquial | *inv* | invariable | *pron* | pronoun |
| *conj* | conjunction | *m* | masculine noun | *rel* | relative |
| *f* | feminine noun | *part* | participle | *sing* | singular |
| *indef* | indefinite | *pers* | personal | | |

**a** *prep* to, at, on, in
**abandonar** to abandon
**abrogado** *m* lawyer
**abrigo** *m* overcoat
**abril** *m* April
**abrir** to open
**absolutamente** *adv* absolutely
**absoluto, -a** absolute
**absorber** to absorb; to imbibe; **—se completamente** to be spellbound
**abstracto, -a** abstract
**abuela** *f* grandmother
**abuelo** *m* grandfather; *pl* grandparents
**aburrido, -a** weary, tiresome, boring, bored
**acá** *adv* here; **¿de cuándo —?** since when?
**acabar** to finish, complete, end; **— de** + *inf* to have just
**acaso** *adv* perhaps
**accidente** *m* accident
**acento** *m* accent
**acentuar** to accentuate

**aceptar** to accept
**acerca de** *prep* about, concerning
**acercar** to bring near, place near; **—se a** to draw near (to), approach
**acogida** *f* reception; hook
**acomodador** *m* usher
**acompañar** to accompany
**aconsejar** to counsel, advise
**acontecer** to happen, come about
**acontecimiento** *m* event, happening
**acordarse (ue) (de)** to remember
**acostarse (ue)** to go to bed
**acostumbrar** to accustom
**actividad** *f* activity
**acuerdo** *m* resolution, accord, agreement
**adelantar** to progress, advance
**adelante** *adv* forward, ahead
**adelanto** *m* advance; advancement; progress
**además** *adv* in addition, besides; **— de** *prep* besides
**adiós** *interj* good-bye

**adolescencia** *f* adolescence
**adorar** to adore
**aéreo, -a** (of the) air, aerial
**afeitar(se)** to shave
**aficionado** *m* (sports) fan
**aficionar** to become fond of
**afiliarse (a)** to join
**aflicción** *f* affliction, sorrow, grief
**afligir** to afflict; to grieve, worry
**Africa (el)** *f* Africa
**afuera** *adv* outside
**agarrar** to grasp, seize
**agencia** *f* agency
**agitarse** to become excited
**agosto** *m* August
**agotar** to become exhausted, sold out; to wear oneself out; to be out of print
**agradar** to be pleasing; to please; **esto le agrada** this pleases him
**agradecer (zc)** to thank for, be grateful for
**agrícola** *adj* agricultural
**agua (el)** *f* water
**¡ah!** *interj* ah!
**ahí** *adv* there
**ahora** *adv* now; **— mismo** right now
**aire** *m* air
**ajedrez** *m* chess
**al (a + el)** to the, at the, on the, into the; **— + inf** on, upon + *pres part*
**alarma (el)** *f* alarm
**alarmarse** to become alarmed
**alba (el)** *f* dawn
**álbum** *m* album
**alegrar** to make merry; to cheer; **—se de** to be glad (of), be happy (because of)
**alegre** *adj* happy, merry
**alemán, -ana** German; *m* German language
**alergia** *f* allergy
**alfombra** *f* rug
**algo** something, anything; *adv* somewhat, rather; **— que decir** something to say
**alguien** somebody, someone
**alguno (algún), -a** some, any; *pl* a few, some
**alma (el)** *f* soul, heart

**almacén** *m* store, shop; warehouse
**almorzar (ue)** to have or eat lunch
**almuerzo** *m* lunch
**alto, -a** high, tall; **¡alto!** *interj* halt! stop!
**alumna** *f* (girl) student
**alumno** *m* (boy) student
**allá** *adv* there (less precise than **allí**)
**allí** *adv* there, over there
**amable** *adj* lovable
**amar** to love
**amarillo, -a** yellow
**ambiguo, -a** ambiguous
**amenazar** to menace, threaten
**americano, -a** American
**amiga** *f* (girl) friend
**amigo** *m* (boy) friend; **son muy —s** they are very good friends
**anaranjado, -a** orange (color)
**andar\*** to walk; to run (a machine, watch); **— loco** to go out of one's mind
**ángulo** *m* corner, angle
**angustia** *f* sorrow
**anoche** *adv* last night
**ansiedad** *f* anxiety
**anteanoche** *adv* night before last
**antes** *adv* before; **— de** *prep* before; **— (de) que** *conj* before; **cuanto —** as soon as possible
**anunciar** to announce, proclaim; to advertise
**anzuelo** *m* hook
**año** *m* year; **el — pasado** last year; **hace ... —s** years ago; **tener ... —s** to be ... years old
**aparato** *m* machine, (piece of) apparatus; set
**aparecer** to appear
**apartar** to remove, move away; to turn aside
**apellido** *m* surname
**apenas** *adv* hardly
**apéndice** *m* appendix
**apendicitis** *f* appendicitis
**apetito** *m* appetite
**apostar (ue)** to bet
**apoyar** to lean, rest, support
**apreciar** to appreciate; to appraise, value, esteem

**aprender (a)** to learn (to)
**apretar** to tighten; to squeeze; to press
**aprovechar(se)** to make use of; to profit by
**aproximarse** to come near
**apurarse** to worry, fret, grieve; to exert oneself; to hurry, hasten
**apuro** *m* want, straight, tight spot, "jam"
**aquel, aquella** that; **aquellos, -as** those
**aquél, aquélla** that one, the former; **aquéllos, -as** those (over there)
**aquello** that (idea or thing)
**aquí** *adv* here, over here; **— tiene Ud.** here is, here are
**arete** *m* earring
**arma** *f* arm, weapon
**armado, -a** armed
**arrastrar** to drag, carry away
**arrebatar** to take away
**arreglar** to regulate, arrange, settle, adjust; to fix
**arreglo** *m* arrangement
**arrimar** to place near; **—se a** to come close (to)
**arrodillarse** to kneel (down)
**arroz** *m* rice
**arte** *m & f* art; **las bellas —s** fine arts
**artista** *m & f* artist
**artístico, -a** artistic
**asamblea** *f* assembly
**ascender** to ascend
**así** *adv* so, thus, like that; **— que** *conj* thus, so that
**asiento** *m* seat; **tomar —** to take a seat
**asistir (a)** to attend
**asoleado, -a** sunny
**aspirina** *f* aspirin
**astronauta** *m* astronaut
**asustado, -a** frightened, scared
**asustarse** to be frightened
**atacar** to attack
**ataque** *m* attack, fit; **el — cardíaco** heart attack
**atar** to tie, lace; **loco de —** *(coll)* "real crazy," raving mad
**atención** *f* attention
**atender (ie)** to attend; to look after
**atómico, -a** atomic
**atrasado, -a** *adj* late; slow (clock)

**atrevido, -a** daring
**atroz** *adj* atrocious
**aun, aún** *adv* even, yet, still
**aunque** *conj* although
**auto, automóvil** *m* automobile, car
**autobús** *m* bus
**avanzar** to advance
**avión** *m* airplane; **el — a chorro** jet plane
**avisar** to advise, inform
**¡ay! ¡ay caray!** *interj* alas!
**ayer** *adv* yesterday
**ayudar** to help
**azúcar** *m* sugar
**azul** *adj* blue

**bailar** to dance
**bailarín** *m* dancer
**bailarina** *f* dancer
**baile** *m* dance
**bajar** to descend, come or go down; to lower
**bajo, -a** low
**bajo** *adv* down, low; *prep* under, below
**banca** *f* bench, stand
**banco** *m* bank
**banderilla** *f* a small dart with a banderole for baiting bulls
**bandolero** *m* robber, highwayman
**banquete** *m* banquet
**bañarse** to bathe, take a bath
**baño** *m* bath; **el cuarto de —** bathroom; **el traje de —** bathing suit
**barato, -a** cheap
**barbaridad** *f* barbarity, outrage; **¡qué —!** good grief! how awful! that's terrible!
**bárbaro, -a** barbarous, terrible; *m & f* barbarian
**barra** *f* bar
**barrera** *f* barrier
**barrio** *m* city district, ward
**básquetbol** *m* basketball
**¡basta!** that will do! stop!
**bastante** *adj or adv* enough, rather, fairly
**bastar** to suffice, be enough
**batalla** *f* battle
**batear** to bat

**batuta** *f* baton
**beber** to drink
**beca** *f* scholarship, fellowship
**béisbol** *m* baseball
**bello, -a** beautiful; **las bellas artes** fine arts
**bendecir** to bless
**beso** *m* kiss
**biblioteca** *f* library
**bicicleta** *f* bicycle
**bien** *adv* well, very; **estar —** to be all right, well
**biftec (bistec)** *m* (beef) steak
**billete** *m* ticket
**biología** *f* biology
**blanco, -a** white
**blusa** *f* blouse
**boca** *f* mouth
**boda** *f* wedding
**bofetada** *f* slap
**bolero** *m* bolero
**boleto** *m* ticket
**bolsa** *f* purse
**bomba** *f* pump; bomb
**bombo** *m* large drum
**bonísimo, -a** best, very best; prettiest
**bonito, -a** pretty, nice
**borde** *m* edge
**botánica** *f* botany
**botón** *m* button, knob
**boxeo** *m* boxing
**brasa** *f* live coal
**bravo, -a** brave, fearless
**brazo** *m* arm
**breve** *adj* brief, short
**bribón** *m* rascal
**brillar** to shine
**broma** *f* joke; jest; fun
**bruja** *f* witch
**bruto, -a** beastly, brutish
**budín** *m* pudding
**bueno (buen), -a** good, well
**burlar** to deceive
**buscar** to look for

**caballero** *m* gentleman; horseman
**caballo** *m* horse; **montar a —** to ride horseback
**caber*** to fit into

**cabeza** *f* head
**cable** *m* cable, wire
**cablegrafiar** to cable
**cabo** *m* end; **llevarse a —** to carry out; to take place
**cada** *inv adj* each, every
**cadáver** *m* cadaver
**caer(se)*** to fall (down); **caer bien** to fit, be becoming
**café** *m* coffee
**cafetería** *f* cafeteria
**calcetín** *m* sock
**calcular** to calculate
**cálculo** *m* calculation
**caldero** *m* kettle
**caliente** *adj* hot, warm
**calificación** *f* judgment; mark (in exam)
**calificar** to qualify; to mark (an exam)
**callar(se)** to keep silent, be quiet; to stop talking
**calle** *f* street
**calma** *f* calm
**calmar** to quiet
**calor** *m* heat, warmth; **hace —** it is warm, hot (weather); **tener —** to be warm (person)
**caluroso, -a** hot, warm
**cama** *f* bed
**cámara** *f* camera; chamber
**camarada** *m & f* comrade
**cambiar (de)** to change
**cambio** *m* change; **en —** on the other hand
**caminar** to walk, travel
**camioneta** *f* station wagon
**camisa** *f* shirt
**camisería** *f* shirt shop, store
**campeón** *m* champion
**campeonato** *m* championship
**campo** *m* country; camp; field
**Canadá (el)** *m* Canada
**cáncer** *m* cancer
**canción** *f* song
**cansado, -a** tired
**cansar** to weary; to become tired
**cantar** to sing
**caña** *f* cane, rod; **la — de pescar** fishing pole
**cañón** *m* tube, pipe; cannon

**capaz** *adj* capable
**capirotada** *f* pudding; dressing of eggs, herbs, garlic, etc.
**capital** *adj* capital; *m* capital
**capote** *m* short cloak of bright colors used by bullfighters; cape
**capricho** *m* caprice; whim, fancy
**caprichoso, -a** capricious, whimsical
**capturar** to capture
**cara** *f* face
**¡caramba!** *interj* gracious me! confound it!
**¡caray!** *interj* confound it! gracious me!
**cárcel** *f* jail
**carga** *f* charge
**cargar** to charge, load
**cariñoso, -a** affectionate
**carnada** *f* bait
**carne** *f* meat
**carnicería** *f* meat market, butcher shop
**caro, -a** expensive, costly
**carrera** *f* race; highway; course; career; studies
**carta** *f* letter
**cartera** *f* pocketbook; wallet; briefcase
**casa** *f* house, home; **a —** (to) home; **en —** at home
**casamiento** *m* marriage
**casar** to marry (off); **—se (con)** to get married; **—se con** to marry
**casco** *m* hoof
**casi** *adv* almost, nearly
**caso** *m* case, event; **en — (de) que** *conj* in case that
**castellano, -a** Castilian; Spanish
**castigar** to punish
**catarro** *m* chest or head cold
**catedral** *f* cathedral
**categoría** *f* category, class, rank
**católico, -a** Catholic
**catorce** fourteen
**caudillo** *m* leader, chief
**causa** *f* cause; **a — de** because of
**cazar** to hunt
**cena** *f* dinner, supper
**cenar** to dine, have or eat supper
**censura** *f* censure
**centavo** *m* cent
**centro** *m* center; downtown
**cerca** *adv* near; **— de** *prep* close to,

near (to)
**cerdo** *m* hog, pig
**cerebro** *m* brain
**cerrar (ie)** to close, shut
**certificado** *m* certificate
**cerveza** *f* beer
**cesta** *f* basket, creel
**cielo** *m* sky
**ciento (cien)** (a, one) hundred
**cierto, -a** certain, sure; **es —** that's true, that's certain, that's right
**cigarillo** *m* cigarette
**cinco** five
**cincuenta** fifty
**cine** *m* motion picture theater, movies
**cinturón** *m* belt
**cita** *f* date, appointment
**citar** to make an appointment with; to quote
**ciudad** *f* city
**civil** *adj* civil; *m* civilian
**civilizador, -a** civilizing
**clarinete** *m* clarinet
**claro, -a** clear, light; **¡claro!** *interj* of course!
**clase** *f* class; classroom; kind; subject
**clásico, -a** classic, classical
**clavar** to nail; to stick
**clima** *m* climate
**cobarde** *m* coward
**coche** *m* car, coach
**cocina** *f* kitchen
**codiciar** to covet
**coger** to catch
**cohete** *m* rocket; skyrocket
**colegial** *adj* collegiate
**colegio** *m* college; school
**collar** *m* necklace
**colocar** to place; to locate
**colonia** *f* colony
**colonial** *adj* colonial
**colorado, -a** colored; red
**columna** *f* column
**combate** *m* combat
**comedia** *f* comedy; play, drama
**comentar** to comment (on)
**comentario** *m* commentary
**comenzar (ie) (a)** to commence, to begin (to)
**comer** to eat; **—se** to eat up (devour)

**cometer** to commit
**comida** *f* meal; dinner
**como** *adv* as, like
**¿cómo?** *interr* how?
**compañero, -a** *m & f* companion, friend; **el — de cuarto** roommate
**compañía** *f* company
**comparar** to compare
**compasión** *f* compassion, pity, sympathy; **tener — de** to take pity on, show mercy to
**complacer** to please, humor
**completo, -a** complete
**complicado, -a** complicated
**compra** *f* purchase; **(ir) de —s** (to go) shopping
**comprar** to buy
**comprender** to understand, comprehend
**común** *adj* ordinary, common; **por lo —** usually, generally
**comunista** *m & f* communist
**con** *prep* with; **— tal que** *conj* provided (that)
**concierto** *m* concert
**concluir** to conclude, come to an end
**concreto, -a** concrete
**condenar** to condemn
**condición** *f* condition
**conducir\*** to lead, conduct; drive
**conducta** *f* conduct
**confesar** to confess
**confianza** *f* confidence, trust, reliance, faith
**confitería** *f* confectionery
**confundir** to confound, perplex; **—se** to mix, fuse
**conmigo** with me, with myself
**conmoción** *f* commotion
**conmovedor, -a** touching, moving, exciting
**conocer (zc)** to know, be acquainted with; to meet
**conque** so that
**conquistar** to conquer
**consecuencia** *f* consequence
**conseguir (i)** to obtain; **— (hacerlo)** to succeed (in doing it)
**consejo** *m* advice
**conservación** *f* conservation
**conservador, -a** conservative

**consuelo** *m* comfort, consolation; joy
**consultorio** *m* (doctor's) office, clinic
**contar (ue)** to tell, relate; to count
**contemplar** to contemplate
**contemporáneo, -a** contemporary
**contentarse (de)** to be content with
**contento, -a** happy, content
**contestar** to answer
**contigo** with you
**continuar** to continue
**contra** *prep* against, in opposition to
**contrario: al —** on the contrary
**contrato** *m* contract
**convenir** to be suitable, be desirable
**convertir (ie, i)** to convert; to reform
**corbata** *f* necktie; **la — de lazo** bow tie
**cordero** *m* lamb
**coronel** *m* colonel
**correo** *m* mail; post office
**correr** to run
**corrida** *f* race; **la — de toros** bullfight
**corto, -a** short
**cosa** *f* thing
**cosmonauta** *m* cosmonaut
**costar (ue)** to cost
**costumbre** *f* custom; **de —** usually; customary; **como de —** as usual
**creer** to believe, think
**crimen** *m* crime
**crin** *f* mane
**cristiano, -a** Christian
**cruz** *f* cross; **la Cruz Roja** Red Cross
**cuadra** *f* barracks; block (*American*), block of houses
**cuadrilla** *f* gang, crew, troop, band of armed men
**cual: el (la) —** *rel pron* who, whom, what, which
**¿cuál?** *interr* what? which?
**cualquier, -a** anyone; someone; any
**cuando** *adv or conj* when; **de vez en —** from time to time
**¿cuándo?** *interr* when?; **¿de — acá?** since when?
**cuanto** all that; **— antes** as soon as possible; **en —** as soon as; **en — a** as for; **unos —s** some, a few
**¿cuánto, -a?** *interr pron* how much?; *pl* how many?
**cuarenta** forty

**cuartel** *m* barracks, quarters

**cuarto** *m* room; quarter, fourth; **el — de baño** bathroom

**cuarto, -a** fourth

**cuatro** four

**cuatrocientos, -as** four hundred

**cuclillas: en —** squatting

**cuchara** *f* spoon

**cuchicheo** *m* whispering

**cuchillo** *m* knife

**cuenta** *f* account; bill

**cuento** *m* story, tale

**cuerno** *m* horn

**cuerpo** *m* body, corps

**cuestión** *f* question; matter

**cuidado** *m* care; caution; concern

**cuidarse** to take care of one's health

**cultura** *f* culture

**cumpleaños** *m* birthday

**cumplir** to fulfill; to keep (a promise)

**cura** *m* priest

**curiosear** *(coll)* to look around, browse around

**curioso, -a** curious

**cuyo, -a** *rel adj* whose

**chaleco** *m* vest

**chanclo** *m* clog (shoe with wooden sole); overshoe, rubber

**chaqueta** *f* jacket

**charlar** *(coll)* to chat, chatter

**cheque** *m* check

**chicle** *m* (chewing) gum

**chico, -a** small; *m* little boy; *f* little girl

**chileno, -a** Chilean

**chocar** to shock; to collide, clash

**choque** *m* shock; impact, collision

**chorro** *m* jet; spurt; stream

**chuleta de cerdo** *f* pork chop

**chuleta de cordero** *f* lamb chop

**dar\*** to give; **— con** to encounter, find; **— un paseo** to take a walk; **—se cuenta de (que)** to realize (that); **—se prisa** to hurry

**de** *prep* of, from, in, as, to

**debajo** *adv* underneath, below; **— de** *prep* under

**deber (de)** to owe, must, ought; *m* duty, obligation

**débil** *adj* weak

**decidir** to decide

**décimo, -a** tenth

**decir\*** to say, tell; **es —** that is to say; **querer —** to mean; **se dice** people say, they say, it is said

**dedicar** to dedicate

**dedo** *m* finger

**defender** to defend

**defensa** *f* defense, protection, shelter

**definido, -a** definite, defined

**dejar** to leave; to relinquish; to permit, consent, allow, let

**del (de + el)** of the, from the

**delante** *adv* in front, before; **— de** *prep* in front of, before

**delegación** *f* delegation; branch of the police department

**delgado, -a** thin, slender

**delicioso, -a** delicious, delightful

**demás: los —, las —** the others, the rest (of)

**demasiado** *adv* too much

**demócrata** *m & f* democrat

**dentista** *m & f* dentist

**dentro** *adv* inside, within; **— de** *prep* inside of, within

**depender (de)** to depend (on)

**dependiente** *adj* dependent; *m & f* clerk, dependent

**deporte** *m* sport

**deportista** *m & f* sportsman, sportswoman

**deportivo, -a** *adj* sport

**derecho, -a** right, straight (ahead); *m* right; **a la derecha** to the right

**desaparecer** to disappear

**desastroso, -a** unfortunate, disastrous

**desayunar** to eat breakfast

**desayuno** *m* breakfast; **tomar el —** to eat breakfast

**descansar** to rest

**descarga** *f* discharge; firing

**desconocido, -a** *adj* unknown (person); *m* stranger

**descubrir** to discover

**desde** *prep* since, from

**desear** to desire, wish

**deseo** *m* wish, desire

**desfilar** to parade; to file by or away

**desfile** *m* parade

**desgracia** *f* misfortune; unpleasant-ness, disgrace

**desigual** *adj* unequal; uneven

**desnudar** to lay bare; to unsheathe; to draw (a revolver)

**despachar** to dispatch

**despacio** *adv* slowly

**despedir (i)** to send off; **—se (de)** to say good-bye (to)

**despertarse (ie)** to wake up

**después** *adv* after, afterwards, later; **— de** *prep* after; **— (de) que** *conj* after

**destruir** to destroy

**desvanecerse** to disappear

**detener(se)** (like **tener***) to stop; to arrest, detain

**determinación** *f* determination, resolution

**detrás de** *prep* behind

**devolver** to give back

**día** *m* day; **buenos —s** good morning; **el Día de los Enamorados** Valen-tine's Day; **el Día de las Madres** Mother's Day; **el Día de la Raza** Columbus Day; **el Día del Trabajo** Labor Day

**diálogo** *m* dialog

**diario** *m* daily newspaper

**dicho** *m* saying, proverb, expression

**diciembre** *m* December

**diente** *m* tooth

**dieta** *f* diet; **ponerse a —** to go on a diet

**diez** ten

**diez y nueve (diecinueve)** nineteen

**diez y ocho (dieciocho)** eighteen

**diez y seis (dieciseis)** sixteen

**diez y siete (diecisiete)** seventeen

**diferencia** *f* difference

**difícil** *adj* difficult

**dificultad** *f* difficulty

**dignidad** *f* dignity

**dinero** *m* money

**Dios** *m* God; **¡por —!** for heaven's sake!

**directamente** directly

**disco** *m* record

**discoteca** *f* record shop

**discusión** *f* discussion, argument

**discutir** to discuss; to argue

**disparo** *m* shot, firing

**distancia** *f* distance

**distinguido, -a** distinguished

**distinguir** to distinguish; to esteem

**disturbio** *m* disturbance

**diversión** *f* entertainment, diversion, amusement

**divertido, -a** amusing, fun

**divertirse (ie)** to amuse oneself, have a good time

**dividir** to divide

**divinamente** divinely

**doblar** to bend; to pull

**doce** twelve

**documento** *m* document

**dólar** *m* dollar

**doler (ue)** to ache, hurt, pain

**dolor** *m* pain, ache

**domingo** *m* Sunday

**dominó** *m* domino

**donde** *adv* where, in which

**¿dónde?** *interr* where?; **¿de — es Ud.?** where are you from?; **¿por — se va a . . .?** how do you get to . . . ?

**dormir (ue)** to sleep; **—se** to fall asleep

**dormitorio** *m* dormitory

**dos** two

**doscientos, -as** two hundred

**duda** *f* doubt

**dudar** to doubt

**dulce** *adj* sweet; *m pl* candy, sweets

**duración** *f* duration; **de larga —** long-playing

**durante** *prep* during

**echar** to throw; **—se a** + *inf* to burst out; to begin to

**eco** *m* echo

**económico, -a** economic, economical

**edificar** to build

**edificio** *m* edifice, building, structure

**educación** *f* education; breeding; good manners

**efecto** *m* effect

**ejecución** *f* execution

**ejemplo** *m* example

**el, los** the

**él** *pers pron* he, him, it

**elegancia** *f* elegance

**elegante** *adj* elegant

**elegir (i)** to elect, choose

**ella** *pers pron* she, her, it

**ello** it

**ellos, -as** *pers pron* they, them

**embajada** *f* embassy

**embargo: sin —** nevertheless, however

**embestir (i)** to assail, attack, rush against, charge

**emisario** *m* emissary

**emoción** *f* emotion

**emocionante** *adj* moving, touching

**emperador** *m* emperor

**empezar (ie) (a)** to begin, start (to)

**en** *prep* in, into, to, on, at; by

**encantar** to delight, enchant

**encargar** to charge (with); to entrust

**enchilada** *f* enchilada *(American-Mexican)*, corn pancake with chili

**encontrar (ue)** to find; **—se (con)** to meet

**encuentro** *m* encounter

**enemigo** *m* enemy

**energía** *f* energy

**enero** *m* January

**enfermedad** *f* illness, sickness

**enfermera** *f* nurse

**enfermo, -a** sick, ill

**engañar** to deceive, cheat

**engaño** *m* deceit, fraud

**enojarse** to become angry

**enorme** *adj* enormous

**ensalada** *f* salad

**enseñar** to teach; to show

**entender (ie)** to understand

**enterarse de** to find out; to become aware (of)

**entero, -a** entire, whole, complete; sound

**entonces** *adv* then; **desde —** from that time on, ever since

**entrada** *f* entrance; admission, admittance

**entrar (en)** to enter, come in, go in

**entre** *prep* between, among

**entregar(se)** to surrender, hand over

**entrenamiento** *m* training

**entrevista** *f* interview

**entusiasmo** *m* enthusiasm

**enumerar** to enumerate

**enviar** to send

**envolver** to wrap up; to surround

**época** *f* epoch, period, time

**errar (ye)** to err, mistake

**escándalo** *m* scandal

**escapar(se)** to escape

**escarlatina** *f* scarlet fever

**escéptico, -a** skeptic

**escoltar** to escort

**esconderse** to hide oneself

**escribir** to write

**escritorio** *m* writing desk

**escuchar** to listen (to)

**escuela** *f* school

**ese, esa** that; **esos, -as** those

**ése, ésa** *pron* that one; **ésos, -as** those

**eso** that; **a — de** *prep* about, toward; **por —** *adv* therefore, for that reason, that is why

**espacial** *adj* space

**espada** *f* sword

**espalda** *f* back; **nadar de —** to swim backstroke

**espantoso, -a** frightful

**España** *f* Spain

**español, -a** Spanish; *m* Spanish language; *m & f* Spaniard

**especie** *f* species

**espectador, -a** *m & f* spectator

**espejo** *m* mirror

**espera** *f* wait, waiting

**esperanza** *f* hope; **¡qué —!** of course not!

**esperar** to wait (for); to hope

**espíritu** *m* spirit; mind

**espléndido, -a** splendid

**esposa** *f* wife; *pl* handcuffs

**esposo** *m* husband; *pl* man and wife

**esquí** *m* ski

**esquiar** to ski

**esquina** *f* corner

**establecer** to establish

**estación** *f* season; station

**estado** *m* state; condition

**Estados Unidos** *(abbr* **E.U.** *or* **EE.UU.)** *m pl* United States

**estancia** *f* hacienda, farm (*Venezuela, Chile*)

**estar\*** to be; **— bien** to be all right, well; **— para** to be about to

**este** *m* east

**este, esta** this; **estos, -as** these

**éste, ésta** *pron* this one, the latter; **éstos, -as** these, the latter

**estilo** *m* style

**esto** this

**estocada** *f* stab, thrust, tilt, lunge

**estómago** *m* stomach

**estorbar** to hinder; to annoy

**estrella** *f* star

**estropear** to maim, cripple, tear apart

**estudiante** *m & f* student

**estudiantil** *adj* (of the) student

**estudiar** to study

**estudio** *m* study

**estupendo, -a** stupendous, wonderful

**estúpido, -a** stupid

**eterno, -a** eternal

**europeo, -a** European

**evocar** to evoke

**exactamente** exactly, precisely

**examen** *m* examination

**exclamar** to exclaim

**exclusivamente** exclusively

**exigente** *adj* demanding; strict

**éxito** *m* success; **tener —** to be successful

**explicar** to explain

**expresión** *f* expression

**extender** to extend

**exterior** *adj* exterior; **las relaciones —es** foreign relations

**extranjero, -a** *adj* foreign; *m & f* foreigner, alien; *m* abroad, foreign land; **irse al —** to go abroad

**extraño, -a** strange

**extremo, -a** extreme

**fabricar** to build; to manufacture

**fácil** *adj* easy

**facilitar** to facilitate

**fagot** *m* bassoon

**falda** *f* skirt

**falta** *f* lack, want; **me hace —** I need

**faltar (a)** to be lacking (to); to need

**fama** *f* fame, reputation

**familia** *f* family

**famoso, -a** famous

**fantástico, -a** fantastic

**farmacia** *f* pharmacy, drugstore

**farsa** *f* farce

**favor** *m* favor; **por —** please; **haga el — de** please

**febrero** *m* February

**felicidad** *f* happiness; good luck; *pl* congratulations

**felicitar** to congratulate

**feliz** *adj* happy, lucky

**feo, -a** ugly

**feroz** *adj* ferocious, fierce

**fiambre** *m* hors d'oeuvre; cold food; *pl* cold cuts

**fiar(se) (de)** to trust, have confidence (in)

**fidelidad** *f* fidelity, faithfulness; **la alta —** high fidelity

**fiebre** *f* fever

**fiesta** *f* festival, festivity; party; **el día de —** holiday

**figura** *f* figure, image

**figurar(se)** to figure, imagine

**fijar** to fix; to fasten; **—se en** to notice, pay attention to; to imagine

**fijo, -a** fixed

**fila** *f* file, row

**filosofía** *f* philosophy

**fin** *m* end; **el — de semana** weekend

**fino, -a** fine

**firme** *adj* firm

**firmeza** *f* firmness

**física,** *f* physics

**físico, -a** physical

**fisonomía** *f* physiognomy

**flan** *m* custard

**flauta** *f* flute

**flor** *f* flower

**flotar** to float

**flote: a —** afloat

**fogón** *m* fireplace

**fondo** *m* bottom, rear

**formidable** *adj* terrific; formidable

**fortuna** *f* fortune; **por —** fortunately

**foto** *f* photo; picture

**fractura** *f* fracture

**fragrancia** *f* fragrance

**francamente** *adv* frankly

**francés, -esa** French; *m* French language; Frenchman

**frase** *f* phrase, sentence

**frente** *f* front; forehead, face; **— por — de** right opposite

**fresco, -a** cool, fresh

**frijol** *m* bean

**frío, -a** cold; *m* coldness; **hace —** it is cold (weather); **tener —** to be cold (person)

**frito, -a** fried

**frondoso, -a** leafy

**fruta** *f* fruit

**fuego** *m* fire; **hacer —** to fire, shoot

**fuera** *adv* outside; **— de** *prep* outside (of)

**fuerte** *adj* strong; loud

**fuerza** *f* strength; force

**fugar** to flee, escape

**fumar** to smoke

**función** *f* function; performance; duty

**funcionar** to function, run

**fundar** to found, establish

**furioso, -a** furious

**fusil** *m* gun, rifle

**fusilar** to shoot

**fútbol** *m* football, soccer

**futbolista** *m* football or soccer player

**galleta** *f* cookie, cracker

**gana** *f* desire; **tener —s de** to desire

**ganar** to gain; to win; to earn; to reach; **— el paso** to overtake

**ganga** *f* bargain; "cinch," snap

**garganta** *f* throat

**gasolina** *f* gasoline

**gastar** to spend; to waste

**gemelo, -a** *adj, m & f* twin; *m pl* twins; cuff links; binoculars; field glasses

**generalmente** *adv* generally

**género** *m* kind

**gente** *f* people

**geografía** *f* geography

**glacial** *adj* glacial, icy

**gobernador** *m* governor

**gobierno** *m* government

**gordo, -a** fat, corpulent, stout

**grabar** to record, cut a record; to engrave; to impress upon the mind

**gracias** thanks, thank you; **¡muchas —!** thank you very much!; **¡gracias a Dios!** thank heaven!

**gramática** *f* grammar

**grande (gran)** *adj* large, great, big

**granuja** *m* scoundrel

**grave** *adj* serious, grave

**gripe** *f* influenza, grippe

**gris** *adj* gray

**gritar** to shout, cry out

**grito** *m* shout, cry

**gruñir** to grumble

**grupo** *m* group

**guapo, -a** good-looking, handsome

**guardar** to keep

**guardia** *f* guard

**guatemalteco, -a** Guatemalan

**guerra** *f* war

**guerrillero** *m* guerrilla; soldier

**guiar** to guide

**guitarrista** *m & f* guitarist

**gusano** *m* worm

**gustar (a)** to be pleasing (to), like; **a mí me gusta** I like

**gusto** *m* pleasure; taste; **a —** at will; **con (mucho) —** gladly

**haber\*** to have *(auxiliary)*; **— de** to be (expected) to, have to; **hay, hubo, había,** etc. *(impersonal)* there is (are), was (were), etc.; **hay que** it is necessary, one must; **no hay de que** you're welcome

**habilidad** *f* ability, skill, talent

**habitante** *m & f* inhabitant

**habitar** to inhabit, live

**hablar** to speak, talk

**hacer\*** to do, make; **— calor, frío,** etc. to be warm, cold, etc.; **— falta (a)** to need; **hace . . . años . . .** years ago

**hacia** toward

**hallar** to find; **—se** to be

**hambre (el)** *f* hunger; **tener —** to be hungry

**hamburguesa** *f* hamburger

**hasta** to, up to, as far as, until, even; **— luego** (I will) see you later; **— que** *conj* until

**hay** *see* **haber**

**helado, -a** *adj* cold, icy, frozen; *m* ice cream

**herido, -a** wounded

**hermana** *f* sister

**hermano** *m* brother; *pl* brothers and sisters

**hermoso, -a** beautiful

**hervir** to boil

**higuera** *f* fig tree

**hija** *f* daughter

**hijo** *m* son; *pl* children

**historia** *f* history; story

**hogar** *m* fireplace; home

**¡hola!** *interj* hello! hi!

**hombre** *m* man

**hombro** *m* shoulder

**hondo, -a** a low, deep

**hora** *f* hour, time; **¿a qué —?** at what time?

**horario** *m* schedule; **— de clases** class schedule

**horno** *m* oven

**hoy** *adv* today; **— día** nowadays

**huaso** *m* Chilean cowboy

**huelga** *f* strike

**huevo** *m* egg

**huída** *f* flight, escape

**humanidad** *f* humanity

**hundir** to sink

**¡huy!** *interj* ouch!


**idéntico, -a** identical

**idioma** *m* language, tongue

**iglesia** *f* church

**ignorante** *adj* ignorant

**igual** *adj* equal; level; even; (the) same; **me es** (*or* **da**) **—** it makes no difference (to me)

**imagen** *f* image

**imaginar(se)** to imagine

**impaciente** *adj* impatient

**impedir (i)** to hinder, prevent

**impermeable** *m* raincoat

**importado, -a** imported

**importancia** *f* importance

**importante** *adj* important

**importar** to matter; to import

**imposible (de)** impossible (to)

**impreciso, -a** vague, indefinite

**inaugurar** to inaugurate

**incapaz** *adj* incapable

**incenderse** to catch fire

**inclinar** to incline

**independencia** *f* independence

**indicar** to indicate

**indiferente** *adj* indifferent

**indio, -a** Indian

**infamia** *f* infamy

**infeliz** *adj* unhappy

**infinito, -a** *adj* infinite; *m* infinity

**influir** to influence

**ingeniería** *f* engineering

**ingeniero** *m* engineer

**Inglaterra** *f* England

**inglés, -esa** *adj* English; *m* English language

**iniciar** to initiate

**inicuo, -a** iniquitous

**injusto, -a** unjust

**inmediatamente** *adv* immediately

**inmediato, -a** immediate

**inminente** *adj* imminent; early

**inmóvil** *adj* immovable; motionless

**inolvidable** *adj* unforgettable

**inquieto, -a** anxious, worried

**inquietud** *f* uneasiness, anxiety

**insistir (en)** to insist (on)

**instante** *m* instant

**instinto** *m* instinct

**institución** *f* institution

**instrucción** *f* instruction

**instrumento** *m* instrument, tool

**insulto** *m* insult

**inteligente** *adj* intelligent

**interés** *m* interest

**interesante** *adj* interesting

**interesar** to interest; **—se en** to be interested in

**interno, -a** internal

**interrogar** to question

**interrumpir** to interrupt

**intervenir** (like **venir\***) to intervene

**intrépido, -a** intrepid

**inútil** *adj* useless

**inventar** to invent

**invierno** *m* winter

**invitar** to invite

**inyección** *f* injection, shot

**ir\*** to go; **—se** to go away; **— de compras** to go shopping

**izquierdo, -a** left; **a la izquierda** to the left

**jamás** never

**jamón** *m* ham

**jarabe tapatío** *m* Mexican folk dance

**jazmín** *m* jasmine; **el — de la India** gardenia

**jefe** *m* chief, head, leader, boss

**jonrón** *m* home run

**joven** *adj* young; *m* youth, young man, young person; *f* young lady; *m pl* young people

**jueves** *m* Thursday

**jugar (ue)** to play; to gamble

**jugo** *m* juice

**julio** *m* July

**junio** *m* June

**junto, -a** united; *pl* together

**junto a** near, beside, next to

**justamente** *adv* justly; precisely

**juventud** *f* youth

**la** the; her, it, you

**laboratorio** *m* laboratory

**lacónico, -a** laconic

**lado** *m* side; **al — de** at the side of, beside

**lago** *m* lake

**lágrima** *f* tear

**lagrimear** to weep

**laguna** *f* lagoon

**lanzar** to throw, hurl, dart, fling; to launch

**lápiz** *m* pencil

**largo, -a** long

**las** the; them, you

**lástima** *f* pity, shame; **¡qué —!** what a pity!

**lastimar** to hurt, injure; to pity

**latino, -a** *adj, m & f* Latin (American)

**lavar** to wash; **—se** to wash oneself; **—se los dientes** to brush one's teeth

**le** him, her, you; to him, to her, to you, to it

**leal** *adj* loyal

**lección** *f* lesson

**leche** *f* milk; **la — malteada** malted milk

**lechería** *f* dairy (store)

**leer (y)** to read

**lejano, -a** distant, remote

**lejos** *adv* far; **a lo —** in the distance

**lengua** *f* language, tongue

**lentitud** *f* slowness

**les** them, you; to them, to you

**letra** *f* letter

**letrero** *m* sign, placard, poster; label

**levantar** to raise; **—se** to get up, stand up

**libro** *m* book

**líder** *m* leader

**liga** *f* garter; elastic band; league

**límite** *m* limit

**limpiar** to clean

**línea** *f* line

**lindo, -a** pretty

**listo, -a** ready, quick, alert; clever

**literatura** *f* literature

**lo** it, him, you; the; **— que** what, that which; **— siento** I am sorry

**localidad** *f* locality; seat

**loco, -a** crazy; **— de atar** *(coll)* "real crazy," raving mad; **volverse —** to become crazy, go out of one's mind

**locutor** *m* radio announcer

**lograr** to achieve, succeed in

**lomo** *m* loin, back

**los** the; them, you; **— que** those which, those who

**lucha** *f* fight

**luchar** to fight

**lucir** to shine, glitter; to show off

**luego** then, next, later; **hasta —** (I will) see you later, so long

**luna** *f* moon; **la — de miel** honeymoon

**lunes** *m* Monday

**luz** *f* light

**llamar** to call; **—se** to be called, be named; **¿cómo se llama Ud.?** what is your name?

**llamativo, -a** showy, attracting attention

**llegar** to arrive

**llenar** to fill

**lleno, -a** full

**llevar** to take, carry; to wear; **—se** to carry off; **—se a cabo** to be carried out; to take place

**llorar** to cry, weep

**llover (ue)** to rain

**lloviznar** to drizzle

**lluvioso, -a** rainy

**madre** *f* mother

**madrugada** *f* early morning

**maestro, -a** master; *m & f* teacher; *m* maestro

**magnífico, -a** magnificent, wonderful

**mal** *adv* badly; *m* evil

**maleta** *f* valise, traveling bag, suitcase

**malo (mal), -a** bad, sick

**maltratado, -a** *part* maltreated, abused

**mamá** *f* mamma, mom, mother

**mandar** to command, order, direct; to send

**mando** *m* command

**manera** *f* manner, way; **de — que** so (that)

**manga** *f* sleeve

**mano** *f* hand

**mantener** (like **tener\***) to maintain; **—se** to stay

**mantequilla** *f* butter

**manzana** *f* apple

**mañana** tomorrow; *f* morning; **de la — in the morning; A.M.; — por la —** tomorrow morning; **pasado —** (the) day after tomorrow

**mapa** *m* map

**máquina** *f* machine; **la — de afeitar** electric shaver

**maravilla** *f* wonder, marvel

**marchar** to march

**mariachi** *m* street singer

**martes** *m* Tuesday

**marzo** *m* March

**más** more, most; **— de (que)** more than; **no —** just, only

**matador** *m* matador (fighter who kills the bulls)

**matar** to kill

**matemáticas** *f pl* mathematics

**mayo** *m* May

**mayor** *adj* bigger, greater, older; biggest, greatest, eldest

**me** me, to me

**media** *f* stocking

**medianoche** *f* midnight

**medicina** *f* medicine

**médico, -a** medical; *m* physician, doctor

**medio, -a** half; middle; average

**mediodía** *m* noon

**mejicano, -a** Mexican

**Méjico** *m* Mexico

**mejor** *adj & adv* better, best; **— dicho** rather

**mejorar** to improve, better

**memoria** *f* memory; **de —** by heart

**menor** *adj* smaller, minor, younger; smallest, youngest

**menos** less, least, minus; except; **a — que** unless

**menudo: a —** often

**mercado** *m* market

**mero, -a** mere, simple; **ya —** *(coll)* soon, almost

**mes** *m* month

**mesa** *f* table

**mestizo** *m* mestizo (a person of mixed European and Indian ancestry)

**meter** to insert, put in, place

**mi, mis** my

**mí** me, myself

**miedo** *m* fear; **tener —** to be afraid

**miel** *f* honey; **la luna de —** honeymoon

**mientras (que)** while

**miércoles** *m* Wednesday

**mil** (one, a) thousand

**militar** *adj* military

**milla** *f* mile

**millón** *m* million

**millonario, -a** *adj, m & f* millionaire

**mimado, -a** spoiled, pampered

**mina** *f* mine

**miniatura** *f* miniature

**minuto, -a** minute, small; *m* minute (time)

**mío, -a** mine, my

**mirada** *f* look

**mirar** to look (at)

**misa** *f* mass

**misión** *f* mission

**mismo, -a** same; **lo —** the same; **lo — da** it makes no difference

**moderno, -a** modern

**modo** *m* way, manner; **de — que** so, so that; **de todos —s** anyway

**molestar** to disturb; to annoy, bother

**molestia** *f* annoyance

**momento** *m* moment

**monstruo** *m* monster

**montaña** *f* mountain

**montar** to mount; to ride; **— a caballo** to ride horseback

**monte** *m* mountain

**moreno -a** brown; dark

**morir (ue, u)** to die

**mormón, -a** Mormon

**mosca** *f* fly; **la — artificial** fishing fly

**mostrar (ue)** to show

**motivo** *m* motive

**mover (ue)** to move

**movimiento** *m* movement

**muchacha** *f* girl

**muchacho** *m* boy

**muchedumbre** *f* multitude, crowd

**muchísimo, -a** much, very much; **—as gracias** thank you very much

**mucho, -a** much, a great deal (of); *pl* many

**mueble** *m* piece of furniture; *pl* furniture

**muela** *f* (back) tooth, molar

**muerte** *f* death

**muerto, -a** dead

**mujer** *f* woman; wife

**muleta** *f* crutch; red flag used by bullfighters

**mundial** *adj* world

**mundo** *m* world; **todo el —** everyone

**museo** *m* museum

**música** *f* music

**músico** *m* musician

**muy** *adv* very

**nacer** to be born

**nación** *f* nation

**nacional** *adj* national

**nacionalidad** *f* nationality

**nada** nothing, anything; **de —** you are welcome, do not mention it; **no . . . — not . . .** at all

**nadar** to swim

**nadie** nobody, no one, not anybody

**naranja** *f* orange

**NASA** National Aeronautics and Space Administration

**natación** *f* swimming

**naturaleza** *f* nature

**nave** *f* ship

**Navidad** *f* Christmas

**necesario, -a** necessary

**necesidad** *f* necessity

**necesitar** to necessitate, need

**negocio** *m* business, transaction; occupation

**negro, -a** black; *m & f* Negro, Black

**nevar (ie)** to snow

**ni** nor; **ni . . . ni** neither . . . nor

**nilón** *m* nylon

**ninguno (ningún) -a** no, not any

**niña** *f* child (girl)

**niñez** *f* childhood

**niño** *m* child (boy); *pl* children

**no** no, not

**noche** *f* night; **¡buenas —s!** good evening! good night!; **de —** at or by night

**noción** *f* notion, idea

**nombre** *m* name; noun

**norte** *m* north

**noruego, -a** *adj, m & f* Norwegian; *m* Norwegian language

**nos** us, ourselves, to us

**nosotros, -as** we, us

**nota** *f* note; mark (in exam)

**notar** to note

**noticia** *f* news item; *pl* news

**novecientos, -as** nine hundred

**novedad** *f* novelty

**novela** *f* novel

**noventa** ninety

**novia** *f* sweetheart; girl friend; bride; fiancée

**noviembre** *m* November

**novio** *m* sweetheart; bridegroom; fiancé

**nublado, -a** cloudy

**nuestro, -a** our, ours

**Nueva York** New York
**nueve** nine
**nuevo, -a** new; **de —** again
**nuez** *f* nut
**numerar** to number
**número** *m* number
**nunca** never; **más que —** more than ever

**o** or; **o . . . o** either . . . or
**obedecer** to obey
**obligado, -a** obligated
**obra** *f* work
**obscurecer** to darken; to dim
**obscuridad** *f* obscurity, darkness
**obscuro, -a** dark
**ocasión** *f* occasion; opportunity
**océano** *m* ocean
**ochenta** eighty
**ocho** eight
**ochocientos, -as** eight hundred
**octubre** *m* October
**ocultar** to hide
**ocupado, -a** occupied
**ocurrir** to occur
**oficial** *adj* official; *m* official, officer
**oficina** *f* office
**ofrecer** to offer
**oído** *m* ear
**oír\*** to hear
**¡ojalá!** I wish! God grant!
**ojo** *m* eye
**oler (hue)** to smell
**olvidar(se)** to forget; **se me olvidó** I forgot
**once** eleven
**ONU (Organización de las Naciones Unidas)** *f* UN (United Nations)
**operar** to operate
**oponerse (a)** to object, be opposed (to)
**oportuno, -a** opportune
**orden** *m* order
**ordenar** to order
**oreja** *f* ear
**organización** *f* organization
**organizar** to organize
**orquesta** *f* orchestra
**otoño** *m* fall, autumn
**otro, -a** other, another

**paciencia** *f* patience
**padre** *m* father; *pl* parents
**pagar** to pay (for)
**país** *m* country
**pájaro** *m* bird
**palabra** *f* word
**palacio** *m* palace; building
**palco** *m* (theater) box; stand with seats
**palillo** *m* toothpick
**pampa** *f* pampa (grassy plain)
**pan** *m* bread; **el — tostado** toast
**panadería** *f* bakery
**panamericano, -a** Pan American
**pantalón** *m* trousers
**pañuelo** *m* handkerchief
**papa** *m* pope; *f* potato
**papá** *m* dad, pop, papa
**papas al horno** *f pl* baked potatoes
**papas fritas** *f pl* French fries
**papel** *m* paper
**paperas** *f sing* mumps
**par** *m* pair
**para** to, for, in order to; **— que** in order that
**parado, -a** *adj* standing
**paraguas** *m sing & pl* umbrella, umbrellas
**parecer (zc)** to appear; to show up; to seem, look; **a mi —** it seems to me; **parece mentira** it seems incredible; **¿qué le parece . . .?** what do you think of . . .?
**pared** *f* wall
**pariente** *m* relative
**parque** *m* park
**parte** *f* part; **en (por) todas —s** everywhere
**particular** *adj* particular
**partido** *m* game; party (political)
**partir** to split; to divide; to depart, leave
**pasado, -a** past; *m* past; **el verano —** last summer; **— mañana** (the) day after tomorrow
**pasaporte** *m* passport
**pasar** to spend; to pass; to happen; **— lista** to call the roll; **¿qué te pasa?** what is the matter with you?
**pasatiempo** *m* pastime
**pase** *m* pass

**pasear(se)** to walk, take a walk

**paseo** *m* walk; **dar un —** to take a walk

**paso** *m* step

**pasodoble** *m* pasodoble (two-step)

**pastel** *m* pie, pastry

**pastilla** *f* pill

**patíbulo** *m* scaffold

**patio** *m* patio (courtyard)

**patria** *f* fatherland

**patriótico, -a** patriotic

**pavor** *m* fear, terror

**pecho** *m* chest

**pedir (i)** to ask (for)

**pegar** to hit, strike

**peleador** *m* fighter

**película** *f* film, motion picture

**peligro** *m* danger

**peligroso, -a** dangerous

**pelo** *m* hair

**pelota** *f* ball, handball

**pelotón** *m* squad

**peluquería** *f* barbershop; hairdresser's

**pena** *f* pain, affliction; grief, sorrow; penalty; **valer la —** to be worthwhile

**penetrar** to penetrate

**pensar (ie)** to think

**peón** *m* day laborer, helper; peon

**peor** *adj & adv* worse, worst

**pequeño, -a** small, little, tiny

**perder (ie)** to lose; to miss

**perdonar** to pardon

**perezoso, -a** *adj* lazy

**perfecto, -a** perfect; fine

**periódico** *m* newspaper; periodical

**período** *m* period

**permanecer** to remain

**permiso** *m* permission, permit; **con (su) —** excuse me

**permitir** to permit, allow

**pero** but

**perro** *m* dog

**persecución** *f* persecution

**perseguidor** *m* pursuer

**persona** *f* person; *pl* people

**personaje** *m* personage; character; somebody

**personalmente** *adv* personally

**pertenecer** to belong

**Perú** *m* Peru

**peruano, -a** Peruvian

**pesar: a — de** despite, in spite of

**pescado** *m* fish

**pescar** to fish

**pésimo, -a** *superlative* very bad, very worst

**peso** *m* weight; monetary unit of some Spanish American countries

**pestañas** *f pl* eyelashes

**piadoso, -a** merciful

**picador** *m* picador (horseman armed with a goad in bullfights)

**picar** to bite (as a fish)

**pie** *m* foot; **ir a —** to go by foot, walk; **ponerse en —** to get up

**pierna** *f* leg

**pillette** *m* *(coll)* scoundrel

**piloto** *m* pilot

**pimienta** *f* pepper

**piña** *f* pineapple

**piscina** *f* fishpond; swimming pool

**pistola** *f* pistol

**pizarra** *f* blackboard

**placer** to please; *m* pleasure

**planeta** *m* planet

**plata** *f* silver; money

**plato** *m* plate, dish, course (of a meal)

**playa** *f* beach

**plaza** *f* plaza, square

**pobre** *adj* poor; *m & f* poor person

**poco, -a** little; *pl* few, some; **— a —** little by little, gradually

**poder\*** can, to be able (to), may

**poderoso, -a** powerful

**policía** *f* police

**polio** *f* polio

**político, -a** political; *f* politics

**pollo** *m* (young) chicken

**polo** *m* polo; pole

**polvo** *m* dust

**pólvora** *f* powder

**poner\*** to put, place; **—se** to put on; **—se a** + *inf* to begin to; **—se en pie** to get up

**por** through, for, by, along, because of; **— eso** that is why; **¿— qué?** why? **—que** because

**portarse** to behave, act; to do, perform

**portugués, -esa** *adj, m & f* Portuguese; *m* Portuguese language

**posible** *adj* possible

**postre** *m* dessert

**potencia** *f* power; powerful nation

**practicar** to practice

**precioso, -a** beautiful, precious

**preciso, -a** precise; necessary

**preferir (ie, i)** to prefer

**pregunta** *f* question

**preguntar** to ask, question

**premio** *m* prize

**prensa** *f* press

**preocupación** *f* preoccupation, worry

**preocupado, -a** preoccupied, worried

**preparar** to prepare, get ready, make ready

**presentar** to present; to introduce; to put on (a program)

**presidencial** *adj* presidential

**presidente** *m* president

**preso, -a** seized, taken; *m* prisoner

**prestar** to lend

**prestigio** *m* prestige

**pretexto** *m* pretext

**prima** *f* cousin

**primavera** *f* spring

**primero (primer), -a** first

**primo** *m* cousin

**principal** *adj* principal, main, chief

**principio: al —** at first

**prisa** *f* haste; **tener —** to be in a hurry

**prisión** *f* prison

**prisionero** *m* prisoner

**problema** *m* problem

**producir (like conducir\*)** to produce

**profesión** *f* profession

**profesor** *m* professor, teacher

**prófugo** *m* escapee, fugitive

**programa** *m* program; **el — de clases** class schedule; entertainment

**progresar** to progress

**prohibir** to prohibit, forbid

**prometer** to promise

**pronto** *adv* soon, quickly, right away; **de —** suddenly; **tan — como** as soon as

**pronunciar** to pronounce

**propio, -a** own; proper; itself

**proporción** *f* proportion

**propósito** *m* purpose; **a —** by the way, apropos; **de —** on purpose, purposely

**protesta** *f* protest

**protestante** *adj, m & f* Protestant; protestant

**protestar** to protest; to assure, affirm earnestly or solemnly

**provincia** *f* province

**próximo, -a** next; *adv* next

**proyectil** *m* missile; **el — dirigido** guided missile

**proyecto** *m* project, plan

**prueba** *f* proof, evidence; trial, test; sample

**publicar** to publish

**público, -a** public

**pueblo** *m* town, village; people, nation

**puerco** *m* pork

**puerta** *f* door

**puerto** *m* port

**pues** *adv* well, then; **así —** so, so then

**puesto** *m* stand, booth; post, position; *past part* of **poner; — que** although, since

**pulmonía** *f* pneumonia

**pulsera** *f* bracelet

**puma** *m* puma, cougar

**punto** *m* point, period (punctuation); **al —** at once; **en —** on the dot, exactly, sharp (on the hour)

**puro, -a** pure, unmixed

**puyazo** *m* (from **puya,** goad, goad stick, lance) wound or jab

**que** who, whom; which, that; than; for; **es —** the fact is that

**¿qué?** what? which? what kind of?

**¡qué!** what (a)! how!

**quedar(se)** to remain, stay; to be left; to be; to agree; **te queda bien** it looks nice on you

**quemadura** *f* burn

**querer\*** to wish, want, desire; **— a** to love, like, be fond of (someone)

**querido, -a** dear

**quesería** *f* cheese shop

**queso** *m* cheese

**quien, *pl* quienes** who, whom

**¿quién? *pl* ¿quiénes?** who?; **¿a —?** whom? to whom? **¿de —?** whose? of whom?

**quieto, -a** quiet

**química** *f* chemistry
**quince** fifteen
**quinientos, -as** five hundred
**quinto, -a** fifth
**quitar** to take away; to take off, remove
**quizá, quizás** perhaps

**rancho** *m* ranch, house
**rápido, -a** rapid, swift
**raro, -a** rare; scarce; odd
**rato** *m* short time, while
**rayado, -a** scratched; striped
**raza** *f* race
**razón** *f* reason; **tener —** to be right
**reaccionario** *m* reactionary
**realidad** *f* reality
**realizar** to fulfill; to carry out, perform, accomplish
**realmente** *adv* really, actually, in reality
**rebelar** to rebel
**receta** *f* prescription; recipe
**recibir** to receive
**reciente (recién)** *adj* recent, new
**recoger** to fetch, pick up; to suspend
**recordar(se) (ue)** to remember
**recuerdo** *m* remembrance, memory; souvenir, keepsake; *pl* regards
**red** *f* net
**redondo, -a** round
**reflejo** *m* reflection
**refresco** *m* refreshment; soda pop, cold drink
**refrigerador** *m* refrigerator
**regalo** *m* gift, present
**región** *f* region
**regresar** to return
**regreso** *m* return
**reír** to laugh; **—se de** to laugh at
**relampaguear** to cause to flash as in lightning
**religión** *f* religion
**reloj** *m* watch, clock
**remedio** *m* remedy; medicine; help
**rendición** *f* surrender
**rendirse (i)** to surrender
**renunciar** to renounce
**reo** *m* culprit; criminal
**repente: de —** suddenly
**repentino, -a** sudden

**repetir (i)** to repeat
**repiqueteo** *m* clatter
**replicar** to reply
**reponer** to replace
**representar** to represent
**reprobación** *f* reprobation, reproval
**republicano, -a** republican
**res** *f* cattle
**reservar** to reserve
**resfriado, -a: estar —** to have a cold
**resfrío** *m* cold (illness)
**resignar** to resign
**resistencia** *f* resistance
**resistir** to resist
**resonar** to resound
**respecto** *m* relation, relativeness; reference; **(con) — a** with respect to
**respeto** *m* respect, regard, consideration
**respetuoso, -a** respectful
**respirar** to breathe
**responder** to answer, respond
**responsable** *adj* responsible
**restorán** *or* **restaurante** *m* restaurant
**resultar** to prove to be; to result
**retaguardia: a su —** in the rear
**reunión** *f* reunion, meeting
**reunir** to unite, gather; **—se** to meet
**revelar** to reveal
**revista** *f* review, parade; magazine, journal
**revolución** *f* revolution
**revolucionario, -a** revolutionary
**revólver** *m* revolver, gun
**rico, -a** rich; delicious
**ridículo, -a** ridiculous; eccentric
**riguroso, -a** rigorous
**ritmo** *m* rhythm
**rivalidad** *f* rivalry, competition
**robo** *m* robbery, theft
**roca** *f* rock
**rodilla** *f* knee; **de —s** on one's knees, kneeling
**rogar (ue)** to ask
**rojo, -a** red
**rollo** *m* roll (of film)
**romántico, -a** romantic
**romper** to break
**ropa** *f* clothes
**rosbif** *m* roast beef
**rostro** *m* face

**roto, -a** (*past part* of **romper**) broken; torn
**rubio, a** blond, fair
**ruido** *m* noise
**Rusia** *f* Russia
**ruso, -a** *adj, m & f* Russian; *m* Russian language

**sábado** *m* Saturday
**saber*** to know; to find out
**sable** *m* saber
**sabor** *m* savor
**sabroso, -a** tasty, savory; delicious
**sacar** to extract; to draw out, pull out; to take out; to win; **— una nota** to get a mark
**sacerdote** *m* priest
**saco** *m* sack, bag
**sal** *f* salt
**sala** *f* room, living room; **la — de clase** classroom
**salir* (de)** to leave, depart; to go (come) out; **— para** to leave for; **— bien** to pass (a course)
**salsa** *f* sauce; **la — de tomate** catsup
**saltillera** *f* saltillera (in bullfighting)
**salud** *f* health
**saludar** to greet
**saludo** *m* greeting
**salvar** to save
**sangre** *f* blood
**sano, -a** healthy
**santo (san), -a** *adj* holy; *m* saint
**sarampión** *m* measles
**sargento** *m* sergeant
**saxofón** *m* saxophone
**se** one, to oneself, himself, herself, itself, yourself; themselves; yourselves; to himself, herself, etc.; to him, to her, to it, to you, to them; each other
**sección** *f* section, division, department, portion
**secretaria** *f* secretary
**sed** *f* thirst; **tener —** to be thirsty
**seducir** to seduce, charm
**seguida: en —** immediately
**seguir (i)** to follow; to continue
**según** according to

**segundo** *m* second
**seguro, -a** sure; **de —** surely, truly
**seis** six
**seiscientos, -a** six hundred
**semana** *f* week; **a la —** a week, per week; **la — que viene** next week
**semejante** *adj* similar, like; *m* fellow man
**semestre** *m* semester
**senador** *m* senator
**sensacionalista** *m & f* sensationalist
**sentarse (ie)** to sit down
**sentido** *m* feeling; meaning; **sin —** unconscious
**sentir (ie, i)** to be sorry, regret; **—(se)** to feel; **lo siento (mucho)** I am (very) sorry
**señal** *m* sign, signal
**señalar** to signal
**señor** *m* (*abbr* **Sr.**) gentleman, Mr., sir; *pl* Mr. and Mrs.
**señora** *f* (*abbr* **Sra.**) lady, Mrs., madam
**señorita** *f* (*abbr* **Srta.**) young lady, miss, Miss
**septiembre** *m* September
**ser*** to be; **es que** the fact is that
**ser** *m* being
**sereno** *m* night watchman
**seriamente** *adv* seriously
**serio, -a** serious
**servilleta** *f* napkin
**servir (i)** to serve; **no — para nada** to be good for nothing; **para —le (a Ud.)** at your service
**sesenta** sixty
**setecientos, -as** seven hundred
**setenta** seventy
**si** if, whether
**sí** yes; *after prep* himself, herself, oneself, etc.; **— que** certainly, really
**siempre** *adv* always
**sien** *f* temple (anatomy)
**siesta** *f* afternoon nap, siesta
**siete** seven
**siguiente** *adj* following
**silencio** *m* silence
**silla** *f* chair
**sillón** *m* armchair, seat
**silueta** *f* silhouette; figure (of a person)

**simpático, -a** likeable; pleasant, nice

**simplificar** to simplify

**sin** without; **— embargo** nevertheless, however; **— que** without

**sinfonía** *f* symphony

**sinfónico, -a** symphonic

**sino** but

**siquiera** even, at least

**sitio** *m* site, place

**sobornar** to bribe

**sobre** on, upon, over, above; about, concerning; *m* envelope

**sobreponer** (like **poner\***) to overcome

**sociología** *f* sociology

**sofocante** *adj* suffocating, stifling, close

**sofrenar** to stop, check

**sol** *m* sun; **tomar el —** to sunbathe

**soldado** *m* soldier

**solemne** *adj* solemn

**sollozar** to sob

**solo, -a** alone; single; **a solas** alone, by oneself

**sólo (solamente)** *adv* only, solely

**soltar** to loosen

**sombra** *f* shade

**sombrero** *m* hat

**sombrío, -a** somber

**soñar** to dream

**sopa** *f* soup; *(Mexican)* fried rice

**sorprender** to surprise, astonish

**sorpresa** *f* surprise

**sospechar** to suspect

**su,** *pl* **sus** your, his, her, its, their

**suave** *adj* suave, smooth

**subir** to go up

**súbito: de —** suddenly

**sublevar(se)** to rise up

**sucesivamente** *adv* in succession

**sueldo** *m* salary

**suelo** *m* ground; floor

**sueño** *m* sleep, sleepiness; drowsiness; dream; **tener —** to be sleepy

**suerte** *f* luck; **tener —** to be lucky

**suéter** *m* sweater

**sufrir** to suffer; to undergo

**sugerir (ie, i)** to suggest

**suma** *f* sum

**superior** *adj* superior, upper

**supermercado** *m* supermarket

**suponer** (like **poner\***) to suppose

**supuesto, -a** supposed; **— que** assuming that, since; **por —** of course, naturally

**suyo, -a** (of) his, hers, theirs, its, yours

**taco** *m* taco; wadding

**tal** such, such a; **con — que** provided that; **¿qué —?** how goes it? how are you?; **— vez** perhaps

**talento** *m* talent; **tener —** to be talented

**talla** *f* height, stature, size

**tamal** *m* tamale

**también** also, too

**tampoco** either, neither

**tan** so, as; **— . . . como** as . . . as; **— pronto como** as soon as

**tanteo** *m* score

**tanto, -a** as (so) much; as (so) many; **— . . . como** as (so) much . . . as, both . . . and

**tardanza** *f* delay

**tardar (en)** to delay, to be late; to take (time) to

**tarde** *f* afternoon, evening; late; **buenas —s** good afternoon, good evening; **de la —** in the afternoon, P.M.; **por la —** in the afternoon

**taza** *f* cup

**te** you, to you, yourself

**teatro** *m* theater

**techo** *m* roof

**técnico** *m* technician

**tela** *f* cloth

**telefonear** to telephone

**teléfono** *m* telephone

**telégrafo** *m* telegraph

**telegrafista** *m & f* telegrapher

**telegrama** *m* telegram

**televidente** *m* television viewer

**televisión** *f* television

**televisor** *m* television set

**temblar** to tremble

**temer** to fear, be afraid

**temor** *m* fear

**templado, -a** temperate

**temporada** *f* season

**temprano** *adv* early

**tendido** *m* row of seats (bleachers)

**tenedor** *m* fork

**tener\*** to have; to hold; to possess; — ... **años** to be ... years old; — **éxito** to be successful; — **ganas de** to desire; — **hambre, sed, frío;** etc. to be hungry, thirsty, cold, etc.; — **que** to have to; — **razón** to be right; **tenga Ud. la bondad de** please

**tenis** *m* tennis

**tentación** *f* temptation

**tercero, -a** third

**terminar (de)** to finish, end

**termómetro** *m* thermometer

**terremoto** *m* earthquake

**ti** you

**tía** *f* aunt

**tiempo** *m* weather, time; **a —** on time; **hace buen —** it is nice weather; **hace mucho —** a long time ago; **¿qué — hace?** what is it like outside?

**tienda** *f* store, shop

**tierno, -a** tender

**timbal** *m* kettledrum

**tío** *m* uncle

**típico, -a** typical

**tirar** to throw, cast, pitch; to fire, shoot (a gun); to pull, draw

**tiro** *m* shot

**tocadiscos** *m sing* record player

**tocar** to play (an instrument); to touch; to knock

**todavía** *adv* yet, still

**todo, -a** all, every

**tomar** to take; to eat, drink; — **asiento** to take a seat; — **el sol** to sunbathe

**tomate** *m* tomato

**tono** *m* tone

**tonto, -a** silly, foolish, stupid

**torcer** to twist

**torear** to fight bulls in the ring

**torero** *m* bullfighter

**toril** *m* bull pen

**tormenta** *f* storm, tempest

**tornar** to turn

**toro** *m* bull

**toronja** *f* grapefruit

**tórrido, -a** sultry

**torta** *f* cake

**tos** *f* cough; **la — ferina** whooping cough

**tostado, -a** toasted

**trabajador, -ora** *m & f* worker, laborer

**trabajar** to work

**trabajo** *m* work, labor; job

**traer\*** to bring; to carry, to wear

**trágicamente** *adv* tragically

**traje** *m* suit; dress; **el — de baño** bathing suit

**tranquilo, -a** tranquil, calm

**transmitir** to transmit

**tratar** to treat; to discuss; to deal; — **de** to endeavor, try to; — **se de** to be a question of

**través: a — de** through, across

**trece** thirteen

**treinta** thirty

**tremendo, -a** tremendous

**tren** *m* train

**tres** three

**trescientos, -as** three hundred

**triste** *adj* sad

**tristeza** *f* sadness

**trombón** *m* trombone

**trompeta** *f* trumpet

**tropa** *f* troop

**trotar** to trot

**trote** *m* trot

**trucha** *f* trout

**trueque: a — de** in exchange for

**tu,** *pl* **tus** your

**tú** you

**tuberculosis** *f* tuberculosis

**tuyo, -a** yours, of yours

**último, -a** last, final; **por —** finally

**un, una** a (an); one

**único, -a** only; unique

**unir(se)** to unite, join

**universidad** *f* university, college

**universitario, -a** (pertaining to a) university, collegiate

**uno (un), una** one; **a la una** at one o'clock; **unos cuantos** some, a few

**uña** *f* fingernail

**urgente** *adj* urgent, pressing

**Uruguay** *m* Uruguay

**uruguayo, -a** Uruguayan
**usar** to use, make use of
**usted,** *pl* **ustedes** (*abbr* **Ud., Uds.**) you
**uva** *f* grape; **pasa de —** raisin

**vacación** *f* vacancy; *pl* vacation
**vacilar** to vacillate
**vago, -a** vague
**vaguedad** *f* vagueness
**valer\*** to be worth; to cost; **— la pena** to be worthwhile
**vals** *m* waltz
**variable** *adj* changeable, variable
**varicela** *f* chicken pox
**varios, -as** several
**vaso** *m* glass
**veinte** twenty; **— y uno (veintiuno)** twenty-one
**venda** *f* bandage
**vendar** to bandage
**vendedor** *m* vendor
**vender** to sell
**venir\*** to come; **la semana que viene** next week
**ventana** *f* window
**ventanilla** *f* ticket office
**ver\*** to see; **a —** let's see
**verano** *m* summer
**veras: de —** in truth, really, in earnest
**verbo** *m* verb
**verdad** *f* truth; **¿—?** true? isn't that so?
**verdadero, -a** true
**verde** *adj* green
**verduras** *f pl* vegetables, greens
**vestido** *m* dress; *pl* clothes
**vestirse (i)** to get dressed
**vez** *f* time; turn; occasion; **a la —** at the same time; **a la — que** while; **alguna —** occasionally, sometimes; **a veces** at times, sometimes; **de — en cuando** from time to time, once in a

while; **en — de** instead of; **tal —** perhaps
**viajar** to travel
**viaje** *m* trip, journey; **hacer un —** to take a trip; **irse de —** to go on a trip
**viajero** *m* traveler
**vibración** *f* vibration
**vida** *f* life
**viejo, -a** old; *m & f* old person
**viento** *m* wind
**viernes** *m* Friday
**vigilante** *adj* watchful
**vigilar** to watch (over)
**violín** *m* violin
**viruela** *f* smallpox
**visitar** to visit
**vista** *f* sight, vision; view; eyesight; **en — de** in view of, considering
**vitamina** *f* vitamin
**vivir** to live
**vivo, -a** alive; bright
**volver\* (ue)** to return, go back; to turn; **—se loco** to become insane, go out of one's mind; **— a +** *inf* to (do) again
**voz** *f* voice
**vuelo** *m* flight
**vuelta** *f* return; **estar de —** to be back

**y** and, plus
**ya** already; now; presently; **¡— lo creo!** Of course! I should say so!
**yanqui** *adj, m & f* Yankee, American
**yate** *m* yacht
**yo** I

**zambullirse** to dive
**zapato** *m* shoe
**zoología** *f* zoology

# INDEX

# SOUTH AMERICA